中国近代法律思想述论

高旭晨 著

Study On
Legal Thoughts Of
Modern China

社会科学文献出版社
SOCIAL SCIENCES ACADEMIC PRESS (CHINA)

目 录

序　论

　　中国近代法律思想从其产生之时就被蒙上了一种悲剧的色彩。它并没有按照自己的传统轨道前行，而是在仓促间形成并发展的。如果按照汤因比所言的刺激与反应的理论解释，它是在一种突如其来的刺激下产生的。这种刺激来自西方，它像一个巨大的阴影开始遮蔽了中国，或者如马克思所断言的：是资本这个幽灵驾临了。在鸦片战争爆发的时候，中国开始失去了自己梦幻当中的中心位置。林则徐等人发现，在中国以外还存在着其他的文明形式，它甚至在许多方面超过了中国。魏源在思想上对这种文明形式加以直接的反映。虽然他还按照以往的称谓将其归类为夷，但也不得不承认这个与以往不同之夷身有长技为中华所不及。由此，形成了一种求变的心态。太平天国运动是一个划时代的事件，其影响远大于一般的意图改朝换代的造反者，它从一开始就接受了西方的宗教形式以及许多思想观念。洋务运动是中国在行动上走向世界的开始，也是思想上自我更新的开始。甲午战争的惨败，导致中国近代思想的剧变，由激愤而激进，引进西方的观念成为思想的潮流。这种潮流遭遇戊戌政变、义和团运动的阻力并未低落，而是愈加澎湃前行，直至捣毁了传统的堤坝，形成革命的汪洋。

　　中国近代思想的悲剧性导致了中国近代的法律思想充满着自我怀疑、自我批判，其中还掺杂着无奈、彷徨和激愤，以至于我们在百年以后重温这些文字，还不能平静地以所谓客观的态度来对待它们。这些思想不仅仅是过往的激情，也是对现实的冲击与对未来的警示。

　　通观中国近代史，就思想方面而言，可谓人才荟萃，一时无匹。在鸦片战争之后的半个世纪，中国进入时代大变革，社会思潮也进入蓬勃发展的局面。无论是封疆大吏、经世小臣、旷世大儒，抑或是落拓文士，人人勤思，个个争言。甚至旅华西人，也为思想之发展贡献良多。我们看到，林则徐、龚自珍、魏源倡言于先，开天下求变之风气，提出"师夷长技以制夷"；洋务主持者与思想家踵续于后，临千古之危局，谋中华之自强，他们也意识到，中国应变，中国必变："将因其所值之时，所居之俗，而创立规制，化

1

裁通变，使不失乎三代治礼之意。……所谓'苟协其中，何必古人'是也。"同治中兴，几挽狂澜于既倒；甲午一战，富强之梦顿如飞灰，举国痛心疾首，社会上下倾成激进之心态。叹国家之贫弱，惧民族将灭顶，康有为托古改制之言盈于九州，梁启超新民之说振聋发聩；谭嗣同血荐轩辕以成仁学大意，严几道托言西哲，寻觅振兴之道。"他们都有一种在儒教的'理性主义'之外寻找支持的强烈愿望，这种儒教的'理性主义'似乎把当时社会的伦理秩序绝对化了。"① 中国的知识分子在近代以前，很少从外来文化中寻求理念上的支持。只有佛教曾经打动过他们的心弦，但从佛教传入中国伊始，他们只是被其玄妙所迷，之后又被佛教中的哲理所吸引，却从没有想在其中找到一种解决现实问题的答案。而在近代思想中，面对西方的思想观念，思想家们无奈地挣脱，艰难地前行。这一段历史，即为国家民族之痛史，亦为思想之发达史。追思前人，更觉独立精神之可贵，自由思想之当追。

中国近代思想的发展充满了自我怀疑、自我挣扎的痕迹。一方面，这是由当时的现实环境所决定的，在中国的这个时期，人们在思想层面所追求的是非常现实的东西，他们非常渴望找到一把通向富强的钥匙；另一方面，这是由中国的传统所决定的，接受新的思想往往要抛弃旧的思想，而那些旧的思想又是人们所珍爱的。从而，有许多思想卓越、人品崇高的人物想要解决这个问题，曾国藩、张之洞都曾做过相当大的努力，"务本还是务实"这个问题深深困扰着他们。从某种角度来看，他们的努力失败了，但从另外一个角度来看，他们也确实取得了很大的成功。起码从部分知识分子的认可上而言，他们的努力是成功的，并且这种成功的火种仍有机会继续点燃中国文化复兴的火炬。蒋廷黻先生曾言："革新守旧同时举行。这是曾国藩对我国近代史的大贡献，我们至今还佩服曾文正公，就是因为他有这种伟大的眼光。"② 此后，张之洞也沿着曾国藩的道路试图在引进西学的同时保持中国的本位，世人都斤斤于他的"中学为体，西学为用"这个符号化的概念，而实际上他所做的远远超过这个口号，在许多方面都试图理性对待西方，用西方的东西保护中国的传统。

"历史不允许假设。"一个成名的人物一时的兴起创造了这句有力的格言。它如此精巧，以至几乎是强迫人们总爱寻个机会就搬用它。但如果我们有意识地远离使人迷惑的语言圈套，则历史的意义更加清晰。如果历史不允

---

① 史华兹：《寻求富强》，江苏人民出版社，1990，第71页。
② 蒋廷黻：《中国近代史》，岳麓书社，1991，第39页。

许假设，它又有什么意义呢？它只是一些已逝的生命，凝固的往事，冷却的激情。而我们本初的目的是想从历史中寻找一些东西。

在中国的历史进程中，没有任何一个时期像晚清社会这样使人产生无限的悬想和感慨，我们为有如此多的俊杰伟士空耗了大量的无用热情而扼腕，为有无数的机会被轻易错过而叹惜。这些假设时时刻刻萦回在我们的脑海之中，它们是可以挥之即去的吗？

本书所定范围只能以大体而言之，其主要原因是近代思想的发展，与时俱进，其转变之快，难寻历史之先例。甚至连那些思想家自己也不能察觉自己的思想转变。故此时代之人，亦非固守于单一思想基础之上。从而，我们会看到，同一个人在不同的历史时期有着不同的思想主张是非常正常的。今人未可轻率地用善变之言加以定性。如张之洞、严复、梁启超，洋务思想家可以为激进维新思想家，维新思想家也可以成为革命思想家。

著述者均冀望其作品有阅读之人，更冀望其阅读之人的范围愈广愈好。无论学术采取何种标准，作为一种著述活动，均应切合学术上的准则。如果说思想史在相当大的程度上与学术史相重合的话，那么梁任公为学术史所订立的标准，也应在相当大的程度上适用于思想史的写作。其言："著学术史有四个必要的条件：第一，叙一个时代的学术，需把那时代的重要各学派全数网罗，不可以爱憎为去取。第二，叙某家学说，须将其特点提挈出来，令读者有很明晰的观念。第三，要忠实传写各家真相，勿以主观上下其手。第四，要把各人的时代和他一生经历大概叙述，看出那人的全人格。"[1] 本书实未敢据此说为标准，但若能趋近此一标准，诚为本心所愿。

---

[1]　梁启超：《中国近三百年学术史》，东方出版社，2004，第 55 页。

第一章
近代法律思想发展之背景

　　齐思和先生在《魏源与晚清学风》一文中，极简要地概括了清代学术的变迁，也很清晰地指出了近代思想的学术背景。他把清代学术的发展划分为三个时期，即清初提倡实学之时期、清中叶考据学发达之时期和晚清讲求经世之时期。并且，他认为这三个时期的代表人物分别为顾炎武、戴震和魏源。其言："有清三百年间，学术风气凡三变。清初诸大儒，多明代遗老，痛空谈之亡国，恨书生之乏术，黜虚崇实，提倡实学。说经者则讲求典章名物，声音训诂，而厌薄玩弄性灵。讲学者亦以笃行实践为依归，不喜离事而言理。皆志在讲求天下之利病，隐求民族之复兴，此学风之一变也。其代表人物为顾炎武先生。至乾、嘉之世，清室君有天下，已逾百年，威立而政举，汉人已安于其治；且文网严密，士大夫讳言本朝事。于是学者群趋于考据一途，为纯学术的研究；而声音训诂之学，遂突过前代，此学风之再变也。其代表人物为戴东原先生。至道、咸以来，变乱迭起，国渐贫弱。学者又好言经世，以国富强，厌弃考证，以为无用，此学风之三变也。其代表人物为魏默深先生。此三先生，皆集前修之大成，开一时风气，继往而开来，守先而待后，系乎百余年学术之升沉者也。"[①] 近代思想以鸦片战争为开端，是获得普遍认同的学术结论，而自魏源始，中国的思想发展实际上进入了一个注重比较思维的阶段，打破了相对封闭的固有传统，以西方文明为参照、为对手、为指向。在这种背景下，也使得中国的法律思想开始打破了传统的礼法观念，进入了一个新的境界。

　　中国近代法律思想是在多重背景下，根据多重条件而形成和发展起来的，仅就思想学术层面而言，以下五个方面似乎为最主要者：其一，明末清初的经世思想家之学术活动；其二，清代汉学的兴盛；其三，清代文字狱；

---

　　①　齐思和：《中国史探研》，河北教育出版社，2000，第599页。

其四，清代律学的发展；其五，西学的渐入。以下分别加以简单叙述。应该说明的是，关于这些具体内容的专门研究已经非常细致和完善，笔者只是略采成说，并无新意，但将其汇集于一，以明了中国近代法律思想形成之背景。

第一节　痛陈天下利病之清初学术

自汉代以降，中国的君权不断膨胀，特别是自唐、宋以后，逐渐达到了一种绝对君权的程度。许多知识分子也为这种绝对的君权推波助澜，奠定了专制统治的思想基础。如唐代的韩愈、宋代的朱熹。他们都在不同方面、不同程度上为专制思想的体系化提供了理论支撑。而这种理论的实用化更直接导致了专制统治的现实发展，直到明末以前，专制体制已经完全不用任何的理论支持，其自身已经形成了对社会思想的绝对统治，它可以随心所欲地限制思想、禁锢思想，甚至可以制造思想、玩弄思想，而广大士人或为荣显，或为稻粱，也纷纷成为这种思想专制的同道者。明代的覆亡，以及踵续者的外族身份，使得在许多知识分子的心中造成了一个治统上的真空。专制的压力一扫而空后的结果就是思想上的解放。许多前明士人不愿归顺新的王朝，他们往往在武力反抗失败后，或归隐山林，或遁迹寺观。在此，他们可以大胆批评现实，以古非今，检讨中国的历史发展和思想源流，形成了一种自由的学风。其中以黄宗羲、顾炎武、王夫之为杰出代表。他们的思想对中国近代的思想和现实影响至深，特别是鸦片战争以后，他们的著作再度获得新的社会认同，成为启发新思想的智慧宝库。许多近代思想家都公开承认他们的思想曾深受清初三位思想大家的影响。

一　清初思想家生平简介

（一）黄宗羲

黄宗羲（1610～1695），字太冲，号南雷，学者尊称梨洲先生，浙江余姚人；明末清初著名的哲学家、史学家、思想家。其父黄尊素，东林名士，官至御史，天启六年为阉党所害。黄宗羲自幼深受东林党的影响，对阉宦败坏朝政十分痛恨，其曾因在崇祯元年刑部会审时锥刺阉党许显纯而扬名朝野。后遵父嘱拜著名学者刘宗周为师，研治经史。清军入关后，他积极参加并组织了抗清运动，曾与其弟黄宗炎、黄宗会组织抗清义军“世忠营”，失败后往鲁王朱以海处任兵部主事，续任左副都御史。抗清活动消亡后，黄宗羲誓不仕清，潜心讲学与学术。康熙二年，写成《明夷待访录》21篇；康熙七年，创办甬上“证人书院”，著《孟子师说》7卷；康熙十五年，撰成

《明儒学案》62 卷；其后，又续编《宋儒学案》与《元儒学案》，均未完成；此外，他还编成《明文案》216 卷、《明文海》482 卷。

黄宗羲的政治法律思想，具有极强的社会性与时代性，其中表现出的强烈的现实批判精神对中国近代思想的形成和发展影响至深。

（二）顾炎武

顾炎武（1613～1683），江苏昆山亭林镇人。原名绛，字忠清；明亡后改名炎武，字宁人；世称亭林先生。顾炎武出身于江南望族，14 岁补诸生，曾参加复社的活动。顾炎武天资聪颖，博览群书，但科场不利，27 岁时尚未中举人。自此，他决意功名，志在经世，后曾从明福王抗清。清朝建立后，他弃家北游，往来北方各省二十九年，誓不仕清。其一生从事研究、讲学和著述，代表作有《日知录》32 卷、《天下郡国利病书》120 卷、《音韵五学》38 卷等。1683 年卒于曲沃。

（三）王夫之

王夫之（1619～1692），字而农，号姜斋，湖南衡阳人；晚年隐居衡阳石船山，世人称船山先生。王夫之出身于书香世家，父亲王朝聘精通"春秋"之学，其家学对他影响至深。虽然他 24 岁考中举人，但他更注重经世，曾创立"匡社"，立志改造社会。明亡后，王夫之曾于 1648 年（清顺治五年）在衡阳举兵抗清，兵败后投奔南明桂王政府，后因弹劾权奸王化澄而遭迫害，辗转逃回湖南。为对抗清政府的剃发令，王夫之于 1652 年后，隐伏于湖南一带，度过多年的流亡生活。其晚年隐居，著述甚多，代表作有：《周易外传》《尚书引义》《读四书大全说》《张子正蒙注》《思问录》《读通鉴论》《宋论》等。

二 清初思想家有关政治法律思想简述

（一）民本主义思想

清初思想家认为，民本主义思想本为儒家思想的精髓，其基本主张为：古代儒家思想认为，君权的设立是以民生的需要为前提的，君主是为民服务的。但随着君主专制主义的不断膨胀，这种思想被尘封于旧卷故纸中，而"君权至上"思想在官方的扶植下逐渐成为社会的"正统"思想。黄宗羲重张"民本主义"的旗帜，并把这种宝贵的思想发展到一个新的高度，提出了"天下为主，君为客"的光辉命题。其言："有生之初，人各自私也，人各自利也，天下有公利而莫或兴之，有公害而莫或除之。有人者出，不以一己之利为利，而使天下受其利；不以一己之害为害，而使天下释其害。此其人之勤劳必千万于天下之人。"这种为天下释其害，比天下人勤劳千万倍的人才是君主。而现在的人君则与此几成相反，他们"以为天下利害之权皆出于我，我以天下之利尽归于己，以天下之害尽归于人，亦无不可。使天下之人不敢自私，不敢自利，以我之大私为天下之大公。始而惭焉，久而安焉，视天下为莫大之产业，传之子孙，受享无穷。"如此，则天下为主的局面转成为天下为客。君主享有一切："凡天下之无地而得安宁者，为君也。是以其未得之也，荼毒天下之肝脑，离散天下之子女，以博我一人之产业，曾不惨然！曰'我固为子孙创业也'。其既得之也，敲剥天下之骨髓，离散天下之子女，以奉我一人之淫乐，视为当然，曰'此我产业之花息也'。"黄宗羲对这种状况持坚决的批判态度。他认为，这种局面与儒家的民本主义主张是背道而驰的，"君本"必然使得君主成为天下之大害。从而，必须恢复立君以民为本的初衷，君主"以天下万民为事"。

顾炎武也认为君主是为民而设立的。他指出："为民而立之君，故班爵之意，天子与公、侯、伯、子、男一也，而非绝世之贵；代耕而赋之禄，故班禄之意，君、卿、大夫、士与庶人在官一也，而非无事之食。是故知天子一位之义，则不敢肆于民上以自尊；知禄以代耕之义，则不敢厚取于民以自奉。"

王夫之民本主义思想的特点是"以民为基"。他声称："君以民为基……无民而君不立"，即在君与民二者的关系上，君主应与民为根基，民心的向背是君权统治的基础，而君主应该推行仁义的君道："人君之当行仁义，自是体上天命我作君师之心，而尽君道以为民父母，是切身第一当修之天职。"

（二）对专制主义的质疑

清初思想家对不断强化的专制主义进行了深刻的反思，他们从不同的方面对君权的无限膨胀加以质疑。黄宗羲从君主与官吏之间的关系上对专制主义予以批判。其认为，三代以降的君臣关系完全是荒谬的，专制化的所谓"君为臣纲"是对正常君臣关系的破坏。正常的君臣关系应该是同为天下的同事、师友关系，臣根本不是君的"宦官宫妾"。他说："我之出而仕也，为天下，非为君也；为万民，非为一姓也。""出而仕于君也，不以天下为事，则君之仆妾也；以天下为事，则君之师友也。"

顾炎武对君主专制独裁的危害予以批判。他认为，在这种专制制度下，君主必然会贬黜贤智，移权于法，贤者"志不获伸，昏然俯首，一听于法度，而事功日坠，风俗日坏。"更有甚者，君主"废官而用吏"，使吏治日趋败坏，"今夺百官之权，而一切归之于吏胥，是所谓百官者虚名，而柄国者吏胥而已。"

王夫之的反专制思想主要体现于"不以天下私一人"的主张中。他从"一姓之私"与"天下之公"二者的关系上对这一主张进行了充分的论证。

其言："一姓之兴亡，私也。而民之生死，公也。"他把君主的"一姓之私"和民众生死存亡的"天下之公"加以严格区别，认为"天下之公"远比"一姓之私"重要，而治理天下的目的在于为公而非为私，他言称："以天下论者，必循天下之公。天下非夷狄盗逆之所可尸，而抑非一姓之私也。"

（三）改革时政的救世主张

基于对当时社会政治的种种弊端的认识，清初思想家们都提出了自己的改革主张。黄宗羲的社会改革主张主要有四方面内容：其一，恢复宰相制度。他认为，宰相制度最集中地体现了与人君共治天下的设官宗旨。而自明太祖朱元璋废除宰相制度后，天下无善治。所以，改革政治必须恢复宰相制度，并就此提出了具体的方案。其二，学校论政。黄宗羲断言，要想改革政治，必须恢复古代学校议政的传统。在古时，圣王建立学校以为评议朝政、公其是非的场所。其时，"天子之所是未必是，天子之所非未必非，天子亦遂不敢自为非是，而公其是非于学校。"其三，改革取士制度。黄宗羲认为，在用人上，应该采取宽取严用的政策。广开取士门径，但在任用上要严格地审选和试用，不能轻许官爵。其言："宽于取，则无枉才；严于用，则少悻进。"其四，设方镇。黄宗羲主张设方镇以御外族的入侵。他认为，设方镇可以去除封建与郡县的弊病。

顾炎武的改革方针主要在政体的设计上，他认为，在国家政体的设计上应该实行"分权众治"，以限制君主"独权"。其具体的思想主张为"寓封建之意于郡县之中"。他认为，古代的封建制是一种良好的政治形式，但逐渐被君主专制所破坏，在现行社会中，要恢复封建制显然是不行的，改革的方法是在郡县的形式中注入封建的实质。其言："知封建之所以变而为郡县，则知郡县之弊而将复变。然则将变而为封建乎？曰，不能。有圣人起，寓封建之意于郡县之中，而天下治矣。"

王夫之极力主张澄清吏治，其提出"宽以养民、严以治吏"的治吏原则。他把廉政看作是吏治的根本，其言："论官常者曰：清也，慎也，勤也；而清其本也。"进而，他提出了具体的廉政方案。其一，坚持严法惩贪；其二，朝廷应该建立定期考核制度；其三，强调严于治上官；其四，宽严结合的治吏方法；其五，实行厚俸养吏制度。

第二节　汉学的兴盛

清代考据学的勃兴，有其内在的原因。从历史的角度来看，清代学术思想格局的形成，既有客观要素不可抗拒的力量，也有学术发展内在的规律性。即学术的发展有其自身的波动性，极度衰败后，也就是创新的开始。

宋代以后，中国的学术几乎处于一种停滞的状态，到明代，这种停滞表现得更为明显。明代对于中国传统学术的贡献大概是所有朝代中最少的，除王守仁（阳明）外，几无大学问家。这种状况，使得中国传统学术的发展出现了某种程度上的停滞。而清代考据学的兴盛也可以说是停滞后的复兴，清人自己标榜的"汉学"称谓，就有着复兴的意味。但实际上，清代的考据学从规模和深度上都已远远超过了汉代的水平。其细致而全面的考证之作并非都是陈腐之学，而是具有很高学术水准的。戴震、钱大昕等人堪称学术大家，他们为近代思想的发展奠定了坚实的学术基础。

社会思想和学术思想的发展，必须要以学术研究成果的积累为必要前提。清代的学术成果至为丰富，它本应该为学术思想，以及中国自身固有的文化传统的发展提供更多的养分。可惜由于传统的中断，使其不但没有成为思想的基石，在某种程度上反被视为窒碍。他日思及，定为可慨叹之事。

葛兆光先生称："如果说明代后期确实有所谓'束书不观，游谈无根'的现象，那么，到了清代，尤其是康、雍、乾的时代，似乎从注释、辑佚、辩伪、音韵、文字、训诂方向入手，追寻人们历史想象中的经典本来意义，已经成为风气。"①

"汉学"与"宋学"的对垒，有人认为是从江藩②的《汉学师承记》和《宋学渊源记》问世之后明确化的。其实，这种对立是从清朝知识分子对考据之学与义理之学的偏好中逐渐形成的，江藩的著作不过是把这种偏好中的对立成分明确化了。他在论汉学与宋学所声称师承的汉代与宋代学术时，明显有扬汉抑宋的倾向。其论汉代学术时言语间充满赞美："秦并天下，焚诗书，杀术士，圣人之道坠矣。然士隐山泽岩壁之间者，抱遗经，传口说，不绝于世。汉兴，乃出。……自兹以后，专门之学兴，命氏之儒起，六经五典，各信师承，嗣守章句，期乎勿失。西都儒士开横舍，延学徒，颂先王之书，披儒者之服，彬彬然有洙泗之风焉。爰及东京，硕学大儒贾、服之外，咸推高密郑君，生炎汉之季，守孔子之学，训义优洽，博综群经，故老以为前修，后生未之敢异。"而在论宋代学术时，则有所贬抑："宋初承唐之弊，而邪说诡言，乱经非圣，殆有甚焉。如欧阳修之《诗》，孙明复之《春秋》，王安石之《新义》是已。至于濂、洛、关、闽之学，不究礼乐之源，独标

---

① 葛兆光：《中国思想史》第二卷，复旦大学出版社，2000，第 529 页。
② 江藩，字子屏，号郑堂，江苏甘泉人。生于 1761 年（乾隆二十六年），卒于 1830 年（道光十年）。曾受学于余萧客、江声，是惠栋的再传弟子。

性命之旨，义疏诸书，束之高阁，视如糟粕，弃等弁髦，盖率履则有余，考镜则不足也。"这种评价在一定程度上而言还是具有事实依据的。

清代考据学的兴盛，也有着深刻的社会根源。一方面，它是对清初文网深密的一种回避；另一方面，它也是当时知识分子对官方化经学的一种消极抵制。作为一个社会阶层的知识分子必然要保持其独立性，以维持社会改造的外部压力。尽管这种压力可能只是很微弱的，甚至根本不足以形成社会改造的动力，但它仍然是必要的。它的存在本身实质上是对所谓"放之四海而皆准"的价值取向的一种否定。

孟森先生对清初期政治的总结极具概括性："顺、康、雍、乾四朝，人主聪明，实在中人以上，修文偃武，制作可观。自三代以来，帝王之尊荣安富，享国久长，未有盛于此时者也。"但他也指出，正是这一时期专制制度的高度发达，使得社会活力日减，思想自由被遏制，所谓："而乃盈满骄侈，斩刈士夫，造就奴虏，至亡国无死节之臣，呜呼！"① 清代统治者虽然是入主中原的"外来者"，他们的固有文化是汉文化以外的。但是，要统治以汉文化为传统的中国，最有效的方法就是把持这种文化，而不是摧毁它。清中期以前的历代皇帝多为具雄才大略者，他们具有过人的天资。特别是康熙、雍正和乾隆，他们可以说很完全地理解并掌握了汉文化的根本要义。并把这种要义据为己有，将其改造成一种官方化的学术。

葛兆光先生对此有极深刻的分析，其言："清代初期的政治权力就相当巧妙地垄断了本来由士人阐释的真理，并使帝王的'治统'兼并了'道统'②，使士人普遍处在'失语'的状态。他们的策略是，首先，重用或表彰所谓的理

---

① 孟森：《清史讲义》，中华书局，2006，第310页。
② 王夫之说："天下所极重而不可窃者二：天子之位也，是谓治统；圣人之教也，是谓道统。"道统与治统的合一，与柏拉图所谓的"哲学王"有相似处。康熙自认为具备了哲学王的基本条件，而臣下也顺势把他往这个位置上推。康熙十九年（1680），李光地在奏章中表述了这个意思："道统与治统古出于一，后世出于二。孟子序尧舜以来至于文王，率五百年而统一续，此道与治之出于一者也。自孔子后五百年而至建武，建武五百年而至贞观，贞观五百年而至南渡。夫东汉风俗一变至道，贞观治效几于成康，然律以纯王不能无愧。孔子之生东迁，朱子之在南渡，天盖付以斯道而时不逢。此道与治之出于二者也。自朱子而来，至皇上又五百岁，应王者之期，躬圣贤之学，天其殆将复启尧舜之运而道与治之统复合乎？"（请参见黄进兴：《清初政权意识形态之探究》，载《思想与学术》，中国大百科全书出版社，2005。）另外，道统与治统的合一，也符合中国传统文化中对完美人格的追求。而如果存在着完美的人格，那么在现实中，这种完美的人格必然舍君主无他。从而也导致了许多荒谬的思想与行为。而近代思想的发展，实际上也是一个从追求完美人格到社会人格的过程。但直到今天，这个思想过程仍在延续，国家、社会、组织乃至小集体的领导者们还是以承认自己的人格不完美为耻。故而，必然有谄谀者将完美的桂冠献纳在其脚下。

学名臣；其次，一方面通过上谕和诏书，一方面通过考试制度，转手接过汉族文化知识传统，用更大的声音和更高的调门推介儒家的或者是理学的思想。……于是，那些本来怀有重建思想世界秩序的崇高思想的士人，也在这种似乎拥有绝对正当性的思想整肃中，成了思想的'共谋者'，他们充满真诚忧患的批评，则同样参与了压抑明末以来的多元思想取向；再次，运用权力的批判和批判的权力，对于士人中一些异端作杀一儆百的剖析，从这种批判中确立自己对于真理的占有权。"①

他们甚至比宋代的理学家更注重"名教"这种由儒家所规定的，通过千余年的发展已被认为是天经地义的社会基本准则。他们更不含糊地宣称，背叛这种"名教"就是违背社会的伦理规范和道德规范，就是违反基本的法律要求，就是社会的罪人。这样，他们就成为了社会正统思想合法的主人。

当时，在中国的朝鲜文士朴趾源就将这种伎俩看得极透，在著名的《热河日记》中，他写道："中州道术陵迟，天下之学不出于一，而朱、陆之分皆将数百年，……至皇明季世，天下学者莫不宗朱。清人入主中国，阴察学术宗主之所在，与夫当时趋向之众寡，于是从众而力主之。升享朱子于十哲之列，而号于天下曰：'朱子之道即吾帝室之家学也。'遂天下洽然悦服者有之，缘饰希世者有之。……呜呼！彼岂真识朱子之学而得其正也？抑以天子之尊，阳浮慕之？此其意，徒审中国之大势而先据之，钳天下之口而莫敢号我以夷狄也。……其所以动遵朱子者，非他也，骑天下士大夫之项，扼其咽而抚其背。天下之士大夫率被其愚胁，区区自泥于仪文节目之中而莫之能觉也。"②

实际上，天下文士并非均如朴氏所言"率被其愚胁，区区自泥于仪文节目之中而莫之能觉也"。其之所以被束缚，皆缘于不得不在多重外在压制和实际利益的驱使下屈从。首先，社会只有一种价值标准，不是正统就是反叛。从某种程度上说，洪秀全实际上也是被这种唯一性逼上反叛之路的。设若他在一个可以选择信仰的社会中，其内心中的反叛精神也可能无由膨胀。葛兆光先生用这种价值唯一性解释"以理杀人"，也很有说服力。其言："所谓'以理杀人'，就是在冠冕堂皇的政治、道德、人民的名义下，在看似高超普世的绝对真理中，挤压着其他话语的存在空间。于是，在官方提供的、看似无限的思想空间中，只有一种永远和绝对正确的思想，任何其他的思想话语，都已经被彻底剥夺了合法性与合理性。"③

---

① 葛兆光：《中国思想史》第二卷，复旦大学出版社，2000，第511～513页。
② 〔朝鲜〕朴趾源：《热河日记》，上海书店出版社，1997，第217页。
③ 葛兆光：《中国思想史》第二卷，复旦大学出版社，2000，第516页。

其次，知识分子进入社会的途径也是唯一的，即科举一途。这使众多渴求功名的人抛弃自由思想的要求，主动接受由利益分配者所要求的思想模式。"如果一个士人需要通过那个时代提供的唯一途径进入社会的话，他无论愿意还是不愿意，他必须从小就浸淫在看上去绝对真理似的理学话语中，接受这种训练，运用这种话语写作、考试并且发言，直到他获得政治权力的认可进入官场。"①

实际上，把社会的主流思想作为科举的主要内容，在一定程度上就使其失去了学术主流的地位。因为，考试的内容必然具有稳定性的特点，而学术思想是应该不断发展的；再者，考试是令人厌烦的过程，几乎所有参加考试的人都会对这些内容产生本能的抵制心理。一旦考试成功后，对这些内容就多会有一种避之唯恐不及的愿望。如沈家本在经过近二十年的努力终于考取进士后，深叹"为八比所苦"，并对终于可以抛弃使他备受煎熬的"理学"而感到兴奋。"当士人有了逃避这些公开的、官方的、主流的话语笼罩的机会，进入考据学的时候，其实已经有了一些逃遁的意味。他们在这种智力活动中，使知识逃避着对思想的支持，也在这种智力活动中，使自己逃避思想的不堪承受的审查与监督。这样，考据，尤其是以文字、音韵、训诂为手段对经典文本的历史考据，就逐渐成了一种风气，这种风气主要在士人生存空间较好的江南一带流行，并渐渐地影响及整个知识阶层。"②

任何一种学术思想或方法，不管其初衷如何，也不论其成就多大，一旦开始僵化，故步自封，注重形式过于内容，就必然会走向衰落。"宋学"如此，"汉学"也是如此。清代的"汉学"在出现了戴震这样的大师以后，开始逐渐衰落，成为几乎与思想剥离的、空洞的学术形式。在这种形式下，与社会距离最近的法律自然也不在其范围之中。从而使我们在其中很少能得到有关法律思想的线索。"在很长的时间里，所谓'考据学'在失去了有问题意识的考据取向后，手段逐渐成了目的，怀有某种自觉意图的考证变成了没有任何意图的考证。……它导致了清代学术和思想史上的这样一种现象：知识与思想剥离开来，使知识失去了思想性的追求，而思想也失去了知识支持，成了悬浮空洞的道德训诫。一面是看上去很确凿的很具体的文献学或语言学考据，一面是在习惯性地反复重申那些看似真理的教条。特别是当'汉学'与'宋学'被一些偏执的学者标榜出来，各自固执地坚持'考据'

---

① 葛兆光：《中国思想史》第二卷，复旦大学出版社，2000，第531页。
② 葛兆光：《中国思想史》第二卷，复旦大学出版社，2000，第535页。

和'义理'之后，这种分裂便日益造成了对思想和学术的伤害。"① 这种状况，清人自己也认识得很清楚。如凌廷堪称考据学是："搜断碑半通，刺佚书数简，为之考同异，校偏旁，而语以古今成败，若坐雾雾之中，此风会之所趋，而学者之所弊也。"

无论如何，"汉学"的兴盛对清代思想和学术的发展影响极大。特别是一些以考据为手段进行思想改造的大家不但为学术的革命做了知识上的必要积累，对思想层面本身也有巨大的建树。他们的工作为以后的中国思想之近代转型奠定了坚实的基础。比如，清代中叶的考据学家通过关键字词的考证，对主流政治意识形态进行迂回的挑战，他们从理学家最核心的"情"与"理"两个词语的重新清理开始，戴震就试图打通两端，其言："理也者，情之不爽失也，未有情不得而理得者也。"② 梁启超曾对考据的意义有所评述："经之至者道也，所以明道者辞也，所以成辞者字也。必由字以通其辞，由辞以通其道，乃可得之。"③

除纯粹的考证以外，许多学者对社会的许多实际问题也有所关注。如钱大昕从义理上对许多问题加以开放性的思考。其把中国历史上的混乱都归咎为"由上之人无以春秋之义见诸行事故尔"④。他还曾主张夫妇可以离婚，所谓"义合则留，不合则去，""去而更嫁，不谓之失节……不合而婚，嫁而仍穷……不必强而留之，使夫妇之道苦也"⑤。

可以说，具有思想性的考据工作，是"汉学"对清代学术的最大贡献。"当考据学一旦介入思想世界，并被用在思想经典的真伪辨析、关键词语的历史梳理上时，它在思想史上确实可以充当表达思想的方式。而当考据学一旦试图改变圣贤经典对世俗常识、古代知识对近代知识的绝对优先原则，重新确立是非真伪的判断理性时，它在思想史上确实隐含了革命性的意义。"⑥ 清代考据学是中国学术史上最为辉煌的一页，它的价值随着时间的推移会愈发显现出来。但毋庸讳言，其消极作用也是存在的。孟森先生说："乾嘉间天下贬抑宋学，不谈义理，专尚考据，其亦不得已而然耳。故清一代汉学极盛，正士气之极衰。士气衰而国运焉能不替。此雍、乾之盛而败象生焉者一也。……乾、嘉学者，宁遁而治经，不敢治史，略有治史者，亦以汉学家治

① 葛兆光：《中国思想史》第二卷，复旦大学出版社，2000，第536~537页。
② 戴震：《孟子字义疏证》卷上，中华书局，1961，第1页。
③ 梁启超：《戴东原先生传》，《梁启超全集》第七册，北京出版社，第4183页。
④ 钱大昕：《嘉定钱大昕全集》第九册，《潜研堂文集》卷七《答问四》，第83页。
⑤ 钱大昕：《嘉定钱大昕全集》第九册，《潜研堂文集》卷七《答问五》，第106页。
⑥ 葛兆光：《中国思想史》第二卷，复旦大学出版社，2000，第538页。

经之法治之，务与政治理论相隔绝。故清一代经学大昌，而政治之学尽废，政治学废而世变谁复支持，此雍、乾之盛而败象生焉者二也。"①

第三节　清代文字狱

文字狱对清代的学术、思想的发展影响极大。它既是导致汉学兴盛的重要原因之一，也影响了清代思想的流转与演变。同时，其本身也涉及一系列法律行为，并导致了多种法律后果。

一　清代文字狱的形成原因与种类

文字狱虽然被一般解释为"因文字贾祸之谓"，但实际上其情况是比较复杂的。满洲贵族夺得了全国的统治权以后，面临着种种尖锐而紧迫的矛盾，其中有：满洲统治者与以汉族为主体的全国各族人民的矛盾，满洲贵族和汉族地主阶级的矛盾，满洲贵族内部的矛盾，等等。清朝统治集团为了对付反抗的势力，巩固自己的统治，在政治、兵制、财政、法律、社会控制以及思想统治等各个方面，采取了一系列措施，逐渐把一切权力集中到中央政权手中，文字狱也是其中一种加强中央集权的重要统治手段。

就统治手段而言，文字狱实际是统治者思想控制的一种方法，它通过政治的、法律的手段对付对自己构成威胁的反抗势力。历朝历代兴起文字狱的基本原因在于统治者对潜在威胁的恐惧，清朝也概莫能外。清朝的统治者："惧人民之犹思故明，惧骨肉之相为诽谤，惧臣子之不复畏法。"其在防范上的重要手段就是在思想上实行严厉的镇压与钳制。清代的文字狱，对整合社会思想起到了一定的效果，对社会文化的导向有一定的引导作用。但其弊害也是极为严重的。孟森先生对此有极精辟的概括：清文字狱，"其弊至于不敢论古，不敢论人，不敢论前人之气节，不敢涉前朝亡国时之正义。此止养成莫谈国事之风气，不知廉耻之士夫，为亡国种其远因者也。"②

清代文字狱的种类繁多，清朝统治者以各种方式将"异类"思想归罪。孔立先生在对清代文字狱进行了全面的考察以后，把它们归纳为十种类型③：其一，私修明史，指斥本朝；以庄廷鑨私修明史案、戴名世《南山集》案为代表；其二，恃功不臣，怀有二心；以年羹尧案为代表；其三，

---

①　孟森：《清史讲义》，中华书局，2006，第307~308页。
②　孟森：《清史讲义》，中华书局，2006，第306页。
③　孔立：《论清代的文字狱》，《中国史研究》1979年第3期。

攀援门户，党翼诸王；乾隆曾指斥胡中藻："在鄂尔泰门下，依草附木，而诗中乃有'记出西林（鄂尔泰字）第一门'之句，攀援门户，恬不知耻"；其四，妄议朝政，谤讪君上；如查嗣庭"于圣祖仁皇帝用人行政大肆讪谤"，汪景祺"作诗讥讪圣祖仁皇帝，大逆不道"，等等；其五，隐喻讥讽，诋讪怨望；如浙江举人徐述夔的《一柱楼诗》中的"明朝期振翮，一举去清都""大明天子重相见，且把壶儿搁半边"，江苏诗人蔡显摘引前人咏紫牡丹诗"夺朱非正色，异种尽称王"，方芬的"乱剩有身随俗隐，问谁壮志足澄清"等文字引发的文字狱皆属此类；其六，诋毁程朱，倡为异说；谢济世注释经书，指斥朱熹的谬误，获罪于"自逞臆见，肆诋程朱"，陈兆安撰《大学疑断》，"违背朱注，崇奉谢济世"，也受到处罚；其七，妄为著述，不避圣讳；如乾隆年间河南祥符县民刘峨，刊印《圣讳实录》，本为告诫应考童生有关圣讳的注意事项，却由此而被处决；其八，捏造妖言，荒诞不经；如风水先生王道定写了一部《汗漫游草》，因其"字义隐跃差异，不知何指"，而被定了个"造妖言惑不及众"的罪名；其九，收藏禁书，隐匿不首；如方国泰收藏其高祖方芬的诗集，卓天柱等收藏其祖父卓长龄的诗集，祝洪收藏其祖父祝庭诤所著《续三字经》，都以此获罪受惩；其十，惑乱人心，潜谋大逆；其最著名的案件就是雍正年间的曾静谋逆案。

孔立先生还对康、雍、乾三朝的90个文字狱案件进行了分析：从行为主体来看，属于政府官员的有20起，属于各种生员的有43起，属于平民的有27起。在康、雍两朝，文字狱的打击对象主要是政府官员；而乾隆朝时期，这种打击对象有所改变，在76起有关文字狱的案件中涉及政府官员的案件只有8起，从中可以看出社会矛盾的变化情况。从案犯的态度来看，文字狱可以划分为四种类型：（1）完全拥护清朝统治的。涉案的人员或为歌功颂德、献媚求进而无意间误触禁区，或为君主的根本利益而直谏犯上，这一类案件大约占总数的1/6。（2）政治主张不明确，但无意反对清朝统治。如福建巡抚黄检私刻朱批奏疏，等等。这一类案件约占总数的一半。（3）对清朝统治者有某些不满之处，但没有抗清的行动。他们或对于某些政治措施或"钦定"的学术观点有不同的看法，通过著述发表自己的见解；或是对清朝统治感到不满，通过诗文抒发自己的怨情，这一类案件约占总数的1/3。（4）反抗清朝统治的。作者认为，在清初的文字狱案件中，只有曾静案是属于有言论、有行为的反满抗清活动的事例。①

---

① 孔立：《论清代的文字狱》，《中国史研究》1979年第3期。

二　清代文字狱举要

（一）方志编纂与文字狱

清朝把方志当作重要的辅治之书，康、雍、乾时已形成一种制度，举凡志局的人选、志稿的审查，乃至修志期限，都有明文规定。全国一统志由朝廷敕修，主持人都是殿宰重臣。成书后，史臣以稿本进呈，由皇帝亲自过目。乾隆中重修一统志，因全书卷帙浩繁，改为按省陆续进呈。皇帝对于一统志稿的审阅不但十分仔细，而且，根据当时政治目的的需要，在某些方面还刻意做些文章。如《清高宗实录》卷一〇二载：乾隆在审阅时指出"昨阅进呈一统志内，国朝松江府人物，止载王琏龄、王鸿绪诸人，而不载张照。其意或因张照从前办理贵州苗疆曾经获罪。又其狱中所题白云亭诗，语意感愤，经朕明降谕旨，宣示中外。因而此次纂办一统志，竟将伊姓氏、里居概从删削，殊属非常。张照不知朕办理其案之公衷，而反挟私怨怅，诚非大臣公忠体国精白一心之道。然其文采风流，实不愧其乡贤董其昌，即董其昌亦岂纯正之正人君子哉。使竟不登志乘，传示艺林，致一代文人学士，不数十年，竟归泯没，可乎？……总之，张照虽不得谓醇儒，而其资学明敏，书法精工，实为海内所共推重。瑕瑜不掩，公论自在。所有此次进呈之一统志，即将张照官秩、出处事迹，一并载入。其各省志书或有似此者，纂修诸臣皆宜查明奏闻补入，并通谕中外知之"。在这里，乾隆一方面表明其兴案出于公衷，并希望当事人在受罚之后应以公忠体国之心接受处罚而不能怀有私怨；另一方面，他表明修志不能以政治表现为唯一标准，而要以其人综合表现而论，公正评价其贡献。各省通志的纂修也受到极大的重视。皇帝也往往对省志的编订亲自过问。如雍正曾对李绂主修的《广西通志》提出严厉的批评："朕惟志书与史传相表里，其登载一代名宦人物，较之山川风土尤为紧要，必详细确查，慎重采录。……即如李绂修《广西通志》，率意徇情，瞻顾桑梓，将江西仕粤之人，不论优劣，概行滥入，远近之人皆传为笑谈，如此志书岂堪垂世。着各省督抚将各省通志重加修辑，务期考据详明，采摭精当，既无阙略，亦无冒滥，以成完善之书。"以上皇帝对于修志中的批评，还可以说是在正常范围内的公事公办，但在特殊情况下会形成某种类型的文字狱。在乾隆朝文字狱大兴之际，各地因修志而受到政治性迫害的事件屡有发生。傅贵九在《清代修志和文字狱》中列举了乾隆二十六年（1761）的余腾蛟被控修县志载讥讪诗词案，乾隆四十六年（1781）叶廷推纂修海澄县志获罪案，乾隆四十七年（1782）高志清沧浪乡志案。另外还有许多志书被禁毁，比如纂修《四库全书》时，"军机处奏准全毁"和"抽毁"的志书多达数十部。其中重要的有：《四镇三关志》，"查《四镇三关志》系明刘效祖等撰，书成于万历初年，其第十卷夷部，语多诬谬，应请抽毁"。《吴县志》，杨循吉纂，"查有违碍谬妄感愤语句，应请销毁"。《宁海志》，杨循吉纂，"查有钱谦益、沈德潜序文，并列龚鼎孳、金堡诸人姓氏，应请抽毁"。《房山县志》，摘尹嘉铨序。《望都县志》，列入应毁王锡侯悖妄书目。《九边图考》，列入外省移咨应毁书目。《云间志略》，何三畏撰，列入全毁书目。《东林书院志》，"查《东林书院志》……本标榜声色之书，中有指斥之处，应请销毁"。《丹霞山志》，"查《丹霞山志》系陈世英撰，志中多记金堡事迹，应请销毁"。此外还有《沙溪洞志略》《曹溪通志》《平山揽胜志》《黄山志》《扬州休园志》《辽东名胜志》等志书都在禁毁之列。由于文网严密、文字狱频繁发生，使得修志人束手束脚，对当代的史事多采取回避态度。如有些志书只修到清朝以前。个别地区的方志长期失修。①

（二）曾静—吕留良文字狱案②

此案在清代文字狱中是影响很大，涉及面极广的案件。此案肇始于雍正六年（1728 年），士人曾静遣弟子张熙往川陕总督岳钟琪处下书，策动其反清。案发后，雍正借此兴起大狱，主要惩治了受牵连的已故著名理学家吕留良。曾静初为秀才，后弃举业，教授生徒，人称"蒲潭先生"。他在给岳钟琪的信封上称岳钟琪为"天吏元帅"。信的主要内容，据岳钟琪转述，"其中皆诋毁天朝，言极悖乱，且谓宋武穆王岳飞后裔，今握重兵，居要地，当乘时反叛，为宋、明复仇等语。"根据曾静的著作《知新录》和其口供表述，他的政治观点主要为：1. 清世宗是失德的暴君，列举了雍正的十大罪状；2. 主张"华夷之分大于君臣之伦"，反对满族人的统治；3. 希望救世济民，即谋反的缘由是"百姓贫穷，只为救民起见。"雍正对于处理曾静案的基本方针，从一开始就定在借机剖清自己在继位等问题上的所作所为，并针对社会上的反清思想势力，找出根源，予以打击。他在岳钟琪的奏章上批道："朕览逆书，惊讶坠泪。览之，梦中亦未料天下有人如此论朕也，亦未料逆情如此大也。此等逆物，如此自首，非天而何，朕实感天祖之恩，昊天罔极矣。此书一无可隐讳处，事情明白后，朕另有谕。……卿可将冤抑处，伊从何处听闻，随便再与言之，看伊任何议论。"也就是说，要挖出曾静背后的思想根源。此后，由雍正亲自策划、岳钟琪实施的骗诱，终于导出了曾

---

① 参看傅贵九先生的《清代修志和文字狱》，该文考证论述了清代方志修订中所涉及文字狱的基本情况。

② 冯尔康：《曾静投书案与吕留良文字狱述论》，《南开学报》1982 年第 5 期。

静思想的来源处，即已故的吕留良。曾静对吕留良十分钦佩，甚至认为他应该做皇帝。在其《知新录》中，他称："皇帝合该是吾学中儒者做，不该世路上英雄做。"孔孟、程朱都是应该做皇帝的；而"明末皇帝该吕子做。"雍正据此认为要消除汉人的反清情绪，必须消除吕留良的影响，必须从思想上甚至肉体上清除"海内士子尊崇"的吕留良及其著述。在这种指导思想的支配下，他作出了对曾静案的处理决定。把曾静的投书谋反案转化到吕留良的文字狱案上。原案主犯曾静和张熙被释放，并成为他的宣传工具。而吕留良虽已去世，仍受到戮尸的酷刑。并且，同案受到牵连的人数之多，处刑之酷烈，是清朝的文字狱案中首屈一指的。

（三）有关精神病的文字狱

清代文字狱可以说到达了无以复加的酷烈，就连患有精神疾病的人也不能获得些许宽恕。近代各国刑法都规定精神病患者由于其无责任能力而不被追究刑事责任，中国古代法律制度中也对"痴呆""癫狂"者属于"十恶"以外的社会行为法外施恩，允许按律收赎。但在乾隆朝，以疯汉为犯罪主体的文字狱却层出迭见，踵接不断。据统计，乾隆朝发生的文字狱至少有130余起。而其中疯汉文字狱类型的有25起，约占总数的18%，比例相当大。其中有些案件竟直接由皇帝本人对案犯的精神状态加以定性。如在王肇基案中，乾隆根据犯人的口供、书词不得不承认案犯"竟是疯人而已"；在刘三元案中也认为"该犯丧心病狂之语，托诸梦呓，其疯颠似非尽由捏饰"。尽管有些案犯被认定的确是精神病患者，也不能就此免罪。上述刘三元，虽然被认定为真疯子，但最后也被凌迟处死。同样被比照大逆罪凌迟处死的还有王宗训，罪状是他自称庙中佛像曾言其"可为天下之王"。在乾隆朝25起疯汉文字狱中，案犯定为逆案的有13起，其中包括：丁文彬、刘朝乾、李雍和、王献璧、王宗训、王作梁、刘三元、梁三川、张毅、陈道钤、刘文德、赵九如、李连秀。这些案件的案犯一律依大逆罪凌迟处死，除个别由皇帝法外施恩不令缘坐外，其余的亲属俱拟斩或给付功臣之家为奴。此外，被判斩决或杖毙的案犯还有林时元、赵文言、王肇基、杨烟昭、刘裕后、柴世进六人。其处罚之酷烈，实为触目惊心。在案件的处理上，多不按律例的规定办理，惩处方式不依成法。大清律徒具空文，三法司形同虚设，参与论拟的大学士、九卿及封疆大吏等衮衮诸公不过是逢迎帝旨、唯唯诺诺而已。①

---

① 郭成康：《乾隆朝疯汉文字狱探析》，《清史研究通讯》1988年第2期；所谓疯汉文字狱是指涉案者是精神病患者的文字狱案。本节所述多引该文，特此言明。

（四）伪孙嘉淦奏稿案

乾隆朝被称为"盛世、郅治"，但其内部有着深刻的社会政治矛盾。"伪孙嘉淦奏稿案"就反映了这种矛盾激化程度。[①] 乾隆十六年前后，社会上秘密流传着一份伪托工部尚书孙嘉淦名义的奏稿。全稿长达万言，指斥乾隆皇帝失德，有"五不可解、十大过"，并遍劾几乎满朝的权贵重臣。伪稿被揭露后，乾隆下令追查。一年半之中，全国 17 个内地省部都发现有众多传抄者，辑捕人数达千人以上；因查办不力而遭申饬、降级以至革职拿办的督抚大员竟有十几名；乾隆皇帝为此案所发上谕，见诸实录的即有三万言之多。可以说，这是一个具有相当规模、相当影响的重大文字狱案。但是，此案在长时间中没有为史家所注目。如新中国成立前故宫所编《清代文字狱档》对乾隆六年至五十二年的大小文字狱收罗备至，独无此案，《清史稿》中也语焉不详，仅一带而过，且记述有误。其主要原因大约有两个：其一，缺少直接关于伪奏稿内容的史料，涉案文字材料大概已被销毁。如侍郎钱陈群曾上疏言追查事，乾隆皇帝即严饬其："不得存稿，如欲留以取巧沽名，将来别经发觉，并尔子将不保首领。"其二，此案的发生与结束，并未形成一个完整过程。头绪迷离、真假混杂，也使后人难以对其作明了的记述。根据学者研究考证，伪奏稿的基本内容是：（1）指斥、反对乾隆南巡；（2）指斥乾隆冤杀张广泗，为其鸣冤；（3）"遍劾重臣"。通过以上研究，研究者指出，"伪孙嘉淦奏稿案"反映了乾隆朝前期社会阶级矛盾向尖锐化和普遍化发展。

文字狱摧折了人们的精神，禁锢了人们的思想，但由于迫于清政府的政治压力，清代的知识分子对此都心有愤懑而口不敢言。直至晚清变法之时，才有人对此加以抨击。如章太炎就曾说："况于廷杖虽除，诗案史祸，较诸廷杖毒螫百倍。康熙以来，名世之狱，嗣庭之狱，景祺之狱，周华之狱，中藻之狱，锡虞之狱，务以摧折汉人，使之禁不发语。"

第四节　传统律学的发展

一　清代律学发展的基本情况及意义

清代可以说是传统律学之集大成时期，也是中国历史上私家注律的鼎盛

---

① 陈东林、徐怀宝：《乾隆朝一起特殊文字狱——"伪孙嘉淦奏稿案"考述》，《故宫博物院院刊》1984 年第 1 期。

阶段。由于清律是从明律继承而来的，所以，明代的律学对于清代律学的产生和发展影响极大。其中以王肯堂所著《大明律附例笺释》最具影响力。清朝的立法体制与律例关系的复杂化，也推动了注律的兴起。由于例的数目不断膨胀，如康熙初年例321条，雍正三年815条，乾隆二十六年1456条，同治九年为1892条。需要律学家从法理上进一步阐述律例的关系，明确其定位。同时通过对例的笺释，澄清例的变革源由、排列出变动的顺序、阐明增删的内容，这对于执法断案有很强的指导作用。如薛允升在《读例存疑》中对律例关系的表述非常清晰："律为永久不变之根本法，例为随时变通之细目法。"

从学术意义上而言，考据之学的兴盛也必然影响到清代的律学。在清代律学的系统中，以考证为特点的注律著作，成为一个重要的组成部分，也可以说是清代律学成就最大、对后代学者影响最深的学术成果。它致力于考证条文的沿革变化，探源溯流，通过历史的钩沉遗缺、参校得失，阐释立法的原意及变动的因由，使"用法者寻绎其源，以明律例因革变通之理。"考证律学的代表作有吴坛的《大清律例通考》、薛允升的《读例存疑》、蒋廷锡的《详刑典》、夏敬一的《大清律目附例示掌》和沈家本的《历代刑法考》等等。

清代律学由于针对性强，始终着眼于实际，并且多为司法实践的总结，其成果对于立法者具有启迪作用，增强了官民对于律例的理解，也使得律文更具有可操作性，所谓"阐发律例中之精髓，而听狱者得资以为观指。"在一定程度上起到了改进立法、改善司法和促进法制建设的作用，也成为近代法律思想的重要学术渊源。

晚清的法制变革也使得传统的律学必须向现代的法学转型。刘坤一、张之洞在《会奏变法事宜第一折》中就提到改革学校教育，讲授和学习"外国律法学"，开始了传统律学的现代转型，而这种转型的关键人物是沈家本。他创办了京师法律学堂，为造就新型法律人才贡献颇多。可以说，传统律学正是在这位最后的律学大师手中终结的。沈家本是一位熟悉中国古代法律，并在一定程度上给予批判总结的律学大师，他的《历代刑法考》等律学著作是清代律学的代表作，也可以说是中国传统律学的封顶之作。

二　清代律学的形式与特点

明清以后，封建经济、文化的发展为法律解释方法的完备提供了客观上的便利。法律解释在借鉴历代经验的基础上，根据时代的需要，走上了一条独立发展、以倡导法律的实用为目的的道路。其中私人注律成为律学发展的主流，几乎大多数比较严格的律学著述均以私家注律形式出现。据学者研究统计，终清一代，私家注释《大清律例》的释本有百余家，130 多种。其中，在清代影响较大，对清律的修订、变革有直接影响并被广泛适用于司法实践的释本就有 60 余种。这些释本注释方法不同，形式多样，有辑注、笺释、统筹集成、通考、根源、图说、律表、歌诀等。此外，各类释本的注释原意也不尽一致，有立意于注释律例条文、疏解律意、阐发立法主旨的辑注类释本，如《大清律例辑注》《大清律例集注》《大清律笺释合抄》等；有立意于考竟源流、探求律例的历史因革和变化的考证类释本，如《大清律例通考》《大清律例根源》《读例存疑》等；有专为初入仕或初入刑幕者编写的实用性很强的司法指导类释本，如《详刑要览》《刑钱指南》《驳案新编》《刑案汇览》《详刑古鉴》等；有为方便使用者记诵、查阅而择取常用的律例条文编纂成的便览类释本，如《大清律例便览》《读律提纲》等；还有为使律例条文简明易懂，而将全部律例条文简绘成图表形式的图表类释本，如《律例图说》《名法指掌》《律例掌珍》等。这些形式的多样化，显示了清代私家注律活动的特点。其一，普遍性。私家注律在清代得到了朝廷的默认和地方官府的认同与提倡，从而成为一个全国性活动。其二，阶段性。从清初至乾隆中期，注律活动处于发展阶段，乾隆中期以后，进入鼎盛时期，一直延至清末。其三，体例多样化。清代注律的多样性，是以往律学所不能及的。①

《大清律例》私家释本的大量涌现和在司法实践中被广泛地适用，对清代法制产生了巨大影响。（1）对立法的影响。清朝在修律时，很重视律学家对《大清律例》的注释，在一定范围内，赋予其相当的法律效力。康熙二十八年（1679），律例馆总裁张玉书在呈《大清律集解附例》奏疏中称："律文仿自唐律，辞简意赅，诚恐讲晰未明，易致讹误，臣等汇辑众说，于每篇正文前增用总注，疏解律义，期于明白易畅，使人易知。"雍正五年颁布的《大清律例集解》，每条律文之后的总注，多辑录名家解说。乾隆五年最后定稿的《大清律例》，删除了律后总注，原总注中的一些私家释文上升为正式律条，另外一些则被定为正式的司法审判参照。乾隆五年，律例馆总裁三泰在进呈《大清律例》奏疏中言称："律文后大字总注，虽亦原本《笺释》、《辑注》等书……其中有于律义有所发明，实可补律之所不逮，则竟别立一条，著成例，以便引用。"（2）对司法的影响。私家释著对清代的司法审判活动影响十分重大，特别是《集注》《辑注》《全纂》和《增修统筹

---

① 何敏：《清代私家注律及其方法》，《法学研究》1992 年第 2 期。本节多采其说，特此言明。

集成》等释本对清代司法活动具有十分重要的指导意义。各地刑署衙门乃至刑部，总是将这几种释本与《大清律例》并置，审理案件时，互相参照使用。尤其是当律例条文规定不明确时，多以私注观点为断案依据。甚至在《辑注》等释本的观点和律例条文稍有歧异或相悖时，司法官也常引私家观点而破律。此类案例有许多。（3）协调全国法制机器的运转。作为王朝统一法典的《大清律例》在司法实践中常遇到种种阻碍。原因为：其一，广阔的疆域、不同的民族风俗、经济的差异都造成了适用法律上的实际不统一；其二，各民族的民族意识各异，特别是各地的宗族法在不同程度上制约了司法审判活动；其三，地方各级官府的地方保护性，也是造成司法不统一的重要原因。针对这种情况，各地官府在律例基本精神和原则的制约下，对律例采取一些变通解释的方法，使其更适合本地区社会经济、文化发展状况的需要，从而更好地使全国法制的统一与各地的实际情况有机地结合起来，形成了封建法制的协调机制。有关学者通过对一百多种《大清律例》的私家释本进行了考证和整理，归纳出其解释法律的方法主要有以下几种：（1）法律术语的规范性解释。对法律术语进行规范性解释，自晋张斐注释晋律始，至明朝已较为完备，发展到清朝，更加纤悉备至。而清人重视从司法适用的角度进行解释，更加具有实用性。（2）互较解释。比较各家观点，提出自己的见解，是清人在释律中常用的手法。（3）限制解释。指对法律规范的文字含义加以限制性说明。（4）扩大解释。指对法律规范所作的广于其文字含义的解释。（5）类推解释。即《大清律例》中的"比附原引"，是对条文中没有直接规定的事实，援引律例中最相类似的条款进行比附解释。（6）判例解释。用判例（成案）解释《大清律例》，自《大清律例汇纂》始，乾隆中期以后，私家释著多在注释、疏解律例条文后，引用判例阐释律条。清代私家在注释《大清律例》方法上，具有以下特点：第一，法律解释方法力求纤悉备至。律学家们刻意求索一字、一词、一句的特定含义和内在联系，以及不同的字、词在不同罪名中的特定解释。同时，还融音韵学、文字学、训诂学和法学知识于一体，并辅之以实例加以深化，使得法律解释形象、生动。第二，通过释律进一步阐发律文中所包含的立法精神和法律原则。第三，注释手段多用列举方式，注重寻求法典的历史沿革和现实生活之间的密切联系，从法典的逻辑结构、法律术语的概念及每一罪名和罪状的内涵和外延方面，作深层的揭示。第四，解释方法具有明显的阶段性。乾隆中期以前，以法律术语的规范性解释、互较解释、限制解释、扩大解释和类推解释为主；其后，则以判例解释的比例加重为特点，以此解决法律的稳定性和现实生活的变异性之间的矛盾。第五，释律家们善于用互较解释的方法，对法典中一些有争议的观点和各家注释的不同的释语进行对比，加以评注和鉴别。第六，体现了释律家们的"纲常名分"和"恤刑"思想。①

第五节　西方的渐入

1633 年，有一位信奉西教最笃的浙江人朱宗光，他写过两篇文章，一篇推崇西方文物军政，一篇阐扬基督教义。其言："太西诸国原不同于诸蛮貊之固陋，而更有中邦所不如者。道不失遗，夜不闭户，尊贤贵德，上下相安，我中土之风俗不如也；天载之义，格物之书，象数之用，律历之解，莫不穷源探委，我中土之学问不如也；室室皆美石所制，高者百丈，饰以金宝，缘以玻璃，衣裳楚楚，饮食衍衍，我中土繁华不如也；自鸣之钟，照远之镜，举重之器，不鼓之乐，莫不精工绝伦，我中土之技巧不如也；荷戈之士，皆万人敌，临阵勇敢，誓死不顾，巨炮所击，皆使坚城立碎，固垒随移，我中土之武备不如也；土地肥沃，百物繁衍，又遍买万国，五金山积，我中土之富饶不如也；以如是之人心风俗，而鄙之为夷狄，吾惟恐其不夷也。"② 对于西方，在清代的中期已有一些知识分子有较清醒的认识，他们认为，对西方不能一概以夷狄视之。赵翼曾指出：西洋"其人东来者，大都聪明特达之士，意专传教，不求利禄，所著书多华人所未道"。并对世界性宗教的影响有较正确的认识，他称在世界范围内"佛教所及最广，天主教次之，孔教、回回教又次之"。

1799 年，著名学者阮元编成了《畴人传》并作了序文，这部书实际思考了明末清初以来西洋知识所带来的挑战，以及民族和国家、腐败和衰弱的问题。也表达了对来自西方之新的认识。"不过也许我们更需要注意的是，这部在言辞中仿佛总是要表现中国知识传统对西洋新知的自负和蔑视的书里，恰恰隐隐地体现了面对西洋知识的中国知识界心底忧患。它由当时被公认的学界领袖阮元支持编撰，又经过钱大昕、凌廷堪和焦循的印正和审订，而这些后世一直被认为是正宗考据专家的学者，在 19 世纪初，是否对传统的中国思想世界，已经有了一些新的想法和一些新的思路呢？"③

---

① 何敏：《清代私家注律及其方法》，《法学研究》1992 年第 2 期。
② 郭廷以：《近代中国史纲》上册，香港中文大学出版社，1986，第 26 页。
③ 葛兆光：《中国思想史》第二卷，复旦大学出版社，2000，第 572～573 页。

可惜，这种认识未能为当时所重视，中国社会的知识分子也未进行更深一层的思考。1838 年（道光十八年），裨治文在《美理哥合省国志略》的序文中称："华人不好远游，致我西国之光彩规模，渺无所见，竟不知海外更有九州。"1853 年（咸丰三年），慕维廉在《地理全志》的英文序文中批评以中国为首的东方国家，以自我为中心，以他国为边夷，阻碍了与世界的交往。并称："中华为天下一隅，昔之文士不能深探其秘。"甚至，1874 年（同治十三年），《万国公报》所载之《耶稣会士致中国书》中尚要为西方人之为人而申辩："余西国人，亦人也，非鬼非蜮，有身体，有骨肉。余非有十里之长牙，望影吞噬；余目非火团，能发电气，崩山压人。"① 美国历史学家柯文称："在 1800 年，中国人认为自身就是世界，认为可以环抱世界，直到 1840 年，这种感觉仍然存在，但到 1900 年，这种感觉则消亡了。"②

尽管中国的封建王朝统治者采取了闭关锁国的政策，但世界文化的交流与融合是不可避免的。事实上，自明朝以来，西方的宗教、文化和科学技术已通过各种方式传入了中国。其中，基督教的传教士是进行这种科学文化输入的主要传播者。16 世纪以来，西方的一些传教士，如著名的利玛窦就到中国传教。他们在传教之余，通过译书和著述，传播了西方的科学技术和人文科学知识，使一些中国人对数学、物理学、化学、地理学、天文历算学等近代的自然科学有了基本的了解。同时也向西方介绍了中国的基本情况。一些开明的知识分子对于这些新型的知识也采取了接受的态度，如徐光启、李之藻、王徵、黄宗羲、方以智、刘献庭等人就是其中的典型代表人物。其中，徐光启与利玛窦共同翻译了古希腊数学名著《几何原本》，他还述编了《泰西水法》（熊三拔著）；李之藻与利玛窦合著了《同文算指》（输入中国的第一部欧洲笔算著作）和《圜容较义》（介绍天体形状、天体运行、地圆说等内容）。此外，早期传入的西学重要著述还有艾儒略著译的《职方外纪》（杨廷筠记）、《西学凡》《西方问答》；汤若望编的《远镜说》；南怀仁编撰的《坤舆全图》《坤舆图说》；徐朝俊（徐光启五世孙）编撰的《天学入门》《海域大观》《日晷测时图说》等。

到鸦片战争前，西学的渐进虽然仍是小范围和缓慢的，但通过多年的积累，近代科学的基本知识已大多传入中国。1811 年，英国传教士马礼逊编

---

① 《万国公报选》，生活·读书·新知三联书店，1998，第 4 页。
② 〔美〕柯文：《在传统与现代性之间：王韬与晚清改革》，雷颐等译，江苏人民出版社，1995。

写的《神道论赎救世总说真本》在广州出版，这是新教传教士在中国出版的第一本中文读物。此举被认为是"揭开晚清西学东渐的序幕"。此后，到1842年，鸦片战争结束，马礼逊等传教士共出版了中文图书和刊物138种，其中属于介绍世界历史、地理、政治、经济等方面知识的有32种，如《美理哥合省国志略》《贸易通志》《察世俗每月统记传》《东西洋考每月统记传》等。这些书刊，成为日后林则徐、魏源、梁廷楠、徐继畬等人了解世界情况的重要资料。在此期间，传教士还在中国开办了第一个中文印刷所，第一所对华人开放的教会学校，第一家中文杂志，编写了第一部英汉字典。

西学东渐为中国近代法律思想的形成和发展创造了必要的条件。它使得最初的求变思想家得以接触到了初步的西学知识，使他们"睁开眼睛看世界"有了必要的理论基础，为他们形成自己的思想体系提供了基本的素材；也为以后的几代思想家提供了中学以外的知识，特别是有关法治、宪政的介绍对中国近代法治近代化助力甚多。

第二章
鸦片战争时期的"求变"思想

第一节　鸦片的输入与鸦片战争

鸦片战争被认为是中国近代史的开端,其对中国社会影响甚大,论述中国的近代法律思想也必以之为起点。

一　鸦片的输入与"弛""禁"主张

19世纪以降,日益猖獗的鸦片贸易对中国社会造成极大的危害。其主要表现在经济和社会两个方面。在经济方面,鸦片贸易使白银大量外流,令清王朝在财政上出现危机;在社会方面,吸食鸦片使社会风气败坏,也势必导致国民素质大为下降。朝廷和士大夫阶层对此十分忧虑,他们对鸦片的危害在认识上是一致的,但如何应付这种情况,当时的意见并不统一,其对策不外乎两种:"弛"与"禁"。

(一)许乃济的宽弛说

在严禁成为主流以前,主张宽弛者也有不小的市场,其代表人物是许乃济。1836年(道光十六年)4月27日,许乃济上奏朝廷,在对鸦片的危害及根源,以及相关的情况进行了分析后,他提出对鸦片的危害要用宽弛的方法加以控制。其奏曰:"奏为鸦片烟例禁愈严,流弊愈大。应亟请变通办理,仰祈圣鉴,密饬确查事:窃照鸦片本属药材,其性能提神、止泻、辟瘴。见明李时珍《本草纲目》,谓之阿芙蓉。惟吸食既久,则食必应时,谓之上瘾。废时失业,相依为命。甚者气弱中干,面灰齿黑,明知其害而不能已。诚不可不严加厉禁,以杜恶习也。

"查鸦片……乾隆以前,海关则例,列入药材项下,……其后始有例禁。嘉庆时初,食鸦片者,罪至枷杖,今递加至徒流、绞监候各重典。而食者愈众,几遍天下。……嘉庆时,每年约来数百箱,近年竟多至二万余箱,每箱百斤。……岁耗银总在一千万两以上。夷商向携洋银至中国购货,沿海各省民用,颇资其利。近则夷商有私售价值,无庸挟赍洋银。遂有出而无入矣。……以中原易尽之藏,填海外无穷之壑,日增月益,贻害将不忍言。"他提出,禁止吸食鸦片,历朝均同,且法律惩罚的力度在不断加大,但成效不大,且有愈演愈烈之势。

他说:"或欲绝夷人之互市,为拔本塞源之说。……贩鸦片者,止英吉利耳。不能因绝英吉利,并诸国而概绝之。濒海数十万众,恃通商为生计,又将何以置之?且夷船在大洋外,随地可以择岛为廛,内洋商船,皆得而至,又乌从而绝之?……是虽绝粤海之互市,而不能止私货之不来。"对于欲想靠禁绝与夷人贸易而拔本塞源的意见,他认为不太现实,他认为禁绝夷人贩卖鸦片,就现有的条件而言,难以杜绝。

"或谓有司官查禁不力,至令鸦片来者日多。然法令者,胥役、棍徒之所藉以为利。法愈峻,则胥役之贿赂愈丰,棍徒之计谋愈巧。……此等流弊,皆起自严禁以后。"他认为,因为利益所在,许多不法之民甘愿铤而走险。查办越严,贩卖鸦片的获利就越大。从而,严禁的结果是适得其反。

"究之食鸦片者,率皆游惰无志,不足轻重之辈,……今闭关不可,徒法不行,计惟仍用旧例,准令夷商将鸦片照药材纳税,入关交行后,只准以货易货,不得用银购买。夷人纳税之费,轻于贿赂,在彼亦必乐从。洋银应照纹银,一体禁其出洋。……或疑弛禁于政体有关,不知觞酒袚席,皆可戕身,附子乌头,非无毒性,从古未有一一禁之者。且弛禁尽属愚贱无职事之流,若官员、士子、兵丁,仍不在此数,似无伤于政体。而以货易货,每年可省中原千余万金之偷漏,孰得孰失,其事了然。……因见此日查禁鸦片流弊,日甚一日,未有据实直陈者。臣既知之甚确,曷敢雍于上闻?……再,臣更有请者。……今若宽内地民人栽种罂粟之禁,则烟性平淡,既无大害,且内地之种日多,夷人之利日减。迨至无利可牟,外洋之来者自不禁而绝,……庶外洋无奇可居,而夷船之私售鸦片者,久之可以渐绝。此亦转移之微权。是否可行,合并陈明请旨。谨奏。"[1]

许乃济认为,那些吸食鸦片者都是些"游惰无志,不足轻重之辈",他们自甘堕落,不足为惜。只要官员、士子、兵丁不吸食,对于国家也没有什么损害。如果只是为了减少白银外流,不如弛禁征税,增加国家收入,甚至可以引入种植,以减少鸦片非法贸易带来的危害。

---

① 齐思和等编《鸦片战争》(一),上海人民出版社,2000,第449页。

许乃济上奏后，道光皇帝下令广东官员议覆，虽有两广总督邓廷桢等人表示赞同，但反对者更众。

除弛禁之说外，亦有操模棱两可之说者，如卢坤奏言："总之，势成积重，骤难挽回，屡经周咨博采，有谓应行照昔年旧章，准其贩运入关，加其税银……有谓应弛内地栽种罂粟之禁，使吸食者买食土膏……其说均不为无见。然与禁令有违。"①

（二）严禁派的主张

1837 年初，许球在其奏章中力持禁绝，其曰："弛鸦片之禁，即不禁其售，又岂能禁人之吸食？若只禁官与兵，而官与兵皆从士民中出，又何能以预为之地？况明知为毒人之物，而听其流行，复征其税课，堂堂天朝，无此政体。臣愚以为，与其纷更法制，尽撤藩篱，曷若谨守旧章，严行整顿？自古制夷之法，详内而略外，先治己而后治人。必先严定治罪条例，将贩卖之奸民，说合之行商，包买之窑口，护送之蟹艇，贿纵之兵役，严密查拿，尽法惩治。而后，内地庶可肃清。若其坐地夷人，先择其分住各洋行，著名奸猾者，查拿拘守，告以定例，勒令具限，使寄泊零丁洋、金星门之趸船，尽行回国，并令寄信该国王。鸦片流毒内地，戕害民生，天朝已将内地贩卖奸民从重究治，所有坐地各夷人，念系外洋，不忍加诛。如鸦片趸船不至再入中国，即行宽释，仍准照常互市。倘若前私贩，潜来勾诱，定将坐地夷人正法，一面停止互市。似此理直气壮，该夷不敢存轻视之心，庶无所施其计俩。"② 许球之议光明正大，其"况明知为毒人之物，而听其流行，复征其税课，堂堂天朝，无此政体"之论，可谓掷地有声。同时，他也顾及到对外关系，可以说是有理有据，难以反驳。

许球的奏章在当时影响极大，"从此以后，不但无人再敢倡弛烟禁之说，且以后林则徐之类之禁烟办法，多本于此"③。

在林则徐之前，持严禁之说最坚决者是黄爵滋④。其于 1835 年（道光十五年九月初九）即上《敬陈六事疏》，其中主张筹海防、禁绝鸦片，其言："臣窃谓，夷人性情，本难恩感，当以威制。我示之弱则彼强，我示之强则彼弱。我畏其生事则彼益好事，我不畏其生事则且帖然无事。且如英吉利夷，远隔重洋四万余里，多寡之势，主客之形，彼何恃而不恐，我何为而不奋？然所以威制之道，不在临时之张皇，要在平日之振作。臣闻沿海水

---

①　茅海建：《天朝的崩溃》，生活·读书·新知三联书店，1995，第 29 页。

②　齐思和等编《鸦片战争》（一），上海人民出版社，2000，第 453 页。

③　齐思和等编《鸦片战争》（一），上海人民出版社，2000，第 453 页。

④　官拜鸿胪寺卿，道光皇帝称其"遇事敢言"。

师，率皆老弱无用，军器率多残缺，并不修理。又战船率用薄板旧钉，遇击即破。并不计及夷船之凶利坚固，作何抵御？似此废弛，何以肃边威远？应请饬谕沿海督抚提镇大臣，认真操练水师，修理军器战船。费用一归实落，方为有备无患。再臣查粤海关之税，所入者不过百万，而鸦片烟之银，漏出外洋者，不下二三千万。以无用有害之物，毒中国之人，而又竭中国之财。夷计之狡，莫甚于此。而屡禁不绝者，则皆汉奸为之也。臣闻近来广东抢劫大案，大半以搜查鸦片为由，各关亦以搜查鸦片为名，实则需索客商。……臣愚谓，欲截其流，但塞其源。应请皇上饬谕两广总督，责成水师提督，严查大屿山之屯船，及转运之快蟹、交易之窑口。悉籍其党，立置重典。一面檄知该夷国王：嗣后夷船不准装载此物，如违即照汉奸治罪。若不如此严禁，臣恐此患竟无底止矣。"[1] 黄爵滋之奏言，以塞源为主要办法，力主严厉打击外夷鸦片贩运者。且将这种行动上升到国家战略高度，认为这是外国害民竭财，祸害中国之伎俩，必须重典惩治，以绝后患。同时，他也提到中国的海防薄弱，水师疲软，战船薄板旧钉，遇击即破，主张要筹备海防，可谓有远见卓识者。

第一次上疏以后，由于效果不显著，1838 年（道光十八年四月初十），黄爵滋再次上疏，此即为著名的《请严塞漏卮以培国本折》，与三年前严防海口的主张不同，这次，他痛陈鸦片的危害，对禁绝鸦片的种种问题提出了自己的见解。他从国家的经济状况论起，认为眼下银价大涨的原因是"非耗银于内地，实漏银于外夷也"。其称："盖自鸦片流入中国，我仁宗睿皇帝知其必有害也，特设明禁，然当时臣工亦不料其流毒至于此极。使早知其若此，必有严刑重法，遏于将萌。……道光三年以前，每岁漏银数百万两。……自道光三年至十一年，岁漏银一千七八百万两；自十一年至十四年，岁漏银二千余万两；自十四年至今，渐漏至三千万两之多。此外，福建、江、浙、山东、天津各海口，合之亦数千万两。以中国有用之财，填海外无穷之壑。易此害人之物，渐成病国之忧。日复一日，年复一年，臣不知伊于胡底。……若再三数年间，银价愈贵，奏销如何能办？税课如何能清？设有不测之用，又如何能支，臣每念及此，辗转不寐。

今天下皆知漏卮在鸦片，所以塞之之法，亦纷纷讲求。或谓严查海口，杜其出入之路，固也。……或曰禁止通商，拔其贻害之本，似也。……或曰查拿兴贩，严治烟馆，虽不能清其源，亦庶可遏其流。……或又曰开种罂粟之禁，听内地熬烟，庶可抵挡外夷所入，积之渐久，不至纹银出洋。……

---

① 齐思和等编《鸦片战争》（一），上海人民出版社，2000，第 462 页。

　　然则鸦片之害，其终不能禁乎？臣谓非不能禁，实未知其所以禁也。夫耗银之多，由于贩烟之盛，贩烟之盛，由于食烟之众。无吸食自无兴贩，则外夷之烟自不来矣。今欲加重罪名，必先重治吸食。臣请皇上严降谕旨：自今年某月某日起，至明年某月某日止，准给一年期限戒烟。虽至大之瘾，未有不能断绝。若一年之后，仍然吸食，是不奉法之乱民，置之重刑，无不平允。……

　　伏请敕谕各省督抚严切晓谕，广传戒烟药方，毋得逾限吸食。并一面严饬各府州县清查保甲，预先晓谕居民，定于一年后，取具五家邻右互结。仍有犯者，准令举报，给与优奖。傥有容隐，一经查出，本犯照新例处死外，互结之人，照例治罪。……庶几军民一体，上下肃清。……如是则漏卮可塞，价银不至再昂。然后讲求理财之力，诚天下万世臣民之福也。……"① 黄爵滋的这道奏章，较之前次，更为具体，对鸦片造成的危害，分析得细致透彻，令人震惊。同时，对于禁绝鸦片，他提倡不但要塞源，也要截流。

　　黄爵滋的奏章对朝廷触动甚大，道光皇帝下旨令大臣提出具体意见。"谕内阁：黄爵滋奏《请严塞漏卮以培国本》一摺，著盛京、吉林、黑龙江将军，直省各督抚，各抒所见，妥议章程，迅速具奏。"②

　　诏谕下达后，陆续有 29 个将军督抚呈奏了他们的复议摺。其中同意对吸食者处以极刑为 8 人，其分别为湖广总督林则徐、两江总督陶澍、属四川总督苏廷玉、湖南巡抚钱宝琛、安徽巡抚色卜星额、湖南巡抚桂良、江苏巡抚陈銮、东河总督栗毓美。其中林则徐对严禁主张最主赞成，并成为严禁派的首领。

二　鸦片战争前中国在对外关系中的态度

　　当西方工业革命使欧洲国家进入工业化时代以后，其国家与社会的性质已发生了实质性的变化。由此，也导致了世界范围的国际关系的变化。这种变化完全是一种单向性的变化，以至于与其接触的其他地区国家感到极不适应。其一，在以往的国家间关系上，基于平等国家主体间的关系极为单纯，相互之间少有利益上的要求；而不平等的国家主体间一般有"上国"与"下国"的区别，其相互之间或有领土要求，或以朝贡体制以维持其相互间关系。其二，在国家间关系中，其交往的主体一般仅为国家（政府），而个

---

　　① 齐思和等编《鸦片战争》（一），上海人民出版社，2000，第 463～466 页。
　　② 齐思和等编《鸦片战争》（一），上海人民出版社，2000，第 466 页。

人在其中的影响很微弱。而在新的国家关系中，商业利益的求得成为主要的内容；而且个体性利益集团对国家间关系会起到决定性的影响。当时，包括中国在内的许多国家对于这种变化几无所知，这使它们在与西方国家的交往过程中出现极大的偏差，以至于影响其自身的种种应对措施。

1793 年、1826 年，英国先后派遣马戛尔尼（George McCartney）、阿美士德（William Pitt Amherst）来华。其目的在于建立外交与通商关系。而清政府依照天朝制度，将其当作"英咭唎贡使"来接待，结果不欢而散。①

天朝制度，是一种以"上国"的身份对待"下国"的朝贡体制，其形成源于中国历史上形成的对外关系。在中国历史上，中国虽然屡遭外族入侵，并被其征服。但入主的外族，无不是生产力落后，政治制度、文化形态远未达文明程度的游牧民族。故而，中国的制度与文化未受到过真正的冲击，其"上国"的地位也未曾有过动摇。即作为国家形态而言的中国一直处于领先周边国家的状态。

当 16 世纪西方人初至时，中国仍是世界上最发达的国家之一。17、18世纪，康熙和乾隆朝的文治武功，使中国进入一个新的盛世。即使是在 18世纪英国工业革命前，中国的社会生产力仍不低于西方国家，生产总值也远远超过之。但"至鸦片战争前夕，中国确确实实是落后了。但是，由于文化背景的不同，英国最先进的事物，经过儒家教义的折光，顿时变为最荒谬不堪的东西。君主立宪，在皇权至上面前，有如大臣擅权；经商贸易，在农本主义面前，显为舍本求末；追逐利润，在性理名教面前，只是小人之举；至于女王主位、男女不辨，更是牝鸡司晨之类的'夷俗'；即便令人兴叹的西方器物（钟表、玻璃、呢羽等），享用赏玩收藏之余，仍可斥之为'坏人心术'的'奇技淫巧'。无怪乎通海 200 余年后，中土的官僚士子们并未折服于西方，反坚信于中华文物制度远胜于'西夷'，尽管他们在一个事实方面已经达成了共识：西方'船坚炮利'"②。

的确，当时的中国士大夫阶层，对于这种本质上的变化，实在是浑然不知。即使在鸦片战争爆发后，他们的这种认识仍没有改变。如琦善到广东后奏言："而今之在粤者，名为兵目，尤为野蛮之人，礼义不知，廉耻不顾，皆得在场惟（为）所欲言，纷纷藉藉，无非扛帮，肆其鬼域技俩。既不能以理谕，亦难以情遣。"③

---

① 有关内容，请参阅法国人佩罗菲特所著之《停滞的帝国》，生活·读书·新知三联书店。
② 茅海建：《天朝的崩溃》，生活·读书·新知三联书店，1995，第 7 页。
③ 茅海建：《天朝的崩溃》，生活·读书·新知三联书店，1995，第 8 页。

琦善在致义律照会中，也表现出相当的傲慢："查贵国来此通商，迄今二百余年，从无龃龉。只缘不肖商人夹带烟土，至绝贸易。本年贵国前来乞恩，事在情理。乃先占据定海，本不能不上干天怒。特缘本大臣爵阁部堂前往天津时，叠奏贵国情词恭顺，方简派本大臣爵阁部堂来此查办。否则大皇帝抚有万邦，人稠地广，添船添炮，事有何难？岂有因此定海一县，遽肯受人挟制之理？本大臣爵阁部堂之所以叠次照会嘱令交还定海者，亦正欲显有恭顺实迹，以便代恳恩施，冀行久远。兹犹喜贵公使大臣自天津以来，尚无滋扰，本大臣爵阁部堂方敢允为代奏。倘其间稍失恭顺，本大臣爵阁部堂已先获陈奏不实之咎，自顾不暇，焉能再为贵国筹画？而贵国既欲通商，若非处处恭顺，俟奉大皇帝恩旨准行，贵国有岂能安然贸易乎？事须从长计议，未可专顾一面。"① 这种居高临下的姿态在今天看来实在有可笑之处，但在当时却很自然。以"天下共主"的身份对待远国蛮夷，这种态度已经很是怀柔了。而若要使其抛弃这种观念，实非自身认识能力所能达到。

> "从世界历史来看，'天下共主'的观念并非中国独有。在欧洲和西亚，大帝国的君主都曾宣称自己是'天下共主'。这在地理大发现之前的时代是不新鲜的。中国的问题仅在于没有意识到，随着地理知识的增长，应该抛弃这种错误观念，反而千方百计地加以修补。至清代，这种'天下共主'的观念已经是漏洞百出，但统治者为了统治的需要，仍坚持不放。"②

从以上引述中可以看出，鸦片战争的最终爆发，虽然以鸦片贸易为导因，但实质上是国家关系的一种重新定位，是世界文明形式之间的一种碰撞，是不同社会制度的一种交锋，是新型工业国家对旧形态下的农业国家的一种压迫。这种压迫以往也曾针对不同的种族和国家，但只有在中国它真正面对一种广泛意义上的文明。而中国对此并没有深切的认识，即使是思想最为开明的知识分子，也明显地对其认识不足，他们在旧形态下没有足够的能力看到世界大势，没有认识到西方国家自工业革命后发生的本质变化，没有看到"西人"与以往"夷狄"之间根本的不同。这种心理定位，必然会导致与西方国家武力冲突。可以说，如果没有鸦片贸易的导因，这种冲突也会以其他的形式出现，并最终会形成本质性的文化交锋。

---

① 茅海建：《天朝的崩溃》，生活·读书·新知三联书店，1995，第8页。
② 茅海建：《天朝的崩溃》，生活·读书·新知三联书店，1995，第27~28页。

三 鸦片战争的爆发

1836 年，许球上奏以后，两广总督邓廷桢于同年 10 月 28 日曾宣布驱逐颠地等 9 名鸦片商出境，但实际上并未认真办理。

1837 年，道光皇帝两次下旨，让邓廷桢驱逐停泊于虎门外的鸦片趸船，亦不了了之。

1838 年 10 月 25 日，京城发现包括庆亲王、镇国公等在内的王室成员吸食鸦片，这令道光皇帝大为震怒。继而，11 月 8 日，直隶总督琦善奏称：在天津查获大宗鸦片，总计达 13 万两，且来源为广东。在其次日，就有调林则徐进京之举。道光对林则徐一直十分器重，在浙江杭嘉湖道任上时，曾获道光的当面奖谕："汝在浙省虽为日未久，而官声颇好，办事都没有毛病，朕早有所闻，所以叫汝再去浙江，遇有道缺都给你补，汝补缺后，好好察吏安民罢。"① 1832 年，林则徐任东河总督时，道光由于其尽职尽责，赞其"认真""勤劳"。

1839 年 3 月 18 日，林则徐以钦差大臣的身份抵达广州。甫就任，即召行商要他们责成外国商人呈缴鸦片。21 日，勒令外国商人交出鸦片 1037 箱；22 日，下令传讯大鸦片商颠地（Launcelot Dent）；24 日，下令：中止一切中外贸易，并封锁商馆，撤退仆役，断绝对商馆的供应。3 月 28 日，英国驻华商务总监督义律代英国鸦片商交出鸦片 20283 箱。5 月 2 日，林则徐撤销了对商馆的封锁，除颠地等 16 名大鸦片商外，允许其他外国人离开广州；5 月 22 日，颠地等人具结保证以后不来中国后被释放。6 月 3 日，在虎门销毁鸦片 19176 箱零 2119 袋，实重 237 万斤。

虎门销烟后数日，清政府颁布新的禁烟令三十九条，其中规定："兴贩鸦片烟膏、烟土，发卖获利至五百两，或虽不及五百两，而兴贩多次者，首犯拟绞监候，为从发极远烟瘴充军。"这比起从前最高处予充军、流放的处罚要严厉得多。

6 月 23 日，道光皇帝批准了军机大臣穆彰阿等拟定的专条，规定外国商人贩卖鸦片，按开窑口例治罪，即首犯"斩立决"，从犯"绞立决"。

在中国方面进行轰轰烈烈的禁烟运动时，英国方面也在策划对华的战争。1840 年 4 月 7 日起，英国议会下院开始辩论对华战争军费案和广州英国鸦片商人赔偿案，经过 3 天的辩论，以 271 票对 262 票通过内阁对华战争的提议。

---

① 茅海建：《天朝的崩溃》，生活·读书·新知三联书店，1995，第 95 页。

实际上，在此以前，英国政府已做好了对华战争的准备。1839 年 10 月 1 日，英国内阁会议已决定派遣一支舰队前往中国，并敕令印度总督予以合作。10 月 18 日，英国外相巴麦尊密令义律做好准备，并于 11 月 4 日致函英国海军部，要求派出远征军。1840 年 2 月 20 日，巴麦尊发出致远征军总司令兼全权代表懿律和全权代表义律的详尽训令，并《巴麦尊外相致中国宰相书》。

中国方面，虽也在留心英国方面的动态，积极备战，但内心并未真正意识到即将来临的战争的严重性。同时，也对英国能否真的对华开战持观望的态度。1839 年 5 月 1 日，林则徐奏言："到省后察看夷情，外似桀骜，内实为怯。向来恐开边衅，遂致养痈之患日积日深。岂知彼从六万里外远涉经商，主客之形，众寡之势，固不待智者而决。即其船坚炮利，亦只能取胜于外洋，而不能施技于内港。粤省重重门户，天险可凭。且其贸易多年，实为利市三倍。即除却鸦片一项，专做正经买卖，彼亦不肯舍此马头。"也就是说，林则徐认为战争也许是可以避免的，其理由有二，一是英国地处遥远，不敢随意开战；二是英国人不会为了鸦片而损失其他贸易机会。而在与英国对决开始后，林则徐及一批人都开始以一种新的眼光去看待中国的西方对手了。

第二节　求变思想的形成

一　林则徐与其思想发展

求变思想的形成，从现实的角度而言可以追溯到林则徐。这种思想是源于对现实的认识，是他从与西人对抗的过程中，发现了中国所处的地位，发现了旧体制应该因时而变。他的这种认识虽然没有形成一个理论的初型，但对后进者的确具有启发作用。

林则徐，生于 1785 年，字元抚，又字少穆、石麟，福建侯官（今闽侯）人。他出身于一个家道中落的望族。19 岁中举人，26 岁中进士。曾任学政、（江南道）监察御史、（浙江省）道员、（浙江）盐运使、（江苏）按察使、（江宁）布政史、（河东）河道总督、湖广总督等职。在其从政经历中，他以办事认真、清正廉洁而获好评。1838 年底，被任命为钦差大臣，节制广东水师，查禁鸦片。在此期间，他组织翻译了大量有关西方政治、经济、军事的资料，对西方的情况有了比较深入的了解。鸦片战争爆发后，因故被革职。次年，赴浙江筹划海防，后获罪充军新疆。以后复用为陕西巡抚、云贵总督。1850 年，在前往广西任上途中病逝。留有著作《林文忠公政书》《信及录》《云左山房文钞》等。

林则徐在广东查禁鸦片之时，出于知己知彼的目的，他在上任抵达广州后，便迅速展开了对自己面临的对手的研究和判断工作。据当时《澳门月报》的报道："中国官府全不知外国之政事，……惟林总督行事全与相反，署中尝有善译之人，又指点洋商、通事、引水二三十位，官府四处打听，按日呈递，亦有他国夷人甘心讨好，将英吉利书籍卖与中国……"他还聘请了精通外国语的人翻译外国的书报及《澳门新闻纸》《四洲志》《万国公法》等。这一切，虽然可以说从本初的目的上而言，只是一种"用兵之道"。但这的确可以说是"睁开眼睛看世界"的开端。

二 鸦片战争时期求变思想的形成

虽然中国最终将不得不被拉入世界大势之中，虽然西学东渐使中国的文化传统要做重新的检讨和更新，但如果没有时局的逼迫，传统的力量还是会使中国在原有的老路上继续走下去，思想的变迁也不可能会自动出现。

鸦片战争前夕，中国社会正处在重重困扰之下。清王朝在经历了康熙、雍正、乾隆三朝 100 余年的兴盛之后，开始走向衰落。清王朝在政治统治、经济秩序、文化发展等方面遇到了极大的危机。遍及五省，历时 9 年的白莲教起义，使清王朝的统治遭受了极为沉重的打击，社会中的、制度上的弊病都充分暴露出来。在经济上，社会的贫富分化现象极为严重，一方面，富者占有良田逾万顷；另一方面，举债破产、颠沛流离者的数目逐年增加。即所谓："贫者日愈倾，富者日愈雍。"[1] 这种不正常的现象使社会基础的稳定受到极大的威胁，社会矛盾急剧激化。

在政治上，封建专制制度也开始走向极端，皇权统治达到了前所未有的极端程度，君臣关系等同与主奴关系。这种情况直接导致了清王朝的吏治腐败，这种官僚政治的没落的典型例证为，大臣们以"多磕头，少说话"为做官的信条。阿谀奉承、因循苟且成为保证自己职位的最好方法。正如龚自珍所描述的那样："官愈久，则气愈偷；望愈崇，则谄愈固；地益近，则媚亦益工。"[2] 清王朝政治的危机还体现在官员们贪婪地搜刮民脂民膏，并且贪污腐败的现象已经达到相当严重的程度。当时曾任陕西巡抚的刘蓉在一封书信

---

① 龚自珍：《龚定庵全集类编·平均篇》，中华书局，1991，第 62 页。
② 龚自珍：《龚定庵全集类编·名良论二》，中华书局，1991，第 133 页。

中写道："今天下之吏亦众矣，未闻有以安民为事者，而赋敛之横，刑罚之滥，朘民膏而殃民命者，天下皆是。……今之大吏，以苟苴之多寡，为课绩之重轻，为黜陟之典乱；今之小吏，以货贿之盈虚，决讼事之曲直，……"

　　法律制度是社会政治的主要内容，它的完善与否是社会稳定的关键。此时，清朝法律制度的基本状况是黑暗与腐败。不但皇权凌驾于法律之上，自上而下的各级官员也普遍任意枉法。加之讼师胥吏助纣为虐，玩法行私，包揽辞讼，或无端罗织罪名，或随意出入人罪，使得普通百姓把打官司视为畏途。另外，这种封建法律制度已无法随着资本主义商品经济和对外贸易中出现的新的法律关系而调整。

　　在文化上，由于清王朝采取的文化高压政策，不但民族民主思想被强力压制，就是一般的学术、文学创作研究也被无端地限制，正如龚自珍所言的："避席畏闻文字狱，读书只为稻粱谋。"由此造成了文化和思想的凋敝。知识分子只好埋头考据，形成了不问世事、脱离实际的学风。科举制度更成为压制人才、束缚思想的工具。从龚自珍、魏源到洪秀全、洪仁玕等人的科举历程，就能看出这种制度的深刻弊端。

　　在对外关系上，由于清王朝对于西方的冲击缺乏必要的应对措施，使得他们在西方政治、经济和军事的压迫下一筹莫展。帝国主义利用贸易，特别是非法的鸦片贸易对中国进行掠夺。龚自珍在1823年就对此有深刻的认识。他在《阮尚书年谱第一序》一文中写道："粤东互市，有大西洋，近惟英夷，实乃巨诈，拒之则扣关，狎之则蠹国备戒不虞，绸缪未雨，深忧秘计，世不尽闻。"① 当时，他的担忧被认为是杞人忧天。而其后几年间，随着鸦片的大量输入，吸食鸦片不但成为巨大的社会问题，而且直接导致了对中国经济、财政、军事的极大危害。这一切，引起了社会的严重不安。正如林则徐所说："若犹泄泄视之，是使数十年后，中原几无可以御敌之兵，且无可以充饷之银。"

　　以林则徐、龚自珍、魏源为代表的早期求变思想家，在清王朝处于内忧外患的局势之际，在传统文化受到西方巨大冲击的历史条件下提出了他们的变法主张。他们的思想不同于以往封建制度下的变革思想。首先，他们不是仅仅拘泥于一时一事，而是从制度上对封建统治加以全面的检讨、揭露和抨击；其次，他们以"睁开眼睛看世界"的态度，认真地思考对待西方政治上、经济上和文化上的严峻挑战；再次，他们对于传统的儒家思想加以反思。如他们对传统的重礼轻法观念进行了一定程度上的纠正。

---

　　① 《龚自珍全集》，上海古籍出版社，1975，第229页。

　　这些近代早期开明而求变的思想家是打破清朝沉闷、烦琐学风的先行者，他们以"经世致用"的态度面对社会的危机，他们试图用变法来拯救这种危机。他们的思想具有巨大的启蒙作用，开创了思想发展的新局面，开启了晚清变法思想发展的序幕。可以说，晚清的变法思想家们都从他们的著作中汲取过有用的影响，甚至他们的一些观点，现在也未可言为过时。梁启超说："晚清思想之解放，自珍确与有功焉。光绪间所谓新学家者，大率人人皆经过崇拜龚氏之一时期，初读《定庵文集》，若受电然"。

　　从思想发展的角度来看，求变思想家们的变法思想有其自身鲜明的时代特点。其一，他们的变法思想和主张的理论根据，主要来源于中国固有的传统思想。而西方的影响基本是被动的，也是相当浅显的，这是与当时西学影响的程度相对应的；其二，他们对于西方资本主义制度及封建制度自身的认识基本上还是表层的，对于两者的差距还是看作量上的差别。所以，变法主要是"变器"，而基本没有涉及"变道"；其三，他们的变法理论，还处于"形而下"的阶段，即变法主张多属于支离零散的"有感而发"或就事论事，尚未形成较完整的"形而上"的、有系统、有理论基础、有思想支点的变法理念；其四，虽然，他们更注意法律的状况，更强调法律的社会作用，但这种认识还很初级，远没有形成真正意义上的法律学说。

　　有人认为，"睁开眼睛看世界"是一个伪命题，言称中国人并非从鸦片战争时期才知道外国。笔者认为，这种判断更是一种伪判断。因为，实际上从来没有人认为中国人认识世界是从鸦片战争开始的，不提源远流长的中外交通史，就以台湾与澳门的问题为例也可以知道，中国当时不唯知道外国，知道西方，也大致对其有所了解，而所不知的是他们的真正的实力与制度，是他们已经掌握了军事上制胜的先机。从这个方面而言，中国当时确实是闭着眼睛看世界的。

第三节　龚自珍的法律思想

一　龚自珍生平简述

　　龚自珍，生于1792年，又名巩祚，字瑟人，号定庵，浙江仁和（今杭州）人。出身于书香之家，祖父为举人，父为进士。龚自珍幼年从学于其外祖父、著名学者段玉裁，打下了牢固的学术功底。他虽富有才学，但直到38岁，历经5次会试落第后，始中进士。据《定庵先生年谱》记载："道光六年，其三十五岁时，会试不第。是科刘申受礼部与分校，领房有浙江、湖南二卷，经策奥博，曰此必仁和龚君自珍、邵阳魏君源也。亟劝力荐，不售。于是，有伤浙江、湖南二遗卷之诗，其中有曰'那知锻羽投边尘，文字辽海沙虫鸣'之叹。"① 他从小就有经世济民之志，注意研究"东西南北之学"，21 岁刻印《怀仁馆词》，段玉裁在其序中称："自珍见余吴中，年才弱冠，余所观所业，诗文甚多。间有治经史之作，风发云逝，有不可一世之慨。"并在读了龚自珍的《明良论》后，更赞叹："吾且耄，犹见此才而死，吾不恨矣。"但段玉裁也已看出龚自珍不循正统之端倪，在深嘉其词之工的同时，指出其："有害于治经史之性情，为之愈工，去道愈远。"② 叮咛教诫，欲其锐意于经史。

龚自珍后师从"公羊学"大师刘逢禄，更深研经世致用之道。其对刘逢禄的今文经学一见倾心，有"从君烧尽鱼虫学，甘做东京卖饼家"之慨叹。这种师承关系，使他在学术上形成兼重"汉""宋"的倾向，在《江子屏所著书叙附笺》中，他表述了这种观点："若以汉与宋为对峙，尤非大方之言。汉人何尝不谈性道？宋人何尝不谈名物训诂？"③

龚自珍抱掩世之才，具先见之识，危言高论；自负其才气，敢为出位之言。

但其一生宦途不畅，没有获得过较高的官职。48 岁以礼部主事弃官归，"不携眷属兼从，以一车自载，一车载文集百卷以行，夷然，傲然，不以贫自馁也。"④ 1841 年卒于丹阳云阳书院，享年 50 岁。后人辑有《龚定庵文集》《龚自珍全集》等。后人对于龚自珍之评价或褒或贬，但均无法否定其对于近代思想的巨大影响。

二　龚自珍思想简述

（一）求变的根本宗旨

龚自珍政治法律思想的最显著特点就是求变。龚自珍所生的年代，正值思想转型之时。钱穆先生称其为开风气之先者："嘉、道以还，清势日陵替，坚冰乍解。根蘖重萌，士大夫乃稍稍发舒为政论焉，而定庵则为开风气之一。"并言："定庵之学业意趣，乃亦一反当时经学家媚古之习，而留情于当代之治教。于是盱衡世局而首唱变法之论，其意见于《乙丙之际著议第

---

① 《龚自珍全集》，上海古籍出版社，1975，附《定盦先生年谱》。

② 《龚自珍全集》，上海古籍出版社，1975，附《定盦先生年谱》。

③ 《龚自珍全集》，上海古籍出版社，1975，第 347 页。

④ 《龚自珍全集》，上海古籍出版社，1975，附《定盦先生年谱》。

七》。"① 晚清著名学者李慈铭称赞龚自珍："文章瓌诡……近世霸才也。……定庵文笔横霸，然学足副其才也。"②

龚自珍的时代，正是清王朝开始走向衰败的阶段，龚自珍比世人更清楚地看出这种衰败的苗头。当众人还对即将到来的危机浑然不知，沉溺于盛世遗绪之时，他已经看出中国正处于重重危机之中。他在其《丁亥诗》中表达了他深深的忧虑："……看花忆黄河，对月忆西秦。贵官勿三思，以我为杞人。"在这种状况之下，清王朝的统治处于极大的危机之中："芨芨乎皆不可以支岁月，奚暇问年岁？"③ 从而，变法改革是势在必行的。他还对鸦片的危害深恶痛绝，建议用刑罚手段加以制止。其称："鸦片烟则食妖也，其人病魂魄、逆昼夜；其食者缳首诛！贩者、造者宜刳脰诛！此决定义，至无疑义。诛之不可胜诛，不可绝其源；绝其源，则夷不逞，奸民不逞。"④

龚自珍的思想，源于他对现实的关心，对社会的批判。他洞悉社会的隐患和世事的不平，从而在诗文中努力道出自己忧世忧民的心志，试图唤醒国人认清眼前的危机。他努力摆脱当时经学家的烦琐、媚古和空疏。力图另辟蹊径，但终归不得志而终。他曾自叹："纵使文章惊海内，纸上苍生而已。"但时事很快验证了他的预言，在他逝世前一年，鸦片战争爆发，清王朝终陷于巨大的危机之中。

如何拯救这个濒临灭亡的王朝统治呢？早期求变思想家得出的结论是必须进行"变法"，只有"变法"才有出路。龚自珍还殚心竭虑地为这种自上而下的改革寻找理论基础。其论证说，自然界的一切事物都在不断地变化之中："万物之数括于三：初异中，中异终，终不异初"。人类社会、政治法律制度也概莫能外，"自古至今，法无不变，势无不积，事例无不变迁，风气无不移易"。龚自珍告诫清政府应该迫切地"思变法"，而不能一味"拘一祖之法，惮千夫之议，听其自垮，以俟踵兴者之改图尔"。就是说，不变法，只能是等待被推翻的结局。所以，当政者应该从速进行自上而下的改革："一祖之法无不弊，千夫之议无不靡。与其赠来者以劲改革，孰若自改革。"⑤

（二）对现实的批判

在龚自珍看来，清王朝的社会基础已经出现了难以愈合的裂缝，社会上

① 钱穆：《中国近三百年学术史》下册，商务印书馆，1997，第592、596页。
② 李慈铭：《越缦堂读书记》，上海书店出版社，2000，第1242页。
③ 《龚定庵全集类编·西域置行省议》，中华书局，1991，第165页。
④ 《鸦片战争时期思想史资料选集》，转引自《送钦差大臣侯官林公序》，知识产权出版社，2013，第12页。
⑤ 《龚自珍全集》，上海古籍出版社，1975，第6页。

"百业废弛，贿赂公行，吏治污而民气郁。"如此社会制度上的弊病已经不是简单的修补可以去除的。这种制度上的黑暗突出体现在其对人性的束缚上。龚自珍以形象的比喻对这种状态加以描述，他认为，在这种制度之下，人们"手欲勿动不可得"，①而在苛政陋法中，更似"卧以独木，缚之以长绳，俾四肢不可屈伸，则虽甚痒且甚痛，而亦冥心息虑以置之耳"②。在龚自珍的眼中，在清王朝的统治下，现实的图画完全是一幅末世的情景："日之将夕，悲风骤至，人思灯烛，惨惨目光，吸饮暮气，与梦为邻。"龚自珍还把矛头直指封建专制制度，他认为，这种制度本身就使得君主必然要采用使人丧失廉耻以屈从自己的统治方式。他在《古史钩沉论·一》中阐述了这一观点："昔者霸天下之氏，称祖之庙，其力强，其志武，其聪明上，其财多，未尝不仇天下之士。去人之廉，以快号令；去人之耻，以崇高其身；一人为刚，万夫为柔，以大便其有力强武；……"在这样的策略下，臣僚们只能以奴才自居。他们最好只"知车马、服饰、言词捷给而已，外此非所知也"③。其结果就是"万马齐喑"，世无可用之才。

龚自珍特别对现实的法律制度进行了揭露和批判。他认为，朝廷的那些律令条例不过是束缚人们手脚的"长绳"。"天下无巨细，一束之于不可破之例，则虽以总督之尊，而实不能以行一谋、专一事"，在这种情况下，人们动辄得咎，繁文缛节使人精力尽耗于无用之事，"朝见而免冠，夕见而免冠"，④法律成为束缚官员能动性的枷锁。在龚自珍看来，司法的黑暗腐败是封建法律制度的必然结果。他对于司法官吏在判案时的主观臆断，用法畸轻畸重，随意出入人罪等现象表示了极大的愤慨。他还对于胥吏把持辞讼，操纵刑狱的现象进行了细致的分析，指出，在全国范围内，这种由幕僚、刑名师爷们把持诉讼的情况，是造成吏治败坏、司法黑暗的重要原因。

（三）变法的方式

根据现实的情况，龚自珍认为，变法应是多方面的。其称，典章制度是亟待加以改革的重要内容。他的"更法"措施主要有：其一，修改繁杂的礼仪制度，使君臣可以从容地"坐而论道"，以培育廉明的朝廷；其二，改革科举制度，"改功令，以收真才"，改造八股取士制度和用人制度，不拘一格地选拔和任用人才；其三，加强内外大臣的职权，改革对官员的奖惩制度，实质上要求君主能够有条件地放权。

---

① 《龚定庵全集类编·明良论四》，中华书局，1991，第136页。
② 《龚自珍全集》，转引自《龚定庵全集类编·尊隐》，中华书局，1991，第96页。
③ 《龚定庵全集类编·名良论二》，中华书局，1991，第133页。
④ 《龚定庵全集类编·名良论四》，中华书局，1991，第136页。

对于变法的方式方法，龚自珍主张"仿古法而行之"。在《乙亥杂诗》中，他写道："霜豪掷罢倚天寒，任作淋漓淡墨看。何敢自矜医国手，药方只贩古时丹。"也就是说，他并不想改变以往的君主统治方式。

龚自珍特别重视知识分子在社会中的作用，他认为，知识分子应该是对政治有独立认识的人，所谓："民之识立法之意者，谓之士。"他还极为厌恶知识分子猥琐谄媚的习气，强调必须知耻，其言："士皆知有耻，则国家永无耻矣；士不知耻，为国家之大耻。"①

龚自珍比同时代的其他人更具有知识分子特有的忧患意识，而正是这种忧患意识，不但在思想上影响了晚清的思想形成与流变，也实在地影响了社会的发展。李鸿章在《黑龙江事略序》中说："古今雄伟非常之端，往往轫于书生忧患之所得。"龚自珍就可以说是开雄伟非常之端的人。

第四节　魏源的法律思想

严格地说，魏源是真正意义上的思想变革者，其学术主张、研究方法都比较彻底地超出了传统学术的范围，开启了一种新型的学术方式，形成了一种新的思想体系。

一　魏源的生平简述

魏源，生于1794年，字默深，湖南邵阳人。少年聪颖，15岁中秀才后，始"究心阳明之学，好读史"。20岁时，随父进京，得识林则徐、龚自珍等人，更得以拜于刘逢禄门下学习《公羊春秋》，由此形成经世思想。28岁中举人，其后会试屡不中。32岁时，江苏布政使贺长龄聘其编辑《皇朝经世文编》。李慈铭言："此书名为贺制府长龄所辑，实出于邵阳魏默深一人之手。魏君博学有霸才，近宋人陈同甫②，此书大旨欲就儒之不适于用，而其时当汉学极盛之后，实欲救汉学之偏，以折衷于宋学。故其去取不免左袒于宋，而又欲合洛闽之性理，东莱之文献，永嘉之经制，浃漈之考索为一，其志甚大，用亦甚要。"③《文编》共辑文章2235篇，分为治体、吏政、户政、礼政、兵政、刑政、工政7个门类，作者有702人。

① 《龚定庵全集类编·名良论二》，中华书局，1991，第133页。
② 陈同甫，名陈亮，宋代著名学者，《宋史》有传。史称其"生而目光有芒，为人才气超迈，喜谈兵，议论风生，下笔数千言立就"。著有《酌古论》《中兴五论》等；后人辑有《陈亮集》。
③ 李慈铭：《越缦堂读书记》，上海书店出版社，2000，第1201页。

学术大家俞樾称："刊行后，数十年风行海内，凡讲求经济者，无不奉此书为矩矱，几于家有其书。"后魏源捐得内阁中书一职，就此更得以熟悉清政府的典章制度。这一切经历，对其形成经世思想，影响甚巨。其后，他曾与龚自珍、林则徐等人结宜南诗社，共论时事；1841 年，魏源 48 岁时，入钦差大臣裕谦幕府。同年 5 月，林则徐与邓廷桢被发配新疆伊犁，6 月，途经江苏，魏源迎于京口，两人晤谈终日，议论时局，感慨万千。林则徐将他在广东所译的《四洲志》《澳门月报》以及粤东奏稿并其在浙东搜集的船炮模型图样等尽付于魏源，嘱其撰写《海国图志》。同年 8 月 26 日，英军攻陷镇海，裕谦投水而死，魏源时为其幕府，对此深受刺激，激愤之下，埋首撰写《圣武志》，次年书成。其后，立即开始撰写《海国图志》。50 岁中进士后，官任江苏东台、兴化知县、高邮知州等职。晚年潜心著述，著作甚多，但其最为重要的仍为《圣武记》和《海国图志》。这两部书，均是受鸦片战争失败的刺激后的发愤之作。其意义在于告诫国人，中国不可再行闭关锁国之策，而应进入一个崭新的"海国时代"。而后者在中国近代史上更是占据着举足轻重的地位。此后，他曾多次重修、增补二书。在《海国图志原序》中，魏源写道："是书何以作？曰：为以夷攻夷而作，为以夷款夷而作，为师夷长技以制夷而作。"他的"师夷长技以制夷"① 的思想是早期改革派的思想和行动的纲领，也是后来为洋务派、维新改良派所推崇的行动纲领。

　　魏源生于动荡的时代，也深切感受到这种动荡。他在《圣武记》中自叙："荆楚以南，有积感之民焉。生于乾隆征楚苗之前一岁，中更嘉庆征教匪、征海寇之岁，迄十八载，畿辅靖贼之岁，始贡京师。又迄道光征回疆之

---

① "师夷长技以制夷"是对中国古代所谓"以夷治夷"之说的发展。古代文献中，有关"以夷治夷"的记载颇多。以往学者多有汇集，摘录数则如下，以见其中意蕴。《汉书·晁错传》："错以匈奴事告文帝，'以蛮夷攻蛮夷，中国之形也。'"师古注："不烦华夏之兵，使其同类，自相攻击。"《后汉书》（卷四六）《郑训传》："议者以为羌胡相攻，县官之利，以夷制夷，不宜禁护。"《班超传》（卷七七）："以夷狄攻夷狄，计之善也。"《南匈奴传》（卷一一九）记耿秉议："今幸遭天授，北虏分争，以夷伐夷，国家之利。"《唐书》（卷一〇七）《陈子昂传》："夷狄相攻，中国之福也。"《宋文鉴》宇文之邵《上皇帝书》："以夷狄攻夷狄，计之上也。"《宋史》（卷二六五）《张齐贤传》："以蛮夷攻蛮夷，古今之善策也。"（卷二七三）《杨承矩传》："以蛮夷攻蛮夷，中国之形也。"《程戡传》（卷二九二）"论西夏事宜：以蛮夷伐蛮夷，中国之形也。"《王文郁传》（卷三五〇）："倘能抚柔之，所谓以外夷攻外夷也。"《元史》（卷一三四）《秃鲁忽传》："因蛮攻蛮，古之所利。"《明史》（卷一六六）《张佑传》："以夷攻夷，可不烦兵而下。"《李材传》（卷二七二）："给事中唐尧钦言：材以夷攻夷，功不可泯。"《明史稿》（《列传》卷一九一）《土司》（广西庆远）："英宗以广西土司之变，语总兵柳溥：以蛮攻蛮，古有成说。"

岁，适筮仕京师。京师，掌故海也。得借观史馆秘阁官书，及士大夫私家著述、故老传说。于是我生以后数大事，及我生以前上迄国初数十大事，磊落乎耳目，旁薄乎胸臆，因以溯洄于民力物力之盛衰，人材风俗进退消息之本末。晚侨江淮，海警飚忽，军问沓至，忾然触其中之所积，乃尽发其椟藏，排比经纬，驰骋往复，先取其涉兵事及所议论若干篇，为十有四卷，统四十余万言，告成于海夷就款江宁之月。"

魏源晚年耽喜佛学，法名承贯，曾辑有《净土四经》等佛学著述。魏源一生著述甚多，2004 年，岳麓书社出版的《魏源全集》，计有 20 册之多。

二　魏源的政治法律思想概述

（一）"变法"是拯救王朝统治的唯一出路

迄道光朝，康乾盛世已成过往，但社会政治与经济仍依旧惯。官吏、士人粉饰太平，仍似身在繁华之中。魏源则从种种社会现实状况中看出社会基础已趋腐朽："夷烟蔓宇内，货币漏海外，漕鹾以比日敝，官民以比日困，此前代所无也；士之穷而在下者，自科举则以声音训诂相高，达而在上者，翰林则以书艺工敏、部曹则以胥吏案例为才，举天下人才尽出于无用之一途，此前代所无也。"他同样对清王朝的吏治腐败加以揭露和抨击。他嘲讽那些文武官员"儒臣鹦鹉巧学舌，库臣阳虎能窃弓。"而满朝的大臣们多是"除富贵而外不知国计民生为何事"，"除私党外不知人材为何物"的"鄙夫"。他们"以晏安鸩毒为培元气"，"以养痈贻患为守旧章"，"以缄默固宠为保明哲"。鉴于这种社会现实，魏源提出了自己的变法思想主张。

魏源认为，时代的发展是必然的规律，"三代以上，天皆不同今日之天，地皆不同今日之地，人皆不同今日之人，物皆不同今日之物"①。既然不同，其治法也必然不同，"五帝不袭礼，三王不沿乐，况郡县之世而谈封建，阡陌之世而谈井田，笞杖之世而谈肉刑哉？"②魏源称："天下无数百年不敝之法，也无穷极不变之法，亦无不除弊而能兴利之法，亦无不易简而能变通之法。"他还通过列举事实的方法证明法律是在不断进步的，而不是越古越好。他写道："后世之事胜于三世者三大端：文帝废肉刑，三代酷而后世仁也；柳子非封建，三代私而后代公也；世族变为贡举，与封建变为郡县何异？"③他认为，社会是发展的，"执古"和"泥法"的人不过是"读周、

---

① 《中国近代思想家文库——魏源卷》，中国人民大学出版社，2013，第 41 页。
② 《中国近代思想家文库——魏源卷》，中国人民大学出版社，2013，第 42 页。
③ 《中国近代思想家文库——魏源卷》，中国人民大学出版社，2013，第 48 页。

孔之书，用以误天下"的庸儒。他坚持认为："时愈近，势愈切。圣人乘之，神明生焉，经纬起焉。善言古者，必有验于今矣。"①

魏源认为，变革必须从变人心开始。"革虚""祛虚患"，从而解决"人心之疾患""人材之虚患"。他主张必须"去伪、去饰、去畏难、去养痈、去营窟"②，他建议必须改革吏治，兴利除弊。其言："天下事，人情所不便者变可复，人情所群便者变则不可复。江河百源，一趋于海，反江河之水而复归之山，得乎？履不必同，期与适足；治不必同，期于利民。是以忠、质、文异尚，子、丑、寅异建，五帝不袭礼，三王不沿乐。况郡县之世而谈封建，阡陌之世而谈井田，笞杖之世而谈肉刑哉？"所以，在任何时代，必须因时制宜，"虽古之圣王，不能使甲兵之世复还于无甲兵；而但能以甲兵止甲兵；不能使刑狱之世复还于无刑狱，而但能以刑止刑狱也"③。魏源认为，法律的施行必须以信为基础："法信令必，虽枷杖足以惩奸；法不信令不必，虽重典不足儆众。饮食不已，酿为讼师；小刑之刀锯不肃，酿为大刑之甲兵。圣人垂忧患以诏来世，岂不深哉！岂不深哉！"④

魏源主张因势变法，他声称："变古愈尽，便民愈甚。"⑤只有彻底地对社会加以变革，顺乎民情，以"便民""利民"为宗旨，百姓才能安乐，王朝才能兴盛。但他认为变法应在不改变"道"的基础上进行。他还主张国家要以培养人才为急务，"国家之有人才，犹山川之有草木"。但人才的养成必须有必要的环境，"蔚然明仪，而非山麓高大深厚之气不能生也"⑥。魏源认为，在国家立法层面，一定要以现实社会条件和个体的认知能力为根本，他说："强人之所不能，法必不立；禁人之必犯，法必不行。虽然立能行之法，禁能革之事，而求治太速，疾恶太严，革弊太尽，亦有激而反之者矣。"⑦

（二）"师夷长技以制夷"的务实主张

在中国古代历史上有"攻夷""伐夷"之说，而从来没有"师夷"之谓。魏源提出"师夷"之说，表明他比别人更早地认识到：此夷绝非彼夷，情势已在变迁，中国在某些方面已经处于落后的情况。

① 《鸦片战争时期思想史资料选集》，知识产权出版社，2013，第1页。
② 《鸦片战争时期思想史资料选集》，知识产权出版社，2013，第60页。
③ 《鸦片战争时期思想史资料选集》，知识产权出版社，2013，第55页。
④ 《鸦片战争时期思想史资料选集》，知识产权出版社，2013，第69页。
⑤ 《中国近代思想家文库——魏源卷》，中国人民大学出版社，2013，第41页。
⑥ 《中国近代思想家文库——魏源卷》，中国人民大学出版社，2013，第40页。
⑦ 《中国近代思想家文库——魏源卷》，中国人民大学出版社，2013，第40页。

　　面对"西人东来"的现实状况，魏源敏锐地感到必须用新的眼光、新的策略来应付目前的局面，而不能沿袭以往对待"蛮夷"的方法。此前林则徐通过翻译外国的报纸和书籍了解敌情，更深入地了解西方国家的军事状况和政治制度。他聘请了当时对于西方最有了解的一些人，这些人对于他"探访夷情，知其虚实，始可定控制之方"提供了极大的帮助。其后，魏源撰写《海国图志》，也是林则徐委托，并为其提供大量资料的。而魏源在他的著述中，不但完成了林则徐的委托，把有关西方国家的情况汇编出来，为世人"睁开眼睛看世界"提供了最初的材料，而且他更进一步地提出了御敌的方略，这就是著名的"师夷长技以制夷"的主张。他认为，世界已经进入一个"海国时代"，闭关锁国只能使自己永远处于落后和挨打的境地，只会重蹈鸦片战争失败的覆辙。而要达到"制夷"的目的，不能仅仅依靠自身的能力，而要从对手那里获取有用的东西，这就是"师夷长技以制夷"。魏源的"师夷长技以制夷"的主张，并没有仅仅停留在口号上，而是有着实际的内容：其一，了解西方国家的基本情况。他在竭力介绍西方情况的同时，批评那些保守、目光短浅的人物"徒知侈强中华，未睹寰瀛之大"。其二，提倡学习西方的先进技术。不但要掌握军事上的"船坚炮利"，还应该学习一些其他的工业生产技术，如建议准许兴办新式船械厂局。可以说，这种形式的生产已经具有一些资本主义的商品生产的性质。其三，介绍并赞许西方国家的政治、法律制度。如他着重介绍了美国的民主制度，认为这种制度"以部落代君长，其章程可垂奕世而无弊"。并且"议事听讼，选官举贤，皆自下始，众可可之，众否否之，众恶恶之，三占从二，舍独循同，即在下预议之人，亦先由公举，可不谓周乎"。他甚至对美国的总统制大加赞赏："一变古今官家之局，而人心翕然，可不谓公乎。"

　　对于如何对抗西方国家带来的冲击，魏源认为要以积极的态度加以应对。当其时，社会上对于西方国家的认识基本上属于茫然无所措的状况，在采取何种方法意见上有分歧。魏源认为，要想有效应对，必须知夷情，造边才。魏源曾谓："今日之事，苟有议征用西洋兵舶者，则必曰借助外夷示弱，及一旦示弱数倍于此，则甘心而不辞。使有议置造船械，师夷长技者，则曰糜费；及一旦糜费十倍于此，则又谓权宜救急而不足惜。苟有议翻夷书，刺夷事者，则必曰多事。及一旦有事，则或询英夷国都与俄罗斯国都相去远近；或询英夷何路可通回部。甚至廓夷效顺，请攻印度而拒之。佛兰西、弥利坚愿助战舰，愿代请款而疑之。以通市二百年之国，竟莫知其方向，莫悉其离合，尚可谓留心边事者乎？汉用西域攻匈奴，唐用吐番攻印度、用回纥攻吐番，圣祖用荷兰夹板船攻台湾，又联络俄罗斯以逼准噶尔。

古之驭外夷者，惟防其协寇以谋我，不防其协我而攻寇也；止防中华情势之泄于外，不闻禁外国情形之泄于华也。然则欲制外夷者，必先悉夷情始；欲悉夷情者，必先立译馆翻夷书始；欲造就边才者，必先用留心边事之督抚始。"当然，魏源的建议并没有完全地加以实施，他自己也深知其中必有阻碍和难行之处，他感叹："国家有一傥论，则必有数庸论以持之；有一伟略，则必有数庸略以格之。故圣人恶似是而非之人，国家忌似是而非之论。"① 魏源的许多建议，实际上到二十年后，同文馆成立才得以实施。

魏源的思想，真正触及了中国思想变革的根本之处，即直面来自不同文明的挑战，把西方作为真正的挑战者、真正的对手。他真切感受到了"西人"物质文明以及在这种物质文明背后的制度优势对中国旧体制的巨大压力，并意图变革包括法律制度在内的旧体制，认识并借鉴西方的先进制度，以应对西方的挑战。他与以前的知识分子有很大的不同，"在鸦片战争前，中国人倾向于把中国看成一个世界，而非一个民族。……当西方人还没有弄懂中国人看待事物的方法便强要他们步入世界时，中国人就或只能在慌乱中闭上眼睛，或为这种冒犯无礼的邀请所震怒"②。从而，可以说，魏源已不再是一个传统意义上的中国知识分子，他的思想不再仅仅停留在简单拒斥与应付的层面上，而是提出了一系列有实质内容的变法思想主张，建构了一种新型的思想框架，尽管这种思想主张还是一种体制内的声音。从这个意义上可以说是魏源开启了中国近代思想的序幕。

---

① 《中国近代思想家文库——魏源卷》，中国人民大学出版社，2013，第43页。
② 〔美〕柯文：《在传统与现代性之间：王韬与晚清革命》，江苏人民出版社，1998，第60页。

第三章
太平天国领导人物的法律思想

太平天国运动对中国近代历史影响甚巨。有人称其为世界历史范围中最大规模的革命事件，可能有些言过其实。但无论如何，它不只是用农民起义、宗教革命等就可以简单说明的。它在思想上的影响虽然远不如其军事活动那样大，但其融传统与现代、宗教与迷信、专制与民主于一体的混合形态具有鲜明的特点。柯文写道："与中国历史上绝大多数其他农民运动不同，它不仅向王朝统治者，而且向整个传统秩序挑战。就此而言，最好将他们称为革命者，而不是造反者。他们的意识形态是基督教《旧约全书》、儒教乌托邦、性禁欲与原始共产主义的古怪熔冶。"① 这些都值得治近代法律思想史者特别予以注意。

第一节　洪秀全的法律思想

一　洪秀全的生平简述及太平天国的基本情况

洪秀全，广东花县人。生于 1814 年（嘉庆十八年），自幼聪颖好学，13 岁已为童生。16 岁时，初到广州府城应试，落第而归后被聘为村塾教师。1836 年，再次赴广州投考，结果仍是落第。但此行期间，他遇到一个外国传教士，并得赠一套名为《劝世良言》的小册子。该书对洪秀全的思想转变起到了决定性的作用，大而言之，它在某种程度上改变了清王朝的命运甚至近代中国发展的路途。这本《劝世良言》的作者梁阿发早年接受英国长

---

① 〔美〕柯文：《在传统与现代性之间：王韬与晚清革命》，江苏人民出版社，1998，第 33页。

老会传教士马礼逊和米怜的传教，受洗后成为了传教士和布道师。《劝世良言》是他介绍基督教的小册子，其中除了大段引用马礼逊和米怜的《圣经》译本及加入自己的注释性说教外，还含有一些政治寓意。比如，他一再暗示，中国由于长期的道德衰颓，整个社会已濒临巨大灾难的边缘；另外，书中还把"天国"解释为教徒们在尘世间聚会的所在。这本书的结构极为混乱，"天国""地狱""尘世""上帝"等等混杂一处，足以令从未接触过基督教的人头脑迷乱。它对于洪秀全的影响实际上产生于他再次投考落第之后。

1837 年，洪秀全再次科举失败后，大病了一场。在一连多日的昏迷中，他的头脑中生成了许许多多的幻象，在幻象中，自己握有至高无上的正义，并拥有所向无敌的力量；上帝赋予他铲除世间一切恶魔，拯救世界的权柄。病愈之后，洪秀全常对人宣称他已被上帝救封为王，"自是志度恢宏，与前迥不相同"。其作诗曰："手握乾坤杀伐权，斩邪留正解民悬。眼通西北江山外，声振东南日月边。展爪似嫌云路小，腾身何怕汉程偏。风雷鼓舞三千浪，易象飞龙定在天。"

1843 年，洪秀全最后一次尝试由科举而得功名之途，但仍归失败。其后，他决心彻底放弃功名。这时，洪秀全内心深处的反叛意识不再有任何的窒碍。在重读了《劝世良言》后，这种反叛意识更有了实在的根据。他"即运用其穿凿附会之才智，援引书中所载之圣经句语以解释其病中之所见所闻。于是信昔在灵魂升天时授以宝剑、印玺及特权之老者'阿公'即是天父上帝无疑；而教其助其斩妖逐鬼的中年人——即所称为'阿哥'者，殆救世主耶稣也；又奉命斩除之妖魔，即是偶像；奉令拯救劝告而勿妄杀之兄弟姐妹，乃是世人也。其尤为曲解字义者，即圣经所言之'天国'，彼即以为是指中国；又'全在全能全知之上帝'等，凡有'全'字之经语，彼皆以为是隐寓其本名而为其膺任神圣职务，立国为王之明证。于书中所陈道理，彼日夕玩索，愈久而兴味愈浓，乃觉如梦初醒，深幸得获升上天堂之真路及永生快乐之希望。由是中心极端欢乐，精神异常愉快，且深觉必须转有此新道传诸世人而拯救之焉"①。

于是，洪秀全依照书中所记载的方式自行洗礼，并作有悔改诗："吾侪罪恶实滔天，幸赖耶稣代赎全。勿信邪魔遵圣诫，惟从上帝力心田。天堂荣显人宜慕，地狱幽沉我亦怜。及早回头归正果，免将方寸俗情牵。"进而，

---

① 简又文：《太平天国全史》，转引自《现代中国思想家》，第一辑，台湾巨人出版社，1988，第 208 页。

他更将书塾中的孔子牌位弃掷，以示其不拜偶像之决心。① 自此以后，洪秀全走上授徒传道之路，也就是为起义做准备的漫长过程。从某种意义上而言，太平天国运动是基督教传布历史上后果最为严重的一次事件。当然，如果将范围加以扩展，还应该加进半个世纪以后的义和团运动。

实际上，传道的工作大部分由洪秀全的远亲和学友冯云山承担。他是一个具有卓越组织才能的人。正是由于他的工作，才使广西山区中许多客家村社都皈依了经过改造的基督教——拜上帝会。并且，他将这些信徒编入一个由地方集会会堂组成的多村联系体系中。这些会堂一起构成了总部设在紫荆山、分会遍布许多县的拜上帝会。而洪秀全本人这时回到广东，从事研究和写作。在他起初的作品中，很少包括政治性的内容，而主要是宣传宗教，"他已经认定自己的任务就是要使中国人民皈依基督教，这是只有通过灵魂的革命而非任何世俗制度的力量才会发生的事件。此外，洪秀全显然还认为，调和基督教与儒家传统是完成改宗基督教的最好的办法"②。

1847 年，洪秀全专程到广州向美国浸礼会传教士罗孝全求教，在罗孝全的指导下，他对《圣经》进行了为期数月的研究。当他回到广西的时候，冯云山已在几十个县中创建了拜上帝会的分会。不久，冯云山因煽动叛乱的嫌疑被官府捉拿，并被解往广东。洪秀全为解救冯云山也回到了广东，据说，他曾面见总督为冯云山翻案。冯云山被释放后，他们在广东又盘桓了一段时日，直到 1849 年夏天才返回广西。

在他们不在的这段时间，广西的拜上帝会并没有停止发展。原因是一批新的首领应运而生，其中包括以后在太平天国中占有举足轻重地位的杨秀清、萧朝贵、韦昌辉和石达开。随着拜上帝会的势力不断壮大，其开始发展成为具有军事组织性质的集团，他们与广西农村的其他武装集团频繁发生冲突。朝廷也开始对他们的行动越来越加强了防范。在这种情况下，"拜上帝会的领袖越来越清楚，在广西环境下已不可能侥幸求存，也许就在这样的关键时刻他们下定决心造反。"③ 1850 年 7 月，设在金田村的拜上帝会总部召集全广西南部的会众汇集，由此形成了人数达两万余人的金田团营。在与官兵发生若干武装冲突之后，于 1851 年 11 月 11 日洪秀全 38 岁生日这天，宣布建立太平天国。

清政府松弛的武备为太平军的发展壮大提供了良好的条件。虽然他们在

---

① 《中国近代史资料丛刊——太平天国》第六册，上海人民出版社，2000，第 846 页。
② 〔美〕费正清：《剑桥中国晚清史》上卷，中国社会科学出版社，1985，第 293 页。
③ 〔美〕费正清：《剑桥中国晚清史》上卷，中国社会科学出版社，1985，第 297 页。

永安被围困，并在向湖南进发的途中遭受重创，太平天国杰出的政治组织者冯云山战死，但最终还是突破了封锁，于 1852 年夏天进入湖南境内。在湖南，太平军获得迅速的发展，他们大肆招兵买马，声势极为浩大。1852 年 9 月，太平军围攻湖南省会长沙。此时，其兵力已达 12 万众之多；而到年底攻掠武昌时，人数更暴增至 50 余万。1853 年 3 月 19 日，太平军攻克江南最重要的城市南京，并定都于此，改名"天京"。此后，太平军的军事力量达到极盛，他们相继占领了镇江等重镇，并着手建邦立国，准备实施其社会政治理想。太平天国不但利用宗教的力量，也利用民族的力量，根据汉人对满族统治的不满，他们充分利用了社会上反满的心理。杨秀清署名的《奉天讨胡檄》中称："中国有中国之制度，今满洲造为妖魔之条律，使我中国之人不能脱其罗网，手足无所措，是尽中国之男儿胁制之也，……官以贿得，刑以钱免，富儿当权，豪杰绝望，是使我中国之英俊抑郁而死也。"① 洪秀全也曾作有《讨满清诏》。

洪秀全早期对众生平等阐述得较多，显示出受基督教教义影响的明显痕迹。其认为，人们在上帝面前最终是平等的，在尘世中所受的奖惩也应该是平等的。大概是基于这种理念，他提出了在《天朝田亩制度》中勾画的社会理想，即"凡天下田天下人同耕"。"按照《天朝田亩制度》所宣布的目标，太平军运动确实是一场深刻的社会革命：在这场革命中经济竞争被完全消灭；家庭被剥夺了它在经济和社会中的重要作用；国家获得了一种新的合法性和更广泛的权力。"② 姑且不论这种制度是否具有积极的社会意义，或是否可能完全达到其实际效果，起码它是一种崇高的社会理想，代表着生活艰辛的中国农民的内心愿望。但实际上，太平天国领导人的思想蜕变和随后发生的疯狂内讧，根本就没有使这种社会理想有尝试实施的机会。

尽管太平军在军事上不断地挫败朝廷军队和地方武装的围剿，他们在南京建立起政权并建立了文官考试制度，但这一切在其自身的内耗中失去了意义。一般都认为，东王杨秀清是这场内讧的始作俑者。早在金田起义之前，杨秀清就在拜上帝会中占据了很高的地位，通过所谓"降神附体"，他成为与上帝沟通的代言人。冯云山和萧朝贵的阵亡更使其失去牵制，到 1853 年定都天京时，杨秀清的权势开始膨胀。他自认为是太平天国的精神领袖，宣称他是圣灵的化身，地位在上帝次子之上。这时，甚至洪秀全本人也难以免遭他的羞辱和恫吓。1856 年 8 月，杨秀清逼洪秀全封他为"万岁"，这明显

---

① 郑振铎编《晚清文选》，中国社会科学出版社，2002，第 78 页。
② 〔美〕费正清：《剑桥中国晚清史》上卷，中国社会科学出版社，1985，第 304 页。

是要取代洪秀全而占据太平天国的统治地位。在这种情况下，洪秀全密诏韦昌辉和石达开回天京，诛杀杨秀清。此时，韦昌辉适在江西作战，他接到密令后带领数千精兵率先回到天京。韦昌辉出身于富裕的地主家庭，受过比较完整的教育。长期以来，他被杨秀清这样一个出身贫贱的劳工所压制，内心积怨甚深。这次获机会报复，自然欲一雪耻辱。9月1日夜间，他迅猛出击，将杨秀清杀死。随后，他大开杀戒，不但将杨秀清的亲信部将全部杀死，而且波及众多无辜。据说，在持续两周的大屠杀中，死亡人数达到两万有余，南京城中的混乱局面可想而知。十天后，石达开赶回南京。目睹这种局面，震惊异常，他力劝韦昌辉速速罢手。韦昌辉不但对石达开的忠告置若罔闻，而且指责其同情东王集团。出于谨慎，石达开离开南京返回部队。韦昌辉竟将其全家尽数杀害。石达开闻讯率部赶往南京，意欲复仇。太平军对石达开多表示同情和支持。这时，洪秀全感到韦昌辉咄咄逼人的态势对其不利，故调部将将韦昌辉杀死。此后数月间，天京的行政事务由石达开主持。但此时的洪秀全已对任何人都心存疑虑，其身边的宫廷集团也处处掣肘，这令石达开感到有身处凶境之感。六个月后，他离开天京，脱离了太平军。

这场大规模的自相残杀，使太平天国受到致命的伤害。这种伤害不但使太平天国在实力上损失惨重，从主动的进攻变为被动的防御。而且，天国之梦也在精神上彻底瓦解。太平天国与以往的农民起义有根本性的不同，它不单纯是一种官逼民反、揭竿而起性质的农民武装。而是有明确的精神追求，为实现某种社会理想而斗争的、具有宗教性质的运动。而天京的内讧，不但把天京变成了自相残杀的屠场，而且"在这个屠场上，贪欲和偏执狂使太平军运动原来理想的任何残迹都已澌灭无余"①。

自1856年下半年至1858年，太平天国在军事上的颓势终以战略要地九江的易手和清军重建其对南京的包围圈而达到顶点。虽然此后由于太平天国军事天才李秀成和陈玉成的努力，使战局时有好转；在洪仁玕主持下，政务也有所起色，但最终难免归于失败一途。

二 洪秀全的法律思想

（一）洪秀全的"天法"观

洪秀全有关法律的思想主要体现在其对"天法"的论述和实施之中。他在《劝世良言》的影响之下，成为了基督教的信奉者。他倡言拜上帝，而抛弃了传统的孔孟之道。他"将偶像扫除，并将塾中孔子牌位弃去。"但

---

① 〔美〕费正清：《剑桥中国晚清史》上卷，中国社会科学出版社，1985，第320页。

是，这种对传统的摈弃并不是完全的，而是想寻求一种实际的改造方法。比如，他所竭力反对的"六不正"，即：淫为首、忤父母、行杀害、为盗贼、为巫觋、为赌博。这与传统思想其实是并行不悖的，他还称"周文、孔丘身能正"，他们是正人的典型。但是，实质上，传统的东西已被他的"天道"所改造。同在《原道救世歌》中，他称："道之大原出于天"，"天父上帝人人供，天下一家自古传。""天人一气理无二，何得君王私自专。"表达了他的"天"与帝王的"天"迥然不同。他的"天"是与基督教的"天国"更为接近的。在他的认识中，现世已是混浊不堪："世道乖漓，人心浇薄，所爱所憎，一出于私。"洪秀全对于清王朝的这种认识的形成，主要原因有三个：（1）由于参加科举考试屡屡受挫，而对现行的社会体制产生一种怨恨。（2）清政府的腐败和软弱，使其产生一种鄙视和憎恶；鸦片战争后，"当时的广东民怨沸腾，对清廷的轻蔑之情随处可见。"① （3）基督教教义中对"天国"的描写对他的影响。这一切，使洪秀全不但走上了反清的道路，而且谋求建立人间的"天国"，在这个天国中，其首领是"天王"，其首府为"天京"，其法律是"天法"（或称"天令""天条"）。"天法"是神圣不可抗拒的，"宁可受刀，莫犯天条"。"天法"被奉为"太平天国"的制度基础。在以杨秀清名义发布之《太平救世歌》中称："除妖安良，政教皆本天法；斩邪留正，生杀胥秉至公。"

（二）洪秀全的平等观

绝对的平等是洪秀全早期法律思想的重要内容。社会平等不但是洪秀全追求的目标，也是太平天国切实实施的一项制度，这就是他在太平天国中实行的"圣库制度"及定都天京后颁行的《天朝田亩制度》中所体现出来的平等精神。在洪秀全看来，人世间的"陵夺斗杀"，其根源在于"一出于私"。所以，要想建立一个"天下一家，共享太平"的新世界，就必须实行绝对的平等。在"圣库制度"中，要求"人无私财"，一切缴获要归公，所有人的衣食开支均由公款平均供给。并且发布诏令："凡一切杀妖取城所得金玉绸帛宝物等项，不得私藏，尽缴归天朝圣库，逆者议罪。"在《天朝田亩制度》中，这种平等具体体现为："凡分田，照人口，不分男妇，算其家人口多寡，人多则多分，人寡则寡分"，"凡天下田，天下人同耕。此处不足，则迁彼处；彼处不足，则迁此处。凡天下田，丰荒相通，此处荒则迁彼丰处，以赈此荒处；彼处荒则迁此丰处，以赈彼荒处。务使天下共享天父主皇上帝大福，无处不均匀，无人不温饱"。

---

① 〔美〕费正清：《剑桥中国晚清史》上卷，中国社会科学出版社，1985，第292页。

另外，平等的观念还体现在其所倡导的"男女平等"中。《原道醒世训》中有一段著名的话："天下多男人，尽是兄弟之辈；天下多女子，尽是姐妹之群。"充分体现了这种平等观。

应该指出，洪秀全的法律思想中存在着许多封建主义的思想成分，这是时代的产物，洪秀全是不可能凭借自我的能力克服这种时代之局限的。这突出表现在两个方面：其一，皇权思想；自古以来，所有的起义者、造反者都有着"取而代之"、改朝换代的现实愿望，洪秀全自然也不例外。事实上，在太平天国初期，他的这种思想就已经形成了。他在《龙潜诗》中写道："等待风云齐聚会，飞腾六合定在天"；在《斩邪留正》诗中，这种皇权意念表达得更清楚："易象飞龙定在天"，自命帝王的信念跃然纸上。在太平天国取得一定胜利后，潜藏于洪秀全头脑中的皇权思想开始膨胀。在《天父诗》中，他声称："只有人错无天错，只有臣错无主错"，"一句半句都是旨，认真遵旨万万年"。这完全是一种极端的君主专制思想的体现，而"遵旨便救逆旨刀"，更使这种专制思想达到了登峰造极的程度。正是在这种思想的指导下，太平天国大好的形势下，频生内乱，大大削弱了自己的力量。在太平天国后期，洪秀全更是独揽大权，任人唯亲，把太平天国变成了"家天下"，最终导致彻底的失败。其二，等级特权思想；洪秀全这种思想，是对他自己在太平天国早期提倡的平等、平均思想的否定。当初，他凭借"平等""平均"的口号，吸引了大批拥护者和追随者。但是，他很快就抛弃了这种务实的主张，而实行起等级特权制度。他提出以封建等级为治国之道，要恪守"君君、父父、子子、夫夫、妇妇"。提倡"贵贱宜分上下，制度必判尊卑"及"妻道在三从，无违尔夫主"。这实质上就是"三从四德"的翻版。

（三）移植基督教之戒律为太平天国的法律

洪秀全所手订的《十款天条》是太平天国最基本的法律。他规定："凡天下官民，总遵守《十款天条》及遵命令。尽忠报国者则为忠，由卑升至高，世其官。官或违犯《十款天条》及逆命令，受贿弄弊者则为奸，由高贬至卑，黜为农。民能遵条命及力农者则为贤为良，或举或赏。民或违条命及惰农者则为恶为顽，或诛或罚。"①

《十款天条》的具体内容为：第一天条崇拜皇上帝；第二天条不好拜邪神；第三天条不好妄题皇上帝之名；第四天条七日礼拜颂赞皇上帝恩德；第五天条孝顺父母；第六天条不好杀人害人；第七天条不好奸邪淫

---

① 《中国近代史资料丛刊——太平天国》第一册，上海人民出版社，2000，第323页。

乱；第八天条不好偷窃抢劫；第九天条不好说谎话；第十天条不好起贪心。①

实际上，太平天国的十款天条与基督教的十诫大致相同。在《圣经·出埃及记》中"摩西十诫"一节为："上帝发言，作如下的训示：我是上主，你们的上帝，我曾经领你们从被奴役之地埃及出来。

我以外，你们不可敬拜别的神明。也不可仿造天上、地上或地底下水里的任何形象为自己造任何偶像；不可向任何偶像跪拜；不可滥用我的名，凡滥用我名的人，我，上主，你们的上帝一定惩罚他；要遵守安息日为圣日；要孝敬父母；不可杀人；不可奸淫；不可偷窃；不可作假证陷害邻人；不可贪图邻人的房屋，也不可贪爱别人的妻子、奴婢、牛驴，或其他的东西。"两者相比较，移植之痕迹是显而易见的。

（四）洪秀全设计的诉讼制度

在《天朝田亩制度》中，洪秀全还设计了相当严格的法律诉讼程序："或各家有争讼，两造赴两司马，两司马听其曲直；不息，则两司马挈两造赴卒长，卒长听其曲直；不息，则卒长尚其事于旅帅、师帅、典执法及军帅，军帅会同典执法判断之。既成狱辞，军帅又必尚其事于监军，监军次详总制、将军、侍卫、指挥、检点及丞相；丞相禀军师，军师奏天王。天王降旨，命军师、丞相、检点及典执法等详核其事。无出入，然后军师、丞相、检点及典执法等直启天王主断，天王乃降旨主断。或生、或死，或予，或夺，军师遵旨处决。"② 洪秀全设计的这套具有军事化形态的诉讼制度，究竟在太平天国获得了何种程度的落实，还有待考证。

第二节　洪仁玕的法律思想

一　洪仁玕的生平简述

洪仁玕，生于1822年，号益谦，别字吉甫，广东花县人。洪仁玕是洪秀全的族弟，也是拜上帝会的最早信徒。他早年的经历与洪秀全很相似，自幼学习经史，自视甚高。但科场不利，多次考秀才不中，只好在家乡担任塾师。他在接受了洪秀全的影响之后，参与了洪秀全组织的许多活动，并积极地宣传拜上帝会的教义。洪秀全金田起事时，他恰在清远县任教传教，得到

---

① 《中国法律思想史资料汇编》，法律出版社，1983，第789～790页。
② 《中国近代史资料丛刊——太平天国》第一册，上海人民出版社，2000，第322～323页。

消息后，多次意图与太平军联系，但均因种种困难而未成功。其后，他曾在花县起事以策应太平军，但很快被清军击溃。失败后他在广东、上海、香港等地流亡多年。其间，他多次想前往天京，均未能如愿。直到1859年，他才得以达到天京。其时，太平天国正处于"朝中无将，国内无人"的危难时刻，从而他立刻被洪秀全封为"开朝精忠军师顶天扶朝纲干王"，总理朝政。并"降诏天下，要人悉归其制"，成为太平天国后期的主要领袖人物。在此期间，出于"善辅国政，以新民德"的需要，他撰写了著名的《资政新篇》。在经洪秀全批改后，《资政新篇》被作为太平天国的官方文书颁行，成为太平天国后期的政治经济纲领。洪仁玕的其他著述还有《立法制喧谕》《英杰归真》《诛妖檄文》《军次实录》以及《洪仁玕自述》等。1864年，天京陷落后，洪仁玕在石城被俘，同年，在南昌遇害。

洪仁玕的生活经历，尤其他早年在香港和上海与西方传教士的接触和交往，使其得以广泛阅读教会的书籍、期刊，并目睹开埠之初英人在香港和上海租界种种经营：设立法院（香港人称葛楼）、商馆、银行、码头、船埠、马路，铺设各类市政措施，以及教会所创办的学校、教堂、孤儿院和各类新闻报纸的开创。这一切，在耳濡目染之中，都有助于洪仁玕对"西艺""西政"的认识，尤其在西方传教士创办的各类报纸中，对于世界地理、各国历史、经济贸易、时事新闻、天文历算、卫生医药、地方风物、机械新知的报道，更有助于他的理解。传教士们将所介绍的欧洲的物质文明和政教制度，视之以为基督教文明的必然产物。洪仁玕作为一名受过洗礼的基督徒，自然也是从这样的观点去理解"西艺""西政"的，并由此而提出了相当完整的政治法律主张。"而洪仁玕之主张则少有人提及，此实因洪仁玕为太平天国之干王，为皇朝正统视为逆匪，故对其现代化之理论多被忽视。究诸史实，林则徐、魏源之论洋务本以'师夷长技以制夷'，此种观念纯属西艺之学。至于晚清倡导洋务之知识分子，虽有'西艺''西知''西政'阶段之演进，惟是已属同治、光绪两朝之事，而洪仁玕于1859年提出之《资政新篇》多有'西艺''西知''西政'之主张，诚可谓晚清推行国家整体现代化之鼻祖。"① 的确，洪仁玕的思想主张在其时代背景下，确实具有超前性，这种超前性也只有在太平天国这种反传统的体制中才有可能加以实施。唯惜限于其身份，洪仁玕的思想主张未得以广泛传播，故难言对中国近代思想有较大影响。

---

① 李志刚：《洪仁玕在港与西教士之交游》，（台）《东方杂志》复刊第20卷，第三期。转引自顾卫民《基督教与近代中国社会》，第170～171页。

二　洪仁玕的法律思想

洪仁玕的思想，具有其特殊性和重要性。它在某种程度上而言，也超出了"农民起义"的范畴。即不但倡言对旧王朝的批判，也对新的国家体制提出了构想；不是仅仅立足于破坏性，而是重视太平天国的制度建设。他意图构造一种新型的王朝统治形式。这种形式超越了中国传统的国家组织方式，吸收了西方的资本主义政治制度的思想内容，具有强烈的时代性。他的思想形成于其流亡香港期间。在香港，他"授书夷牧"之家，得以广泛接触西人和西方的思想。他与瑞典传教士韩山文、苏格兰汉学家理雅各等多有过从。除探讨神学以外，他还潜心研究了西方的科学和政治经济学。在其1859年写成的著作《资政新篇》中，他试图把这些研究成果用于太平天国的制度建设。提出强化中央集权、采用西方技术以使中国经济和交通等方面走向现代化、采取与西方列强交好的对外政策、借鉴西方的经济模式，如开设现代银行、颁发专利权、建造铁路和轮船以及发展采矿业，等等。

虽然洪仁玕对西方国家抱有真诚的学习态度。但在现实中，他也痛感外国势力对中国社会的危害，深刻地认识到传统政治体制的局限性和落后性。为了使中国富强，并为了日后"辅佐天王"，他以极大的热情认真地研读西方的科学著作和社会政治著述。并留心于西方的政治制度，探求西方国家得以富强的制度原因和社会生活背景。实质上，他的愿望就是创立一个资本主义制度形式的新型国家。他的思想具有相当的进步性，较之其后的洋务派思想家，不但在时间上比他们早，从思想内容上来说也比他们更为积极和系统。

清代著名的学者赵烈文[①]对《资政新篇》的评价很高。尤其对"法法类"称赞尤多。认为："其长处颇能变通用之，亦未可抹杀。……观此一书，则贼中不为无人"。以下，概括介绍洪仁玕有关法律的诸项思想内容。

（一）以法制作为立国的根本

在洪仁玕看来，在当时情况下，"立法制"是太平天国"万不容己之急务"。立法是治理国家的根本，他把这种主张归纳为："国家以法制为先。"他认为："照得国家以法制为先，法制以遵行为要，能遵行而后有法制，有法制而后有国家，此千秋不易之大经，而犹为今滋万不容己之急务也。"[②]

---

① 赵烈文（1832～1893），著名学者和藏书家。其藏书楼名为"天放楼"。他对曾国藩极佩服，曾四入曾幕；著有《能静居日记》。

② 《中国法律思想史资料汇编》，法律出版社，1983，第805页。

他引用古今中外的事例，极力阐明自己的观点。他称：中国古代的周朝之所以"肇八百里之畿"原因在于周公制《周礼》；外国如英吉利，成为最强的国家，是"法善"的结果；① 俄国也是在学习先进国家的法律制度之后，成为了"北方冠冕之邦"的。所以，国家的根本应该是确立法制。而且立法与用人应该相辅相成，不可偏废，其言："盖用人不当，适足以坏法；设法不当，适足以害人，可不慎哉！然于斯二者并行不悖，必于立法之中，得乎权济。试推其要，约有三焉：一以风风之，一以法法之，一以刑刑之。三者之外，又在奉行者亲身以倡之，真心以践之，则上风下草，上行下效矣。否则法立弊生，人将效尤，不致作乱而不已，岂法不善欤？实奉行者毁之尔。"② 有立法之人，有执法之人，有守法之人，法制才能得以真正的健全。

（二）妥善立法，度势变革

在建立了国家法制的基础上，洪仁玕进一步指出，一个国家，不但要"立法制"，而且，在此基础上，还应该做到"立法当"和"立法善"。同时必须辅之以教育的手段，使人民自觉守法。他说："昭法律，别善恶，励廉耻，表忠孝，皆借此以行其教也。教行则法著，法著则知恩，于以民相劝戒，才德日生，风俗日厚矣。此立法善而施法广，积时久而持法严，代有贤智以相维持，民自固结而不可解，天下永垂而不朽矣。"③

他认为，太平天国的法制建设，必须采用"革故鼎新"的变革，而在法制的实行中，必须"因时制宜，度势行法"。他称：法律是具有"定"和"无定"双重性质的，其二者又互相依存："盖律法者，无定而有定，有定而无定，如水之软，如铁之硬。实如人心之有定而无定，世事之无定而有定，此立法所以难也，此生弊所以易也。"法律必须在稳定和适当的变易中发展，即所谓："法之质，在乎大纲一定不易；法之文，在乎小纪，每多变迁。故小人坏法，常窥小者无备而掠为己有，常借大者之公以护掩己私。然此又在奉法执法行法之人有以主之，有以认真耳。"④ 在《资政新篇》中他提出了二十八条改革措施。其主要内容为：加强中央的领导，做到"权归于一"；为"上下通情"，设新闻馆；加强经济建设，创办新型企业；设学校，办报纸，加强文化教育；开医院，奖励慈善事业，建立社会福利机构；制定"柔远人之法"，搞好对外关系，等等。

---

① 在《资政新篇》中，其称："英吉利，即俗称红毛鬼，开邦一千年来未易他姓，于今称为最强者，由法善也。"
② 《中国近代史资料丛刊——太平天国》第二册，上海人民出版社，2000，第524页。
③ 《中国近代史资料丛刊——太平天国》第二册，上海人民出版社，2000，第527～528页。
④ 《中国近代史资料丛刊——太平天国》第二册，上海人民出版社，2000，第528页。

（三）倡行"恩威并济"、"教法兼行"的法律实施方式

洪仁玕认为，治理国家，必须采用"恩威并济"的方法。一方面，他强调要"执法严"，严格执行法律。其主要内容是：（1）国家官吏要率先遵纪守法，"要先禁为官者，渐次严禁在下"；（2）在执法中要做到严格执法，不避权贵；（3）要严明赏罚，有功必赏、有罪必罚。在"执法严"的同时，也要注意运用道德教化的方法。其原则是："德化于前，刑罚于后。"他主张："法外辅之以法而入于德，刑外化之以德而省于刑。"他认为，教法兼行可以到达匡正民风的作用："教行则法著，法著则知恩，予以民相劝戒，才德日生，风格日厚矣。"洪仁玕反对洪秀全所专断的苛刑酷罚，他委婉地要求洪秀全："自今而后，可断则断，不易断者付小弟率六部等议定再献，不致自负其咎。"

他还主张谨慎对待疑犯，并尽可能善待轻犯，应以使其改过自新为目的。其具体措施为："罪人不拿，若讯实同情者及之，无则善视抚慰之，以开其自新之路；若连累及之，是迫之使反也。"① 即对待疑犯，不轻易逮捕，而要通过讯问了解情况，如果确属情实者，自然要拿获归案；而对被误疑者要善加对待，而不能使其被连累。同时，对待犯有轻微罪刑的人，要与重犯区别处理，具体的方法是："宜给以饮食号衣，使修街渠道路，……轻者移别县，重者移郡移省，期满释回。一以重其廉耻，二以免生他患，庶回时改过自新，此恩威并济之法也。"② 在当时社会条件下，这些主张体现了一种极为先进的刑法思想。

（四）区别宗教法与世俗法

洪秀全的法律思想，几乎以宗教法为根本。而洪仁玕则提出要区别此两者，他认为《十款天条》不能算真正的法律，国家要建立国法。其称："《十款天条》，治人心恶之未形者，制于萌念之始；诸凡国法，治人身恶之既形者，制其滋蔓之多。必先教以天条，而后齐以国法，固非不教而杀矣，亦必有耻且格尔。"③

（五）具有资本主义成分的经济法律观

洪仁玕的经济法制观，具有较明确的资本主义成分，他主张利用国家的权力，发展资本主义经济。其主要措施有：（1）颁行私人投资法，他主张发展近代意义上的交通、工矿事业，鼓励"富民"投资开发，兴办实业。

---

① 《中国近代史资料丛刊——太平天国》第二册，上海人民出版社，2000，第535页。
② 《中国近代史资料丛刊——太平天国》第二册，上海人民出版社，2000，第537页。
③ 《中国近代史资料丛刊——太平天国》第二册，上海人民出版社，2000，第538页。

（2）颁行劳资法，他要求废除封建的人身依附关系，禁止"卖子为奴"；同时准许"富者"请人、雇工。他还设订商业金融利率不超过千分之三，工矿实业利率不超过千分之二十，等等。（3）制定工商业规范。洪仁玕的思想，在当时的时代中，可以说是一个奇迹。它综合了古代与现代、中国与西方、宗教与世俗、理想与现实的种种要素。不但在理论上有着缜密的条理性和逻辑性，并且也具有极为现实的可行性。可惜，他到达天京时，太平天国已陷入无可挽回的危机之中。同时，洪秀全的所作所为也使其治国方略难以实现。洪仁玕思想的超前性十分突出，有学者甚至认为，是"洪仁玕揭开了中国近代法律思想史的序幕"，他所提出的一系列有利于资本主义经济发展的法制措施，即使是半个世纪后的沈家本也未曾提及。但应该认识到，洪仁玕的思想主张虽然值得称道，但其毕竟游离于正统思想，是一种体制外的东西，它并不能在社会上产生较大的影响，更不可能被纳入社会主流思想的流转之中。况且，这种思想主张没有经过必要的学术归纳，没有形成比较确定的理论框架，难以成为启发社会思想的导因。从这个意义上说，上述论断式的称誉似有过者。

第四章
洋务运动主持者的法律思想

第一节　洋务派运动形成与发展

一　洋务运动的形成

（一）洋务运动兴起之现实背景

洋务运动的兴起，根源在于中国人在与外国的实力较量中遭受到痛苦的失败。鸦片战争时，林则徐就称："窃谓剿夷而不谋船炮水军，是自取其败也。"他的剿夷八字要言为"器良技熟，胆壮心齐"，其中器良被视为第一要素。此后，曾国藩等人无论在与外国人的直接交锋中，还是借助外国人之洋枪队对抗太平天国，抑或是眼见英法联军轻易打败号称"铁骑"的僧格林沁骑兵，攻陷北京，都使他们深感不得不改弦更张，放下天朝的架子，学习西方的技术。曾国藩称："轮船之速，洋炮之远，在英法则夸其独有，在中华则罕于所见。若能陆续购买，据为己有，在中华则见贯而不惊，在英法亦渐失其所恃。"① 前此魏源之"师夷长技"之论到此期间开始进入到实际施行的时候了。

实际上，在 19 世纪初，已有一些人对西方的先进技术加以描述，如王大海在《海岛逸志》中就有对西洋诸国的地理、风俗、人情的叙述。其中在提到望远镜时称其"用以御敌，可望敌营中，能周知其虚实，……鬼工之奇技。"论及蒸汽机时称其船中"贮以清水，火生气腾，……船即行驶如飞。"② 梁廷枏是最早对西方国家政治法律制度进行介绍的人之一，其对美

---

① 曾国藩：《议覆购买外洋船炮为今日第一要务折》，转引自《晚清思想》，台湾时报出版公司，第 134 页。

② 夏东元：《洋务运动史》，华东师范大学出版社，1992，第 16 页。

国的制度称赞有加："凡一国之赏罚禁令，咸于民定其议，而后择人以守之。未有统领先有国法，……终未尝以人变法。"徐继畲也称赞美国的民主制度"不设王侯之号，不循世及之规，公器付之公论，创古今未有之局，一何奇也。泰西古今人物，能不以华盛顿为称首哉！"①

所谓"洋务"，原称为夷务，指中国与其他国家交往中之事务。就中国而言，近代以前，一直自居为世界之中心，文明之极致，故相对于其他国家而言，自是先进。故中国之外的其他国家都是野蛮或落后之区域。所谓东夷、西狄、北戎、南蛮之说，后一般统称为夷，含有鄙夷、轻视之意味。孔子称：夷狄之有君，不如中国之无也，即指中国的制度文化远超那些夷狄之国。这种心态之所以能沿袭千年，主要在于中国，虽然屡经外来入侵，但未见其文明程度凌驾其上者。直至清代，这种态势依然，举凡对外事务，概称夷务。鸦片战争后，虽然情势已变，但心态未改。这种态度，令西方国家非常不满，故至第二次鸦片战争后，在《北京条约》中，特别指出予以改正。此后，与西方国家之关系，概称为洋务。

当时之西方人，因多自海洋而来，故称为洋人。洋务就是指涉及洋人的事务。自鸦片战争以后，清政府在军事上屡屡遭受重大失败。特别是与英法联军之战，清军无力招架，以至一败涂地，甚至于北京为敌军所占，不得已屈辱求和。② 在蒙受巨大的损失与羞辱之后，许多有识之士，在深受刺激之下，有幡然猛醒之感。其中一些是身临其境的王公大臣，如恭亲王奕䜣、侍郎文祥等。另外还有一些疆臣如曾国藩、李鸿章、左宗棠等，他们在长江下游与太平天国作战时，也曾与洋人多有接触，对于西方的军事力量有比较深入的了解，认识到中国现有的武力实不足以与其相抗衡。于是，开始谋求在军事上、外交上甚至在政治上加以变革，以能仿效西方的富国强兵之法，达到振兴朝纲、抗衡西人的目的。这些人物是清政府日后与洋人接触最多者，他们负责交涉洋人所要求的通商、传教、设派领事、议定条约等事务。并努力在教育上、实业上、军事上引进西式的方法和制度，以求能抗敌御侮，这些人基本上构成了洋务派的主体。

① 徐继畲：《瀛环志略》卷九，转引自夏东元《洋务运动史》，华东师范大学出版社，1992，第21页。
② 在当时的清朝廷看来，对付太平天国等国内反叛力量比对付外国更重要，这也是其战败的一个原因。例如，当英法联军窥伺津京时，一些将领提出要协同作战。如漕运总督袁甲三请"北上随同僧格林沁"保卫"根本重地"，朝廷未允："贼氛正炽，汝断难远离，所请勿庸议。"正在长江中下游的曾国藩，本欲因"夷氛逼近阙下"而北上护驾，但朝廷认为"剿贼"更迫"皖南北均当吃紧之时，该大臣等一经北上，逆贼难保不乘虚思窜，扰及完善地区，江西、湖北均为可虑，曾国藩、胡林翼均著毋庸来京"。

（二）总理各国事务衙门的成立

总理各国事务衙门的成立，标志着中国在对外事务中已发生了观念性的转变。随着所谓"条约体系"的建立，外国势力大量侵入中国，如何应对这种局面，成为清朝当权者的一项急务。许多中央及地方官员都对此提出看法，如署礼部左侍郎薛焕①在奏折里说："方今夷商既分布各口，又得内地游行，天主教布满天下，夷人住在京城。中国虚实，无不毕悉。始不过侵我利权，近复预我军事。举凡用人行政，渐形干预。……彼负其豺狼之性，事事动形掣肘，稍不遂其所欲，辄以用兵挟制。"总理船政的前江西巡抚沈葆桢也在奏章中指出："即使诸国遵照原约，一无所改，而利权事权，已在其掌握中，数年之后，必有不堪设想者矣。"这时，成立一个管理对外事务的中央机构已势在必行。

奕䜣、桂良、文祥等于1861年1月11日上《通计全局酌拟章程六条呈览请议遵行折》，其中在作为附件的六条章程中提出"京师请设立总理各国事务衙门，以专责成也"。其余五条的主要内容为：南北口岸，请分设大臣，以期易顾也；新添各口关税，请分饬各省，就近拣派公正廉明之地方官管理，以期裕课也；各省办理外国事件，请敕该将军督抚互相知照，以免歧误也；认识外国文字、通解外国语言之人，请敕广东、上海各派二人来京差委，以备讯问也。各海口内外商情，并各国新闻纸，请敕按月咨报总理处，以凭核办也。[《筹办夷务始末》（咸丰朝）卷七一]1861年1月20日（咸丰十年十二月初十）清朝廷批准设立"总理各国事务衙门"。上谕中称："据称：恭亲王奕䜣等议各条，均系实在情形，请照原议办理等语。京师设立总理各国通商事务衙门，著即派恭亲王奕䜣、大学士桂良、户部左侍郎文祥管理，并著礼部颁给钦命总理各国通商事务关防。应设司员，即于内阁、部院、军机处各司员章京内，满汉各挑取八员，即作为定额，无庸再兼军机处行走，轮班办事。"[《筹办夷务始末》（咸丰朝）卷七二]此可视为洋务运动开始的标志。

总理衙门的级别同军机处，兼有管理商务、外交、教育、关税财政、军事政治情报等权力。其不但在对外事务中发挥了主要作用，在洋务运动整个过程中，总理各国事务衙门也起到了枢纽的作用，并在筹办新式军事工业过程中扮演了重要角色。左宗棠称："洋务关键，在南北洋通商大臣，而总理

---

①　薛焕，曾任五口通商大臣、江苏巡抚、两江总督，《筹备夷务始末》（咸丰朝）中，录有其奏折多篇，上谕中称其"于夷务情形尚为熟悉"。

衙门揽其全局。"①

（三）洋务思想的形成

洋务思想的形成，有其政治、经济和文化的背景。从政治上而言，当时，太平军、捻军等先后被镇压，国内矛盾相对缓和，而此时外患又起。对抗来自西方的压力，解决对外关系成为清廷的首要任务。尤其是第二次鸦片战争中，中国再次溃败，京师重地亦为英法联军所占据，咸丰皇帝遁走承德，病死于此；圆明园惨遭劫掠、焚毁。这一切，使朝野上下大为震动。"洋务"成为最为重要的王朝事务，引起了人们的普遍重视。在经济上，由于政治上、军事上的原因，引进资本主义的经济生产方式被认为是"自强"的有效手段。西方的经济理论也开始影响中国的经济发展。在文化上，西学已开始大规模地进入中国，对传统文化造成了巨大的冲击。据统计，从1843~1860年，香港、广州、福州、厦门、上海和宁波这六个城市出版的西书达434种，为1811~1842年这一阶段的三倍以上。并且，中国的知识分子开始出现主动了解、吸收西学的趋向。特别应该提到的是，一些知识分子已具有资产阶级改良主义的倾向。其主要的代表人物有：冯桂芬（1809~1874）、王韬（1828~1897）、郭嵩焘（1818~1897）、薛福成（1838~1894）、郑观应（1841~1920）、马建忠（1844~1900），以及容闳（1828~1912），等等。这些人对西方的了解相当的深入，他们或曾入西人开办的书馆参与译书（如王韬入墨海书馆并曾游历欧洲），或留学外国（如容闳毕业于美国耶鲁大学）。他们通过对西方的直接了解，看到中西在制度上的差别，看到了中国封建制度中落后的一面。所以，他们倡言学习西方，这种意义上的学习已超过了"师夷长技"的范围，而是更主动、更深入的学习。这些人与洋务派的关系极为密切。如冯桂芬、郭嵩焘、薛福成本身就是官员，他们与洋务派的人物过从甚密，冯桂芬还曾入李鸿章幕府；郭嵩焘、薛福成、马建忠直接参加了洋务派的外交活动；王韬曾上书曾国藩；郑观应曾在上海轮船招商局担任重要职务等。这些人虽非直接主持洋务，但他们的思想主张对于洋务派的思想形成影响巨大。有关此方面的内容，将集中于此后章节中加以论述。

二　洋务运动的发展与主要成果

从最早的曾国藩创建安庆内军械所开始，清朝开始兴办近代新兴军事工业。

---

① 夏东元：《洋务运动史》，华东师范大学出版社，1992，第30页。

1860 年 12 月，曾国藩上奏朝廷："将来师夷智以造炮制船，尤可期永远之利。"徐珂在《清稗类钞》中记载："文正尝愤西人专揽制机之利，谋所以抵制之，遂檄雪村①创建机器局于安庆。"安庆内军械所曾制造出中国第一艘木壳轮船。

1861 年，李鸿章在上海办起了洋炮局，是最早使用外国技术的人员。1863 年创苏州炮局。

1863 年开始，曾国藩筹备建立现代化的工业，他听从容闳的建议，准备建立一个"普通基础"的工厂。提到容闳其人，由于其特殊的身世与言行，他在近代史上具有一定的影响。

容闳（1828～1912），原名光照，字达萌，号纯甫；广东香山（今中山市）人。出身贫寒，7 岁入英国传教士古特拉富夫人所办的小学读书，13 岁入马礼逊学校。1847 年，随该校第一任校长勃朗到美国。先入马萨诸塞州的孟松学校，1850 年考入耶鲁大学。1852 年，容闳入美国国籍。1854 年毕业后回国后，曾在上海海关供职，后经营茶叶生意。1863 年，应在安庆军械所工作的李善兰之邀请，往见曾国藩。容闳曾提出自己兴建基础工业的主张："中国今日欲建设机器厂，必以先立普通基础为主，不宜专以供特别之应用。所谓立普通基础者，无他，即由此厂可造出种种分厂，更又分厂以专造各种特别之军械。简言之，即此厂当有制造机器之机器，以立一切制造厂之基础也。"（参见容闳：《西学东渐记》）这种从根本上建立工业体系的认识，眼光较同时代人要长远得多。

曾国藩对此表示赞同。他启奏朝廷拨银 68000 两购置机器。容闳被委派到美国采买机器设备。1863 年 10 月出发，1865 年其所购设备运抵上海。这批设备与李鸿章在上海购得的旗记铁厂（美国人兴办）合并一处，加上苏州炮局的部分组成了当时规模最大的机器制造厂，名为"江南制造总局"，又称"上海机器制造局"。

江南制造总局对于创建中国近代工业贡献很多。据统计：1867～1873 年，江南制造总局初建期间，共生产机床 97 台，船只 8 艘，枪支 9920 支，炮 112 尊，炮弹 15624 枚；1877 年，造枪支 1730 支，炮弹 11369 枚；1883 年，造枪支 2024 支，炮弹 29329 枚；1894 年，造枪支 1224 支，水雷，40 具，火药 378249 磅，炮弹 10628 枚。②

1866 年，时任闽浙总督的左宗棠创办了中国第一个制造轮船的工

① 雪村，即徐寿（1818～1884）。当时以通西艺、博学多才著称。
② 《中国近代工业史资料》第一辑（上册），生活·读书·新知三联书店，1957，第 293 页。

厂——马尾船政局。在谈及建立造船厂的初衷时，其言：现今"泰西诸邦均以机器轮船横行海上，英、法、俄、德又各以船炮互相矜耀，日竞其鲸吞蚕食之谋。乘虚蹈暇，无所不至。"而要对其加以防范，"应仿造轮船以夺彼族之所恃"①。左宗棠认为，既然外国在科学技术上已经领先，中国必须在承认落后的前提下，努力学习并缩小差距。其在奏章中言称："均为人也，聪明睿智相近者性，而所习不能无殊。中国之睿知运于虚，外国之聪明寄于实。中国以义理为本，艺事为末；外国以艺事为重，义理为轻。彼此各是其是，两不相逾，姑置弗论可耳，谓执艺事者舍其精，讲义理者必遗其粗不可也。谓我之长不如外国，导其先可也；谓我之长不如外国，让外国擅其能不可也。"这种议论直接对中西之间的文化背景与物质状况进行了分析，其立意高出当时一般就事论事之论甚多。

他又说："欲防海之害而收其利，非整理水师不可；欲整理水师，非设局监造轮船不可。"同时，他认为，设局造船也是可以成功的。其言："泰西巧而中国不必安于拙也，泰西有而中国不能傲以无也。"此可视为中国海军之始基。在1866年10月，左宗棠调任陕甘总督后，他推荐沈葆桢为船政大臣。沈葆桢于1867年接到委任，7月正式接办，启用"总理船政"关防。

沈葆桢（1820～1879），字幼丹，福建侯官人，林则徐的女婿。1847年中进士。曾任翰林院编修、武英殿纂修、江南道监察御史、贵州道监察御史等职。1856年任江西九江知府，继署广信知府；1861年，由于曾国藩的保荐，授江西巡抚。从1866年12月破土动工到1874年，一座以造船为中心的大型机器制造厂基本建成，在当时看来，该厂极具规模，其分厂达13个之多。1868年1月开始造第一艘轮船，次年"万年青"号下水。到1905年止，马尾船政局共造兵船、商船达40余艘。其中2000吨以上的轮船近10艘，"建威""建安""宁绍"三轮更达5000吨以上。

1865年，李鸿章升任两江总督，他将苏州洋炮局的一个车间带往南京，并扩充为金陵机器制造局。李鸿章把其看作自己的资本。

此外，还有天津机器制造局，其由三口通商大臣崇厚于1867年创办。1870年，李鸿章任直隶总督，接掌了局务大权，将其发展为"洋军火总汇"。1875年，山东巡抚丁宝桢也创办了山东机器局。

洋务运动主持者们初建的近代工业还有许许多多，其范围几乎涉及兵工、矿产、运输、电讯等所有可以列举的近代工业领域。应该说，洋务运动的物质成果还是很丰富的，在三十年的时间中，中国的基础工业从无到有，

---

① 夏东元：《洋务运动史》，华东师范大学出版社，1992，第93页。

构成了一定的体系。曾国藩曾说："近年来，设局制造，开馆教习，凡喜人擅长之技，中国颇知究心。所须经费，均蒙谕旨准拨。亦志在必成，虽难不惮，虽费不惜。日积月累，成效渐有可观。"[①] 但其主要作用在于军事方面，用于国计民生之发展方面还有很大的缺欠。

第二节　洋务运动主持者之生平与思想

洋务派包括统治阶级中各个方面的人物，其中有握有统治大权的皇族人员，其代表人物为恭亲王奕䜣。大臣中的实力派，其中包括：曾国藩、李鸿章、左宗棠、张之洞等。而形成系统的思想的主要人物为曾国藩、李鸿章和张之洞等人。

一　恭亲王奕䜣

奕䜣，生于1833年，是道光皇帝之第五皇子，咸丰皇帝的弟弟，咸丰登基后，被册封为恭亲王。奕䜣本来并非热衷于对外事务者，其态度的转变始于第二次鸦片战争。1860年，英法联军进攻北京，咸丰逃往承德。奕䜣被任命为全权大臣，留京负责交涉议和。桂良（奕䜣的岳父，曾任河南巡抚、湖广总督、云贵总督、热河都统、直隶总督、东阁大学士等职）、文祥（生于1818年，满族人，进士出身；曾任吏部右侍郎、工部右侍郎等职）等协助他办理议和事务。在与西人交往的过程中，奕䜣等人在思想观念上发生了巨大的变化。首先，他们认识到，在与西方各国的交往中，必须放弃以"天朝上国"自居的虚骄心理。不能再如以往视其为古时的"夷狄"，而应代之以平等的态度和礼节，与西方各国建立平等的国家间关系。其次，他们从皇朝对西方在军事上的毫无招架之力这一事实出发，反思清政府及清军的腐败和衰微，认识到必须在政治、经济、军事上进行刻不容缓的变革。再次，他们认为，从现实的局面分析，对清王朝最大的威胁是太平天国，是"心腹之害"；而俄英等国是"肘腋之忧""肢体之患"，所以应与西人讲和，并"借洋兵助剿"太平军。最后，他们从实际的事务活动的需要出发，认为应该设立一个专门办理一切与外交事务有关的部门，即总理各国事务衙门。日后，该机构实际上成为了洋务运动的最高领导机构，奕䜣、曾国藩、李鸿章等皆曾掌管该机构。

---

① 郑振铎编《晚清文选》，中国社会科学出版社，2003，第118页。

二 曾国藩

曾国藩，生于 1811 年，字伯涵，号涤生，湖南湘乡人。27 岁中进士，选翰林院庶吉士。曾任礼部、兵部侍郎等职。1852 年，因母病故，回籍居丧。时值太平军攻入湖南省境，他组织地方武装，后发展为"湘军"，与太平军对抗。太平天国运动被镇压后，曾国藩曾任两江总督、直隶总督兼北洋大臣等要职，因与太平军作战而封侯。1872 年去世。其著作甚多，其中最有名的是其《家书》，后人辑有《曾文正公全集》。

曾国藩一生治学较杂，早年任官京师时从乡前辈唐鉴研治程朱理学。"唐公专以义理之学相勖，公遂以朱子者书为日课，始肆力于宋学矣。"① 1847 年（道光二十七年）7 月，曾国藩在向唐鉴问学期间认识了倭仁。其在日记中写道："河南倭艮峰仁前辈用功最笃实，每日自朝至寝，一言一动，坐作饮食，皆有礼记。或心有私欲不克，外有不及检者皆记出。"② 自此，曾国藩与倭仁保持良好的私交。即使其二人经历和思想的发展有着极大的不同。一开明，一保守；一为大吏，一为大儒。但其崇尚正学的内在一致性使其二者的关系得以保持，尽管这种一致体现于不同的形式之中。

前此，鸦片战争对京师包括曾国藩在内的士人的触动并不大，他们并没有深刻认识到此为中国千年以来最大的变局。《南京条约》的签订，也使人感到屈辱，但并没有使大多数人警醒。曾国藩在家书中如此评论这次事件："此次议抚，实出于不得已。但使夷人从此永不犯边，四海晏然安堵，则以大事小，乐天之道，孰不以为上策哉。"③ 从以后的形势发展看，这种判断是完全错误的，鸦片战争只是外国入侵的开始而已。而且，这种入侵将波及社会政治、经济、文化生活，甚至民众日常生活的各个方面。

曾国藩对当时士风日下的局面极为痛恨，其言："今日不可救药之端，惟在人心陷溺，绝无廉耻。……窃尝以为无兵不足深忧，无饷不足痛哭，独举目斯世，求一攘利不先，赴义恐后，忠愤耿耿者，不可亟得。或谨得之，而又屈居卑下，往往抑郁不伸，以挫以去以死；而食饕退缩者，果骧首而上腾，而富贵，而名誉，而老健不死，此其可为浩叹者也。"（曾国藩：《复彭丽生书》）他对于当时的知识分子尤感失望，对其作为一个阶层对社会事务的麻木不仁、不思进取的态度深为痛恨，其言："二、三十年

---

① 黎庶昌：《曾国藩年谱》，岳麓书社，1996，第 7 页。
② 《曾国藩全集·日记》（一），岳麓书社，1987，第 92 页。
③ 《曾国藩全集·日记》（一），岳麓书社，1987，第 33 页。

来，士大夫习于优容苟安，揄修袂而养姁步，倡为一种不黑不白，不痛不痒之风，见有慷慨感激以鸣不平者，则相与议其后，以为是不更事，轻浅而好自见。国藩昔厕六曹，目击此等风味，盖已痛恨次骨。"（曾国藩：《复龙翰臣》）

对于传统的体制与学术基础，曾国藩也倡言变革，认为拘泥而不变通是不行的："百年以来，学者讲求形声故训，专治说文。多宗许、郑，少谈杜、马。吾以许郑考先王制作之源，杜、马辨后世因革之要，其于实事求是，一也。"[1]

他认为，师法古人但不能泥古，要根据情势变迁重新制定社会规范，其言："盖礼莫重于祭，祭莫大于郊庙，而郊祀裸献之节，宗庙时享之议，久失其传，虽经后儒殷勤修补，而疏漏不完。……所贵乎贤豪者，非直博稽成宪而已。亦将因其所值之时，所居之俗，而创立规制，化裁通变，使不失乎三代治礼之意。……所谓'苟协其中，何必古人'是也。"（曾国藩：《复刘霞仙中丞》）

对于所谓的"汉学"与"宋学"，他采取的是一种中庸、调和的态度，并试图打通"经术"与"经世"之间的藩篱。其言："经术固不可不明，然……如徒拘于章句训诂，则是俗儒之学。若欲按其成法，推而行之，则井田、封建，用之于古则治，用之今则乱。"（曾国藩：《致冯展云侍读书》）他认为，如果不想成为俗儒，当以经术与经史并重，使所学施之于所用。

钱穆先生写道："窃谓国史自中唐以下，为一大变局，一王孤立于上，不能如古之贵族世家相分峙；众民散处于下，不能如今欧西诸邦小国寡民，以舆论众意为治法。而后天下乃为举子士人之天下。法律之所不能统，天意之所不能畏，而士人自身道德乃特重。宋儒亦时运所凑，非程朱私意所得而把持驱率也。故若舍经术而专言经世，其弊有不可言者。涤生之殁，知经世者尚有人，知经术者则渺矣。此实同治中兴所为不可久恃一大原因也。"[2]此言实为确论，设若洋务运动一直能由曾国藩把握大局，其气象将大为不同。

曾国藩对学者的经世著述十分关注，《郭嵩焘日记》同治元年四月十八日提到，冯桂芬在著成《校邠庐抗议》之前，曾将《驭夷须知夷情议》寄给曾国藩。成书后，冯桂芬又呈请曾国藩并请作序，曾国藩阅后击节

---

[1]　曾国藩：《圣哲画像记》，中国社会科学出版社，2003，第106页。

[2]　钱穆：《中国近三百年学术史》，商务印书馆，1997，第653页。

叹赏，称此书"足以通难解之节，释古今之纷"。并致函冯桂芬："自大著珍藏敝斋，传抄日广，京师暨长沙均有友人写去副本。"（《曾文正公全集·书札四·致冯敬宇》，第 1514 页）可见其对社会思想的流变极为关注。

清代的理学正宗一般把学术归纳为义理、考核、文章三门。而曾国藩则分为四门，从中可见其对经世的偏好。其言："为学之术有四：曰义理、曰考据、曰词章、曰经济。"并称："天下之大事宜考究者凡十四宗：曰官制、曰财用、曰盐政、曰漕务、曰钱法、曰冠礼、曰昏礼、曰丧礼、曰祭礼、曰兵制、曰兵法、曰刑律、曰地舆、曰河渠。"（《曾国藩全集·劝学篇示直隶士子》，第 442 页）其中把刑律列于天下大事，实见其对法律之重视。

曾国藩经世与经术并用的思想主张，对近代思想的发展影响至深。实际上，在此以后，清代的考据之学已走到了尽头，不复有只言经史的大学问家出现了。

曾国藩处理天津教案是对近代思想有很大影响的事件。实际上，也是曾国藩受到非议最多的事件。曾国藩在处理天津教案中的所作所为往往受到种种非议，其中不乏直斥其卖国求荣者。这一事件的具体过程，枝节甚多，限于篇幅和本书主体内容，我们在此不作详细论述，只把一些有关情况予以简单的描述。

天津教案是 1870 年 6 月 21 日（同治九年五月二十三日）发生的一起大规模民教冲突。在冲突中，法国领事丰大业及 20 余名教士、修女和其他外国人被杀死；法国领事馆及十余所教堂被焚毁。因此导致了西方国家的抗议。①

对于天津教案，同时代的西方作者也认为在这一事件中，法国方面负有一定的责任。（〔美〕马士：《中华帝国对外关系史》第二卷，上海书店出版社）首先，他们把曾为皇帝行宫望海楼作为其领事馆，这大大伤害了中国人的感情；其次，为了增加孤儿院的人数，他们为送婴儿者提供了奖金，这

---

① 其事件经过，据《清朝柔远记》记载如下："初，天津奸民张栓、郭拐以妖术迷拐人口，为知府张光藻、知县刘杰擒获伏诛。桃花口民团复获迷拐李所之武兰珍，送县供称受迷药于教民王三。于是民间喧传天主教堂遣人迷拐幼孩，挖眼剖心为药料。又以义冢内尸骸暴露者皆教堂所弃，人情汹汹。三口通商大臣崇厚及天津道等，往会法国领事丰大业，带兰珍赴堂同讯鞫。兰珍语多支离，与原供不符，辄弗能定，崇厚遂回署。适士民观者麇集，偶与教堂人违言，砖石相抛击。丰大业径至崇厚署，咆哮忿詈。崇厚抚慰之，不从。以洋枪击崇厚不中，走出。路遇杰，复以枪击之，误伤杰仆。臣民见者，万眦齐裂，遂群起殴毙丰大业，鸣锣集众，焚毁教堂、洋房数处，教民及洋人死者数十人。"

种引诱的方法，为诱拐幼孩的不法之徒提供了条件；① 再次，法国领事的凶蛮无礼行为。

天津教案发生后，关于此案的处理，朝野上下一时"群议纷纷"，曾国藩把持不同态度的人分为"论理派"和"论势派"。其言："论理者以为当乘此驱逐彼教，大张挞伐，以雪显皇之耻而作义民之气；论势者以为兵断一开，不特法国构难，各国亦皆约从同仇。能御之于一口，不能御之于七省各海口；能持之于一、二年，不能持之于数十百年。而彼族则累世寻仇，不胜不休。庚申（原文为庚午，有误）避狄之役，岂可再见。"（《复刘蓉》，《曾国藩全集·书信》（九），第7577页）由此看来，论理派基本上以反对洋务者为多，而论势派大多为熟悉洋务，了解西方军事实力者。

其中论理派的代表人物有醇亲王奕譞、倭仁、李鸿藻等人。倭仁称："自古朝有忠臣仇敌所忌，善谋国者断不肯丧国家忠臣之气以遂仇敌怃害之心。汉杀晁错以悦吴楚，究不能止吴楚之叛，而徒贻景帝以刻薄之名；宋杀岳飞以悦金，究不能禁金人之欺，而徒贻高宗以忘仇之罪。我皇上自必上法祖宗，岂肯袭汉宋之误？今日重罪守令以谢洋人，将来此端一开，何以立国？惟有仰肯天恩，交部核议，在守令自当为国家受过，在议臣自当执法不移，而在皇上自当施格外之仁，以存正气而培国脉，于一时权宜之中，仍为百世不拔之技。"（倭仁：《叩恳矜全良吏疏》，转引自李细珠《倭仁研究》，第192页）这番言论，确实可谓义正词严，符合中国历史一贯宣扬之气节，但在此时，确有昧于大势，徒逞意气之嫌。

曾国藩作为处理善后的大员，面对理、势两派，其有许多无奈。其言："余所办皆力求全和局者，必见讥于清议。但使果能遏兵，即招谤亦听之耳。"（《谕纪泽纪鸿》，《曾国藩全集·家书》（二），第1374页）从这种言语中，我们可以看出作为中国近代史上第一代改革者内心中的矛盾。一方面，他们十分渴望做传统意义上的"好官""忠臣"，获得社会上

---

① 《中华帝国对外关系史》中写道："这种奖金对于当时的中国人诱拐婴儿送往育婴堂发生了鼓励作用。'还有这样的说法，我相信这也许是真的，即牧师或修女们，或者两者都一样，都习惯于用引诱方法，使把疾病已达最后阶段的婴儿交给他们，希望在孩子的垂危给他们洗礼。'因为这样做的关系，一般人都相信这样一个公开的事实，就是婴儿于垂危的情况下被送进育婴堂，于是为他洗礼，受洗之后，不久就死亡，于是就在育婴堂的私有墓地——教坟——予以埋葬。这些都是确凿的事实。在这些事实的基础上，易于轻信的中国人就造起了他们自己幻想出来的上层建筑——拐骗的鼓动、神秘的洗礼、眼睛和心脏的挖去以及其他的一些残酷的事情，这一切都差使他们陷入一种恐惧和憎恨疯狂状态之中。"第二卷，上海书店出版社，2000，第265页。

广泛的赞同；另一方面，他们又不得不屈从现实，与传统体制和思想背道而驰。

三　李鸿章

李鸿章，字少荃，生于 1823 年，安徽合肥人。1847 年中进士，授翰林院编修。1853 年，在家乡举办团练对抗太平军。后入曾国藩幕府，襄办营务。1861 年，回乡组织淮军。1862 年，率淮军赴上海。同年，升任江苏巡抚。1865 年 4 月署两江总督。次年，接替曾国藩为钦差大臣。1870 年任直隶总督兼北洋大臣，掌管清廷外交、军事、经济大权，成为洋务派的首领。19 世纪 60 年代后，曾先后创办了江南制造总局、上海轮船招商局、开平矿务局、天津电报局、上海机器织布局等企业，并创建了北洋海军。1895 年，任总理各国事务衙门大臣。1900 年，义和团运动期间，支持张之洞、刘坤一等人发动的"东南互保"①，力主与外国联合剿灭义和团。1901 年 11 月病故。其著述，后人辑有《李文忠公全集》。

李鸿章执掌清政府大权几达 40 余年，对晚清的政局影响巨大。梁启超在《中国四十年来大事记》（实际上为一部李鸿章的传记）中称："自李鸿章之名出现于世界以来，五洲万国人士，几于见有李鸿章，不见有中国。一言以蔽之，则以李鸿章为中国独一无二之代表人也。……李鸿章为近四十年来第一紧要人物。读中国近世史者，势不得不口李鸿章，而读李鸿章传者，亦不得不手中国近世史，此有识者所同认也。"（《饮冰室合集》第六册，中华书局）

入仕之初，李鸿章与社会上士大夫一样，对中国的典章制度深信不疑："中国文武制度，迥异外洋獉狉之俗，所以郅治保邦，固丕基勿坏者，固自有在。"（《李文忠公全书·置办外国铁厂机器折》）但通过办理洋务，其眼界开阔了许多，在当时的条件下，这种当局者和社会一般人在思想认识上的差别比现代社会中要大得多。至 19 世纪 70 年代，他已经看到中国在体制上的落后，他在私人函件中写道：中国"有用之才不独远逊西洋，抑实不如日本。日本盖自有其君主持，而臣民一心并力，则财与才日生而不穷。中土则有一二外臣持之，朝论夕迁，早作晚辍，固不敢谅其终极也。"（《李文忠公全书·朋僚函稿》）

李鸿章深知，"吏治、洋务，均在得人为要"。他倡言变革吏治，其认

---

① 东南互保，指义和团运动期间，南方各督抚之间共同抵制朝廷支持义和团，与西方国家宣战的诏令，联合对抗义和团之举措。

为，改革的首要任务是变革官制，"变法度必先易官制"（《李文忠公尺牍·复出使日本大臣黎纯斋》），通过对古代制度变迁的考证及与日本的比较，他认为："法积久而弊生，改弦更张原非得已。唐六典之制自拟周官，而中叶之后，事权半归诸使。至北宋遂悉变差遣，而实官反成虚名，积渐变迁，古今不异。论者至谓设官作弊，不办事。"如此种种，必然要加以变易，他说："一部二十四史，自汉书百官公卿表后，更不复见此等制度，故西汉最富强，而治独近古也。自此以降，日益冗烦，至于今日，高资华选，大半养望待迁之官……以此事何由治？"而现在的日本"陆军、海军、农商、递信诸省，全用泰西。大抵有一官办一事，大官少，小官多，最为得法"（《李文忠公尺牍·复两江总督曾沅翁》）。他认为，在学习西方的道路上，日本已经远远地走在了前面。

李鸿章不主张采用激烈的变法形式，认为变法会激化社会矛盾，对王朝统治造成损害。实际上，李鸿章的担心被证明并非杞人忧天。戊戌变法实际上就是以官制改革为主要内容，但触动的范围过大，以至于遭到众多的反对。此亦为失败之重要原因。

四　张之洞

张之洞，生于1837年，字考达，号香涛，河北南皮人。26岁中进士，先任翰林院编修和湖北、四川学政，吏部主事，内阁学士兼礼部侍郎等职；光绪七年（1881年）后，历任山西巡抚、两广总督、湖广总督、两江署理、军机大臣和学部大臣等要职，为洋务派后期的主要领袖。张之洞所总结的"中学为体，西学为用"这一口号，实际上成为了洋务派的理论纲领。也是后人认识洋务运动的标志物。其主要著作辑录于《张文襄公全集》中。

张之洞与其他的洋务派代表人物不同，他是由"清流党"转向而成为洋务派的，所以其思想有保守的一面。所谓清流党是指当时与洋务派持有不同治国方略的政治派别。在最高权力层中，慈禧实际上是这一派别的支持者。其代表人物为：李鸿藻、翁同龢（1830～1904年，咸丰朝状元，光绪帝的师傅。历任工、户部尚书，军机大臣。）与张之洞等。其宗旨是提倡维护传统，抵制西方文化的侵袭。外交上要求采取强硬与主战的态度。但随着局势的变化，"清流党"逐渐分化，有人甚至投到洋务派的阵营中。比如，清流党的骨干人物张佩纶不仅入了清流党的最大对头李鸿章的幕府，更成为其婿。

辜鸿铭在其著作《清流传》中对张之洞的转变有如下描述："……张之洞痛恨李鸿章所任用的引进外国方式方法的人们之粗鄙失德和极端腐化。……

对引用外国方式的做法的确是坚决反对，因为那样势必泥沙俱下。但中法之战后，张之洞看到，只用儒家学说难以对付像孤拔（Courbet）海军元帅那其丑无比的装有可怕大炮的巨型军舰这类东西。于是，张之洞开始妥协了。他意识到，采用那些可怕的外国方法是必要而不可避免的，便打算把那些方法的粗鄙和丑陋的成份尽量去掉。"其方式为："为国则舍理而言势，为人则舍势而言理。"（辜鸿铭：《清流传》）由此，张之洞走上了洋务之路。他不但究心洋务，认为："教案。海防种种，皆与吏治、民生相涉，稍有疏舛，即生枝支，稍涉敷衍，即致贻误。大局所系，悔不当追。"进而，他针对地方官办理洋务中的种种弊端予以批评："于交涉事件总汇纷来，其间或有事资群议者，向来一经行议，司则诿之府，府则诿之县。县无可诿，则遂束之高阁。迨经屡奉檄催，然后草率具覆。引约章则多舛，援成案则多歧。又或司、道、府、县衙门自理案件干涉洋务者，或失之卑屈，或失之迂远，即与条约不符，亦于事理不切。推求其故，皆由各衙门多诿为无关职任，不加深求。约章全不究心，成案直未寓目，以致隔膜无当。"① 因此，张之洞要求下属："即于本衙门附近毗连地方设立办理洋务处，即与在本部堂署内无异，荟集条约档案、中外图籍。以便查核而资讲求。如总署所刊《万国公法》《星轺便览》；上海所译《四裔编年》《列国会计政要》《长江海道图说》；总税务司所呈各关贸易总册，以及坊间所印《万国公报》、游历日记等类，一切有关洋务政事之书，均须广储备用。"② 由此可见张之洞理解西方、办理洋务都是实事求是，落在根本之处。

张之洞是近代史上最为重要的人物之一，他无论在思想上、实践上都对中国近代化贡献极大，影响极深。特别是在思想方面，其写就了《劝学篇》，对于清末改革提出了纲领性的指导，他在教育、法律变革中也起到了非常重要的作用。可以说，张之洞是中国近代史上最后一个经世与经史兼备之人。他于治学治世都有深刻的认识，其称："由小学如经学者，其经学可信；由经学入史学者，其史学可信；由经学、史学入理学者，其理学可信；以经学、史学兼词章者，其词章可信；以经学、史学兼经济者，其经济成就远大。"应该说，当得起张之洞这种评说者，仅有其自身而已。辜鸿铭曾评价："张文襄儒臣也，曾文正大臣也，非儒臣也。三公论道，此儒臣事也；计天下之安危，论行政之得失，此大臣事也。国无大臣则无政，国无儒臣则无教。政之有无，关国家之兴亡，教

---

① 《中国近代史资料丛刊——洋务运动》第一册，上海人民出版社，第325页。
② 《中国近代史资料丛刊——洋务运动》第一册，上海人民出版社，第326页。

之有无，关人类之存灭，且无教之政终必至于无政也。……文忠步趋文正，更不知有所谓教者，……文襄之效西法，非慕欧化也；文襄之图富强，志不在富强也。盖欲借富强以保中国，保中国即所以保名教。吾谓文襄为儒臣者为此。"①

张之洞的终生挚友陈宝琛也有相似定论："公之忠规密谟，关系斯文之兴坏，匪独天下安危而已。"②陈寅恪先生曾在王国维的挽诗中写道："当日英贤谁北斗？南皮太保方迂叟。忠顺勤劳矢素衷，中西体用资循诱。"由此可见其对张之洞的推崇。由于张之洞的影响跨越了洋务运动和晚清变法，故在以后的章节中，本书对张之洞还有更多的评述。

第三节　洋务派有关法律的思想主张

一　"逢变局须变法"的变法主张

以往均认为，变法的主张由戊戌时期的思想家所推出，但实际上洋务主持者在许多方面已经推出了相当多的办法与措施，只不过他们所要求的变法是一种体制内的主动变法，并不想触动中国的传统体制。洋务派认为，中国在当时已处于变局之中，必须因变而变。其中以李鸿章的一段话最具代表性："今则东南海疆万余里，各国通商传教，来往自如，麇集京师及各省腹地，阳托和好之名，阴怀吞噬之心，一国生事，诸国簧煽，实为数千年未有之变局。轮船电报之速，瞬息千里，军器机事之精，工力百倍，炮弹所到，无坚不摧，水路关隘，不足限制，又为数千年无有之强敌。"这种千古之变局已不能用以往的方法加以解决。即所谓"外患之乘，变幻如此，而犹欲以成法制之，譬如医者疗疾不问何症。一概投之以古方，……诚未见其效也。"所以，他主张，要自强必须先变法。曾国藩也认为时至今日，在器械、财用、选卒等方面不必拘泥成法，而可以"师夷智"，学习西人先进的东西。

李鸿章以为，中国积弊太深，必变通方能制胜，他十分称赞日本的改革："窃以为天下事穷则变、变则通。中国士大夫沉浸于章句小楷之积习，武夫悍卒又多粗蠢而不加细心，以致所用非所学，所学非所用。无事则嗤外

---

① 《辜鸿铭文集》上卷，海南出版社，1996，第418~419页。
② 陈宝琛：《清诰授光禄大夫体仁阁大学士赠太保张文襄公墓志铭》，闵尔昌编《碑传集补》卷二，《清代碑传全集》下册，上海古籍出版社，1987，第1269页。

国之利器为奇技淫巧，以为不必学；有事则惊外国之利器为变怪神奇，以为不能学。……前者英法各国以日本为外府，肆意诛求。日本君臣发奋为雄，选宗室及大臣子弟之聪秀者，往西国制器厂师习各艺，在本国制习。现在已能驾驶轮船，仿造炸炮。去年英人虚声恫吓，以兵临之。然英人所恃为攻战之利者，彼已分擅其长，是以凝然不动，而英人固无如之何也。……鸿章以为，中国欲自强，则莫如学习外国利器。欲学习外国利器，则莫如觅制器之器，师其法而不必用其人。欲觅制器之器与制器之人，则或设一科取士。士终身悬以为富贵功名之鹄，则业可成，艺可精，而才亦可集。"（李鸿章：《致总理衙门书》，台湾时报出版公司，第134页）他极力主张如日本那样进行深入的变法才能与西人周旋，进而走上富强之路。应该指出，实际上中国的洋务运动比日本的明治维新从时间上来说要早，也就是说，中国学习西方的力度较之日本要小，故而很快就被日本超过，可为先发而迟至。

左宗棠也是洋务运动的代表人物，他提出，必须学习西方的先进技术，不能让其"独擅其能"，其言："欲防海之害而收其利，非整理水师不可，非设局监造轮船不可。泰西巧，而中国不必安其拙也；泰西有，而中国不能傲以无也。虽善作者不必其善成，而善因者究易于善创。……中国之睿智运于虚，外国之聪明寄于实。中国以义理为本，艺事为末；外国以艺为重，义理为轻。彼此各是其是，两不相喻，姑置弗论可耳。谓执艺事者舍其精，讲义理者必遗其粗，不可也。谓我之长不如外国，藉外国导其先，可也。谓我之长不如外国，让外国擅其能，不可也。此事理之较著者也。"（左宗棠：《拟造轮船折》，转引自《晚清思想》，台湾时报出版公司，第135页）

张之洞认为，中国正处于有史以来最大的变动之中。他惊呼："今日之世变，岂特春秋所未有，抑秦汉至元明所未有也。语其祸，则共工之狂，辛有之痛，不足喻也。"他看到，在这种变化中，中国的旧法已不合乎现代的需要，必须改变："迨去古益远，旧弊日滋，而旧法旧学之精意渐矣。今日五洲大通，于是相形而见绌矣。"他从传统的典籍中寻找变法的根据："……请征之经，穷则变，变则通。尽力变通，趣时损益之道。与时偕行，易义也。器非求旧，惟新，尚书义也。学在四夷，春秋传义也。"（张之洞：《劝学篇》）他认为，只有采取主动的变法，才能更有效地保留中国的文化传统。

洋务派的变法主张，具体体现于法律制度上，以张之洞"采西法以补中法之不足"的思想为代表。张之洞认为，从现实情况而言，清王朝旧有的法律已经不能应付"世变"，应亟待加以改进。他说："从前旧法，自不能不量加变易。东西各国政法，可采者亦多，取其所长，补我所短，揆时度势，诚不可缓。"变法是变器的前提条件："不变其法，不能变器"。而法制是可以变的，他称："夫不可变者，伦纪也，非法制也；圣道者，非器械也；心术也，非工艺也。"张之洞"采西法以补中法之不足"的主张，主要有两方面的内容。其一，整顿中法；具体为九条措施：除讼累；省文法；恤相验；省刑责；重众证；改罚锾；修监羁；派专官。其二，采用西法；建议清政府聘请西方各国"名律师"，博采各国的法律，为中国编定矿律、路律、商律等法律，并负责交涉刑律。

二　务实学、倡实务的实用主义路线

洋务派的实用主义路线，肇源于林则徐。他在鸦片战争后总结失败的经验时，认为，失败的首要原因在于战备的"器不如人"。他在一封信函中写道："窃谓剿逆不谋船炮水军，是自取败也。……彼之大炮，远及十里内外，若我炮不能及，彼炮先已及我，是器不良也。"

当时，一些对世界大势一无所知的人对变法持极端敌视的态度。认为，中国的科技不比西方差，认为"技艺"不是立国之本。如大学士倭仁说："历代之言天文者，中国最精，言数学者中国为最，言方技艺术者中国为备。"并坚称："立国之道，尚礼义不尚权谋，根本之图，在人心不在技艺。"方浚颐也说："而所谓天赐勇智者表正万邦者，要不在区区器械。"针对这种主张，洋务派以实用主义的态度予以反驳。奕䜣在其上疏中说，既然中国有科技人才，就请你为朝廷推荐上来吧。"如果实有妙策可以制外国而不为外国所制，臣等自当追随该大学士之后"。但"如别无良策，谨以忠信为甲胄，礼义为干橹等词，谓可折冲樽俎，足以制敌之命，臣等实未敢信"。[1]

洋务派的实用主义路线，还表现在对待外国的态度和采用循序渐进发展策略上。在对待西方国家的态度问题上，洋务派认为，在现实条件下，应改变对待外国的一律防范和敌视的态度。在一定的情况下，也应该采取平等信任的态度。曾国藩曾说："夷务本难措置，然根本不外孔子'忠信笃敬'四字。笃者厚也，敬者慎也。信只不说假话耳，然却极难；吾辈当从此一字下手，今日说定之话，明日勿因小利害而变。"当然，这样做，也有想以传统文化感化外人的妄想和屈于下风的无奈。在改革应该循序渐进的问题上，他

---

① 此番辩论，主要集中于同文馆之争中，有关该内容，本书以下章节还有较详细的介绍。

们主张，变革必须采取渐进的方式，不可急功近利。李鸿章称："是故华人之效西法，如寒极而春，必须迁延忍耐，逐渐加重。"

三 "中学为体西学为用"的行动纲领

洋务派认为，变法是必需的，但在变法的方式方法问题上，他们采用了"变器不变道"的纲领。改革是必需的，但"要以不悖三代圣人之法为旨"。这一纲领，最终被张之洞归纳为"中学为体，西学为用"。"体"是根本，"用"是权宜。一切的求改革、办洋务，目的都在于维护这个"本"，法律概莫能外。张之洞说："盖法律之设，所以纳民于轨物之中，而法律本原实与经术相表里。其最著者为亲亲之义、男女之别，天经地义，万古不刊。"

一方面，他们认为，不学习西方是没有出路的。如张之洞在《劝学篇·循序》中写道："今欲强中国存中学，则不得不讲西学。"另一方面，他们坚持西学必须架构于中学的基础之上。张之洞说学习西学"不先以中学固其根底，端其识趣，则强者为乱，弱者为人奴，其祸更烈于不通西学者矣"。

归根到底，纲常礼教是社会的根本，是"道"，它是永恒不变的。曾国藩认为，"三纲之道"是神圣不可侵犯的，"地维能赖以立，天柱所赖以尊"。失去了它无异于天塌地陷。张之洞也说："三纲为中国神圣相传之圣教，礼政之原本。"采取"中学为体，西学为用"，体现在国家的统治方法上，就是要在吸取西学为我所用的基础上，坚持传统儒家的治国方略。

曾国藩强调仁学和礼治，以为立国的根本。他称："孔门教人，莫大于求仁。"有了仁，就可以"平物我之情，而息天下之争"。他还竭力宣扬"诚"，认为它是天下万物的根源。他说："窃以为天地所以不息，国所以立，贤人德业之所以可大、可久，皆诚为之也。故曰，诚者，物之始终，不诚无物。"所以，"仁"与"诚"是维系纲常礼教的根本，同时，也必然是适用法律的根据。曾国藩推崇礼治，他称："先王之制礼也，人人纳于轨道之中，自其弱齿，以立制防。"由此，他提出要"以礼自治，以礼治人"。对于仁和礼的关系，曾国藩宣称，它们是互为表里的："昔仲尼好语求仁，而雅言执礼，孟子亦仁礼并称。盖圣王所以平物我之情，而息天下之争，内之莫急于仁，外之莫急于礼。"

张之洞强调民心，他认为变法的成功与否在于民心的向背："法之变与不变，操于国家之权，而实成于士民之心。"他在总结了历史的经验后说：

"尝考古帝王所以享国长久者，财力兵力权谋术数皆不足恃，惟民心为可恃。诚使君仁民悦，则虽积贫积弱，而不至于危；虽有四裔强邻，见其国之民气固结，天心眷注，则隐然有不可动摇之势，而不敢生其凌侮觊觎之心。"所以，他认为应该采用"宽猛相济"的统治方式以得民心。他说："夫弭乱于既兆，不如防患于将然。……窃谓抚良民则以熙温宽平为治，惩乱民则以刚断疾速为功。"要实行"宽平"之治，应该做到"赋敛轻"与"刑罚平"。"赋敛轻不至竭民财，刑罚平不肯残民命。"

第五章
洋务思想家的法律思想

　　以往中国近代思想史论著述中，并没有专述洋务思想家之章节，这不能不说是一种缺失。或对其中一些人物和思想有所论及，也将其置于或上或下之时代人物之列，而未归为同一篇目之下。究其原因，盖根源于以往的近代史时期划分中，并未有"洋务运动时期"之名。实际上，洋务运动的确可以标志中国近代史上的一个重要时期。即所谓从"同治中兴"开始，至光绪朝中叶。其开始的标志是总理各国事务衙门的创设，而终结于中日甲午战争的爆发。而与洋务运动相关联的思想家，可以称为洋务思想家。应该注意的是，洋务思想家的思想建树有两个特点：其一，洋务思想的产生，在时间上有可能早于洋务运动。如冯桂芬的《校邠庐抗议》的成书就早于洋务运动的开始。这种现象实不足怪，因为在人类历史上，思想的超前性往往在特定的情况下显现出来。社会思想早于社会运动甚至可以说是一种良好的社会运转状态。设若在人类社会总在行动开始后才开始摸索，则会造成盲目行动的实际后果。其二，洋务思想家的思想深度，远远超出洋务运动的实践范围。如许多洋务思想家都在他们的著作中对宪政、议会、法制改革等问题有所研究，而这些是在洋务运动中没有涉及的，也是洋务主持者们几乎没有考虑到的。

　　本章所论述的洋务思想家，最突出的特点是对中国的现实加以深刻反思，倡言学习西方。他们对世界大势比同时代大多数人有更清晰的认识，对中国固有的法律制度中应加以变革的种种问题提出了自己鲜明的观点。他们不但对传统的制度模式提出质疑，更以新的眼光看待世界，意图从西方引进先进的思想与制度模式以对中国的落后之处加以改造。他们是时代的先进者，他们的许多思想亦为洋务运动主持者所接受，实际影响了洋务运动的发展方向。洋务思想家人数众多，思想脉络也很支离。本章中仅选择有代表性的人物加以简要论述。

第一节　冯桂芬的法律思想

一　冯桂芬学术生平简述

冯桂芬（1809～1874），字林一，又字梦奈，号景亭，江苏吴县人。其家境富裕，颇有田产。自幼禀资颖异，自称"读书目数下"。1832 年，冯桂芬 23 岁时通过乡试，成举人。此后，常到苏州紫阳书院和正谊书院听时下著名学者讲学。林则徐时任江苏巡抚，也是书院的主讲人之一。

林则徐在学问上讲求"经世致用"的风格对冯桂芬影响颇多，林则徐对他也很是赏识。故其"学问文章，受知于文忠最深，有一时无两之誉"（《显志堂集·李鸿章撰墓志铭》）。

冯桂芬认为学问当以"经世致用"为根本，其言："夫学问者，经济所从出也。太史公论治曰：'法后王，为其近己而俗变相仍，议卑而易行也。'愚以为在今日又宜曰鉴诸国。诸国同时并域，独能自治富强，岂非相类而易行之尤大彰明较著者。如以中国之伦常名教为原本，辅以诸国富强之术，不更善之善者哉。"（《校邠庐抗议·采西学议》）

1840 年，冯桂芬以会试一甲第二名的成绩取中进士。其后，授翰林院编修，并曾任广西乡试正考官，教习庶吉士，晋升为五品中允。但此后于仕途没有腾达，后以丁忧回籍，不再出仕。李鸿章称其"登第服官后不及十年，即引疾归，倘佯山水，萧然自然，俭约廉静，旁无姬侍，而遇事则奋发勇于有为"（《显志堂集·李鸿章撰墓志铭》）。

冯桂芬虽脱离官场，但对时局很关心，并热衷于地方事务。"凡苏沪诸善堂及浚河、建学、积谷、赈抚诸善举条议，悉出君手。"太平军起事后，他曾在苏州筹办团练。1860 年，李秀成率太平军攻克苏州时，冯桂芬避居上海。其间，他曾加入由江苏官绅与英、法、美等国领事组成的会防局；又上书曾国藩乞师对抗太平军。1861 年（同治元年），冯桂芬入李鸿章幕府，为其出谋划策，李鸿章对其很是倚重。其裁减苏州、松江、太仓赋额的建议，得到李鸿章的支持而实现。所谓"四百年来，积重难返之弊，一朝而除"。冯桂芬在一生中还进行了广泛的著述和讲学活动。其先后在金陵惜阴书院、上海敬业书院、苏州正谊书院和紫阳书院担任主讲。除《校邠庐抗议》外，其学术著作还有《说文解字段注考证》《使粤行记》《两淮盐法志》《苏州府志》《西算新法直解》《测定咸丰纪元恒星表》等。

冯桂芬晚年，苏州知府吴云以"江南耆宿，讲学著书，卓识闳议，有裨军国"之言奏请赐冯桂芬以三品卿衔，得允。

二 冯桂芬有关法律的思想主张

（一）《校邠庐抗议》的成书及冯桂芬的学术影响

冯桂芬有关法律的思想主张，主要集中于《校颁庐抗议》一书。该书是洋务思想家最早的著述，于中国近代思想史而言，堪称一座里程碑。

1860 年，为躲避太平军，冯桂芬滞居上海。在上海期间，冯桂芬的思想发生了很大的转变。国家处于内忧外患中，使他努力思考拯救之策；而其"出入夷场"，使他认识到西学的确有许多可采之处。《校邠庐抗议》就是其有感于当时形势的急迫而写出的。该书对洋务运动的影响很大。1889 年（光绪十五年），翁同龢把这本书推荐给光绪皇帝阅读。光绪将其置于案头，时时研读，深感其所论"最切时要"。并将其中《汰冗员》《许自陈》《省则例》《采西学》《善驭夷》诸篇抄录成册。百日维新中，更谕令将此书印行千册，下发军机、大学士、六部九卿、翰詹科道及各省巡抚、将军，命其阅读并加以议论。

曾国藩在给冯桂芬的信中称："……大论四十首，属为序跋，细诵再四，便如聆听叶水心、马贵与一辈人议论，足以通难解之结，释古今之纷。至其拊心外患，穷究世变，则又敷天义士所切齿而不得一当者。……尊论必为世所取法，盖无疑义。"

冯桂芬的思想主张在当时无疑具有相当的超前性。对此，冯桂芬也非常清楚，在《校邠庐抗议·自序》中，他表达了自己知其不可而言之的经世理念："用《后汉·赵壹传》①语，名之曰'抗议'，即位卑言高之意。明知有不能行者，有不可行者，夫不能行则非言者之过。而千虑一得，多言或中，又何至无一可行？存之以质同志云尔。"曾国藩在日记中也称："虽多难见之施行，然自是明儒之论。"

冯桂芬一生都注重经世的学问，虽然他出身于正途，但并未落入腐儒摘章提句之旧巢。李鸿章称其"于学无所不窥，而期于实用。天下大计，无日不往来于胸中，其于河槽兵刑盐钱诸政，国家条例源流，洞达而持之介然"（《显志堂集·李鸿章撰墓志铭》）。

---

① 《后汉书·文苑传》中记载，赵壹才学出众，但恃才自傲，常为乡党所斥。但其出于拯济天下之志向，时常评议时政。自谓其言："高可敷玩坟典，起发圣意；下则可抗论当世，消弥时灾。"

吴云称其治学不同凡俗，读书"不屑以章句自囿，举凡天文、舆地、兵制、刑法、盐铁、河渠、钱漕、食货诸书，靡不极虑专精，务欲推究其本源，洞彻其微奥，隐然负拨乱澄清之志"（《显志堂集·吴云序》）。

吴大澄也说，冯桂芬"经史而外，天文、舆地、算学、小学、水利、农田，无不精究，而犹谙于历代掌故，于文无所不长，诗古文辞、骈体制义，无不卓然自成一家言，而犹达于经世之学"（《显志堂集·吴大澄序》）。

王韬在校印《校邠庐抗议》时，撰有跋文，其中称："……上下数千年，深明世故，洞烛物清，补偏救敝。能痛抉其症结所在，不拘于先法，不胶于成见，准古酌今，舍短取长。知西学之可行，不惜仿效，治中法之已敝。不惮变更，事事皆折衷至当，绝无虚骄之气行其间，坐而言者可起而行。呜呼，此今时有用之书也。"

（二）冯桂芬的有关政治法律的思想主张

1. 在立足传统的基础上师夷之善以自强

英法联军攻入帝京，咸丰皇帝仓皇"西狩"，令士林震惊。冯桂芬认为，这是"有天地开辟以来未有之奇愤，凡有心知血气莫不冲冠发上指者，则今日之以广运万里地球中第一大国而受制于小夷也"（《校邠庐抗议·制洋器议》）。对此，他不但感到愤懑，也对中国自身的状况进行反思，期待国人由知耻而焕发自强的精神。其称："天赋人以不如，可耻也，可耻而无可为也；人自不如，尤可耻也，然可耻而有可为也。如耻之，莫如自强。"（《校邠庐抗议·制洋器议》）

中国为什么会受辱于人，冯桂芬直陈中国实有不如人之处。对于这种状况，他认为要勇于面对，文过饰非是无用的，深恨妒忌更是徒然的。他要探求为什么中国会不如人，为什么在与西方国家对抗的情况下，中国向来以为可以依靠的长技会一无用处。他认为，必须知道了他人小而强，自我大而弱的原因，才可能免于失败。他写道："夫所谓不知，实不如也。忌嫉之无益，文饰之不能，勉强之无庸。向时中国积习长技，俱无所施，道在实知其不如之所在。彼何以小而强，我何以大而弱。必求所以如之，仍亦存乎人而已矣。"[1]

冯桂芬认为，要自强，不但要找出自身的弱点，更要向强者学习。他认为，在学习西方的问题上，日本已走在中国的前面，中国必须要发奋赶上，不然将纳污含诟以终古。其称："前年西夷突入日本国都，求通市，许之。未几，日本亦驾火轮船十数，遍历西洋，报聘各国，多所要约，诸国知其

---

① 《校邠庐抗议·制洋器议》，中州古籍出版社，1998，第198页。

议，亦许之。日本蕞尔小国，尚知发愤为雄，独我大国，将纳污含垢以终古哉。"（《校邠庐抗议·制洋器议》）

冯桂芬的师夷之善，是通过比较中外内政、军事、外交、文化等各个方面后得出的结论。通过比较，冯桂芬认为，中国至少在四个方面不如西方："人无弃才，不如夷；地无遗利，不如夷；君民不隔，不如夷；名实必符，不如夷。"（《校邠庐抗议·制洋器议》）而要人无弃才，就必须改革科举考试的内容，废除八股时文；要君民不隔、名实相符，就须复乡职、复呈诗、改赋税、汰冗负。当然，冯桂芬的师夷之善是要立足在坚持传统之上的。这也是洋务思想家们的共同特点。他宣称自己的思想以中国圣人之法为宗旨，其言："桂芬读书十余年，在外涉猎于艰难情伪者三十年。间有私意，不能无参以杂家，佐以私臆，甚至羼以夷说，而要以不畔于三代圣人之法为宗旨。"① 但冯桂芬并不是要全面复古，冯桂芬认为由于古今异时异势，因此，古法不当尽复。他根据现实的具体情况有所选择：其一，省事、轻刑、约民以礼；其二，复宗法；其三，行保甲之制；其四，宽于立法，严于用刑；其五，绅民均赋以补偏救弊。

2. 整顿吏治、清理则例以改革改良法制

面对当时国家法制的种种弊病，冯桂芬对这种法制表示了自己的怀疑和不满，倡言进行必要的变革。他认为，中国的法制在许多地方已相当败坏，不如夷法，不改是不行的。他在《校邠庐抗议·自序》中写道："天下有亿万不齐之事端，古今无范围不过之法律，观于今日，则例猥琐，案牍繁多，而始知圣人不铸刑书之善也。"②

冯桂芬对社会上存在的主要弊端，进行了严厉的抨击。他特别对清王朝的主要法律形式——则例，加以批评。他认为，不断膨胀的则例，不但使其成为具文，徒增笑柄，而且便于胥吏弄法以牟利。其言："谈者谓今天下有大弊三：吏也、例也、利也。任吏挟例以牟利，而天下大乱，于乎尽之矣。夫例何以设？曰为治天下也。例之大纲，尚不失治天下宗旨。至于条目，愈勘愈细。其始若离若合，其继风马牛不相及，其终则郑声谵语，不知所云。遂与宗旨大相背谬，偶一道破，无不哑然失笑者。"③ 他认为，法律的创设是为了使社会得到良好的治理，但如果过分细密，则往往会失掉其主旨。更会为奸胥猾吏舞文弄法大开方便之门。"又旧例各县税则，至数十之多，于

① 《校邠庐抗议·自序》，中州古籍出版社，1998，第68页。
② 《校邠庐抗议·自序》，中州古籍出版社，1998，第68页。
③ 《校邠庐抗议·省则例议》，中州古籍出版社，1998，第95页。

国无益，于民非徒无益，而于吏胥隐射转换则大有益。"（《校邠庐抗议·均赋税议》，第108页）

他甚至认为，一些法律本身就存在重大缺欠，会导致出现违法乱纪行为的可能性，其"然则非以防其欺，乃以道其欺也；不特道其欺，且以逼其欺也。其于治天下，非徒无益，而又害之"①。就是一些本身订立很好的则例，由于日久积弊，也需要加以变通："户、工二部则例，称岁需上供，令有司支款购解，不责之民间。良法美意，为亘古所未有。惟是日久弊生，亦有不能不蠹国蠹民而归于中饱者，所宜亟为变通矣。"② 进而，冯桂芬提出了清理则例的方法："大凡治病者，必探其病根而除之，而后病可已。吏之病根安在？在例案太繁而已。若是者，非一编管一秉秤，拉杂摧烧之，则天下不治。宜简谙习吏事大小员数人，绅绎会典、则例等书，览存其要，名之曰'简明则例'。每部不得逾二十万言，旧册存之，旧例旧案，一切毁之。"（《校邠庐抗议·省则例议》）冯桂芬的改革主张，被此后许多思想家所沿袭。

冯桂芬关于改良法制的主张，除以上所述清理则例外，还在一些具体的问题上有所建言。如改进诉讼制度中的一些弊端，简化程序，加强上下的沟通，以杜绝冤狱的发生，他以京控为例加以说明："又今制民有冤亦许叩阍京控。顾愿民不敢为，骜民不知为。大率奸民始为之，故虚者十之九，实者十之一。迨交原审衙门覆谳，则并其一而虚之，坐诬而已，加等而已，而沉冤遂以终古。然此时一人一家之冤也。浸假而一乡冤，浸假而一境冤，于是乎骜民厂，奸民从，愿民为所挟，而大乱以作，亦上下不通之弊。"（《校邠庐抗议·复陈诗议》）

冯桂芬还认为，应该对不能尽责稽盗的官员，课其罪责，使之保证社会治安的稳定。其言："从来天下之乱，每自多盗始。……宜严其课，所治期所内，盗发至再至三不获者，文武皆褫职，禁锢终身；讳盗者杀无赦，盗风其少息乎？"（《校邠庐抗议·严盗课议》）冯桂芬的这一主张，把打击贼盗的重点从以往的"治民"转向"治吏"，表现出其思想的进步性。

3. 以宗法制度补充法制的不足

洋务运动兴起之时，虽然已经开始迈开走向世界之步伐，但就现实而言，中国还是一个传统的国家。故冯桂芬虽则倡言学习西方，但他也重视利用本土资源。故对于解决当前的法律问题，他主张发挥宗法制度的优势，以

---

① 《校邠庐抗议·省则例议》，中州古籍出版社，1998，第96页。
② 《校邠庐抗议·改土贡议》，中州古籍出版社，1998，第135页。

解决现实的问题。

冯桂芬认为，宗法可以起到维护法律的作用。社会混乱是由于宗法的作用没有发挥。他认为："宗法者，佐国家养民教民之原本也。"本应该在社会治理中发挥主要作用，但由于历史原因，它在现实中没有发挥其贡献，所谓"秦亡之后，叔孙通等陋儒不知治本，坐令良法美意浸淫渐灭不可复"[1]。

他认为，实行宗法制度可以在以下若干方面补充法制的不足。

（1）可以使社会减少盗贼的滋扰。

冯桂芬认为，社会上之所以存在盗贼，大多由于其生活无着，又没有得到必要的救济。同时，由于法律制度的疏漏，社会对个人缺乏有效的社会约束。而要弥补这些缺欠，实行宗法制度是有效的途径，其言："人性本善，孰不知廉耻，孰不畏刑罚。盗贼之甘于捍法网者，迫于饥寒而已。宗法既行，民无饥寒，自重犯法。大传云：'爱百姓故刑罚中。'顾炎武为之说曰：'天下之宗子，各治其族，罔攸兼于庶狱，而民自不犯于有司。'"（《校邠庐抗议·复宗法议》）冯桂芬以宗法抑制盗贼的主张，实际上也是对当时法律制度的一种批评，因为这时候作为一种社会控制工具的法律已不能独立有效地实现其效用。

（2）可以预防邪教。

中国民间，自始即存在众多的秘密社会，而于晚清尤盛，且往往酿成严重的社会后果，尤其是太平天国运动对清王朝的影响甚巨。这使得清政府对宗教，特别是秘密宗教的控制成为十分迫切的问题。冯桂芬认为，宗法制度可以起到预防邪教的作用，其言："宗法之善，在有余则归之宗，不足则资之宗。邪教之宗旨，大都窃此二语，以聚无赖之民，始则济其不足，终则括其有余。乡愚无知，钮目前之利，陷于叛逆而不之悟。宗法既行，谁不愿以其从教主者从宗子哉。"[2]

冯桂芬以宗法抑制邪教的主张虽然可以说比较注重实用性，但显得肤浅。因为他并没有充分地认识邪教的宗教性本质，没有从信仰的角度去分析社会控制的问题。其"宗法既行，谁不愿以其从教主者从宗子哉"的理论假设不能不说失之于学者的天真。

（3）可以预防民间争讼。

当其时，民间争讼很普遍，有时候甚至激化矛盾，引发械斗。冯桂芬认为，只要宗法能够发挥作用，许多民间纠纷就可以被解决，甚至可以防止其

---

① 《校邠庐抗议·复宗法议》，中州古籍出版社，1998，第166页。
② 《校邠庐抗议·复宗法议》，中州古籍出版社，1998，第168页。

发生。其言："宗法行而争讼械斗之事可不作。今山东、山西、江西、安徽、福建、广东等省，民多聚族而居。强宗豪族、桀黠之徒，往往结党呼群，横行乡里。小则纠讼，大则械斗，为害甚巨。皆其族之不肖者号召之。夫一族中岂无贤者？无权无责，闭户不与闻而已。宗法既行，则贤者有权有责，君子道长，小人道消，即有一二不肖者，何难以家法治之哉。"（《校邠庐抗议·复宗法议》）在这里，冯桂芬强调了宗法制度的根本要旨，即真正的宗法制度，并不是简单的群居族聚，而应该是"贤者有权有责"。

（4）可以为实行保甲制度提供必要的社会条件。

冯桂芬赞成恢复保甲制度，而宗法又是保甲制度的社会基础。其称："彼商鞅什伍连坐之法，亦其时同井未尽离，宗法未尽坏之证。如后世之民无常居，五方杂处，比邻或不相识，顾欲以连坐，鞅虽酷，亦势不可行。鞅借宗法以行其令，而即废宗法。小人举动，往往如此。今保甲诸法之不行者，以无宗法为先也。"（《校邠庐抗议·复宗法议》）他认为，要在"民无常居，五方杂处"的社会现实条件下，使保甲制度发挥其效用，必须要以建立完善的宗法制度为前提。

4. 意图创建新的开放型法制基础

冯桂芬建言，要在现实条件下创建法制的基础，应该多借鉴西方的经验。在如何对待西方国家的问题上，他强调必须有一贯性的方针政策，不能临时起意，没有长远的打算。他说："今国家以夷务为第一要政，而剿贼次之，何也？贼可灭，夷不可灭也。一夷灭，百夷不俱灭也。……盛衰倚伏之说，可就一夷言，不可就百夷言。……驭夷之道不讲，宜战宜和，而夷务坏；忽战忽和，而夷务坏；战不一于战，和不一于和，而夷务更坏。"（《校邠庐抗议·善驭夷议》）也就是说，要正视在世界范围内，国家间关系越来越紧密的现实。而这种现实就要求对社会的法制基础予以必要的变革，甚至于在某种程度上创建新型的法制基础。

冯桂芬认为，国际法应该被纳入社会法制系统中。他认识到，应该运用国际法来钳制西方国家的无理要求，其言："夷人动辄称理，吾即以其人之法还治其人之身，理可从从之，理不可从，据理以析之。诸夷不知三纲，而尚知一信；非真能信也，一不信而百国群起而攻之。"（《校邠庐抗议·善驭夷议》）在这里，我们看到，冯桂芬很敏锐地领悟到西方国家法律的基本点，即重视信用。

为了更有效地处理与西方的国家关系和外交事务，冯桂芬建言大力培养西学人才，并提出了较为具体的方案和措施："今欲采西学，宜于广东、上海设一翻译公所，选近郡十五岁以下颖悟文童，倍其廪饩，住院肄业，聘西

人课以诸国语言文字，又聘内地名师课以经史等学，兼习算学。"（《校邠庐抗议·采西学议》）

中国是典型的东方专制国家，其统治的基础就在于集权。中国古代政治制度的发展，从某种角度而言就是一种集权化的过程。这种集权化过程从秦朝开始，到明朝以后已是登峰造极。这种集权形式对于一个封闭式的国家而言，也许是必然的选择。但它对于建成一种开放式的近代国家，阻碍极大。冯桂芬通过对现实情况的思考，对西方国家政治制度的了解，倡言有限的分权是必要的统治方式。他说："天子不能独治天下，任之大吏；大吏不能独治一省，任之郡守；郡守不能独治一郡，任之县令；县令不能独治一县，任之令以下各官。"（《校邠庐抗议·复乡职议》）所以，理想的统治方式是大官少而小官多。他认为顾炎武"大官多者其世衰"的说法是很正确的。应该说，冯桂芬的议论切中了中国专制政治的要害，即权力的过度集中。这种权力的集中使整个社会失去了自我改造的动力，使人们消弭了进取的愿望。但他并没有从权力的本源性问题上对社会制度进行评价，而认为君主的权力基础是合理的，只是从办事的功效性上考虑，要求适当地分权以更有效地发挥政府的行政效率。

冯桂芬是中国最早对美国的民主政治有一定了解的人之一，但碍于当时的环境，未能尽情加以阐发。据陈旭麓先生的研究，冯桂芬在《公黜陟议》的末段，本有相关的介绍，他写道："……及见诸夷书，米利坚以总统领治国，传贤不传子，由百姓各以所推姓名投匦中，视所推最多者立之。其余小统领皆然。国以富强，其势骎骎然凌俄英法之上，谁谓夷狄无人哉。"（转引自戴扬本《冯桂芬与〈校邠庐抗议〉》，载中州古籍出版社出版之《校邠庐抗议》，第37页）但在出版的定本中，冯桂芬又把这段话删去了。一方面，可能是冯桂芬恐怕会因言获罪；另一方面，他也许认为在中国要实行社会的民主化和法治化，其所需要的社会基础远没有创建的可能性。

第二节　王韬的法律思想

一　王韬生平简述

王韬，生于1828年（道光八年），卒于1897年。字仲韬，别号韬园，或为韬园老民等，苏州府长洲县甫里村人。初名利宾，学名瀚，号兰卿。18岁考中秀才后，在科举上再未有斩获。1848年，王韬到上海去探望于年前来此设馆授徒的父亲。从内地封闭的环境中来到这个新鲜的世界，王韬受到很大的震动。这也可能就是他思想发生变化的开始。他写道："一入黄歇浦中，气象顿异。从舟中遥望之，烟水苍茫，帆樯历乱，浦滨一带，率皆西人舍宇，楼阁峥嵘，缥缈云外。"此次到上海，他结识了主持墨海书馆的英国人麦都思（Dr Walter Henrry Medhurst，1796～1857）。1849年，王韬的父亲去世，他不得不担负起家庭的重担。出于经济上的考虑，他接受了麦都思的邀请，出任墨海书馆的中文编辑。在此，他与外国人和一些接受了西学影响的中国人，如李善兰等，交往很多，并深受其影响。这种影响也导致了他以一种有距离的眼光重新审视中国的固有文化。柯文写道："口岸城市新文化的最有意义的特点之一，便是它相对游离于古老内陆文化的限制和禁忌之外。"① 从1849年起，他应墨海书院之聘，到上海当编辑凡十余年。在此期间，他得与西人广泛接触，并接受了西方思想的熏陶。

1862年，王韬由于涉嫌向太平天国通信献策，而被通缉追捕，他在外国传教士的帮助下逃亡到香港，改名为韬。在英华书院协助苏格兰人理雅各翻译中国古代典籍。这些典籍，包括《尚书》《诗经》《大学》等，他的工作得到了理雅各的高度赞扬。

1872年，王韬在洪士伟、伍廷芳、胡礼垣、何启的协助下，创办第一份华字日报《循环日报》。后应理雅各之邀，曾往英国工作，并考察了欧洲多国的政治与经济状况，他还曾到日本进行学术交流。值得一提的是，王韬依其敏锐的政治意识，早就认为日本将会和中国开战。其言："日本之事，恐至决裂。彼自崇效西法以来，每思急于一试。其志在凌侮我中朝久矣。特自量其力，犹未敢逞。……吾知日本必如豕突狼奔，先发难端，以与我从事矣。日人近日讲求海防，申严守御，备极周密。神户、横滨两处，尤称雄固。日治军舰，练水师，以期必胜。……日本既已兼并琉球，又思侵削高丽，由渐图谋，业已形成。……夫高丽他日之祸，患在东而不在西，固夫人而知之者也。"② 由此可见王韬的远见卓识。

在王韬的生平中，值得一提的还有其在担任格致书院山长之时，曾向社会知名人士征请课艺题目，由于其声望，得获相当广泛的响应。其中有些题目与法律有关，可以说，这在某种程度上推进了中国的法律教育。

上海格致书院之创设，在同治十二年（1873）由冬英国领事麦华陀所发起，英国董事傅兰雅与中国董事徐寿助成其事。经筹备近三年之久，至光

---

① 〔美〕柯文：《在传统与现代性之间：王韬与晚清革命》，江苏人民出版社，1995，第25页。

② 王韬：《韬园文新编》，《与马眉叔观察》，生活·读书·新知三联书店，1998，第310～311页。

绪二年闰五月初一（1876 年 6 月 22 日）正式开院。光绪十一年（1885）秋，适王韬前一年自港回沪定居，遂被聘为格致书院山长。①

王韬在《格致书院课艺》（癸巳卷）中言："目前所云尚西学行西法，以驯致乎富强，几类老生常谈。即使借材异域，变法自强，亦已言之屡矣。而卒未有毅然起而行之者也。当此创巨痛深之际，宜切卧薪尝胆之思，乃竟晏然若无事，犹睡者之无醒时，是可叹也。夫事前易为功，事后易为智。至今日而力排和议晚矣。今当协力同心，挽回大局，励精图治，奋发有为，庶几可复中兴之盛。"② 以下列举几个由知名人物拟定的与法律有关的课艺题目，以供参考。从这些题目来看，可以约略体会王韬学以致用的办学理念。

李鸿章：问各国立约通商，本为彼此人民来往营生起见。设今有一国，议欲禁止有约之国人民来往，其理与公法相背否？能详考博征以明之欤？

郑观应：考泰西于近百十年间，各国皆设立上下议院，借以通君民之情，其风几同于皇古。《书》有之曰：民惟邦本，本固邦宁。又曰：众心成城。设使堂廉高远，则下情或不能上达。故说者谓中国亦宜设议院，以达舆情，采清议，有若古者乡校之遗意。苟成行之，其果有利益欤？或有悉其间利害若何？能一一敷陈之欤？

刘坤一：《风俗通》论称，皋陶造律，至汉萧何因秦法作律九章。律之名所由始，其曰例者王制之所谓比是也。古者狱辞之成必察大小之比。律有一定，例则随时变通。读律者有八字十六字之分，剖晰毫厘，不得畸轻畸重。无非明慎钦恤以仁施法之意。《史记》言，匈奴狱久者不过十月，一国之囚，不过数人，何其速而简也。宋邓肃对高宗言，外国文书简，简故速；中国文书繁，繁故迟。其说信否？西国用律师，判断两造，权与官埒。此中国所无也。中西律例异同得失安在，能详悉言之欤？

吴福茨：中外各国刑律轻重宽严异同得失考。③

王韬作为一个中国的知识分子，其理想与一般的士子并无大异："少为才子，壮为名士，晚年当为魁儒硕彦。"但他一直怀有经世的抱负，渴望得到一显身手的机会。据称，他"每见大吏，即行献策"，而且，也的确得到了一些封疆大吏的认可。李鸿章在《致冯竹如》中称："昆山王君，不世英才，胸罗万有，沦落香港，殊为可惜。执事能为我招致，不惜千金买骏

---

① 王尔敏：《近代经世小儒》，广西师范大学出版社，2008，第 127 页。

② 王尔敏：《近代经世小儒》，广西师范大学出版社，2008，第 155 页。

③ 以上所录之题目，均见王尔敏《近代经世小儒》，《王韬课士及其新思潮之启发》一文中之"表二"。

骨。"但终其一生，王韬都没有机会在官场上施展其抱负。在他的诗中，可以看到他自傲而又无奈的心态："千古文章心自得，五洲形势掌中收。衔头何必劳人问，一笑功名付马牛。"

王韬是中国最早接受西方思想，并进行过实地考察的知识分子。他的著述对于当时的社会思想发展起到过巨大的作用。美国学者柯文《在现代与传统之间：王韬与晚清革命》一书中把王韬、马建忠、薛福成、郑观应，加上唐景星、何启、伍廷芳、容闳、马相伯等人称为"沿海型改革家"。王韬的著述颇多，据其《韬园著述总目》称：60 岁前，已刻未刻著作计 36种；《韬园老民自传》中列出 26 种，其中以《普法战纪》《火器说略》《扶桑游记》《韬园文录》《韬园文录外编》《蘅华馆诗录》《韬园尺牍》《韬园尺牍续钞》等最为著名。

王韬早年曾就学于长州县青萝山馆，其馆师顾惺，字涤庵。顾惺通经史，善诗词，喜饮酒作乐，性格放荡不羁。其对王韬的影响很大。王韬喜文章，乐于著述，悠悠有古文人之心。他在《韬园尺牍序》中曾言："余虽非忘世者流，而亦不乐为世所用，麋鹿野性，自幼已然。其不能远城市逃山谷者，为饥所驱，迫于衣食计也。使有二顷田五亩园万卷书，即当闭门谢客，长与世绝。而毋至于敝精劳神，与悠悠行路之人相周旋揖让也。此固素志之不可诬也。"同时，王韬本质上也是一个理想主义者，他向往的大同世界为："天之所覆，地之所载，日月所出，霜露所坠，舟车所至，人力所通，凡有血气者莫不尊亲。"① 王韬的思想气质和理想，注定他不能融入当时的主流社会之中，其一生坎坷，晚年的境遇更是凄惨。有关王韬的生平和学术，美国历史学家柯文的著作《在传统与现代性之间：王韬与晚清革命》中有极出色的叙述和评论，值得特别推荐。

二　王韬的政治法律思想概述

王韬的政治法律思想主旨非常鲜明，即要实行变法，根本改变中国现有政治法律制度，铲除弊端、奋发自强；而要真正实行变法，必须向西方国家学习，引进西方先进的政治法律制度模式。本书将从以下几个方面加以评述。

（一）变法易制，改善法律环境

王韬用《易经》中"穷则变，变则通"的论点论证其关于"天下事未有久而不变者"的观点。指出"三代之法不能行于今日"。由此，他认为

---

① 王韬：《韬园文录外编》卷一，《原道》，中州古籍出版社，1998，第 177~178 页。

"泥古以为治"是违反历史规律的。王韬还由中国历史推论外国历史也是一种不断变化的过程,指出,"即欧洲诸国之为,治亦由渐而变,初何尝一蹴而几,自矜速化欤?"他还进一步分析了中国当时面临的困境,强调了变法的必要性。他指出,西方资本主义国家自恃其强,"自远而至,挟所有而傲我之所无……肆其欺凌,相轧以相倾",这就使我不能不思变计,"是则导我以不容不变,天心也;迫我以不得不变者,人事也"。他痛切地指出,"设我中国至此时而不一变",就再也不能与欧洲各大国"比权量力"相抗衡了。总之,他认为变法是必然的、必要的,是"势"之使然,非"变古以通今"不可。

关于变法的方式方法,王韬认为,中国社会要对其制度中应该改变的种种方面加以改造,但不能"尽废古制"。他说:"今如有人必欲尽废古来之制作以遂一时之纷更,言之于大庭广众之中,当必以其人非丧心病狂,决不至是。"

同时,他还认为,变法应以"泰西为纲"。其认为变法必须"以欧洲诸大国为富强之纲领,制作之枢机",舍此而外,则不可能"成一变之道"。

王韬提出变法最迫切的两点是:(1)变"取士之法"。王韬认为"今日我国之急务"。首先在于"治民",其次在于"治兵"。而治民与治兵要有一个总纲,这个总纲则在于储才。他说:"今日之天下……不患于无行法之人"。他认识到科举制度已不能网罗人才,因此力主改变"取士之法"。(2)变"律例之繁文"。他赞扬汉高祖入关时宣布的"约法三章"的简约;抨击"近世之吏,上下其手,律例愈密而愈紊,不过供其舞文弄法……";指斥朝廷"动曰成例难违,旧法当守",造成"一切之事都为其束缚驰骤"的结果。指出,朝廷有行法之名,而无奉法之实。王韬主张改革成法,并主张"参用"西法,以求进步。

王韬认为,学习西方,不能只是学其术,而应该转变观念,只有转变观念,才能收到好的效果。其言:"今者中西立约,事多创举。理财者多争言西法。造轮船铁路以通商,开五金煤矿以足用,汽机可以深耕、可以浚河,电线用以便国便民,是亦理财之道也。虽然,以秦汉之心用西法,贻害天下者西法也。以唐虞之心行西法,则利天下者西法也。"[1]

王韬通过对西方国家政治制度的介绍和评论,表达了其对君主立宪政治的赞成。他将国家的政权组织方式区别为三类,即君主政治、民主政治和君民共主政治。其中君民共主政治也就是君主立宪政治。"一人主治于上而百

---

① 王韬:《韬园文新编》,《救时刍议》,生活·读书·新知三联书店,1998,第333页。

执事，百姓奔走于下，令出而必行，言出而莫违，此君主也。国家有事，下之议院，众以为可行则行，不可则止，统领但总其大成而已，此民主也。朝廷有兵刑礼乐赏罚诸大政，必集于上下议院，君可而民否，不能行；民可而君否，亦不能行。必君民意见相同，而后可颁之于远近，此君民共主也。论者谓：君为主，则必尧舜之君在上，而后可久安长治；民为主，则法制多分更，心志难专一，究其极，不无流弊。惟君民共治，上下相通，民隐得以上达，君惠亦得以下逮，……犹有中国三代以上之遗意焉。"① 由此可见，他对西方国家的议会制度极为赞赏，认为与中国的三代之制有共通之处。应该知道，在传统儒家思想中，三代之制几乎是一种完美无缺的制度。其称："国会之设惟其有公而无私，故民无不服也。欧洲诸国类无不如是……如是则上下相安，君臣共治，用克垂之于久远，而不至于苛虐殃民，贪暴失众。盖上下两院议员悉由公举，其进身之始非出乎公正则不能得。若一旦举事不当，大拂乎舆情，不洽于群论，则众人得而推择之，亦得而黜陟之。彼即欲不恤人言亦必有所顾忌而不敢也。中国三代以上，其立法命意，未尝不如是。"②

王韬身居香港，又曾游历欧洲，故对世界的政治格局有比较透彻的了解，他对欧洲以往的历史有较深入的研究，曾写作有《普法战纪》，该书在日本曾引起轰动，印至数万册，如考虑在当时的情况下日本的人口水平和教育发达程度，这个印数堪称奇迹。不仅如此，他对于历史发展的把握也是很准确的。他认为，欧洲的和平局面只是一种表面上的承平，在不久的将来会有大的变故。亚洲诸国家恐怕也难以维持现状。从而，若要在未来的大变局中掌握自己的命运，就必须变法图强。他把改变中国现存的法律当成一项当务之急。其言："欧洲升平之局，识者以为恐未能持久，而亚洲变故之生，亦岂人事之所能逆忆。惟先尽其在我，以听之于天而已。尽其在我，则莫先乎变法图强，今日之当变者有四：一曰取士，二曰练兵，三曰学校，四曰律例。"③ 在当时的情况下，倡言变法图强的人有许许多多，但把改造法律放在这样重要的位置上的人，或许王韬是绝无仅有的一个。同时，他坚持中国的改革必须是彻底的，必须有具体的作为。

（二）整肃吏制，稳定法制基础

王韬十分重视法制在国家中的作用，他认为，法律是治理国家的必要工

---

① 王韬：《韬园文新编》，生活·读书·新知三联书店，1998，第 26 页。

② 王韬：《法国志略》，转引自柯文《在传统与现代性之间：王韬与晚清革命》，江苏人民出版社，1998，第 201 页。

③ 王韬：《韬园文录外编》卷二，《变法自强》上，中州古籍出版社，1998，第 86 页。

具。它本身并没有什么可以指责的地方，但如果执行者对其实施不当，则法律必然会失去其功效，甚至会授权柄于胥吏，对社会造成危害。其称："法制者，国家所以驭下也。执法牵制，其敝必至视为具文。非法制之不善，实心奉行者无人耳。是以一变，而其权不操诸官，而操诸吏。今天下内事动持于部议，外事一由于吏手。"① 故而，王韬极言要整饬吏治。他对于清朝败坏的吏治极为痛恨，其言："至于佐官为治者，吏也。舞文坏法，半由于吏。以吏无责成而品望又卑贱，其惟利是视宜也。今之为吏者，大抵皆狡黠龌龊，足以持官短长。官或一岁数易，吏则累世相传。官多深居简出，吏则周旋于民间。其足以欺蔽官者，势所必然。"②

他主张加强自治，认为这是中国意图自强的首要条件："抑又闻之，自强之道，自治为先。今日之弊，在上下之交不通，官民之分不亲，外内之权不专，中外之情不审，于是乎一切之事，昏然如隔十重帘幕。"③

王韬强调，社会要加强对法律的重视程度，执法者要由国家官员、士大夫担任，不能使执法权操诸吏手。其言："然则废律例之繁文而用律例之精意当若何？曰：今天下之所谓吏者，必尽行裁撤而后可。内自京师，外至直省，大自六部，小至州县，举二百余年来牢不可破之积习，悉一扫而空之。而以为士之明智律例者，以充其任。甄别其勤惰，考校其优劣。三年无过，授以一官，以鼓励之。凡昔日之拘文牵义，以一字为轻重，借片言为轩轾，得以上下其手者，悉付之一炬而后大快。州县监狱，必大加整顿，罪囚拘系，无得虐待；冬夏之间所以体恤罪囚者，毋作具文。州县胥役，限以定数，毋得逾百人。凡此者，皆所以扩清积弊也。"

（三）删减律例，创造改造法制的基础

王韬认为必须对固有的律例进行必要的修改。他对于中国法律的历史和现状进行了深刻的反思。其认为，从汉朝以降两千多年，基本状况就是人情诈伪，风俗日下。而法令滋彰，文法深密，使人难措手足。地方虚报案情，叫人更难以真实了解法律实施的真实情况。加之各部门自立规则，难免互相牵制。在这种状况下，胥吏往往有机可乘，索贿行私，上下其手。法律不但没有起到社会控制的基本功效，反而成为败坏政体、扰乱人心的根源。所以，他认为，法律不在多寡，关键在于使它真正发挥作用。而要想达此目的，当务之急在于简化法律，使百姓能知会用，深入人心。其言："自汉至

---

① 王韬：《韬园文新编》，生活·读书·新知三联书店，1998，第244页。
② 王韬：《韬园文新编》，《上丁中丞书》，生活·读书·新知三联书店，1998，第270页。
③ 王韬：《韬园文新编》，《上郑玉轩观察》，生活·读书·新知三联书店，1998，第295页。

今几二千余年，人情之诈伪极矣，风俗之浇漓至矣。律例繁多，刑狱琐碎；文法之密，逾于罗网；辞牍之多，繁于砂砾。动援成法，辄引旧章，令人几无所措其手足。各直省禀报之案，虚词缘饰，百无一真。而更益之以六部之律例纷纭，互相牵制。不知此便于吏胥舞文弄法，索贿行私，以上下其手而已。非特不能为治，且足以坏政体，而于经国治民毫无裨补。即其下，繁文缛节，亦指不胜屈，要不过徒乱人意耳。故吾尝曰：吏胥所据之部例，士子所习之时文，皆可尽付之祝融虐焰中而后大快也。昔者汉高祖之入关也，与关中父老约法三章耳，杀人者死，伤人及盗抵罪。其言直捷简快，而其感于人心已至于浃肌肤，沦骨髓。然则治天下，岂在乎法律之多，足以杜弊而止奸乎？时至今日，在官与民皆患其繁，势不得不以简御之。"① 他还主张要精简律例，对繁复的律例要进行必要的改革："律例之繁文宜变也。昔高祖入关，其与民约，不过曰法三章耳。近世之吏，上下其手，律例愈密而愈紊，不过供其舞文弄法已耳。拘牵文义，厥弊日滋，动曰成例难违，旧法当守，而一切之事都为其所束缚驰骤矣。是朝廷有行法之名，而无奉法之实也。是不如减条教，省号令。开诚布公，而与民相见以天也。"②

（四）学习西方，引进先进的法律模式

王韬所倡导的"学习西方"，从内容和实质上都远远超过了以前的思想家们。柯文写道："在 19 世纪前期的中国，从观念和心理上说，英、法、美与中国的距离仍极遥远，这与罗马时代以来西方对中国的感觉一样。许多中国人（我指受过教育者）从未听说过这些国家。甚至几乎无人有这些国家位于地图上何处的粗疏印象。……这些年中，中国与西方的唯一接触点是广州受管制的贸易。但与荷兰在长崎的贸易不同，在广州的接触并未成为西方思想影响的传输渠道。出于自我抉择和完全的自我欣赏而孤立于世的儒教中国，无法得知即将发生的一切。"③

这确实是当时社会思想状况的真实写照。实际上，在洋务思想家出现以前，包括林则徐、魏源等具长远眼光的开明知识分子，亦未能清楚地认识西方国家的实际情况，而只是把他们看作潜在的、应该认真对待的敌手而已。而到洋务运动时期，在洋务思想家的眼中，这个敌手不但已成为现实的对手，而且在与其争斗中，中国甚至已落于下风。正如柯文所言："在 19 世纪末，经历了四次对外战争、五次国内动乱及随之而来的一系列强加条约之

---

① 王韬：《韬园文录外编》卷二，《尚简》，中州古籍出版社，1998，第 99 页。
② 王韬：《韬园文录外编》卷二，《变法自强》中，中州古籍出版社，1998，第 89 页。
③ 〔美〕柯文：《在传统与现代性之间：王韬与晚清革命》，江苏人民出版社，1995，第 6~7 页。

后，这种骄傲与舒适的世界已被粉碎。……巨变发生在中国受教育者的精神世界。两三代人之前把中国学人禁锢于儒学天地之中的无形栅栏此时首先暴露出来，随后经过许多痛苦的努力之后已被撬开。一种全新的宇宙观，各种信息和价值观念蜂拥而入。"①

洋务思想家们比社会整体的思想认识要具相当的超前性。他们在西方思想"蜂拥而入"以前，就比较深刻地对西方国家进行了研究，努力探求中国的自强之路。

王韬对西方国家的认识就比同时代的中国人要透彻得多。他认为应该学习西方先进的东西，以为我所用。1865 年，在《代上苏抚李宫保书》中，他谈到了这种认识。其言：西方人"合地球东西南朔九万里之遥，胥聚于我一中国之中，此古今之创事，天地之变局，所谓不世出之机也。……况乎西人来此，众效其智力才能，悉出其奇技良法，以媚我中国。奈我中国二十余年来，上下恬安，视若无事，动循古昔，不知变通。薄视之者以为不人类若，而畏之者甚至如虎。由是西人之事毫不加意，反至受其所损，不能获其利益；习其所短，不能师其所长。……夫天下之为吾害者，何不可为吾利？毒蛇猛蝎立能杀人，而医师以之去大风、攻剧疡。虞西人之为害，而遽作深闭固拒之计，是见噎而废食也。故善为治者，不患西人之日横，而特患中国之自域。天之聚数十西国于一中国，非欲弱中国，正欲强中国，以磨砺我中国英雄智奇之士"②。

王韬看待事物，确有独具只眼的地方，他并不以"西人东来"为天塌地陷之事。其时，面对西方列强的侵迫，特别是英法联军占据京师这一骇人听闻的现实情况，朝野上下或疾愤或惊恐或张皇失措。而王韬则认为这恰为中国崛起的大好时机。这些外国人不远万里来到中国，把他们的实践经验、智力成果悉数带来，正好可以为我所用。但中国人如无视这一有利的契机，因循苟且，就不但不能获其利，而终会被其害。故而，中国必须要正视这一挑战，抛却陈见，对成法加以必要的变通。化不利为有利，既不畏惧西人的强横，也不可自做藩篱。只有采取这种态度，中国方能因时而趋强盛，人才方能因时而辈出。王韬的这个观点，对同时代的知识分子影响很大，有许多思想家都在不同的程度上借鉴了他的这一思想观点。

王韬认为，要学习西方，必须用新的眼光看待对外关系。在条约关系已确定的现实条件下，要正视现实，了然世界大势。在国家间商业互通已成定

---

① 〔美〕柯文：《在传统与现代性之间：王韬与晚清革命》，江苏人民出版社，1995，第 7 页。
② 王韬：《韬园文新编》，生活·读书·新知三联书店，1998，第 242 页。

局的前提下，不能再用传统的"攘夷"心态对待西方国家，而必须抓住时机，努力自强，以实力与其抗衡。他写道："西国和约以后，每年随事酌更，视为成例。以时局观之，中外通商之举，将与地球相始终矣。此时而曰徒戎攘夷，真迂腐不通事变者也。……统地球之南朔东西将合而为一，然后世变至此乃极。吾恐不待百年，轮车铁路将遍中国，枪炮舟车互相制造，轮机器物视为常技，而后吾言乃验。呜呼，此虽非中国之福，而中国必自此而强，足与诸西国抗。"① 王韬之言，百年以后已被一一验证。"地球之南朔东西合而为一"更成为一种现实。对此，我们对王韬的远见不应仅仅只是赞叹，更应以这种眼界继续观照世界大势而乘之，更要思考百年之后中国所处之地位。

同时，王韬反复强调，对待西方国家，不应该再有什么"华夷之分"，而要以礼相待。如果不能对其以礼相待，则中国也可能会自降为夷："然则华夷之辨，其不在地之内外，而系于礼之有无也明矣。苟有礼也，夷可进为华；苟无礼也，华则变为夷。岂可沾沾自大，厚己以薄人哉？"②

一般认为，王韬是第一个既受过严格中国经典训练，又在西方增长了许多见识的中国人。此前的容闳、黄胜、黄宽等均在出国前未受到过正统的中国式教育，没有基本的国学功底，他们不可能担负起融会中西方文化的历史使命。而王韬则不同，他曾中过秀才，对中国传统文化极为熟悉，根底极为厚实，理解极为深刻，中文的表达极有文采。同时，他有十余年与西方人交往的经历，对西方文化的表达方式也可以说相当了解。故而，他已经具备了沟通两种文化的基本能力。实际上，王韬也确实极力倡导中西方文化的融合。

1867 年，王韬离开香港赴欧洲。他最先抵达的欧洲城市是法国的马赛。在《漫游随录》中他描写了对这座城市的最初印象："楼台金碧，皆七八层，……寓舍供奉之奢，陈设之丽，殆所未有。"在巴黎，他游览了卢浮宫、歌剧院等名胜。在伦敦，他感叹："盖英邦实为西土之沃国，而伦敦又为英国之腴区焉。"（王韬：《漫游随录》）并且，在伦敦，他发表了一个讲演，其中对儒学之道与基督教的"天道"做了一个比较，他认为中西之间并没有根本上的差异，两种文化的融合是可能的，其称："孔子之道，人道也。有人斯有道。人类一日不灭，则其道一日不变。泰西人士论道必溯源于天，然传之者必归本于人。非先尽乎人事，亦不能求天降福，是则仍系乎人

① 王韬：《韬园文新编》，《答包荇洲明经》，生活·读书·新知三联书店，1998，第 253 页。
② 王韬：《韬园文录外编》卷十，《华夷辨》，中州古籍出版社，1998，第 364 页。

而已。夫天道无私，终归于一。由今日而观其分，则同而异；由他日而观其合，则异而同。前圣不云乎：东方有圣人焉。此心同，此理同也。西方有圣人焉，此心同，此理同也。请一言以决之曰：此道大同。"① 王韬认为，不论是中国的圣人，还是西方的圣人，他们所关注的根本都是人本身的问题。虽然在目前中西方文化交汇的初期，其二者间的差异性似乎比较明显，但随着它们之间不断地进行沟通，它们之间的共同之处将会显现出来，终至于相互融会合一。王韬的这个讲演，大概可以说是开创了中西方文化比较的先河。

王韬进一步认为，变法的根本在于学习西方的政治法律制度。他强调以往"所谓变法者"，仅仅设立制造局、铸枪炮、造舟舰以及派人出洋学习语言文字等等，不过是"徒袭其皮毛"而已。而在"器艺技巧，繁术小慧"上完全不足以达变法之效而致中国于富强的。

或许是因为王韬曾到英国，并切实感受到了那里的政治氛围，他特别推崇英国的法律制度，对其社会的法律环境赞赏有加："英国之所恃者，在上下之情通，君民之分亲，本固邦宁，虽久不变。观其国中平日间政治，实有三代以上之遗意焉。官吏则行荐举之法，必平日之有声望品诣者，方能擢为民上。若非闾里称其素行，乡党钦其隆名，则不得举。而又必准舍寡从众之例，以示无私。如官吏擅作威福，行一不义，杀一不辜，则必为通国之所不许，非独不能保其爵禄而已也。故官之待民，从不敢严刑苛罚，暴敛横征，苟且公行，簠簋不饬，朘万民之脂膏，饱一己之囊橐。其民亦奉公守法，令甲高悬，无敢或犯。其犯法者，但赴案录供，如得其情，则定罪系狱。从无敲扑笞杖，血肉狼籍之惨。其在狱也，供以衣食，无使饥寒，教以工作，无使嬉惰，七日间有教师为之劝导，使之悔悟自新，狱吏亦从无苛待之者，狱制之善，三代以来未之有也。国中所定死罪，岁不过二三人。刑止于绞，而从无枭示。叛逆重罪，止及一身，父子兄弟妻孥皆不相累。民间因事涉讼，不费一钱，从未因讼事株连而倾家失业，旷日费时者。虽贱至吏役，亦不敢受贿也。"② 他认为，英国之所以政治开明，法制状况良好，其根本在于上下相通、官由民举，这样方能保证官员切实公正执法，不致殃民。从守法的层面而言，他认为在英国实际体现在官和民的双方。官员守法，不得滥用刑罚，不敢贪求滥取。不然，不但官职不保，还会受到相应的惩处。而社会

---

① 王韬：《韬园文新编》，《漫游随录·讲学牛津》，生活·读书·新知三联书店，1998，第356页。

② 王韬：《韬园文录外编》卷四，《纪英国政治》，中州古籍出版社，1998，第177～178页。

民众也是自觉自愿地遵纪守法，若其触犯法律，必然要受到法律的惩罚，但定罪量刑必是通过公正、合法的审判。同时，即使是在狱的犯人，也可以得到比较人道的待遇。不但肉体上不受鞭杖之苦，在精神上也会获得开导，以使其改恶迁善。在死刑问题上，英国比较慎重，被处死刑的数量很少。在执行上，也只用绞刑，不至于使其身首异处。在民事审判中，英国也很文明，注重公正和效率，不会为了诉讼而导致倾家荡产。实际上，王韬对英国法制状况的种种赞扬，都是对比中国法律制度中的相应弊端而有针对性地抒发议论的。

王韬强调，西方国家的法制完备，并不是不可以学习的，东方社会也是可以以此为模式加以效法的。他特别介绍了中国香港法制情况以用于改革法制的参考："臬司之外，有提刑官，僚佐官，更立陪审之人十有二员，以习法之律正充其事，而民间所举公正之绅士，亦得与焉。专在持法严明，定案鞫狱，欺无妄滥。有钱债衙专理商民逋欠事，有亏国饷者亦即在是衙比追，而民间所有罚款亦由是衙以归库务。有巡捕厅专管巡丁。港中昼夜有丁役分班逻察，往来如织。有司狱专管狱囚，一岁中犯案千百，狴犴每至充斥。顾讯鞫之时，不先鞭扑，定案后，以罪之轻重为笞之多寡，禁之久暂。有在狱终身不释者，故刑法鲜死罪。惟海盗在立决例，法所不宥。此外又有官医及验尸官，遇民间自戕谋死命案，剖腹审视，以释疑案。其设官之繁密如此。"[1] 王韬认为这是英国"政治之美"的具体反映，"侵侵乎与中国上古比隆"，是其"雄视诸国"的根本原因，中国所要学的，变法所要的，就是要学习英国的这些"良法美意"。香港可以效法，中国内地也必可行。

（五）对外力争法权

西方列强在两次鸦片战争期间迫使清政府与其签订了一系列屈辱性、掠夺性的不平等条约，使中国的内政外交、经济、司法等主要方面的主权一一丧失。而且，他们不断地以武力强迫清廷签约、修约以猎取种种利益，同时又宣称只要签约、修约，就可永保清廷的统治权力，从此天下太平。

对此，王韬深感忧虑。他认为，只有"势均力敌"、中国"自强"才有可能使西方各国遵守条约；在清朝国势日弱的情况下，泰西立约不可恃。他指出，"……必须国富兵强，舟枪炮一切如泰西而后可"，否则"亦徒托诸空"。

在外争法权方面，王韬也提出了一些具体的建议，主要有：削各国领事之权，华官可以传讯犯罪和违法的任何人；外国人在中国内在犯法的由华官

---

① 王韬：《韬园文录外编》卷六，《香港略论》，中州古籍出版社，1998，第276页。

审理定罪；外国人要旅行中国内地的必须经由地方官发给书面凭证；对于外国人，可以用外国法律治理之，使"彼自无所遁辞"，等等。

王韬主张用和平的谈判手段收回领事裁判权，其言："夫我欲争额外权利者，不必用甲兵，不必以威力，惟在折冲于坛坫之间，雍容于敦盘之会而已。事之成否，不必计也，而要在执持西律以与之反复辩论，所谓以其矛陷其盾也。向者英使阿利国以入内地贸易为请，总理衙门亦以去额外权利为请，其事遂不果行。夫额外权利不行于欧洲，而独行于土耳机、日本与我中国。如是则贩售中土之西商，以至传道之士，旅处之官，苟或有事，我国悉无权治之。此我国官民在所必争，乃发自忠君爱国之忧，而激而出之者也。故通商内地则可不争，而额外权利则必屡争而不一争，此所谓争其所当争也，公也，直也，"（王韬：《韬园文新编》，《除额外权利》，生活·读书·新知三联书店，1998）在这里，我们可以看到，王韬对于治外法权的认识是很深刻的。

第三节　郑观应的法律思想

一　郑观应生平简述

郑观应，原名郑官应，字正翔，号陶斋，又号居易、杞忧生，晚年又号罗浮待鹤山人。广东香山县（今中山市）雍阳乡人，生于 1842 年 7 月 25 日，卒于 1921 年 6 月 14 日。

郑观应出生于一个不太富裕的士人家庭。他十分敬佩自己的父亲，他称其父"生秉异姿，夙承家学，读书过目成诵，藏书颇富，手自校雠，丹铅殆遍。然澹于进取，敝屣科名。设帐授徒，从游者多享盛名，各有建树。手录先贤格言，编辑成帙，名为《训俗良规》，籍以振聩发聋。一言一行，动为世法。性孝友，重然诺，慷慨好义，有古杰士风"（《盛世危言后编·先考荣禄大夫秀峰府君行状》）。从郑观应之生平所为，可以看出其确以乃父为楷模。

郑观应早年曾应科举不第。此后，对功名不再热心。1858 年，郑观应到上海投奔其叔父、新德洋行买办郑廷山，因此开始其经商、办实业的生涯。1859 年，郑观应到宝顺洋行供职。其间，他还到英华书院读夜校，学习英语并"究心泰西政治、实业之学"，写出了《救时揭要》。1874 年，郑观应出任太古洋行的总理，成绩卓著。19 世纪 80 年代以后，他投资民族工业。其投资企业包括上海机器织布局、轮船招商局等。在担任轮船招商局总办期间，他试图引进西方国家的经营管理方式提出了"救弊大纲"16 条，对招商局的组织机构、人事安排、议事决定、赏罚举措等提出改进的新举措。1890 年，应唐廷枢的禀请办理开平煤矿粤局事务。1892 年、1909 年两次重返轮船招商局，1921 年退休。

郑观应虽然以经商为一生的主要职业，但其著述也可称丰富，其代表作有：《救时揭要》《易言》《盛世危言》《南游日记》《盛世危言后编》《西行日记》《罗浮待鹤山人诗草》等。

二 郑观应的法律思想概说

（一）在国家政体方面，主张设立议院

有学者认为，郑观应为最早系统介绍西方国家议会制度者，他被认为是中国近代明确提出实现君主立宪制的第一人。[①] 在其早期著作《易言》中，他就曾提出了在中国应该建立君主立宪制，其称："所冀中国，上效三代之遗风，下仿泰西之良法，体察民情，博采众议，务使上下无捍格之虞，臣民泯异同之见，则长治久安之道，有可预期矣。"郑观应认为，设立议院是改良政治的最好方法。他对西方的议会制度极表赞赏，在《盛世危言》中，他进一步阐释了他对西方宪政制度的理解："议院者，公议政事之院也。集众思，广众益，用人行政一秉至公，法诚良，意诚美矣。无议院，则君民之间势多隔阂，志必乖违。泰西各国咸设议院，每有举措，询谋佥同。民以为不便者不必行，民以为不可者不得强。朝野上下，同心同德，此所以交际邻封，有我薄人，无人薄我。况今日中原大局，列国通商势难拒绝，则不得不律以公法。欲公法之足恃，必先立议院，达民情，而后能张国威，御外侮。孙子曰：'道者，使民与上同欲'。中国户口不下四万万，果能设立议院，联络众情，如身使臂，如臂使指，合四万万之众如一人，虽以并吞四海无难也。何至坐视彼族越九万里而群逞披猖，肆其非分之请，要以无礼之求。事无大小，一有龃龉动辄称戈，显违公法哉？故议院者，大用之则大效，小用之则小效者也。"（《盛世危言·议院上》）

郑观应认为，在中国"列国通商势难拒绝"的现实情况下，则不得不依靠公法来与其周旋，而要行公法，就必须实行议会体制，合举国民心为一心，用以对抗西方国家的威胁。

（二）引进西律，改革中法

郑观应极言应该学习西方法律，认为它是医治中国顽症的药方，而拒绝

---

① 夏新华等编《近代中国宪政历程：史料荟萃》，中国政法大学出版社，2004，第 1 页。

西学，无异于坐以待毙。对于种种反对学习西方的言论，他都认为是愚昧无识之论，在西方国家更为富强这个前提下，道理显明，不待争辩而已有结论。其言："今之自命正人者，动以不谈洋务为高，见有讲西学者，则斥之曰名教罪人，士林败类。……今日之洋务，如君父之有危疾也，为忠臣孝子者，将百计求医而学医乎？抑痛讳医之不可恃，不求不学，势有身殉，而坐视其死亡乎？然则西学之当讲不当讲，亦可不烦言而解矣。"①

在《交涉》一篇中，郑观应客观分析了中国与西方国家之间法律冲突的种种情况，"西人舟车所至，每以语言互异，律法不同，利己损人，任情蔑理"。如"洋船撞毁华船，反咎以不谙趋避，或诬其桅灯不明，改重就轻，含糊了结。马车碾伤华人，反谓不知让道，祸由自取，扭送公堂亦仅薄罚。又如华人受雇洋行及充洋船水手，往往借端扣减工资，甚或殴辱毙命。……他若华商负欠洋商，一经控告，追封产业，扰及亲朋。西人负欠华债，虽饶私蓄，循例报穷，便自逍遥事外。外国税华货进口，务其从重；中国税洋货进口，务取其轻。华人商于西国者，按例纳税，岁有常规；洋人商于中国者，北突南奔，绝无所费"（《盛世危言·交涉上》）。

郑观应认为，这种情况，一方面为中国积贫积弱的现实所致，另一方面是中国法律制度本身缺漏的原因。"凡此种种妄为，亦西律所必禁，公法所不容，只以中、西刑法不同，彼族反能趋避。遇有杀伤交涉事件，华官以华法治华人，抵命之外，更断偿银；西官以西法治西人，罚锾之数且从轻减。如华官稍持公论，执公法条约以争，西官即回护故纵，并薄罚而不加。此尤事之大不平者也。"（《盛世危言·交涉上》）

郑观应提出若要从根本上改变这种状况，必须从培养人才入手，进而全面改造中国固有的法律。甚至变通性地全盘引入西律，以处理交涉案件。其称："然则洋务交涉之事，竟无善法以处之耶？曰：何为其然也。是宜先储善办交涉之才，决定专办交涉之法。取才之法必察其人品诣端正，大节无亏，熟史书，谙政体，洞悉中外律例，而又经出洋周知彼国文字、政教、风俗，著论确有见地，存心公正，无抑中扬西之习，则根柢既真，措施自当。南、北洋特辟一洋务馆以收储之。然后集群策群力，兼延西国著名状师，遍考中、西律例及条约公法诸书，据理持平，定为《中外交涉则例》一书。盖中西律例迥然不同：中国有斩罪，有杖罪，西国无此例；西国有缳首罪，罚苦干罪，中国亦无此例。西例听讼有公堂费，不论原告、被告，案定后由

---

① 《盛世危言·西学》，中州古籍出版社，1998。以下所引《盛世危言》，除特别注明外，皆据此版本。

曲者出费，直者不需分文，中国亦无此例也。中国办理命案，误伤从轻，故杀从重；乃西人于故杀，亦有从轻者。……是以西律诸书亟宜考订，择其通行者照会各国，商同外部，彼此盖印颁行，勒为通商交涉则例。凡有交涉案件，须委深通西律之员审办：合于律例者，立即办结，不必羁延，上下推诿，致滋口实，转启罚赔开埠之端；其不合律例者，彼公使、领事纵百计恃强要挟，官可罢，头可断，铁案终不可移。……且以西例治西人，则彼无可规避；以西例治华人，则我亦免偏枯。每届年终，将交涉各案如何起衅，如何定谳，删繁就简，勒为全编，分送各国使臣及彼外部公览，兼发各省刑司，互相考证。庶枉直是非无能遁饰，洋人无故纵，中国亦少冤民矣。"（《盛世危言·交涉上》）郑观应论及法律时，条理明晰，对策有理，应对有据，足见其对于法律曾有悉心之研究。

郑观应还列举了日本的实际情况以为其立论的佐证，他说："近年日人深悟其非，痛革积习，更定刑章，仿行西例，遂改由日官审判，彼此均无枉纵，而邦交亦由此日亲。噫！今日亚细亚洲以中国为最大，堂堂大国顾犹不如日本焉，可耻孰甚！"（《盛世危言·交涉上》）

对于中国法律制度的现状，郑观应指出，正是由于律例的繁杂，使胥吏有上下其手的可能。"同一律也，有律中之例；同一例也，有例外之案。其间影射百端，瞬息千变。犹是一事，有贿者从，无贿者驳。混淆黑白，颠倒是非，惟所欲为，莫之能制。"（《盛世危言·书吏》）法律内容的不统一，使得在适用时混乱无序。同时，"夫吏之得以弄权，其弊皆由于则例太繁，用以上下其手。惟吏挟例以牟利，混淆黑白，颠倒是非，循至于天下大乱。原夫例之设所以知天下，而其流弊之极至于如此。其例条目繁多，细如牛毛，徒足为吏胥舞弊之具。……国家设例本以防欺，今乃适以导欺，甚至逼之使出于欺。惟胥吏则以为大利之所在，例愈繁愈甚，徒足为吏胥浚其利源而已"（《盛世危言·革弊》）。法律的烦琐、过于细密使得其适用的效果适得其反。从而，他得出结论，法律必须要进行必要的改革，其指出："律之深文，例之繁重，皆胥吏所以便于上下其手也。非破其趋避之巧及舞弄之奸不可！案情百变，申详之成格牢不可破，以罪就律例，非按律例以定罪犯也。故谓律必改简明，例必废成格。"（《盛世危言·刑法》）

郑观应认为，学习并引入西方的法律制度可以有效地避免这些弊端。他相当准确地介绍了判例法国家的审判过程。"考泰西有大、小律师，无书吏之弊。律师者曾在大书院读律例，取列一等，国家给以凭照，准其为民诉冤代官诘问。凡正副臬司，必由律师出身。审案时两造皆延律师驳诘。公选廉正绅士陪听，首曰公民，余曰议长。如案中人与绅士有一不合，尽可指名更调。律师互相论驳，以词穷者负。官得其情遂告公民，曰：'此案本官已审得应犯某律，尔等秉公定之。'公民退议，各书其罪申复，所见皆同即为判断；否则再审，以尽其辞。凡陪审、人证，皆先誓不左袒而后入，两造俱服则有司申送上院定谳。所有案词，岁刊成书，引以为例，嗣后皆可据以为断。"（《盛世危言·书吏》）

郑观应高度评价西方的法律制度，认为其能合中国古意。对于崇尚三代的中国文化传统而言，这几乎是不能再高的赞评了。他指出："中西律例不同，必深知其意者，始能参用其法而无弊。惟西国之法犹能法古人明慎之心。苟能参酌而行之，实可以恤刑狱而至太平。"他认为，反倒是中国自秦汉以后脱离了"立法尚宽"的宗旨。"中国三代以上立法尚宽，所设不过五刑。……自后一坏于暴秦，再坏于炎汉。有罪动至夷三族。武健严酷之吏相继而起，大失古人清问之意。使不返本寻源，何以服外人之心志，而追盛世之休风耶？西人每论中国用刑残忍，不若外国宽严有制，故不得不舍中而言外，取外而酌中。"（《盛世危言·刑法》）他认为中国必须进行彻底的改革，否则，将被摒弃于国际法之外。"惟无过尚守成法，有重无轻。故西人谓各国刑罚之惨，无有过于中国者。如不改革，与外国一律，则终不得列于教化之邦，为守礼之国，不能入万国公法，凡寓华西人不允归我国管理云。"（《盛世危言·刑法》）

郑观应还从情理、道理本身，对中国法律中的严刑峻法进行了批判。其言："夫天地生人，原无厚薄也，何以案情讯鞫而酷打成招独见之于中国？夫三木之下，何求而不得？抑岂各国之人皆纯良，而我国之人独凶恶，必须施以毒刑，而后可得其情欤？讼之为字从言从公，谓言于公庭，使众共闻以分曲直耳。案既未定，何遂用刑？"（《盛世危言·刑法》）同样是人，难道外国人更纯良，中国人更凶恶吗？在案件未认定之时就施以酷刑，这就使得司法本身失去了公平的本意。

他引用香港变法思想家何启的言论来佐证自己的观点。其言："善夫何沃生律正之言云：两造之中，必有曲直。曲者宜罚，多此一打是谓滥刑；直者求伸，被此一打，是谓枉法。使曲者不畏打，而故逞其凶，不挠之状，其情有似乎直；使直者畏打，而甘受其屈，战栗之状，其情有似乎曲。夫讼所以平民之冤抑，一有此打，则冤抑愈加；讼所以剖民之是非，一有此打，则是非转昧。……果其有罪，自招者罪故在；即不自招，其罪仍在。果其无罪，用刑则招，其枉愈甚；用刑而不招，是谓刑非其罪。"（《盛世危言·刑法》）

郑观应认为中国之所以用刑的原因，是由于对审问官的不信任所致。所以，必案犯亲自招供才能定案。而外国也有这种问题，但他们采取设陪审之人的防范措施似乎更文明、更合理。中国也应学习这种陪审制度。"乃中国不信问官，而问官于是乎法外施刑，必求犯人之自招，以图塞责。而自此冤狱多矣。外国不信问官而设陪审，秉正人员佐官判案，不容犯人之狡展以抗公评，而于是真情出矣。……今宜令各省、府、县选立秉公人员，或数十人，或数百人，每遇重案，轮班赴署。少者数人，多者十余人，与审官听讯两造之供词，以及律师之辩驳。审毕，审官以其案之情节申论明白，令陪员判其是非曲直，视陪员可否之人数多寡，以定从违。"（《盛世危言·刑法》）

郑观应认为，对于涉外案件，可以按照西方国家的法律进行审判，以服其心，也使其不能以中国法律过重为托词逃避法律追究。他说："至于通商交涉之件，则宜全依西例。今海禁大开，外国之人无处不至，凡属口岸无不通商，交涉之案无日无之。若仍执中国律例，则中外异法，必致龃龉。不如改用外国刑律，裨外国人亦归我管辖，一视同仁，无分畛域。"（《盛世危言·刑法》）

（三）建立新型诉讼制度

郑观应对中国固有的诉讼制度极为不满，他认为必须引入西方的制度形式加以改进。他建言在中国实行新型的司法制度，其中包括设立陪审制度、独立审判制度和律师制度。所谓陪审制度，即"听讼之事，派以陪审，而肆威作福之弊袪；列以见证，而妄指诬隐之弊绝。所谓爵人于朝，与众共之；刑人于市，与共弃之。兼听则明，偏听则暗者，昔闻其语，今见其事"（《盛世危言·吏治上》）。对于审判制度，郑观应提出应该设立独立的司法审判机构，他说："泰西国内、都会必由刑部派臬司以司鞫事。中国亦宜于中外通商之地，专设刑司以主中、外上控之案。此其人必须深明中外律例，经考超等而多所历练者，方膺是选。其审案俱以陪员主判。如外国人有久居中国，行事和平者，可与中国人一律得选为陪员。遇交涉之案令其厕名主判，则外国人心必无不服。"（《盛世危言·刑法》）郑观应也是最早提出仿效西方的律师制度，改造中国的书吏的人，他提出："今为中国筹变通之法，请将律例专设一科，列前茅者仍须察其品行，然后准充书吏，锡以虚衔，厚其薪资。"（《盛世危言·书吏》）通过这种方法，使以往几成蠹虫之胥吏，得以改造成为有用之法律专业人员，并配合施行相应的管理制度，使其纳入规范之中。

（四）引入国际公法

郑观应认为，中国应该用新的眼光看待世界，把自己置身于世界万国之中。这就要求中国必须引入国际公法，用公法来约束彼此的行为："公法者，彼此自视其国为万国之一，可相维系而不能相统属者也。可相维系者何？合性法例法言之谓。……国无大小非法不立。《尔雅·释诂》云：'法，常也'，可常守也。《释名》曰：'法，逼也，逼之使有所限也。'列邦雄长，各君其君，各子其民，不有常法以范围之，其何以大小相维，永敦辑睦？彼遵此例以待我，亦望我守此例以待彼也。且以天下之公好恶为衡，而事之曲直登诸日报，载之史鉴，以褒贬为荣辱，亦拥护公法之干城。故曰：公法者，万国一大和约也。"（《盛世危言·公法》）

但郑观应也清楚地看到，一个国家欲在万国中享有自己的地位，具有平等适用公法的权利，首要的条件必须是自强。不自强，公法就不可能为我所用，其言："虽然，公法一书久共遵守，乃仍有不可尽守者。盖国家之强弱相等，则藉公法相维持，若太强太弱，公法未必能行也。是故有国者，惟发愤自强，方可得公法之益。倘积弱不振，虽有百公何补哉？噫！"（《盛世危言·公法》）

（五）改进监狱制度

郑观应认为中国的监狱制度非常落后，建议加以改革。他首先从人道的角度对陷于狱囚的罪犯表示同情。"盖人生不幸，父母失教，既无恒产以资事畜，复无技艺以给饔飧。贫困无聊，流入匪类；致罗法网，横被官刑；土室棘垣，暗无天日；赭衣黑索，惨受拘挛。禁卒毒若虎狼，秽气积成疠疫。自斩、绞以下诸罪人本无私法，而久系瘐毙者往往有之，其冤惨可胜言哉。"（《盛世危言·狱囚》）

他提出应该借鉴西方国家的监狱制度，采用赎罪、充工、修路等方式改进以往的弊端。"近闻各直省州、县多设有自新所，以处轻犯，法诚善矣。倘更能参用西法以推广之，使军、流以下皆得自新自赎，则保全必多，办理亦易。……以西例较之中国，虽法有轻重，律有宽严，而充工一端实可补今日刑书之阙。（考西国罪犯工作亦有数等，有狱中之工，有狱外之工，……凡一犯人入狱皆须习学一业。）……更有一法可以上下交益者，如令罪犯修道途是已。"（《盛世危言·狱囚》）此外，他还提出仿效西法，对犯人区分钱债与别案而分别监禁、用罚赎替代刑罚等改进法制的主张。

郑观应的法律思想主张，在洋务思想家中是最全面、最为系统的。同时，也是最具体、最有针对性的。其中有关议会和司法等问题，已经深入到法制变革的基本内容。从这种意义上而言，郑观应可以称得上是中国近代法律变革思想基础的构建者。

第四节　郭嵩焘、薛福成有关法律的思想主张

郭嵩焘与薛福成从严格的意义上而言，其介于洋务主持者与社会思想家

之间。与前述洋务思想家有所区别的是郭嵩焘、薛福成都曾在朝廷中任职，特别是郭嵩焘曾出任巡抚，也称得上是秉权大吏。同时，他们都曾作为朝廷官员出使国外，这种经历使他们的思想、言论都与在野的知识分子有比较大的区别，更注重现实的情况，更注重其提出意见的可操作性。对于外交事务也都有精到的见解。但鉴于其二者的社会影响主要是通过他们的思想主张而实现，并非靠其官员的身份来达到，故将其列入本章加以介绍。①

一　郭嵩焘的生平与思想主张

郭嵩焘，生于 1818 年，卒于 1891 年。出生于湖南湘阴的旧式商人家族。1847 年（道光二十七年）中进士，授翰林院庶吉士。太平天国时期，为湘军中主要谋士。据说曾国藩、左宗棠都是在其游说之下出山的。但他对于清王朝本身也持批评态度，其言："今致乱之源，官耳，吏耳。" 1863 年（同治二年），任广东巡抚，后遭劾免职。1875 年（光绪元年），出任福建按察使；同年 8 月以候补侍郎被派充出使英国钦差大臣，11 月为署兵部左侍郎，并在总理各国事务衙门行走，次年赴英。

郭嵩焘属于学者型的政治家。其学者的特征使其有时显得不能适应官场的要求。为此，曾国藩也曾以"筠公芬芳悱恻，然著述之材"为理由，拒绝与李鸿章联名保奏其出任江苏巡抚。作为学者，他不满意清代盛行的汉学，而特别推崇王夫之。其好友朱克敬称其："读书能精思，研贯经史，尤邃于礼。""喜读王夫之书，举行皆以为归。"（朱克敬：《儒林琐记》，转引自《郭嵩焘等使西记六种》，朱维铮撰"导言"，生活·读书·新知三联书店，1998）郭嵩焘受王夫之的《读通鉴论》《宋论》等著作影响极深，并深为其"无其器则无其道"，强调治道存在于时变之中的基本历史观点所折服。

郭嵩焘主张要整顿吏治，其称："天下之患，在吏治不修，纪纲废弛，民气郁塞，盗贼横行，为海上强敌莫之能支？一方告饥而已虞束手，一夫称乱而相顾哗然。窃以为方今之急，无时无地不宜自强，而行之必有其本，施之必有其方。本者何？正朝廷以正百官，大小之吏择人而任之，则本立矣。

---

① 近代思想人物的分类，实属勉强之举，全在叙事方式而难有实际之用。若郭嵩焘、薛福成，归于思想家不妥，归于主持者也不妥，本著即以思想为主体，故勉强归入。再如，中国近代时势变迁很快，一些思想家在不同的时代背景下会提出不同的思想，故而也为分类造成一定的困惑，如张之洞在清流时期、洋务时期、清末改革时期的思想变化也很大，再如一些洋务思想家在甲午之后实际上在思想上也开始向激进方向转化，一些维新思想家也在向革命方向转化。如果单述个人，可以划分为不同时期，但综合而论，难免有不协调之处，望读者谅解。

方者何？求富与强之所在而导民以从之，因民之利而为之制，斯立国之方也。"（《郭嵩焘奏稿·条议海防事宜》，岳麓书社，1983）

郭嵩焘认为中国谋求改革，一定要走循序渐进的改良路线，断不可操之过急，其认为：中国谋求自强，虽然是刻不容缓，但由于其本身衰弱而不能操之太急。"天下国家之大，犹之人身也。强者力负千钧而弱者不能，……若骤立之法程以课其负千钧行百里，如是以求自强，适恐足以自敝，……自古国家大利之所在，皆成于渐而起于微，断无一蹴而即臻强盛之理。"（《郭嵩焘奏稿·条议海防事宜》，岳麓书社，1983）

郭嵩焘主张实行务实的外交方针，他认为，办理对外交涉，必须要有统一的法度。"凡交涉洋案，宜一准例案办理。例案所不载，亦当推合案情，比照成例，示以大公。各省交涉洋务，动辄积成弊端，但使据事明发上谕，应议处者议处，应宽免者宽免，中外帖然，孰敢不心服？廷臣持之愈坚，则洋人之嚣张愈甚，外间之议论亦愈烦。"（《郭嵩焘奏稿·办理洋务宜以理势情三者持平处理折》，岳麓书社，1983）

他认为，在外交事务中，必须把握"理"和"势"，既要讲理，也要重势："窃谓办理洋务，一言以蔽之曰：讲求应付之方而已矣。应付之方，不越理、势二者。"只讲理而不讲势，是一种不理智、不现实的做法，而这种做法已成积习："窃见办理洋务三十年，中外诸臣一袭南宋以后之议论，以和为辱，以战为高，积成数百年气习。"[1] 他认为，与西方国家打交道，必须要对其有深入的了解与认识。其言："故今日人才，以通知洋务为要。"有了这样的专门人才，才能处理与西方国家在交往过程中发生的案件。而西方国家往往把一般案件转化成外交事件，以此达到索求赔款、开放口岸的目的，故在处理时一定不能失去理智，使其得逞，"自与洋人通商以来，事变数出，多因华洋交涉案件，争辩纷纭，而办理归结处，总在讹索赔款，广开口岸，此其命意所在。无知预防者，动辄私嫌生衅，激成事端，展转以资其挟制，而使遂其欲。推原其故，由地方官不知详情，即以构衅为能，而多加以粉饰，又以了案为屈，而更益以推延。似此情形，施之以民间讼案，含忍受冤，即亦无辞。施之洋人，必至多生事故。"[2]

郭嵩焘非常重视法律，他非常乐于与具有法律专长的人士一起探究法律，如严复、马建忠等都曾记述与郭嵩焘谈论有关法律问题的经历。郭嵩焘主张必须改造中国现行法律制度，以适应现实的需要。他从中外两方面分析

---

[1] 郑振铎编《晚清文选》，中国社会科学出版社，2003，第207页。

[2] 郑振铎编《晚清文选》，中国社会科学出版社，2003，第208页。

了法律适用中的问题，其言："西洋公法，通商各国悉依本国法度。中国刑例，有万非西洋所能行者。当时定议条约，未能仿照刑部例案，酌添通商事例，以致会审公所一依西洋法度以资听断。中国一切无可据之势，惟当廓然示以大公。凡租界滋事，依洋法办理；州县地方滋事，依中法办理。其视洋民犹中国之民，视办理洋案犹办理中国之案。先期化畛域之见，以存中国一视同仁之体。其间交涉洋务上谕奏折，应发抄者概行发抄，使天下晓然知事理之平；其有委曲周旋，亦能窥见朝廷之用心，以知事理之得失。非独以释士民之疑，亦足以折服洋人之气矣。"①

郭嵩焘主张要现实地看待和认识西方，要真正学习外国那些先进的东西，他对于那种拒斥西方先进技术而只接受西方小器物甚至腐朽东西的人十分厌恶："窃谓中国人心有万不可解者。西洋为害之最烈莫甚于鸦片烟，英国士绅亦自耻其以害人者，为构衅中国之具也，力谋所以禁绝之。中国士大夫甘心陷溺，恬不为悔，数十年国家之耻，耗竭财力，毒害民生，无一人引为疚心。钟表玩具，家皆有之；呢绒洋布之属，遍及穷荒僻壤。江浙风俗，至于舍国家钱币，而专行使洋钱。且昂其价，漠然无知其非者。一闻修造铁路电话，穷心疾首，群起阻难，至有以见洋人机器为公愤者。曾劼刚以家讳乘坐南京小轮船至长沙，官绅起而大哗，数年不息。是甘心承人之害，以使朘吾之脂膏，而挟全力自塞其利源，诚不知其何心也。办理洋务三十年，疆吏全无知晓，而以挟持朝廷为公论，朝廷亦因而奖饰为公论。呜呼，天下之民气郁塞雍遏，无能上达久矣。而用其嚣张无识之气鼓动游民，以求一逞，官吏又从而导引之。宋之弱，明之亡，皆此嚣张无识者为之也。"②

郭嵩焘认为，要从根本上认识西方，改变以往的旧观念，他认为："所谓戎狄者，但据礼乐政教所及言之，其不服中国礼乐政教而以寇抄为事，谓之夷狄为其倏盛倏衰，环起以立国者，宜以中国为宗也。非谓尽地球纵横九万里皆为夷狄，独中土一隅，不问其政教风俗何若，可以陵驾而出其上也。"③ 他认为，要想学习并超越西方，必须从培养人才入手。

郭嵩焘目睹西方国家的实际情况后，深知其所以富强，不只在于技艺，而是制度上的开明。所以，他比一般的倡西学的人更注重于革新政治，从根本上振兴救济。其称："泰西富强之业，资之民商，而其治国之经……期使其国所出之产，销路多而及远，其人民趋事兴工，日增富实，无有穷困不自

---

① 郑振铎编《晚清文选》，中国社会科学出版社，2003，第 208 页。
② 郑振铎编《晚清文选》，中国社会科学出版社，2003，第 212～213 页。
③ 《郭嵩焘全集》卷十三，《复姚彦嘉》，岳麓书社，2012，第 369 页。

存者。国家用其全力护持之，岁计其所须，以为取民之制。大兵大役皆百姓任之，而取裁于议政院。其国家与其人民交相维系，并心壹力，以利为程。所以为富强者，民商厚积其势以拱卫国家。……中国官民之气隔阂太甚。言富强者，视以为国家之本计，与百姓无涉。百姓又各怀挟私意，觊其利而侵冒之。其持议论者，又各讼言其不利而阻挠之。……要之，国家大计必先立其本，其见为富强之效者末也。本者何，纪纲法度人心风俗是也。无其本而言富强，只益其侵耗而已。"①

郭嵩焘又称："西洋汲汲以求便民，中国适于相反。……窃谓富强者，秦汉以来，治平之盛轨，常数百年一见。其源由政教修明，风俗纯厚。百姓家给人足，乐于趋公，以成国家磐固之基，而后富强可言也。施行本末具有次第，然不待取法西洋，而端本足民则西洋与中国同也。国与天地，必有与立，亦岂有百姓困穷，而国家自求富强之理。今言富强者，一视为国家本计，与百姓无与。抑不知西洋之富专在民不在国家也。"② 他认为，在现实情况下，中国已经脱离了传统的轨道，反而是西方国家的制度和思想与中国传统儒家的民本精髓非常吻合。

郭嵩焘认为，只要放下中国"天朝"的架子，虚心学习，中国定能在与西方的竞争中获取主动。郭嵩焘认为，学习西方不能盲目，不能只是追随，而是要找到超越其上的制胜之道，更要在知己知彼的条件下加以追赶。他坚信，只要能够学习西方，假以时日，中国定能超乎其上，但必须要勤学力行，而非空言徒术，坐以待成。

二　薛福成的生平与有关法律的思想主张

薛福成（1838～1894），字叔耘，号庸庵，江苏无锡人。他的父亲名叫薛湘，字晓帆，是道光二十五年进士。外放湖南省，任安福（今名临澧）知县。咸丰四年（1854年）薛湘虽然升任浔州知府，却因为地方绅民劝留，并未前赴新任，咸丰八年（1858年）终于病死湖南任上。

薛福成同治六年中江南乡试副榜。同治四年（1865年），两江总督曾国藩奉命督师剿捻。在江南北各地张贴招贤榜文。薛福成呈万言书。曾国藩阅读之后，赞赏不已，于是就邀纳福成在幕府办事。③

薛福成自少年时期就力于"经世实学"，青年时期曾充任曾国藩幕僚

---

① 《洋务运动》第一册，上海人民出版社，1962，第315～316页。
② 《洋务运动》第一册，上海人民出版社，1962，第322页。
③ 曾国藩：《曾文正公手写日记》，第2042页，同治四年闰五月初六日："阅薛晓帆（薛湘）之子薛福辰所递条陈，约万余言。阅毕，嘉赏无已。"

（1865～1872 年），后随李鸿章办外交，使其在思想上形成了通变务实的风格。1879 年他写成了《筹洋刍议》，提出变法主张。1884 年任浙江宁绍台道，在镇海参与击退法舰之战。薛福成在宁绍台道上任前后四年，至光绪十四年（1888 年）升授湖南按察使，十五年（1889 年）四月改授三品京卿任出使英、法、意、比四国大臣，1894 年卸任，于归国途中病逝。著作有《庸庵全集》《庸庵笔记》《庸庵别集》等。其中《筹洋刍议》中之《养人才》《澄吏治》《变法》等篇较多地涉及法律思想。同时，其出使国外的日记也是极为珍贵的近代思想史资料。

与郭嵩焘不同的是，薛福成汲取了郭嵩焘的教训，他也称赞西方国家的政治开明，但采用了中国人能接受的托古之法。他称："管子一书，以富国强兵为宗主。然其时去三代未远，其言之粹者非尽失先王遗意也。余观泰西各邦治国之法或暗合管子之旨，则其擅强盛之势亦较多。管子云：量民力则无不成，不强民以其所恶，则诈伪不生，不欺其民，则下亲其上。西国之设上下议院，颇得此意。"①

其又言："大抵古今之事百变，应之者无有穷时，……知我之短，知人之长……至于风俗政令之间，亦往往有相通之理。试观其著者，其条教规模有合于我先王故籍之意旨，必其国所以兴；其反乎我先王故籍之言者，必其国之所以替。即其技艺器数之末，要亦随乎风气之自然，适乎民情之便利，何新奇之有哉。"② 他接受郭嵩焘的教训，把西方国家之所以强盛归因于其汲取了中国先王的精神，可谓采取了曲线扬西之方法。

实际上，薛福成对西方国家先进的制度十分推崇，其曾言："昔郭筠仙侍郎每叹羡西洋国政民风之美，至为清议之士所抵排，余亦稍讶其言过当。……此次来游欧洲，由巴黎至伦敦，始信侍郎之说。当于议院、学堂、监狱、医院、街道徵之。"③ 他认为，西方国家在许多方面确实比中国要先进："降及今日，泰西诸国，以其器数之学，勃兴海外。履埃埏若门户，御风霆如指臂。环大地九万里之内，罔不通使互市。虽以尧舜当之，终不能闭关独治。而今去秦汉也亦二千年，于是华夷隔绝之天下，一变为中外联属之天下。"④ 面对先进的西方国家，中国必须采取必要方式予以变革。薛福成主张变法、学习西方先进的政治法律制度。他认为变是天道即客观的规律，其指出："大抵天道数百年小变，数千年大变；自尧舜至今，世益远，变益

---

① 《郭嵩焘等使西记六种》，生活·读书·新知三联书店，1998，第 287 页。
② 张灏等编《晚清思想》，台湾时报出版社，1980，第 142 页。
③ 《郭嵩焘等使西记六种》，生活·读书·新知三联书店，1998，第 275 页。
④ 郑振铎编《晚清文选》，中国社会科学出版社，2003，第 287 页。

甚。"世间万事都是要变易的，当今的中国也需要变化。同时，他认为读书不能为成说所拘，要穷究其精神。面对先进的西方国家，中国必须采取必要方式予以变革："若夫西洋诸国，恃智力以相竞。我中华与之并峙，商政矿物宜筹也，不变则彼富而我贫；考工制器宜精也，不变则彼巧而我拙；火轮、舟车、电报宜兴也，不变则彼捷而我迟；约章之利病，使才之优绌，兵制、阵法之变化宜讲也，不变则彼协而我孤，彼坚而我脆。……或曰：以堂堂中国，而效法西人，不且用夷变夏乎？是不然。夫衣冠语言风俗，中外所异也。假造化之灵，利生民之用，中外所同也。彼西人偶得风气之先耳，安得以天地将泄之秘，而谓西人独擅之乎。又安知百数十年后，中国不更驾乎其上乎……或又曰：变法务其相胜，不务其相追。今西法胜而吾学之，敝敝焉以随人后，如制胜无术乎？是又不然。夫欲胜人，必尽知其法而后能变，变而后能胜。非兀然端坐而可以胜人者也。今见他人之我先，猥曰：不屑随人后，将跬步不能移矣。且彼萃数百万人之才力，掷数千万亿之金钱，穷年累世而后得之，今我欲一朝而胜之，能乎？不能乎。"[1] 他认为，西方国家的科学技术、政治制度确实有高过中国的地方，要想超而越之，必须要学习他们的长处，所谓"夫欲胜人，必尽知其法而后能变，变而后能胜"。同时，也不能亦步亦趋，而要立足中国传统，有所创新，所谓"变法务其相胜，不务其相追。今西法胜而吾学之，敝敝焉以随人后，如制胜无术乎？"他建议要大力培养了解西方、懂时务的人才，其言："中外交涉以来，中国士大夫拘于成见，往往高谈气节，鄙弃洋务而不屑道。一临事变，无所适从。其处为熟悉洋务者，则又唯通事之流，与市井之雄，声色货利之外，不知有他。此异才难得也。今欲人才之奋起，必使聪明才杰之士，研求时务而后可。"[2]

薛福成认为，中国的变革，应该包括对法律制度的改革，他指出：外国日强，中国日弱的原因绝非偶然。外国法简令严，其决机趋事，如鸷鸟之发；而"中国之政事，非成例不能行也，人才非资格不能进也"，"士大夫方敝敝焉为无益之学，以耗其日力，所习非所习"。如此，法律的实际效果则高下立判。所以，西方国家的"法简令严"是值得学习的。薛福成认为中国"人民、物产、风俗甲于地球诸国，若能发愤图强，原可操鞭笞八方之具"。他认为，中国欲自强，从制度的层面上，应该做巨大的变革。

薛福成把地球五大洲各国归纳为两大类，一类为民主制国家，"其用人行政，可以集思广益，曲顺兴情"，"为君者不能以一人肆于民上，而纵其

---

① 郑振铎编《晚清文选》，中国社会科学出版社，2003，第287页。
② 郑振铎编《晚清文选》，中国社会科学出版社，2003，第289页。

无等之欲。即其将相诸大臣，亦皆今日为官，明日即可为民，不敢有恃势陵人之意"。这是民主制国家的优点，但也有缺点：其"互相争胜，甚且各挟私见而不问国事之损益。其君若相，或存五日京兆之心，不肯担荷重责，则权不壹而志不齐矣"。另一类为君主制国家，"主权甚重"，若得"贤圣之主"，则功德无涯；其弊在于"上重下轻，或役民如牛马……而况舆情不通公论不伸，一人之精神，不能贯注于通国"，这就会使得"诸务有堕于冥冥之中"的危险。薛福成意图集合两者的优点，实行君主民主制，主张"君民共主，无君主、民主偏重之弊，最为斟酌得中"。

薛福成建言改革司法制度以求华洋权利平等。由于不平等条约的签订，中国司法主权渐次丧失。洋人住在中国，都不受中国法律的管辖。华人犯法以华法治之，洋人犯法以洋法治之，且不容华官过问，往往避重责轻，甚至有杀人而无罪开释的先例。薛福成认为这是由两方面的原因造成的：一为"有司无权之故"；一为"中西律法迥殊"之故。他建言改革司法，在中国仿行日本的办法，"议定条约，凡通商口岸，设立理案衙门，由各省大吏遴选干员，及聘外国律师各一人主其事。凡有华洋讼件，均归此衙门审办"。审案的法律，则"宜参用中西律例，详细酌权通行之法"；或者在华洋讼案中径用洋法，因为这样一来，"以洋法治华人，所以使华人避重就轻也。以洋法治洋人，所以使洋人难逃法外也"。

王尔敏先生称："外交家可恃的有效武器，当然是法律知识，而一般共通的法律规范，就是国际公法和国际惯例。福成认为西方风气，颇尊重已有的万国公法，而西人在中国通商传教，无处不到，各地时起交涉，地方上因应这种外交，不是失之太刚，就是失之太柔，都不免反而扩大事态的严重性。因此他主张把万国公法和对外的通商约章多加刊印，由各省布政使颁发到各州县，使地方有所参考，有所利用。他在光绪元年（1875）就已提出这个建议，确是当时一个最有实效的办法。"① 薛福成认为，中国应该像西方国家那样对国际法进行深入研究，其称："夫西人于条约公法，研之甚熟。岂真无是非者哉！彼欲善自为谋，势固必出于此也。"② 但他也深知，要想能够享受国家间的平等待遇，必须自强，他说："中国欲自强，即邻国启衅，各国出而调停，未尝无小益。中国未能自强，而狡寇争雄，各国因之玩侮，必致有大损。"③

---

① 王尔敏：《近代经世小儒》，广西师范大学出版社，2008，第 208 ~ 209 页。
② 郑振铎编《晚清文选》，中国社会科学出版社，2003，第 285 页。
③ 郑振铎编《晚清文选》，中国社会科学出版社，2003，第 285 页。

第六章
戊戌变法思想形成之背景

第一节　中日甲午战争的影响

一　洋务运动的终结与变法运动的兴起

甲午战争在实际结果上标志着洋务运动的终结。中国二十余年的自强努力归于失败，严复在《原强》称："呜呼！中国至于今日，其积弱不振之势，不待智者而后明矣。深耻大辱，有无可讳焉者。日本以寥寥数舰之舟师，区区数万人之众，一战而翦我最新之藩属，再战而陪京戒严，三战而夺我最坚之海口，四战而覆我海军。今者款议不成，而畿辅且有旦暮之警矣。"①

甲午战争失败的原因是多方面的，从政治要素而言，大体主要有三个：其一，洋务派与保守势力之间的冲突使社会思想处于混乱状态；社会思想的混乱又导致了社会生活的不稳定，这种不稳定使得社会政治活动、经济活动的效率大为降低；其二，满洲统治者对汉人新兴势力之猜防，太平天国的兴起使得以湘军、淮军为代表的汉人新兴势力迅速崛起。太平天国覆亡后，大批湘淮将领成为封疆大吏，其中以曾国藩、李鸿章、左宗棠、刘坤一、曾国荃等为代表，他们权力至重，影响至大，号称"中兴名臣"。而满族阶层内部则只有极少人才可与其抗衡，所以，他们不得不对汉大臣处处加以提防；这势必造成体制上的种种问题；其三，宫廷矛盾和朝臣党争也是导致政局混乱的重要原因。当其时，宫廷有所谓后党与帝党之分；慈禧还政后，光绪名义上是全权之君，但慈禧通过多年经营，朝臣几为其所控制，故实权仍操诸

---

① 《严复集》第一册，中华书局，1981，第 7 页。

己手；凡经其认可之事，可以实施。但若事有违其意愿之处，则难以顺利施行。同时帝、后身边的近臣与掌权的大臣之间也有许多矛盾，如李鸿章与翁同龢之间的矛盾，即是洋务派与清流党之间的矛盾，也是后党与帝党之间的矛盾，还是其两人之间的矛盾。由于种种矛盾交错，使当时的政治局面益趋复杂。这种矛盾直接影响到了甲午战争的决策和进行，其中各种力量的互相牵制使得本不占上风的局面更为恶化。石泉先生称："下迄甲午，乃成必战必败，以至丧权辱国，难振复兴之局矣！"①

在以上所述的几种矛盾中，以洋务派与保守派之间的矛盾最为突出，对近代变法思想的形成影响最深、最广。

洋务派人物认为，他们对时局的认识远比其他人深刻。李鸿章曾言："惟洋务涉历颇久，闻见稍广。于彼己长短相形之处，知之较深。而环顾当世，饷力人才实有未逮。又多拘于成法，牵于众议。虽欲振奋而未由。《易》曰：'穷则变，变则通。'盖不变通，则战守皆不足恃，而和亦不可久也。"（李鸿章：《筹议海防折》）而保守势力则是"成法"的代表，他们大多数是科举正途出身之士大夫，不但人数上远较洋务派为多，其主张也与社会传统最为吻合，在他们之中有很多人节操高尚、廉洁自律；同时，他们皆有较高的学术修养，对于中国传统之统治艺术、经典著述极为了解，故极为知识分子阶层所宗奉，也深受当局的重视与社会各阶层的推崇，在全国有极大之号召力。石泉先生对其在洋务运动中的态度和反应有如下评价："迨欧风东渐，洋务继兴，此辈人士遂亦大受刺激。彼等大都与外国人少有接触，对于中西实力之悬殊，颇无所知，亦几于无法想象。惟见外人之活跃强横，无孔不入，而我方则迁就屈辱，勉求息事，愤懑莫名，遂自然归咎于当轴大臣之畏怯无能，甚而诋为汉奸。中外有事，此辈则攘臂言战，迨事不利，则归之于用人不当。惟其不审外敌之强，故亦不知中国之弱与危。因之，对于李鸿章辈所竭力从事之洋务建设，亦大多不以为然，而尤嫌其糜费，且惧其他日足以破坏彼等所认为无可改易之社会秩序焉。加以洋务建设之内容，又特重士大夫所不屑之奇巧技艺与夫孜孜为利之事业。经办之人，多出身杂流，又常经手巨款，贪污亦所不免。于是益为此辈所不齿。士大夫以科举为进身之阶。其高第则入翰林，次则授部、院、司、员，再次亦得补地方洲县，逐次升迁，皆有出路。固无须借洋务以自显，遂亦得鄙夷之以自高。而京内之翰、詹、科、道，各省之学使、考官，以至于书院山长，皆由此辈掌握，内外相应，以议论时政，臧否人物，号称'清议'。声势之盛，上足以

---

①　石泉：《甲午前后的晚清政局》，生活·读书·新知三联书店，1999，第3页。

耸动君上，鞭策执政；下则领导全国士子以为声援。此一强大之舆论力量，在甲午以前，盖为守旧势力阻碍、牵掣洋务运动之一重要武器也。"① 这个评价是相当客观可信的。

洋务运动的努力，于当时之中国形成了巨大的改变，与洋务运动开始以前相较，其社会进步是不可忽视的。关于洋务运动的成果，本书第四章中已做简单列举，此处只在军事层面上予以强调。洋务运动，最直接的成果体现在军事上，李鸿章所率之淮军，于同治初年首开风气，改用西式枪炮后，军容一新，战斗力因之倍增，遂成全国首屈一指之劲旅。其在平定太平天国、捻军的过程中发挥了极大的作用。此后，湘军也效法而为，作相当之革新。左宗棠在平定西北回民起义的时候，先进的装备起到了很大的作用。同光朝以后，各省督、抚整顿绿营，选练制兵，以为练军。他们大都改习洋枪，以替代刀矛弓矢等原始冷兵器。同时，近代海军的建立，也使中国的军事结构发生了重大变化，迅速提升了其军事实力。此后，中国军队整体的战斗力，较之洋务运动以前有了实质性的变化。但这种进步与当时西方国家科学日新月异的变化比较起来相去甚远，即使与日本维新之大刀阔斧、突飞猛进的全面改革相比较，也是相形见绌，其进步远不足以应付外国的侵凌。

实际上，从中日关系的发展来看，双方的实力对比在逐渐发生变化，此消彼长之势显然可见，但大多数中国人对此并没有清醒地认识到。1883 年（光绪八年），朝鲜发生壬午之变，清廷派吴长庆率军定乱，留驻朝鲜。1885 年（光绪十年），朝鲜又发生甲申之变，清廷派袁世凯出军平定。在此两次事件中，中国在与日本对峙中皆可称稍占上风。1886 年（光绪十一年），中日定天津条约，朝鲜的局面得到暂时的稳定。在这种情况下，中国方面，朝野清议即颇有主张东征日本，进窥琉球，以绝日本的觊觎之心者。而李鸿章等在比较了敌我实力之后，其以为中国还不具备与日本决战的实力，目前惟应"精修武备，力图自强"。而"添练水师，实不宜一日稍缓"。而日本之武备扩张更为积极。1887 年（明治十九年）日本在进行了财政改革以后，国家收入与年俱增，陆海军亦迅速扩充，装备编制，精进不息。愈近甲午，成效愈著。1890 年（明治二十二年）日本颁布帝国宪法，议会随之召开。日本通过明治维新而迅速崛起，日本现代化的成功使其国力与军事力量凌驾于中国之上，并加入西方列强的行列对中国发起咄咄逼人的挑战，其对中国作战之准备则尤着重进行。而这时的中国之士大夫对这种形势多懵然无知。甲午之时，主和与主战两派的基本判断，实质上根源于他们对日本

---

① 石泉：《甲午战争前后之晚清政局》，生活·读书·新知三联书店，1999，第 10～11 页。

国力的认识与估计的迥然不同上。而实际上，就连洋务派的一些人对日本的实力也估计不足，心存轻视之意。如湘军元老、久任兵事的两江总督刘坤一，在战事初起时，亦以为"日本国小民贫，并力一举，其势断难支久。将来待其困毙，自易就我范围"而主张"务在痛予惩创也"①。

对于是否对日开战问题，洋务派与守旧势力二者间分歧甚大，而守旧势力把握了社会"道义"和"舆论"这两种最重要的社会资源，使得主战成为主流。如郭嵩焘所言："窃见办理洋务三十年，中外诸臣一袭南宋以后之议论，以和为辱，以战为高，积成数百年气习。"主战派把主要的攻击力量集中起来对准洋务派的首脑李鸿章。李鸿章为当时推行洋务工作的首要人物，故与清流士大夫冲突亦最多。士大夫对于他的一应措施，既不能了解其意义，于是猜测横生，而李氏遂亦"三十年来，日在谣诼之中"。实际上，李鸿章对于当时的中日实力对比有着比较清醒的认识，他称："夫未有谋人之具，而先露谋人之形者，兵家所忌。日本步趋西法，虽仅得形似，而所有船炮略足以与我相敌。若必跨海数千里与角胜负，制其死命，臣未敢谓确有把握。"但为了安抚社会舆论，他也称："第东征之事不必有，东征之志不可无。"② 但最终，当时在国内政治舆论上占优势地位的清流党终于影响了清王朝高层对日关系的决策，使中国与日本过早地"摊牌"，甲午战争终于爆发，并以中国海、陆军同遭重创，委曲求和，割台湾、赔巨款而告终结。③

甲午战争以后，中国社会与过去最根本的区别是：渐进式的自强模式被否定，举国被逐渐拉入一种疾跑的状态中。中国政治与知识精英产生了一种前所未有的强烈而持续的危机感。正是在这种危机感的驱动下，社会上形成了一种强烈而亢奋的变革动力，它引导着中国人更为主动地参与体制改革，这种由于危机感而引发的自觉的变革意识与政治行动结合起来，使人们能动地发起了一次又一次的变革运动。同时，激进的维新变法思想也就此形成，且迅速膨胀，形成社会思想的大潮，推动着国家走向激进变革之路。

（一）激进变法心态的形成

甲午战争后，中国社会形成了十分有利于变法的条件：首先，清政府仍然有充分的政治资源与效能来有效地实施对全国的控制，并有能力自上而下地推进各种政令措施。其次，变革成为一种共识。军机大臣孙家鼐言称：

---

① 石泉：《甲午战争前后之晚清政局》，生活·读书·新知三联书店，1997，第15页。
② 转引自蒋廷黼《中国近代史》，中华书局，1996，第60页。
③ 关于光绪及周遭大臣在甲午战争时期的心态和决策过程，《翁同龢日记》中的记述非常具有参考价值。

"今日臣士愿意变法者,十之六七;拘执不通者,不过十之二三。"再次,保守派也开始转变态度。如先前以极端保守著称的于荫霖也认为"徐图而渐更之"的"不立其名"的变法是可取的。但这些有利条件并没有对中国的自强起到根本性的作用,而是促使了激进变法心态的形成。因为甲午战争的结果已对中国综合反应能力产生了巨大的消极影响:民族危机的加深使传统权威形态与价值体系对社会的整合能力急剧减弱,使国家动员各种资源以应付外来挑战的能力大为减弱;民族危机的深化使更为激进的、心态上更为亢奋而在政治上又缺乏足够政治阅历的戊戌变法派走上政治的前台。激进维新的变法运动取代了洋务运动成为中国早期现代化的新的历史选择。

甲午战争同样对近代中国思想的转变影响至深。鸦片战争以前,中国的知识分子对中国固有文化虽然也有所反思,但对其本质并没有怀疑。两次鸦片战争及中法战争对士人的影响只是比较浅层次的。他们为自己的失败寻找了种种借口。对于鸦片战争的失败,他们一方面认为是西方人船坚炮利的结果,另一方面也把责任归结在个别大臣的身上,用传统的所谓"卖国说"为自己的失败寻找借口;对于第二次鸦片战争的失利,他们更认为太平天国的对军事上牵制是失败的重要原因。而甲午战争的失败使朝野上下有幡然悔悟之感,痛感"变器"不足以使中国走上自强之道,故形成了一种社会整体性的变法心态。

这种特殊的变革心态实际上有很大程度上的激愤因素,故而具有相当明显的激进特征,不同的社会势力也达成了短暂的集合。如当强学会成立的时候,几乎各种身份的知识分子都力图加入。其中不但有康有为、梁启超这样的政治新人,也有张之洞这样的大吏,就连李鸿章也送上数目不菲的襄助银两。这种激进的特点一方面"为知识精英与政治精英的政治参与条规了一种相当明显的思维方式与价值选择,并由此而影响了中国此后现代化的历史进程"①。另一方面,也使这种整体性在很短的时间里分崩离析,而激进的改革派不得不在孤力的状态下把改革当成一场赌局。萧功秦先生非常准确地把戊戌激进派的心态归纳为五个基本特点:其一,"举世皆浊而我独清,世人皆醉而我独醒"的愤世情结。其二,变革者认定:改革必须是急剧而迅速的,快刀斩乱麻式的。杨深秀言:改革是"死中求生""救火追亡犹恐不及"②。其三,变法与传统的"断裂性",如康有为称:"能变则存,不变则亡,全变则强,小变仍亡。"其四,变法派认为,变革与保守势力是"新旧

---

① 萧功秦:《危机中的变革》,上海三联书店出版社,1999,第29页。
② 《山东道监察御史杨深秀折》,《戊戌变法档案史料》,中华书局,1958,第15页。

水火不容"的，两者之间不存在妥协的可能。康有为称："皇上欲变法，惟有擢用小臣，广其登荐，不吝爵赏。其旧人且姑听之。"甚至在强学会成立时，康有为授意拒绝了李鸿章的赠款，使得双方的矛盾激增。其五，对激进变法的简单化的乐观预期。康有为称："若果能涤除积习，别立堂奥，窃为皇上计之，三年则规模已成，十年则治化大定，然后恢复旧壤，大雪仇耻，于以为政地球而有余矣。"①

同时，我们看到，这种社会整体性的瓦解，主要原因在于由于甲午战争导致的民族危机的深化，使得社会变革的实际参与者要承受巨大的心理压力，使他们认为大幅度的变革必须在短时期内完成，仓促的变革必然要引起相当程度上的社会混乱，而改革者往往对这种困难估计不足，甚或是试图回避这种困难。如此，在他们的主观愿望与客观可能性之间，就会出现极度的脱节，这种脱节主要表现在对社会整体实际利益的极度忽视。这必然会使变法的主持者与社会其他阶层的人产生深刻的矛盾。最终，就连支持渐进改革的温和派也难以容忍他们的自以为是，而不惜与反对派结成一体。此时，已经决定了戊戌维新的结局。

（二）甲午战争对中国历史的深层次影响

可以说，甲午战争直接导致了戊戌变法，而戊戌变法是在现存体制的权威合法性资源相对充足的条件下，运用这种传统权威合法性自上而下地大规模进行体制创新的变革运动。但激愤的心态使得变法的主持者没有能够利用体制的优势，没有把权威的合法性资源恰当而有效地加以使用。这不但导致了戊戌变法的失败，也使得这些体制性的合法权威几乎丧失殆尽。在这种缺乏合法性权威的社会里，混乱是不可避免的，由变革走向革命是不可避免的。由此，我们看到，中国开始进入了一个急剧变动的多事之秋。此后二十几年中，几乎每隔几年就会出现一次划时代意义的重大历史事件：1900 年的义和团运动及由此导致的庚子赔款；1901 年开始的清末新政；1905 年的筹备立宪运动；1911 年的辛亥革命；1913 年的二次革命；1915 年的帝制运动；1916 年的帝制复辟与北洋军阀时期的开始；直到 1919 年，五四运动的爆发，终于走向对中国固有文化的极度否定，摧毁了中国之所以为中国的文化基础。

自中国有史以来，从来没有一个时期像这一段历史那样，在短短二十年

---

① 康有为：《上清帝第三书》，《中国近代史资料丛刊》第二册，上海人民出版社，第178页。在《进呈日本明治变政考序》中，康有为也有近似表述："泰西讲求三百年而治，日本施行三十年而强，吾中国国土之大，人民之众，变法三年可以自立，此后则蒸蒸日上，富强可驾万国。有皇上之圣，图自强在一反掌间耳。"

左右的时间内，充满如此复杂、丰富、深刻而急剧的变动。"这一变动的基本特点是，民族生存条件的急剧恶化与危机引发了日益强烈的变革思潮运动，并由此在政治、社会、文化思想价值与经济生活诸方面形成新与旧，激进与保守，改革与革命，国粹与西化，权威与自由，民主与专制等种种思潮的对峙与冲突。这种政治与思想冲突与社会政治变化不但直接影响了从二十世纪以来直到当今中国的面貌与命运，而且又以新的形式在当今中国重新出现。"① 一百年以后的今天，当我们重温这段历史，还是难免内心的激荡，也为这一时期丰富多彩的思想成果而顿生精神上之崇拜。

第二节　在华西人的影响

在华西人的影响，不是在这个阶段才出现的，但到这个历史阶段，西方思想的影响，无疑已构成了变法的背景。特别是在华西人舆论上的影响在其中占有很大的分量。第二次鸦片战争后，随着《北京条约》的签订，外国人在中国的活动范围得到实质性的扩展。而太平天国、捻军的覆败，也使清王朝得以暂时的安定，专心处理全国性事务，一些有经世之才的人物占据了中央和地方的要职，他们相互呼应，使局面得到很快的好转，达成了所谓"同治中兴"的局面，并进而开始洋务运动。而此时，外国人在中国的利益基础也逐渐得到巩固，其势力也从沿海渐次深入到内地。特别是有基督教背景的外国人，他们依据诸种条约中所规定的传教特权，在中国逐渐加强了其影响力。这使得中外的交往得到当局的更多关注，而对外交往工作在某种程度上成为许多部门的重要工作内容。在与西方人的交往过程中，那些与外国人接触较多的官员，通过与外国人的交往，越来越多地明了了外国的情形，即亦越来越了解了中国与西方国家的实力悬殊。这种了解，迫使他们亟须寻找有效的途径，以能够急起直追，谋求自强自立之道。

毋庸讳言，变法思想家们的许多改革主张直接来自在华的西人。特别是随着洋务运动的深入，在华西人也逐渐把他们的关注点从单纯的经商和传教转移到中国问题本身。他们试图对中国政治施加自己的影响。其重要途径有四个：其一，通过传教的方式传播西方的宗教和相关的政治思想；其二，通过办学将西方的文化引进中国；其三，通过与中国官员及士大夫的直接交往施加其影响力；其四，也是最为直接的影响应归功于在华西人所办之刊物。王树槐先生指出："寓华西人之所以鼓吹变法，原因甚多，但总以不背其本

---

① 萧功秦：《危机中的变革》，上海三联书店出版社，1999，第24～25页。

国的利益为目的，由此不难窥测列强对中国变法的态度。同时，西人鼓吹变法，不仅获得维新分子的好感，更影响维新分子对外的态度。维新派的联盟政策，可以说与西人鼓吹变法有极密切的关系。"① 以下，我们仅举数例以说明在华西人对中国变法思想所施加的影响。

一　丁韪良与同文馆②

丁韪良（Martin Willian Alexander Parsons，1827～1916）原为美国长老会教士，1846 年毕业于印第安纳州立大学，后又入新阿尔巴尔神学院攻读神学。1850 年来华，在宁波等地生活近十年，通晓中文及宁波方言。1854年用中文出版了宗教读物《天道渊源》，该书广为流传，并被译为日文和朝鲜文。他还在宁波办过两所男塾，每期招收 20 余名学生。1858 年担任美国首任驻华公使的翻译，曾参加过《天津条约》的起草工作。其与另一名美国传教士卫三畏曾积极活动在《条约》中加入有关保护基督教民的内容。1863 年（同治二年）入同文馆教授英语，兼授国际法。为了能够胜任这项工作，他曾回国入耶鲁大学进修国际法。1869 年（同治八年）夏返回中国，同年出任同文馆总教习，此后，担任这个职务达 25 年之久。1898 年成立京师大学堂时，他被聘为洋人总教习。由此，恭亲王奕䜣曾赠其以"冠西"之字号。

1864 年（同治三年），丁韪良经总理事务衙门大臣恭亲王奕䜣亲自交办，翻译了美国人惠顿（亦译韦篦）所著的《万国公法》。《万国公法》原名《国际法要旨》（Elements of International Law），作者惠顿为美国著名律师，后被派往欧洲担任外交官达二十余年，回国后任哈佛大学国际法教授。其《国际法要旨》于 1836 年出版，被认为是欧美该领域最权威的著作。

《万国公法》1864 年由京都崇实馆③出版。该书分四卷 12 章 231 节。卷首有丁韪良的英文序言、董恂序言、张斯桂序言、凡例和东西两半球图。第一卷为总论，所谓："释公法之义，明其本源，题其大旨"。第二卷为"论诸国自然之权"，包括自护自主之权、各国自主其内事之权、立君举官与他国关系，制定律法之权、诸国平等之权、各国掌物之权。第三卷为"论诸国平时往来之权"，包括通使、钦差驻扎外国、领事权利、商议立约，等等。第四卷为"论交战条规"，包括定战、宣战、战时贸易、互换俘虏、合

---

① 王树槐：《外人与戊戌变法》，上海书店出版社，1998，第 10 页。
② 以下论述多采熊月之的《西学东渐与晚清社会》及田涛先生、李祝环先生的《清末翻译外国法学书籍评述》一文中有关内容。（《中外法学》2000 年第三期）特此说明。
③ 崇实馆为丁韪良在入同文馆以前在北京开设的一所学校。

约签订等内容。张斯桂的序言中有称："尝观天下大局，中华为首善之区，四海会同，万国来王。"可知当时以"万国"言称"国际"，这大概是该书被定名为《万国公法》的原因吧。

《万国公法》译出后，对中国官员处理外交事务颇有可用之处，于是总理事务衙门专门刊印了300部，颁发各省督抚备用。此后更成为中国通商口岸地方官员以及一切涉外人员的必备书。《万国公法》的影响不仅仅限于国内，在朝鲜等国，其也具有很大的影响力。除《万国公法》以外，同文馆还在丁韪良的主持下翻译了《星轺指掌》《公法便览》《公法会通》《法国律例》《新加坡律例》等法律书籍。

《星轺指掌》译成于1876年（光绪二年），该书译者为同文馆的学生、旗人子弟荣贵、联芳和庆常等人，由丁韪良审订。在凡例中，译者极清楚明了地向国人介绍了世界上各国政体的区别、基本的权力划分原则，事实上是对西方国家"三权分立"原则的概括介绍。其称："各国政式不一，有君位世传而君权无限者，有君位世传而君权有限者，二者皆谓君主之国；复有庶民公举国王其位限有年数者，是谓民政之国。凡君权有限之国与民政之国，皆公举大臣会议国政，是谓国会。君位虽尊而权执往往操之于国会也。凡君权无限之国，莫不设有议政院，其大臣皆由国君简派；而君权有限之国及民政之国所设国会亦以议政院称之。君权有限之国及民政之国率由国会公议以制法，国君秉权而行法，复有专设法司以执法而审讯不法之事者，此谓之法院或曰法堂。"此后，在1877年（光绪三年）翻译出版的《公法便览》、1880年（光绪六年）翻译出版的《公法会通》中，又以凡例的方式将此内容全文重复，可见其对此的重视。

《法国律例》即《拿破仑法典》，由法籍教习毕利干译出，一般认为，这是《拿破仑法典》第一次被译为中文。此书的序言中对西方近代民法的性质和构成有所介绍，其称："民律系制定民间一切私利之事也，而此民律总为三纲，共计二千二百八十一条，其中一纲论人，二纲论资财，三纲论以何法能获得资财利益。"该书译成后被多次出版、加印，并被用作教学用书。现在可以看到的版本有同文馆聚珍版排印本、湖北官书局本、上海点石斋石印本、求富强斋石印本等多种，是清代翻译引进西方法律中印量最大的书籍之一。[①] 这是中国最早全文翻译西方国家民事法典，对中国民法学的发展影响极大。

另外，值得一提的是，丁韪良还曾在同文馆开设了"万国公法"的课

---

① 参见前揭田涛、李祝环文。

程。从 1871 年至 1872 年，同文馆开设公法学课程。① 但这门课程与中国传统的知识结构相去甚远，实际应用的作用也不显著，加之当时学生理解力的问题，这个课程并没有获得很大的绩效。

同文馆总教习，公法课的讲授者丁韪良对此有所评价："如此显著的国际学校，课程当然应该注重万国公法及其相关的学科。但是直到现在，学生的准备仍不充分。不徒须用成熟脑力的功课不能学习，即过去与现实西方国家之知识的功课亦不能学，上年，我曾领导学生十余人习此高深法典。……"② "据统计，1879 年、1888 年、1893 年，公法学的注册学生分别为 9、8、12 人。"③ 从 1879 年到 1893 年，14 年间，学生人数仅增加 3 人。可以说，随着讲授时间的增多，学生人数并没有大的增长。

能够反映同文馆国际法教学方面情况的材料，还有《同文馆题名录》中保留的两套试题：

第一套试题为光绪四年（1878 年）各科岁试题，其公法学试题为：（1）遣使之权自主之国皆有之，何以辩之？（2）此国遣使彼国，有拒而不接者，其故何也？（3）使臣有四等，试言其序。（4）遇更易国主，驻京使臣位次何以定之，其定法不一，而各有成案，试言之。（5）头等公使得邀破格优待之礼，试言其概。（6）公使权利之尤要者，试言之。（7）公使职守，其尤重者在何事？（8）各国议立条约，所论何事居多？（9）公使偶不安分，有遣之出疆者，系因何事？并引以成案。（10）公使停职其故有七，试述之。

第二套试题为光绪十二年（1886 年）各科大考题，其公法学试题为：（1）海上盘查他国船只，限制有四，试论之。（2）盘查之权每有条约范围之，试述其一二。（3）邦国任其自护之权，不理局外旗号，而追捕船只者其例案若何？（4）英美两国设法禁绝贩卖黑奴之事，其大商若何？（5）美国与英国第二次启衅其故有二，试言之。

由此可以非常直观地了解到同文馆公法学的授课内容。

二　傅兰雅与江南制造局

傅兰雅原为英国教士，从小受父亲影响，对中国有浓厚的兴趣。1860年毕业于伦敦海伯雷师范学院，1861 年来华。最初，傅兰雅在香港圣保罗

① 王健：《沟通两个世界的法律意义》，中国政法大学出版社，2001，第 147 页。
② 王健：《沟通两个世界的法律意义》，中国政法大学出版社，2001，第 147 页。
③ 王健：《沟通两个世界的法律意义》，中国政法大学出版社，2001，第 147 页。

书院就职。1863 年，赴北京担任同文馆英文教习。在此期间，他结识了中外许多知名人士，其中包括文祥、赫德等。1865 年，到上海出任英华书馆的校长。1868 年，应聘为江南制造总局翻译馆翻译，从此开始其漫长的译书生涯。在翻译馆的 28 年时间里，他共译书 77 种①，而且他译出的书均质量很高，许多后来通用的译名和体例均为他所创立。其所翻译的化学系列、国际法系列书籍和政治学书籍，都是 19 世纪中国所译西书中最有学术价值的内容。同时，他还创办了《格致汇编》。

傅兰雅的工作获得了广泛的认可和尊重。1876 年（光绪二年），经两江总督沈葆桢和直隶总督李鸿章联名具奏，清政府授予其三品卿衔。1899 年（光绪二十五年），经两江总督刘坤一保奏，清政府颁给其"三等第一宝星"之头衔。刘坤一称其："学博品端，志趣超卓，聘充上海制造局二十余年，所译格致、工艺等书百十种，传布最广，裨益良多。"

傅兰雅所译关于法学方面的书籍计四种，其中流传最广、影响最大的当属《公法总论》和《各国交涉公法论》。《公法总论》，该书原名 *Internaational Law*，作者为英国人罗柏村。其中对国际法的源流和原则作了简要的介绍。由于篇幅简短，故受到时人的欢迎。当时对它的评论是："泰西述公法者数百千家，骤观其书，若涉大川，茫无涯涘，是书取各国常用公法，悉心论断，虽条目及交涉成案未及备载，而挈领提纲，删繁就简，读者可以明邦交之大概矣。"②《各国交涉公法论》，该书原名 *Commentaries Upon International Law*，作者为英国人费利摩·罗巴德。这是一部洋洋大观的鸿篇巨作。全书共三集，105 卷，1257 页。初集出版于 1854 年，二集出版于 1870 年，三集出版于 1894 年，翻译、出版历时达 40 年。书中对公法的定义几为当时通行的定义。其称："人不能独立于世，则有交涉之事。人与人有交涉，国与国亦有交涉。交涉中有分所应为与所应得者，皆有公法以定之。公法非一人一国所能定，乃天所命之理，各国皆以为然，此即公法也。"全书内容包括：交涉公法缘起、主权含义、国际关系、保护寄居民、和约及其签约、公使、传教、交战及议和等。

就思想史而言，傅兰雅编译的《佐治刍言》影响更大。该书为傅兰雅口译，应祖锡笔述，于 1885 年出版。此书之英文底本为英国人钱伯斯兄弟编辑的教育丛书中之一种，原名为《政治经济学》。据认为，该书是"戊戌

---

① 在他一生中，全部译书为 129 种。见前揭熊月之书。
② 陈洙：《江南制造局译书提要》卷一，第 9 页，转引自熊月之《西学东渐与晚清社会》，第 520 页。

变法以前介绍西方政治和经济思想最为系统的一部书，出版后多次重印，在晚清知识界产生了较大影响"①。梁启超在《读西学书法》中称："《佐治刍言》言立国之理论及人所当为之事，凡国与国相处，人与人相处之道悉备焉，皆用几何公论探本穷源，论政治最通之书。"该书共总论及三十一章，其中第十一章为"论律法并国内各种章程"，比较概要地论述了西方的法律制度和有关法学理论。例如，其中对法律的起源和作用加以论述："各国律法皆从风俗中斟酌而出，其初设立时，亦不免有未尽妥善之处。然有此律法，究能保护百姓，不受权势迫胁之苦。"并声称："欧洲各国，所有办理地产律法，皆从以上所言风俗得来。"在文中，作者对法律产生自风俗的观点进行了反复的强调："可知一国律法不能不由风俗定出，即国家并公议院可以随时更改，亦不能废旧法而全行新法。如英国律法，令各人皆能自主，国家必加以保护，此种律法已为多年之旧风俗矣。"在书中，还介绍了西方的议会制度："各西国古时风俗，至今犹存者，惟公议院之法为重要，以能权衡于中，使上下两无偏倚也。"②作者特别推崇英国的法律制度："英国政令之善，并非猝然而成，亦非因国中变乱而致，皆由小心谨守，率由旧章，有利必兴，有弊必革，故能循序渐进，以至有利无弊。盖一国政令律法，必平心斟酌，由旧时风俗规矩中渐渐变改，方能合用。"③以上论点，对晚清时期的知识分子认识西方法律制度，形成初步的法律理念起到了重要作用，法律起源于风俗说，几乎成为一种公论。

三　林乐知与《万国公报》

林乐知（Young J. Allen），美国监理会（Southern Methodist）传教士，毕业于美国佐治亚州埃默里学院，获文学学士学位。1860年到中国④，1864年，经冯桂芬与应宝时的介绍，林乐知被聘为上海广方言馆充任英文教习。1868年，他创办《教会新闻》，1871年兼任江南制造总局翻译馆译员，据说他曾到南京与洪仁玕进行过会谈。

1881年（光绪七年），林乐知创办中西书院（Anglo-Chinese College）。中西书院有别于以前外国人创办的学校。其宗旨是中西并重，即重视西学的传授，也不偏废中学的培养。其助手沈毓桂曾言明中西书院的宗旨：当今之世，"专尚中学故不可也，要必赖西学以辅之；专习西学亦不可也，要必赖

---

① 《佐治刍言》，上海书店出版社，2002，"点校说明"。
② 《佐治刍言》，上海书店出版社，2002，第39页。
③ 《佐治刍言》，上海书店出版社，2002，第41页。
④ 王树槐：《外人与戊戌变法》一书中称林乐知于1849年（道光二十九年）来华，似有误。

中学以襄之"。中西书院历时30余年，为中国培养了大量的人才。林乐之对自己的工作颇有成就感，在中西书院创办十年时，其称："本书院历年肄业生，或至各海关，或至电报、官商各局，以及招商、铁路等局办事者，已有二百余人。再各处设立电报、水师等学堂，本书院去学习者，亦有数十人。"事实亦是如此，仅当时任北洋大臣的李鸿章，在1894年以前，就调用了中西书院的学生达200余名。

1868年（同治七年），林乐之创办了《教会新闻》，1874年（同治十三年）更名为《万国公报》，至1883年（光绪九年）停刊，1889年（光绪十五年）作为广学会之机关报复刊，仍由林乐知主理。该刊物对中国近代思想影响较大，当时的维新变法派思想家的西学知识最初大多由此获得。至1907年去世时为止，林乐知在中国长达47年。《教会新闻》出版伊始，只是刊载一些有关教会的事，但逐渐增加了格致知识与中外新闻。从《万国公报》第五卷开始，其内容分为五类：（1）政事：录京报上之御旨、奏折等；（2）教事：有关圣经解释与宗教活动等事；（3）中外新闻；（4）杂事；（5）格致。传教士们通过《万国公报》介绍了大量的有关西方历史、地理、政治、经济、教育、人物等方面的情况，对于促进中国科学思想的发展和变法思想的形成影响极大。

林乐知认为，中国已处于最危险的情势之下，其言："盲人骑瞎马，夜半临深池。此为千古险语之冠，乃以观于今日之中国，其险象更有突过是者。"[1] 他指出，中国必须顺乎世界大势，改弦更张，加以变革："今日之天下，一五洲通道之天下也。故欲审中国之机宜，而定长治久安之策，必合万国之局势而妙化裁通变之方。"[2]

1875年（光绪元年），林乐知发表了《中西关系论略》一文，此文曾印单行本发行，至1891年（光绪十七年）重版四次。他认为，西方各国要求在华通商是名正言顺的。其称："通商两字何为，即曰以有易无也。此天下自然之理也。乃西人以通商为至要，而华人则以通商为非。宜若如此，非逆理乎？西人于此转得有所藉口矣。""西人所望于中国者，一曰非强不可，……不强则有碍于西人，生意阻滞不行，是以西人于此多不便也。然强必由富也，故二曰非富不可，不富则西人之物无能买也。"他认为中国的士人因循旧章，为八股文章所束缚："今之时势，非先王之时势矣。中国士人何含古不化若斯哉？终年伏案功深，寻章摘句以为束身于名教中也，而实为

---

① 《万国公报文选》，生活·读书·新知三联书店，1998，第343页。
② 《万国公报文选》，生活·读书·新知三联书店，1998，第180页。

八股文章束缚其身耳。"①

他认为，中国之所以不能富强，"好古恶新"是一个重要的原因。"外国人视古昔如孩提，视今时为成人；中国以古初为无加，以今时为不及。故西国有盛而无衰，中国每颓而不振。西国万事争先不甘落后，中国墨守成规而不知善变。此弱与贫所由来也。"而若要富强，在于力勤，在于有法。所谓"勤以行法，法以补勤"。所谓法者，其要有三：（1）新法制造；（2）广通商；（3）善理财，以发展民营事业为主。具体的富强方法，首要在于变革教育。因为，中国的科举制度"困士之心思而不能灵活，蔽士之耳目而无可见闻矣"。但林乐知不主张急变，而主张缓变。他说："居今反古之道行之太骤，人将有议其非者，必也。从容不迫，思得善法而徐徐更之，既不骇人听闻，复可新人耳目，斯为善变之法矣。"②

中日甲午战争后，林乐知认为，中国适值新败，创巨痛深，但也正是中国幡然变计，厉行变法，转弱为强的契机。故此，他将有关资料、评论等汇编成《中东战争本末》一书，该书于1896年出版，可谓应时。此书有史有论，对中日之争的因果进行了多角度的描述和评论；对中国政治情况痛切指陈，这些都对中国士人的心灵触动极大。其中篇幅最大的是其本人所作的《治安新策》一文。在该文中，林乐知从八个方面批评了中国存在的积习：（1）骄傲，以此形成尊己轻人之弊；（2）愚蠢，读书人少，少有谙世界大势者；（3）胆怯，不思进取，不敢冒险；（4）欺诳，不说实话，欺上瞒下，支离掩饰；（5）暴虐，草菅人命，法外施刑；（6）贪私，任意克扣，损公肥己；（7）因循，拘守旧章，不思进取；（8）游惰，虚度光阴，空耗时日。

林乐知从历史发展、世界格局两个方面，将中国与古罗马、印度、美国等国进行了比较，说明只有因时变法，才能摆脱危机。他还提出了五个方面具体的改革方案。其中他特别提出，必须实行法制变革，推崇法律在国家的至高地位。其言："法律为一国之主，上自帝后，下及庶司百职，同隶于法律之下，分毫不敢荡轶，小民之身家性命遂皆获保于法律之中。且上既不能悖法以行私，下自不敢干律以犯分，刑赏之恩威定，神教之畏服合矣。"③同时，他还提出开议院的设想。而在中国一时无法开议院的情况下，不妨先开设一个简单的机构："宜准民间略仿议局之制，凡读书明理、能办事、通法律之人，任民公举入局。"

---

① 《万国公报文选》，生活·读书·新知三联书店，1998，第180页。
② 王树槐：《外人与戊戌变法》，上海书店出版社，1998，第13页。本节有关内容多参考此书。
③ 《万国公报文选》，生活·读书·新知三联书店，1998，第352页。

《中东战争本末》出版后，受到广泛的好评。《字林西报》主笔称：甲午战争后，"中国之宜速变且宜全变也，固尽人而知之矣。至于变之道，则非一人之所知，且非众人之所能尽知。惟林君乐知所著之《中东战争本末》一书，为能握其要而图其益焉。夫林君者，素有心于中国政治民人之要者也。历年所著各书，多论及中国情景，斟酌尽善，信而有征，巍巍之大人，恒鉴赏之"。李鸿章读毕此书，称其应该广为流传。光绪皇帝的师傅孙家鼐更对其倍加推崇。他在给侄婿龚心铭的信中写道："林乐知先生人品端方，学问深邃，愚亦久闻其名。寄来《中东战争本末》《文学兴国策》二书，流览一过，其于中国之病源，可谓洞见症结，此中国士大夫所不能知，知之而不敢言者。林牧师皆剀切指陈，在国家可谓忠荩之臣，在朋侪可谓直谅之友，能不钦之敬之，爱之重之。"① 可见其影响之大，尤其其中所言"中国士大夫所不能知，知之而不敢言者"的痼疾，从一个西方人的口中说出更有叫人警醒的意味。我们也可以看到，这种中国的问题必须由外国人指出的情况，在以后一百年的时间里竟逐渐成为中国政治的一种特色。

林乐知还直接对中国的法律提出批评，其言："中国问刑衙门，有刑讯之例，实为暴民之尤。西人之所不服者首在于此。……乃其与东方所订之约，领事官得以自治其民，是削主国之体统也。问其故，曰：教化之不同也。日本深知其辱，不能强人就我之教，遂改而从其教。"② 他在文章中简略介绍了西方国家的无罪推定原则，由此对中国的刑讯逼供等法律措施加以抨击："夫仁道至大，兹就问刑一端言之。西例凡未经鞫问罪名之犯，即使经人控告，必仍待若良民。华例则一经被控，缧绁随之。问之而不承，笞杖随之。甚或加以种种非刑，必使如问官之意而后已。"③ 他认为，要想学习西方的法制，首先要改变文化传统，他又介绍了西方国家的证人制度："且西例又有证人焉，证人先立誓以供真语。若或间以诳语，一旦败露受罚，或更重于本犯之罪名。甚至遭众人鄙薄，从此不能与正人与伍。人其敢以身试法乎？"④ 他认为，在现时的中国，由于其文化传统不同，这些制度一时难以实施。但如果持之以恒地施行此法，在十年后可以见到成效："中国试参其教法，以为治法，十年之后，外交依然不竞而不克复其体统者，吾不信也。"⑤ 也就是说，中国如果学习西方的这些法律制度，一定可以收回领事

---

① 王树槐：《外人与戊戌变法》，上海书店出版社，1998，第13页。
② 《万国公报文选》，生活·读书·新知三联书店，1998，第353页。
③ 《万国公报文选》，生活·读书·新知三联书店，1998，第354页。
④ 《万国公报文选》，生活·读书·新知三联书店，1998，第354页。
⑤ 《万国公报文选》，生活·读书·新知三联书店，1998，第354页。

裁判权。

《万国公报》的另一个撰稿人花之安（Ernst Faber）也曾发表许多文章对中国的情况加以评说，其影响也很大。其所作《国政要论》，劝中国存其善法，祛其弊政，借西法以图自强。其称："首贵在上之人知中国时势之危，西国强盛之美；更须在下之人共明理义，知中西之强弱，同心奋发有为。"①

花之安 1872 年（同治十一年）作《教化议》，批评中国的教育制度有碍人才的培养："今所谓教者，不过词章之学，于德行道艺全不讲求，无怪廉能之士寡，而经济之才疏，上不以为教，故下不以为学也。"②

1881 年其又作《臣道总论》一文，称中国"科甲人员胸实无一策，异日身居民上，究与捐班、保举者，殊途而同归"。而"泰西则不然，凡任用人才，必求实学，非若中国之徒事虚文"。而西方国家之所以能如此，是由于"立法之善以致于斯"。他们"每事必本实际，不容稍有一毫虚伪于其间……有志之士，必须由仕学院以入太学，务期精益求精而后已。"他希望中国也能改革制度，使有才之人可以得以施展其能："伏望中国人士怀才欲试者，亦如西人。"

此外，其他的许多在华西人也曾对中国的教育制度有很多批评。他们认为中国的科举制度钳制人才，败坏风俗，以至于国弱民穷。应该兴建学校，崇尚实学，增设考试科目。如韦廉臣作《公报弁言》，称："士人考试，仅以诗文弋取功名，未免拘墟。非常之学，必赖非常之功显之，而非常之功必待非常之人为之。果能不专尚诗文，备考各学，士风蒸蒸日上矣。"林乐知1882 年（光绪八年）作《中国专尚举业论》，其称："今日之中国，纵不能举举业之制义试律而废之，亦当如唐有秀才、明经、俊士、明法、明字、明算。多其科目，而又参以司马温公所云：行义纯，固可为师表；节操方正可备献纳；智勇过人可备将帅；公正聪明可备监司；经术精通可备讲读；学问该博可备顾问；文章曲丽可备著述；善听狱讼尽公得实；善治财赋公私俱便；练习法令，能断讼狱，十科取士之制而斟行之，……更当如泰西之法，分设天文、地舆、格致、农政、船政、理学、法学、化学、武学、医学……"③ 美国长老会教士狄考文于 1881 年（光绪七年）更著文《振兴学校论》，指出中国教育制度有三大错误观念：古训至上、学优则仕和畛域之见；五种弊端：

---

① 王树槐：《外人与戊戌变法》，上海书店出版社，1998，第 17 页。
② 《万国公报文选》，生活·读书·新知三联书店，1998，第 20 页。
③ 《万国公报文选》，生活·读书·新知三联书店，1998，第 251～252 页。

缺乏启发性、所学范围狭窄、不重口授、不重女学和缺乏启蒙书籍。①

把法学作为一个学科名称被引入中国，《万国公报》应该是最早的之一。光绪七年，沈毓桂在《中西相交之宜》中称："若不从根本用着实功夫，即学习皮毛，亦无裨益于实用也。宜以天文、地理、格致、农政、理学、法学、武学、医学，凡一材一艺，罔不有师相授。"② 光绪七年，林乐知的《中西书院课程规条》在第七年课程中列有"万国公法"之课程。③ 光绪八年，张书绅在《中西书院之益》中认为，法学亦是"要亦为书院所宜备，而为学者所宜知"的科目。④ 光绪八年，花之安在介绍西方国家图书馆时称："其书目则分门别类，如天文、地理、格致、化学、医学、经学、法学、兵学，与夫农商工艺、方言小说等，与中国《四库全书》目录大略相同。"⑤

可以说，《万国公报》在中国近代的思想启蒙过程中发挥了极大的作用，从实际意义上而言，它可以被认为是变法思想的主要源头之一。据王林《西学与变法——万国公报研究》统计，《万国公报》中涉及变法的文章多达192篇。⑥

四 李提摩太及其活动

李提摩太，英国传教士，生于1845年，1870年（同治九年）到中国，至1915年（民国四年）始退休归国。其在中国长达45年，与中国的当轴大吏及上层知识分子都有接触，并努力劝导中国实行改革，于中国的科学引进与政治维新影响甚大。他认为，中国彼时正处于危难之中。国家贫弱，知识落后，工业缺乏，政治腐败，官吏横行，人民困苦，而列强又环视欲以争夺。但其又称，事实上，中国具有强国的条件，只要仿行西法，加以改革，就可以使国富民强，更进而可以与列强并驾齐驱，称雄于世。他称，中国欲富强，非用西法不可，其称："原非强使中国效法西洋，实因时势则然，非此无以裕国裕民也。"⑦

1876年（光绪二年），他就向山东巡抚丁宝桢建言：养民富国，以建铁

---

① 《万国公报文选》，生活·读书·新知三联书店，1998，第234～248页。
② 《万国公报文选》，生活·读书·新知三联书店，1998，第486页。
③ 《万国公报文选》，生活·读书·新知三联书店，1998，第505页。
④ 《万国公报文选》，生活·读书·新知三联书店，1998，第506页。
⑤ 《万国公报文选》，生活·读书·新知三联书店，1998，第90页。
⑥ 王林：《西学与变法》，齐鲁书社，2004，附"主要变法文章一览表"。
⑦ 《万国公报文选》，生活·读书·新知三联书店，1998，第208页。

路、开矿藏为始。① 此后，他曾与张之洞、李鸿章等人接触，宣传其主张及英国人赫德拟订的变法计划，包括：求才、开矿、治河、筑路、设邮局、办银行、练海军等，并希望通过西学而传入宗教信仰。

1885 年（光绪十年），他作《富晋新规》，建议中国改革教育制度，其中称："中国要图强，第一莫先于教。……中国如再迟十年不教，虽欲立教，恐百年亦有所不及。"他认为，教育制度改革应在社会各个层面上进行，所谓"首教官员，次教富绅，三教儒士，四教平民。"并提出以下建议：其一，中国派委员五人到西方国家去考察各种西事西法，如教法、矿法、钢法、路法、机法等，回来后应撰成专书，刊发各省，以便周知。其二，派儒士 150 人，到西方国家学习语言，翻译西方的著作。其三，在国内设立中西书院，并在科举策问中"增西学一条，中式者取。"李提摩太认为，中国的改革，应该遵循四种方法："窃考中西各国治国之法，中国有四纲领焉。皆应亟行改革者，一曰教民之法。二曰养民之法。三曰安民之法。四曰新民之法。"② 他还简要介绍了西方的自由理念，其称："总而言之，自由平等之真际，端在我自由，人亦自由。我无害于人，人亦无害于我。人我平等自主之道，即在其中矣。……实各人当享之权利无人可以掣其肘，亦无人可以遏其机。"③

李提摩太比其他人更进一步，他不停留于一种批评，而是对中国改革教育制度提出了具体的建议。1888 年（光绪十三年），他写成《新学八议》（亦称《七国新学备要》），他把其主张的"新学"教育概括为四个特点：横，"我国所重之要学学之，即各国所重之要学亦学之"；竖，各国重要学问之中有当损益者，应知选择；普，"学无不兼包"；精，即知各学之概要，然后专精于一学。同时，他建议中国改进学制，设教育部。其称："一、国家必须先设一教育新部，以专责成。令其于各省要处皆设立新学；二、朝廷宜特赐新部专权于各省，免得督抚升迁调换之际，于新学有碍；三、设立新学，除现在各学费用之外，至少须先发银一百万，嗣后再随时酌补；四、朝廷宜饬新部督劝各省绅商富户，令量力捐输银两，以补朝廷发款之不足。"他称，施行新学是必要的，而以此四法当最为奏效："人心如镜，愈磨则愈光，不学则无术。学校不立，是我国不学何能敌他国之博。朝廷不设拯救之法，一旦有事，恐人生瞻望之心。然则新学之立，愿不宜急乎。且于横、

① 王树槐：《外人与戊戌变法》，上海书店出版社，1998，第 27 页。
② 《万国公报文选》，生活·读书·新知三联书店，1998，第 358 页。
③ 《万国公报文选》，生活·读书·新知三联书店，1998，第 423 页。

竖、普、专四字而得观国之表也。苟持此以观人国，其将来之兴衰可预知也。"①

李提摩太甚至直接参与了地方的改革，如在山东，他的一些建议，被地方官用之于当地。据当时报纸记载：李提摩太在山东时，与各级官吏进行了广泛的接触，并不失时机地推行其改革主张。据时人报道："知府、知县、知州等，亦订交于渠。渠辄以改俗易风之说进于官府，更致意于囚狱之事。有知县力行其所进之言于政治上，故山东省，有使囚人执业之法，尚存于今。该地方人士，每以为德。"②

第三节 保守派的思想主张

当一个社会处于剧变之时，其于思想上，必有所谓保守与激进之分别。这个社会的根基越深厚，传统越悠久，其变革的阻力就愈大。这本不能用所谓先进与落后之言辞来涵括。况种种思想之脉络并非泾渭分明。就晚清时期而言，若将保守思想置之于当时的社会文化背景之中，其合理性是显而易见的。即便从后人的角度细加审视，也可以看到其中的合理因素。特别是百年后，从实际效果看，开风气之先者也有许多谬处。许多弊端早被"保守者"所言中。而且，将保守者细加区分，也有诸多不同。其立场不同，观点不同，态度不同。有坚持以传统夷狄之论看待西方的，有坚持中国制度优而技艺劣者，有认为中国之人治优于法治的，有认为西方虽强但其道不足取者，有因为变革中弊端丛生而予以抵制的，有洁身自爱所谓"清流"者，等等。通过以下对部分保守派思想主张与活动的简单列举，由此我们可以看到当时复杂的社会思想流变的一些基本情况。

一 倭仁与同文馆之争

倭仁（1804～1871年），字艮峰，号艮斋，乌齐格里氏，蒙古正红旗人。嘉庆九年十月初五日（1804年11月6日），倭仁出生于河南省城开封的驻防八旗中下级军官之家，其家庭属中下层旗人社会。道光九年（1829年）中进士，后以其人品与才华名显于世，官至文华殿大学士，谥号文端。有《倭文端公遗书》传世。

洋务运动期间，置同文馆为以学习西学（主要为语言文字）为主要内

---

① 《万国公报文选》，生活·读书·新知三联书店，1998，第519页。
② 《时务报》第四十三册，转引自《外人与戊戌变法》第22页。

容的官学。其招收之学生，大多为社会下层之子弟。而在设置天文算学馆时，为意图招收所谓"正途人士"入馆学习而曾有激烈的争论。这场争论，事实上已超出事件本身，而关乎传统文化的兴废。是在中国士大夫之间关于西化与固守的一次面对面碰撞。台湾学者殷海光认为：近代中国的中西文化论战的首次交锋，就是从同文馆之争开始的。

1858 年，在《中英天津条约》中有如下规定："嗣后英国文件俱由英文书写，暂时仍以汉文配送，俟中国选派学生学习英文，英语熟习，即不用配送汉文。自今以后，遇有文词辩论之处，总以英文作正义。"（王铁崖：《中外旧约章汇编》第一册，第 102 页）这就逼迫清政府必须尽快培养懂外文、识西学的人才。同时，朝野许多有识之士也呼吁国家必须正视现实，了解西方国家的情况。冯桂芬在《采西学议》一文中称："通市二十年来，彼酋之习我语言文字者甚多，其尤者能读我经史，于我朝章、吏治、舆地、民情类能言之，而我都护以下之于彼国则懵然无所知。相形之下，能无愧乎？于是乎不得不寄耳目于蠢愚谬妄之通事，词气轻重缓急，转辗传述，失其本指，几何不以小嫌酿大衅。夫驭夷为今天下第一要政，乃以枢纽付之若辈，无怪彼己之不知，情伪之不识；议和议战，汔不得要领，此国家之隐忧也。"他建议，国家兴办西学，"选近郡十五岁以下颖悟文童，倍其廪饩，住院肄业，聘西人课诸国语言文字，又聘内地名师课以经史等学，兼习算学"①。

1861 年，恭亲王奕䜣、桂良、文祥在《统筹全局章程》中论列此事，其言："查与外国交涉事件，必先识其性情。今语言不通，文字难辨，一切隔膜，安望其能妥协？"他们建议在八旗子弟中挑选若干"天资聪明，年在十三、四以下"的幼童，学习外国的语言文字。② 1862 年，京师同文馆开馆。相继设有英文馆、法文馆和俄文馆。

1866 年（同治五年）11 月 5 日和 12 月 23 日，恭亲王奕䜣等两次奏请在京师同文馆添设天文算学馆。其称："论者不察，必有以臣等此举为不急之务者，必有以舍中法而从西人为非者，甚且有以中国之人师法西人为深可耻者，此皆不识时务也。夫中国之宜谋自强，至今日而已亟矣。识时务者莫不以采西学、制洋器为自强之道。"同时，他们还建议把同文馆的招考范围进一步扩大到翰林院编修、检讨、庶吉士及进士出身的五品以下官员。在同疏附奏的《同文馆学习天文算学章程》中，列入了以下内容：（1）专取正途人员，以资肄业；（2）各员常川住馆，以资讲习；（3）按月考试，以稽

① 冯桂芬：《校邠庐抗议》，中州古籍出版社，1998，第 210～211 页。
② 《筹办夷务始末》（咸丰朝）第八册，中华书局，第 2679 页。

勤惰；（4）限年考试，以观成效；（5）厚给薪水，以其专致；（6）优加奖叙，以资鼓励。

以上奏疏均获皇上谕旨批准。但其中有关正途人员入馆修习西学的内容引发了一场大争论。

1867年（同治六年）3月5日，掌山东道监察御史张盛藻奏称："若令正途科甲人员习为机巧之事，又藉升途、银两以诱之，是重名利而轻气节。"此议遭到朝廷的批驳："朝廷设立同文馆，取用正途学习，原以天文算学为儒者所当知，不得目为机巧。"[《筹办夷务始末》（同治朝），卷四七]3月20日，倭仁上奏朝廷，反对以正途人士师事夷人，因为此举必然导致"变夏于夷"，动摇国家的"立国之道"和"根本之图"，甚至会亡国灭种。他说："闻夷之传教，尚以读书人不肯习教为恨，今令正途从学，恐所习未必能精，而读书人已为所惑，适堕其术中耳。"[《筹办夷务始末》（同治朝），卷四七]"今以诵习诗书者而奉夷为师，其志行已可概见，无论所学必不能精，即使能精，又安望其存心正大尽忠报国乎？恐不为夷人用者鲜矣。"[《筹办夷务始末》（同治朝），卷四八]倭仁力主坚持中国传统的为国之道，其言："立国之道，尚礼义不尚权谋；根本之图，在人心不在技艺。"[《筹办夷务始末》（同治朝），卷四七]"欲求制胜，必求之忠信之人；欲谋自强，必谋之礼义之士。""战胜在朝廷用人行政，有关圣贤体要者，既已切实讲求，自强之道，何以逾此？"[《筹办夷务始末》（同治朝），卷四八]

奕䜣等人针锋相对予以驳斥。其称："该大学士既以此举为窒碍，自必别有良图。如果实有妙策，可以制外国而不为外国所制，臣等自当追随该大学士之后，竭其梼昧，悉心商办，用示和衷共济，上慰宸廑。如别无良策，仅以忠信为甲胄、礼义为干橹等词，谓可折冲樽俎，足以制敌之命，臣等实未敢信。"[《筹办夷务始末》（同治朝），卷四八]该篇驳文非常精彩，已成名章。

4月12日，倭仁再次上奏，坚持己见。其称："夷人教习算法一事，若王大臣等果有把握，使算法必能精通，机器必能巧制，中国读书之人必不为该夷所用，该夷丑类必为中国所歼，则上可纾宵旰之忧劳，下可伸臣民之义愤，岂不甚善？如或不然，则未收实效，先失人心，又不如不行之为愈耳。"[《筹办夷务始末》（同治朝）卷四八]从倭仁对西方人的鄙称中可以看出其对外国人的蔑视。

虽然在这场争论中，以倭仁的失败而告终，但他的主张，获得了许多保守派人士的支持。如通政使于凌臣认为："今天文算学馆甫设而争端即起，争端起则朋党必成。夫天文算学本属技艺之末，其果能得力与否尚不可知，而先令臣子别户分门，开国家未有之风气，所关实非浅鲜。"① 成都将军崇实也奏称："惟议专取翰林院并五品以下由进士出身京外各省官及举人、恩、拔、副、岁、优贡生员，俾充进选，仍试策论等项，以定去留，似于事理未协。"② 同时，应该看到，倭仁等保守派的主张实际上代表了当时社会的主流思想。在天文算学馆第一次招生时，"正途投考者寥寥"，总计报名者有98人，参加考试者有72人。在录取的30人之中又有20人在最初的半年内被淘汰。即使当时如此惨淡的状况，在士人的眼中已是很严重的事了。著名的学者李慈铭在日记中写道："至今年开同文馆，以前太仆卿徐继畬为提调官，而选翰林及部员之科甲出身年三十以下者学习行走，则以中华之儒臣为丑夷之学子，稍有人心，宜不肯就，而又群焉趋之。盖学术不明，礼义尽丧，士习卑污，遂至于此。驯将夷夏不别，人道沦胥，家国之忧，非可言究。"（李慈铭：《越缦堂日记》，同治六年七月初三日）

虽然许多研究者把同文馆的最初的经营惨淡归咎于倭仁的负面影响③，但不可否认的是，中国本土社会上对西化的本能抵触是最根本的原因。同时，当时的仕途进阶体制也是西学的极大障碍。时任同文馆英文教习的额布廉称："同文馆没有录取任何体面的人，年轻人只要在其他领域有点发展的机会，都不会把他们的命运与同文馆联系在一起，那少数的几个来报名的人都是些失意无能者，他们只是为着总理衙门提供的优厚而不顾惜其名誉。"［《筹办夷务始末》（同治朝）卷四九］所以，如果以当时的眼光来看待这场争论，无疑倭仁代表着正统的社会价值观，是一种主流的思想观念。同时，从中国一百余年的西化历程来看，倭仁的许多担心也是有道理的。

二 其他保守人物与思想偶举

据实而论，在当时的社会中，持保守主张的人远远多于具变法思想者，其言论极多，他们的心态、目的各不相同，论说的形式和内容也是林林总总，千奇百怪。其中一些人是出于对西学的无知，而其他一些人则是在对西学有基本的认识后而提出他们反对意见的。实际上，只有那些对西学有比较多的了解，坚持中学立场的人，才能被认为是保守派。而那些对西学根本无

① 李细珠：《晚清保守思想的原型——倭仁研究》，社会科学文献出版社，2000，第172页。
② 李细珠：《晚清保守思想的原型——倭仁研究》，社会科学文献出版社，2000，第172页。
③ 丁韪良就曾称：同文馆招考正途人员学习天文算学的计划"因翰林院掌院学士兼皇上师傅倭仁的反对，没有成功"。李细珠同此说，其称：由于倭仁待等人的反对，造成了强大的社会压力，同文馆招考正途人员学习天文算学的计划严重受挫。

知，妄言西学不如中学的人，根本没有资格忝列其中。这里，我们仅择选一些有代表性的言论以为例证。

早在 1939 年，陈鼙曾于《燕京学报》第二十期刊载了《戊戌政变时变法人物之政治思想》一文，其中对保守人物的思想加以汇集，其分反变法者为两大类，一为无条件反变法者，一为由中西比较反变法者，本节以此为参考。笔者认为，其第二类应该与所谓保守派更为接近。

王先谦①对新学的抨击采取的是一种比较温和的态度，他实际上反对的是那些空谈西学的人："中国学人，大病在一空字。理学兴则舍程朱而趋陈王，以程朱务实也；汉学兴，则抵汉学，以汉学苦人；新学兴，又斥西而守中，以新学尤繁重也。至如究心新学者，能人所难，宜无病矣。然日本维新，从制造入，中国求新，从讲论入，所务者明，所图者私。言满天下，而无实以继之，则仍然一空，终古罔济而已。"② 但他对盲目把外国制度搬进中国的做法提出疑义，他认为各个国家的制度都是有自己特点的："夫所谓自治云者，以前西国本无政教，百姓困苦，不能相忍，自上劙下，以成定局。中国数千年圣帝明王，殚其作君作师之力，积累经营，筹宪既用，防检尤密，其立国之事不侔矣。而中西公私之悬，即由此而生。西人各挟一自治之权，鸠合大朋，互相抑制，坐而谋者公益，出而议者公言。政令公之，土地公之。为印度取之公司，而归之国家是也。其势皆出于不得不然，而上无龃龉不安之见，民无推诿坐视之心，习成故也。中国之民，自黄帝、尧舜以来，戴君若天，望君为神。又乐其宽然有余也，而欣欣焉以自私，击壤之歌是也。自夏后氏家天下，民亦以为吾君之子也，而相与私之。君与民各据其私，而私之局成。其在诗曰：雨我公田，遂及我私。昌言之而无所讳，其由来渐矣。今以中国自私之心而引西人自治之政，其不能相合决矣。"③ 从王先谦的言论中，我们可以看到他对西学还是有着比较深入的了解的，但他认为其与中国固有的文化传统有违，故采取不赞同的立场。而实际上，他对中国的传统也并非无条件赞成，只是认为两者会发生冲突，不能共处，即所谓"今以中国自私之心而引西人自治之政，其不能相合决矣"。

甲午战争失败后，有人将失败之原因归于洋务派不变人心，或可以说搞洋务将人心变得更坏。故对洋务运动的成果予以否定。但也承认，洋务运动的失败部分在于洋务派的主张并未真正落在实处。如褚成博言称："行法之

---

① 王先谦，著名史学家，代表作为《汉书补注》。
② 张灏等编《晚清思想》，台湾时报出版社，1980，第 150 页。
③ 张灏等编《晚清思想》，台湾时报出版社，1980，第 163 页。

本，首重得人；政治之谟，必期实践；请以人维法，以身取人。……当今之世，非无治法之患，实无人心之患。欲求变法，先宜变心。……自同治初元，曾国藩、左宗棠、沈葆桢、李鸿章诸人，因外患日深，力崇西学。……所以步武泰西，随时立法，实已不遗余力。当其经营伊始，一切章程规制斟酌尽善，思议周详。咸谓始虽效彼所长，终当驾乎其上。乃因循至今，岛寇偶侵，全局糜烂。是岂法之不变，变之不善哉，亦误于行法之不得其人耳。……船械诸工，果能符宗棠原议，悉由华厂自办乎？……（李鸿章）所派学生某有一、二造诣精绝为国竭忠御侮乎？……创设海军果能遵宝桢原议自动训练乎？推之他事，莫不皆然……大率有初而无终，言多而行少……远猷败于粉饰，患气伏于贪私，……所虑者上以实求，下以名应。……欲求真才，而用乃贪污阘茸之流。欲所举者皆贤，必先举人者之无弊……从前总理衙门筹议海防云：各事一不得人，均归虚费，其误在用非其人，不在法之不善。彼时丁日昌之议曰：除船械一切，必须效法西人外，其余人心、风俗、察吏、安民，当循我规模，加以实意，度以我之正气，靖彼之戾气。……李宗羲言曰：‘练兵制器，尽坏立法之初意。’斯数臣者于洋务最号通贯，而其言若此。即李鸿章晚节全堕，沉迷夷俗，而……奏云……‘必谓转危为安、转弱为强之道，全在于仿习机器，臣亦不能有此方隅之见。’由是观之，足徵实理难诬，初心不昧，致治戡乱之本，在此不在彼。"[1] 他认为，洋务之举其初本意是好的，布局也是合理的，但在实际运作过程中出现了偏差，走入歧途。要想变革，还要立足于自己的根本，即所谓"致治戡乱之本，在此不在彼"。

山东巡抚李秉衡奏言："有治法，无治人，虽得泰西之法而效之，亦徒使其关利营私之计。试观乎数十年，凡专办交涉之事，侈言洋务之利者，无不家赀千百万，昭昭在人耳目，究之其利在公乎？在私乎？……臣赋性迂拙，洋务非所素习，而默察治乱之权，总以正人心，培国脉为本，补救偏弊可也，因噎废食不可也。"[2] 并言称："中国圣经圣传，大而纲常伦纪之重，小而名物象数之微，无不具备。推而百家九流之书凡天文、地舆之学，以至树艺畜牧，各有专家。今人所谓泰西之法为神者，多衍中国之绪余以为绝诣，特中国不以此专长耳。"[3] 其对于主持洋务者的贪赃枉法行为深恨不已，并认为，西方国家的典章制度，不过是中国传统文化所遗弃之物，故中国对

① 张灏等编《晚清思想》，台湾时报出版社，1980，第151页。
② 张灏等编《晚清思想》，台湾时报出版社，1980，第151页。
③ 张灏等编《晚清思想》，台湾时报出版社，1980，第158页

此并不需要。

有人承认中国的确贫弱，但是这是由于自身的问题，可以通过常规的方法予以去除，只要端正人心，兴利除害，就可以振兴朝纲，而不必所谓仿效西人，推行西学。如黄仁济就称："诚能守'用夏变夷'之言，行'鲁变圣道'之政，将历年泄沓欺蒙，奢侈积习之甚，悉去旧而作新之。大臣尽举措之忠，小臣守境复之义。以国事为家事，视民事为己事。各理疆圉，各恤人民。兴利以除其害，举善而教不能；实心实利，以行实政，而收实效。各州县得人，则一省治；各省得人，则天下治。较之弃旧谋新，效夷变法，难易从违，霄壤悬隔。自然不动而化，不言而成，无为而治……又何贫弱之虑，惟洋务高谈实务是图哉？"①

黄仁济认为西政不如中国："技艺微长，富强谋术，即纵能精，于齐家治国平天下之道，又何所取耶？若谓天地人物，皆可以算学得之，似此则外洋宜有治而无乱，有兴而无衰，有生而无死，有存而无亡，有强而无弱，有富而无贫。何以治乱兴衰生死存亡富贫之故，外洋亦又得而握之。盖此算数之中又有一天理之主宰焉，外洋但知一时一事之推测，而中华早悉百世千载之推测，斯即我中华有圣人，而外洋不能企及者。外洋专重利，并行一信字，上下同心，有君臣一体之意，其国虽富强，终不能群情一统。我中华共重义，兼行一仁字，因少同心，反形衰弱。惟修身、齐家、治国、平天下之道，实由此而推引。外洋专从数，并行一术字，凡事皆有数定，故并君臣父子夫妇兄弟，善恶贞淫吉凶祸福之理，全然不讲。中华则于数中兼说一理字，百事圣经圣传皆有理以穷其间。"② 其认为，从文化传统的本质而论，中国传统重义、重理，与西方传统的重利、重术相比较，高下立判。

朱一心在与康有为论辩时称："彼戎狄者无君臣，无父子，无兄弟，无夫妇，是乃义理之变，将以我圣经圣传为平淡不足法，而必以其变者为新奇矣。……百工制器，是艺也，非理也；人心日伪，机巧日生。风气既开，有莫之为而为者，夫何忧其艺之不精？今以艺之未精，而欲变吾制度以徇之，且变吾义理以徇之；何异救刖而率其足，拯溺而入于渊？是亦又可以已乎？……治国之道以正人心，原风俗为先。法制之明备，抑其次也。况法制本自明备，初无俟借资于异俗。讵可以末流之失，归咎其初祖，而遂以巧利之说导之哉？"③ 西方人虽有其艺胜于中国者，但以艺变理，不但得不偿失，

---

① 张灏等编《晚清思想》，台湾时报出版社，1980，第152页。
② 张灏等编《晚清思想》，台湾时报出版社，1980，第156~157页。
③ 《朱侍御复康长孺第四书》，载《康有为全集》第一卷，中国人民大学出版社，2007，第328页。

还会导于末流。

当时身居清流的张之洞也曾说："近日风气甚替，善西学者，自视中国朝政民风，无一是处，殆不足以比于人。自视其高曾祖父，无不可鄙贱者，甚且将谓数千年以来，历代帝王，无一善政；将相师儒，无一人才。不知两千年以上，西国有何学？西国有何政？"

还有一些人主西法虽长而不可变法者，又以为政治须顾及国情，西法之采用当以适合中国环境为标准。孙灏有将富强区别为自强与客强之说，其言："中国当'自强'，尽变成法以从泰西，是谓'客强'。"① 叶德辉也说："自彼通之，谓用夏变夷；自为通之，则为开户揖盗；此中界限，不可逾越。"② 坚持中国的传统不可以轻易改变。褚成博称："中国文物制度迥异外洋，自有其治邦之法，不必定学外洋。行之西洋而治之，未必行之中国而亦治。"③ 他认为，西方的典章制度未必可以胜过中国。

有一些人，分析事理极其精透，而得出的结论却过于保守，如俞樾曾言："贤知之士争言自强，而又不得其术。徒见器械之巧，技艺之精，乃从而效之，奉其人以为师，曰非此不足以自强也。嗟乎，彼之智巧日出而不穷，而我乃区区袭其已成之迹，窃其唾弃之余，刻舟而求其剑，削足以合其履，庸有济乎？盍亦反其本矣。"其实，如果可以作积极的理解，俞樾的以上议论是很正确的，即不能亦步亦趋地盲目追随，踵其遗迹，而要有所创获。但他却得出相反的结论。即摒弃学习西方的方法，而回归固有的旧路。他的自强方法是："兴起教化，劝课农桑，数年之后，官之与民，若父兄子弟然，一旦有敌国外患，凿斯池也，筑斯城也，与民守之，效死而民弗去，夫何守之不固乎？壮者以暇日修其孝弟忠信，入以事其父兄，出以事其长上，可使制梃以挞秦楚之坚甲利兵矣，夫何战之不克乎，在自强之上策也。"④

有一些议论，虽然有相当敏锐的认识能力，甚至可以说已洞识资本主义的弊端，但即使从当时的角度衡量，也比较勉强，有杞人忧天之感。如张自牧言称："抑又闻之，中国谋生之术，如农夫、女红、百工，其为道也甚迂，而受利也甚薄。先王之治天下，使民终岁勤勤而仅能温饱其身，故曰民生在勤，勤则不匮。又曰民劳则思，思则善心生。所谓家给人足者，诚欲其动而得之，非欲其佚而致之也。今举耕织煤铁之事，皆以机器代人力，是率

---

① 张灏等编《晚清思想》，台湾时报出版社，1980，第161页。
② 张灏等编《晚清思想》，台湾时报出版社，1980，第161页。
③ 张灏等编《晚清思想》，台湾时报出版社，1980，第162页。
④ 俞樾：《自强论》，转引自张灏等编《晚清思想》，台湾时报出版社，1980，第136页。

天下之民，习为骄惰，而坐拥厚资，其有不日趋于淫奢者乎？南亩之农夫，北山之矿工，及其挽车操舟者流，数千百万之人，毕生胼胝于其中，一旦为机器所攘夺，失其谋生之业，其有不相聚为乱乎？泰西机器之行，未及百年，而大乱屡见，殆由此也。大抵机器初兴，能顿致其富，行之既久，物以多而价贱，其利仍归于薄。近年泰西商贾，日形消耗，轮船电线之利，皆远不如通商初年之盛。老于航海者，皆能言之。凡世间机巧便利之事，断未有能经久不敝者。今如海滨各省商民，嗜机器之利，或纠资仿造，或与洋人合办，凡舟车耕织煤铁诸务，可一切听民自便。目前实能骤分洋人之利，更历百数十年，仍当以利薄而废。民间农工商贾之趋向，有莫之为而为者，至于腹地各省，与洋人夙不相习，则亦何必开此向来未有之风气，狃一时弋获之利，而贻他日无穷之忧乎？"① 我们细读此文，可以看到，其分析堪称鞭辟入里，而结论去成腐儒之谈。

---

① 张自牧：《瀛海论》中篇，转引自张灏等编《晚清思想》，台湾时报出版社，1980，第136~137 页。

第七章
戊戌变法前后维新派的 "变法" 思想

第一节　戊戌时期变法思想的形成

一　变法维新派的形成

在近代思想的历史演变过程中，变法思想是一条主线。至戊戌变法前，变法思想到达了一个空前的高度，形成了以康有为、梁启超、谭嗣同、严复、陈炽等人为代表的激进变法维新派。[①] 这一思想派别的形成原因是多方面的，概括而言，主要有以下几个方面。

（一）富国强兵、抵御西人的目标追求

也许可以说，中国近代史上的一切变法主张的根本目的就在于富国强兵、抵御西人。西人的船坚炮利，使天朝的颜面扫地。从而，自强运动成为近代中国社会发展的明确轨迹。在整个社会，自强成为了一座指引前进方向的灯塔。洋务运动就自我标榜为 "自强运动"。而自强的首要目的实质上是谋求与西方相抗衡，在于与外国的竞争。实际上，一百多年来，在中国，人们已深深地迷恋于这种竞争。人们提出过无数振聋发聩的口号，掀起过无数惊天动地的狂潮。科学技术的引进，经济的发展，政治上的改良，目标都直指西方，要赶超它，要与之抗衡。由此，以至于像国民的生活改善，社会财

[①]　从实际情况来看，这一派别的思想主张过于激进，与其他许多要求维新的人有比较大的区别，故可称为激进维新派，以区别于其他一些持维新主张的人。又，他们的思想主张中有很多的资产阶级的思想成分，即他们意图以改良的方式实现中国向资本主义的政治制度形式过渡，故以往也被许多研究者称为资产阶级改良派。这些称谓都有一定的合理性。笔者在这里用激进维新派的称谓，主要为突出其思想主张与行为的激进特征。在以下论述中，在一定情况下，有时也有与以上其他一些称谓混用之处。

富的增加这些西方国家经济发展的首要目标，在中国都变得模糊不清，变成了退而求其次的东西。人们可以忍耐使国家富强起来的一切后果，贫困、无知甚至是被奴役。在戊戌变法的前夕，人们认为，牺牲传统文化、放弃传统的统治方式是自强的必然。在激进维新派看来，对外的矛盾是迫不及待地需要解决的。梁启超就把中国的"外竞"作为最为值得焦虑的问题，他说：中国感到忧虑的不是内部贫富之间的阶级冲突，而是两种不同国家——富国和穷国之间的国际冲突。所以，富国强兵、抵御西人的目标追求是激进维新派形成的直接原因。

（二）变法思想的积淀结果

在激进变法维新派形成以前，变法思想通过半个世纪的积淀，已经形成一股强大的思想潮流。龚自珍、魏源的求变思想仍然继续发挥着自身的作用。梁启超称："今文学之健者，必推龚魏。"洋务派与保守派的论战也使变法主张在统治集团上层获得极广泛的认同。西方的物质文明和其国家体制，已成为士大夫阶层热衷的话题，即如翁同龢所言："士夫开口说欧罗。"黄遵宪有此感叹："沉沉睡过三千年，可识西天有教皇。"姚朋圆也无可奈何地说："西方东渐挽不得"。特别是一些具有资产阶级意识的人物，大力鼓吹西学，从社会体制上的角度提出了其变法主张。如冯桂芬指出，中国有"四不如夷"："人无弃才不如夷，地无遗利不如夷，君民不隔不如夷，名实必符不如夷。"提出要多方面地向外国学习。王韬指出，变法要以"泰西为纲"，要"以欧洲诸大国为富国之纲领，制作之枢机"。要以学习西方的政治法律制度为变法的根本。薛福成赞成君主立宪，他称："君民共主，无君主、民主偏重之弊，最为斟酌得中。"另外，西学的广泛传播，也为资产阶级改良派的思想形成提供了较为坚实的理论基础。根据有关学者统计，1860~1900年，共出版西学书籍达555种，其中哲学社会科学123种。

（三）日本变法成功的示范效应及甲午战败的刺激

"西方的冲击"，对于中国而言，是一个致命的问题。其实，对于许多东方国家，它具有同样的意义。台湾的李永炽教授称：它是"以西方帝国主义为主体，以非西方国家为客体的世界性课题"。而在回应"西方的冲击"的成效上，日本表现得最为成功，它在政治上最先恢复了自己的主动性。而在其他国家，此时，正在恢复自我的努力过程中挣扎。日本的明治维新，不但使其主权得以恢复，而且国力迅速增强，其突出的成果就是在甲午战争中打败了中国。在此战役中，清王朝苦心经营的北洋舰队几乎全军覆没，辽东半岛被占据，并被迫于次年签订了屈辱至极的《马关条约》，割地赔银，元气大损。① 这一现实的结果，极大地震动了中国朝野和社会各阶层，变法呼声一时骤起。人们认为，必须效法日本的明治维新，进行彻底的变法才是中国富强的必由之路。沈家本说："日本旧时制度，唐法为多，明治以后，采用欧法，不数十年，遂为强国。"所以，学习西方，实现变法成为中国的唯一选择。而只要学了西方，学了日本，中国的自强之梦就会实现。康有为对此充满了乐观："日本效欧美，以三十年而募成治体，若以中国之广土众民，近采日本，三年而宏规成，五年而条理毕，八年而成效举，十年而图霸定矣。"这种认识，也成为资产阶级改良派思想形成的起点之一。

二 激进变法派的主要人物极其思想特点

（一）康有为

康有为，生于1858年，号长素，别号更生，广东南海县人，生于理学世家。幼年从其伯祖读书，"授以诗文，教以道义"。康氏其家学渊源，特别注重于程朱理学。正是在这种教育形式熏陶之下，康有为从小就"不苟言笑，成童之时，便有志于圣贤之学，开口辄曰圣人，圣人也"。19岁时，康有为跟随广东大儒朱次琦（朱九江），"研究中国史学历代政治沿革得失"，从而在思想上经历了重大的转变。朱九江的学问，以经世致用为主，厌弃无用的高谈阔论。康有为深受影响，眼界也为之大开，"从此谢绝科举之文，士芥富贵之事"。后来，他又深研佛经。梁启超称其"潜心佛理，深有所悟"；康有为宣称："与其布施于将来，不如布施于现在"，"与其恻隐他界，不如恻隐于最近"。于是乎"纵横四顾有澄清天下之志"。从此之后，他坚定地走上了经世致用之道。这也使他不再拘泥于传统的经纬之策，而是采用东西兼收并蓄的方法，努力地汲取西方文化中有用的成分。"得西国近事汇编、李口环游地球新录及西书数种览之，……复阅海国图志、瀛环志略等书，购地球图。"后来，康有为从广东到北京，途经香港和上海时，"见西人殖民政治之完整，属地如此，本国更进可知，因思其所以致此者，必有道德学问，以为之本原。乃悉购江南制造局及西教会所译出各书尽读之。"从此，开始"大讲西学"，走上了探索变法的道路，认为"守旧不可，必当变法"。

1888年（光绪十四年），康有为到北京，在国子监当监生。此时，恰逢

---

① 对比一下《马关条约》与以往与其他西方列强签订的条约内容，可以知道甲午战争对中国的实际伤害远远大于从前的历次对列强的战争。

中国马江战败，内忧外患使清政府的统治受到极大的挑战。康有为上书光绪帝，"请变成法，通下情，慎左右，以图自强"。此后至1898年间，他曾七次上书清光绪帝，提出其变法维新主张。其中，以1894年的"公车上书"最为著名。当时，甲午战争中，中国惨败于日本，举国震动。康有为其时正在北京参加会试，他联合18省1200多名举人，上万言书。请拒和、迁都、变法。其后，康有为曾经创办《中外公报》、主办强学会，得以接触沟通许多政要大员、朝廷命官，并最终得到光绪皇帝的赏识，接受他的变法主张，力行变革。1898年，终于酝酿为戊戌变法。"戊戌政变"后，康有为逃往日本。此后，他组织保皇会，反对革命。辛亥革命后回国。1912年组织孔教会，倡言"定孔教为国教"。1917年，康有为病逝于青岛。康有为的著述极多，其中对当时和后世影响较大的有：《新学伪经考》《孔子改制考》《大同书》等等。后人辑有《康南海先生集》。

其中《大同书》是康有为的一部重要著作，其有关政治、法律思想之内容多在此书中有所阐发。该书写成于1902年，但其思想的形成可以追溯到戊戌变法以前。从内容上，它是康有为对"公羊三世说"中"太平世"的具体描述和理论发挥；从形式上，它是对理想社会的一种构想。在人类的思想发展史上，对理想社会的悬想和描述，一直是人们表达自己对善的追求、对美好事物渴望的一种形式。从宗教中的极乐世界、天国到作家笔下的理想国、大洋国、乌托邦、太阳城、桃花源、君子国等，无不是这种理想追求的产物。康有为的"大同世界"当然也是表述他对理想社会的一种理解，它杂糅了《礼运》中的"小康""大同"，佛教中的"慈悲""平等"，西方资产阶级的"自由、平等、博爱"及空想社会主义的许多成分。但更重要的是，他在《大同书》中也表达了对现实社会的一种改造方案。

在康有为的"公羊三世说"中，"太平世"对应的社会形态是民主共和政体。在《大同书》中，大同世界已经超越了简单的政体形式。它已被发挥和扩展为人类未来的一幅"至善至美"的图画。在大同世界中，国家已不存在，与国家相关存在的君主、军队、战争也不复存在。甚至无阶级，"一切平等"；无私有财产，"天下为公"；无家庭，全社会"公养、公教、公恤"。并且，"机器日新"，人们的"愿求皆获"，在生产力的发展下，人们在物质上、文化上的需求获得了极大的满足。至于法律，在大同世界中，法律已被最终取代。也就是所谓："太平之世，治至刑措，乃为至治。"以往，人们之所以会犯罪，是因为人们"有身有家"而至于贫困，贫困会导致"盗窃、骗劫、赃私、欺隐、诈伪、偷漏、恐吓、科敛、占夺、强索、匿逃、赌博之事，甚者则有杀人者矣。不治其救贫之原而严刑以待之，衣食不足，岂能顾廉耻而畏法律哉！"① 为什么社会上会有犯罪的现象呢？康有为认为完全是因为社会上存在着种种礼教和制度，其言："若夫有君长则有争而倾国为民；有父子兄弟宗族则有亲，而望养责善争分之讼狱起矣；有夫妇则争色争欲而奸淫、禁制、责望、怨怼，甚至刑杀之事出焉；有爵位则有钻营、媚谄、作伪、恃力、骄矜、剖夺之事起矣；有私产则田宅、工业、商贸之争讼多焉；有户葬则有墓地之狱焉；有税役关津则逃匿侵吞之罪生矣；有军兵则军法尤严重，杀人如草芥矣；有名分则上下之欺凌压制，下之干犯反攻起矣。此外，违乎人情，离乎人性，反乎人欲，远为期而责不至，重为伍而责不胜。凡此种种，皆设罗网、张陷阱，而致人于刑，兴人于讼者也，人道所必不能免也。不知治此，而日张法律如牛毛，日议轻刑如慈母，日讲道德如圣主，终不能救之也，无具甚也。"② 有君长则有争夺，为争夺则不惜"倾国为兵"；"有夫妇则争色争欲，"从而则有奸淫之事；其他如父子兄弟宗族、爵位、私产、税役关津、军兵、名分等，都是导致犯罪的原因。有犯罪就有刑罚、有诉讼、有法律，最终导致"日张法律如牛毛"。而在大同社会中，这一切都被消灭，所以，犯罪、刑罚、诉讼和法律也会随之而消亡。"惟大同之道。无仰事俛畜之累，无病苦身后之忧，无田宅、什器之需，无婚姻、祭祀、丧葬之费，……则无复有窃盗、骗劫、赃私、欺隐、诈伪、偷漏、恐吓、科敛、占夺、强索、匿逃、赌博，乃至杀人谋财之事。则凡此诸讼悉无，诸刑悉措矣。"③ 康有为进而更加清楚地表述道："大同无邦国，故无有军法之重律；无君主，则无有犯上作乱之悖事；无夫妇，则无色欲之争，奸淫之防，禁制、责望，怨怼、离异、刑杀之祸；无宗亲兄弟，则无有望养、责善、争分之狱；无爵位，则无有恃威、怙力、强霸、力夺、钻营、佞谄之事；无私产，则无有田宅、工商、产业之讼；无尸葬，则无有墓地之讼；无税役、关津，则无有逃匿侵吞之罪；无名分，则无欺凌、压制、干犯、反攻之事。除此以外，然则尚有何讼，尚有何刑哉。"④ 这样，就达到了孔子期望的"无讼"境界。即所谓："我思大同之时，或有过失而必无罪恶也。太平之世无讼，大同之世刑措。"在大同社会中，人们友好相待，精力充沛地进行各种活动，在人们的相互交往中，可能会出现过失，但不会有罪恶。"故大同之世，百司俱有，而无兵刑两官。"⑤ 这种对未来的描述实

---

① 康有为：《大同书》，中华书局，2012，第 279 页。
② 康有为：《大同书》，中华书局，2012，第 279 页。
③ 康有为：《大同书》，中华书局，2012，第 280 页。
④ 康有为：《大同书》，中华书局，2012，第 283 页。
⑤ 康有为：《大同书》，中华书局，2012，第 283 页。

际亦对现实法律制度的一种认识与批判。

《清史稿》中称"有为天资瑰异，古今学术无所不通，坚于自信，每有创论，常开风气之先。初言改制，次论大同，谓太平世必可坐致，终悟天人一体之理"[①]。从上述引述来看，康有为之言论确实开风气之先，即使放在现在，也属于离经叛道、振聋发聩之说。

（二）梁启超

梁启超，生于 1873 年（同治十二年），字卓如，一字任甫，号任公，又曾经自属沧江、中国之新民、饮冰室主人等。广东新会人。梁启超自幼即表现出超人的才能。12 岁就考中秀才，17 岁考中举人，可谓科场十分得意，似乎他将会很顺当地走上传统的仕途。但他于 18 岁在广州拜康有为为师后，思想上发生了巨大的变化。自此，跟随康有为从事维新变法活动。"戊戌政变"后，亡命日本，旅居日本达十余年。在此期间，他游历了夏威夷、南洋、澳洲、美国、加拿大等地，考察了当地的政治和民情；并先后创办了《清议报》《新民丛报》《新小说》《政论》《国风报》等。他利用各种宣传工具批判时政，鼓吹君主立宪，介绍西方的政治制度、思想和著述。他的文字通畅奇诡、立论新颖、"笔端横生感情"。从而深受社会各界主维新变法人士之欢迎，对于新知识新思想的传播起到了无人能及的作用。辛亥革命后，梁启超放弃了君主立宪的主张，在天津创办《庸言报》。后曾出任北洋政府的司法总长、制币局总裁、总统府顾问等职务。1915 年，发表《异哉所谓政体问题者》一文，反对袁世凯复辟帝制，维护共和。1917 年，梁启超出任内阁财政总长，但任职未久；1918 年，他与丁文江等人赴欧洲考察，并参观巴黎和会，此行对他思想的变化影响极大；1920 年，梁启超决定放弃政治活动，专心致力于教育事业；此后，他曾在清华学校、南开大学、东南大学等著名学府讲学或任教；并曾任北京图书馆馆长、司法储才馆馆长等职。其中，他在清华大学文学院与王国维、赵元任、陈寅恪并称"四大导师"的经历，堪称中国现代教育史上的一段佳话。

梁启超一生的著述非常丰富，其主要的著作有《中国历史研究法》《中国近三百年学术史》《先秦政治思想史》《清代学术概论》《中国文化史》等。后人辑有《饮冰室合集》。

梁启超借鉴西方启蒙思想家卢梭、孟德斯鸠的理论，提出了他的法律起源说。他根据民约论和人性论的观点对中国固有的法律制度加以批判，论证了西方法律制度的合理性和优越性，并进而提出了自己的论点。他认为，人

---

① 《清史稿》卷四百七十三，中华书局，1977，第 12833 页。

类在进化过程中，在与自然的竞争中，为了生存，不得不结成"群"，"群"中的个人有其自我的天赋权利，他们都在设法保护或扩大自己的权利，由此必然形成相互争斗的局面。这种状况如果任其发展，必然会对危害到"群"的利益，甚或是个人的生存。所以，人们必然要运用自我的"良知"，寻找解决问题的方法。从而就产生了法律。所以，依梁启超的理论，法律是起源于"良知"的。随着社会的发展，人际关系不再是单纯意义上的生存，法律的生成也趋向复杂。它们的产生途经也开始变得多样化，有的法律"起于命令"，有的法律"生于契约"。梁启超认为，生于契约的法律是最可取的，它们有可能是完美无缺、公正无私的。

梁启超提出，在人治与法治的关系上，必须采取两者并重的态度。首先，他清算了中国传统法律制度中的"人治"观。他称："荀卿有治人无治法一言，误尽天下，遂使我中华数千年，国为无法之国，民为无法之民。"在他看来，人治存在着许多弊端，从时间上、范围上、中国的实际情况上，实现人治都有其难以弥补的缝隙；其次，他也反对实现单纯的法治，他认为，法须人立，亦须人执。只有德智具备的人才能制定出"善法"，善法的切实执行关键也在于人，所谓："虽有良法，不得人而用之，亦属无效。"最后，他得出的结论是，必须要人治与法治并重。他写道："法治主义，既为今世所莫能易，虽有治人，故不可以忽于治法。即治人未具，而得良法以相维系，则污暴有所闻而不能自恣，贤良有所藉而徐展其长技。"

梁启超认为，欲使法律的效率得以最大发挥，治理好国家，必须借重道德的力量，使法律在道德、教育等诸多因素的配合下发挥作用。他写道："政治习惯不养成，政治道德不确立，虽有冠冕世界之良宪法，犹废纸也。"法律和道德应该结合使用。他称，礼与法"两者异用而同体，异统而同源，且相须为用，莫可偏废"。梁启超的法律思想内容极为丰富，以下设有专节予以介绍。

（三）谭嗣同

谭嗣同，生于 1865 年，字复生，号壮飞，湖南浏阳人。《清史稿》中称："嗣同少倜傥有大志，文为奇肆。其学以日新为主，视伦常旧说若无足措意者。"[①] 他的父亲谭继洵，曾任湖北巡抚等职事。谭嗣同在年轻时代曾跟随父亲辗转各地，后来，他又独自游历了许多地方，对国情、民情以及社会现实有了深入的了解，对清王朝统治秩序中存在的危机有切身的感受。他在《三十自纪》中对"风景不殊，山河顿异；城郭犹是，人民复非"（《谭

---

① 《清史稿》卷四百六十四，中华书局，1977，第 12746 页。

嗣同全集》，中华书局版）的现实状况极为感慨。谭嗣同在参加科举考试屡屡落第后，愈发加深了对现实的不满。甲午战争中，中国败于"蕞尔小国"日本，整个社会特别是智识阶层极为震惊，谭嗣同在思想上受到极大的刺激。他在自己的诗作中表达自己沉痛的情感："世间无物抵春愁，合向苍冥一哭休。四万万人齐下泪，天涯何处是神州。"这种悲愤的情感也使他坚定地走上了经世之路。1895 年，谭嗣同到北京去造访康有为，恰适康有为正在南方。他与梁启超进行了深入的晤谈，梁启超向他介绍了康有为的思想和学术主张。谭嗣同对此甚为折服，表示愿为康氏的私塾弟子。1896 年，谭嗣同赴南京候补知府，并写出了著名的《仁学》。1898 年，他被光绪帝任命为执掌变法事宜的"军机四章京"（其余三人为：内阁侍读杨锐、中书林旭和刑部主事刘光第）。戊戌变法失败后，谭嗣同于 1898 年 6 月 28 日就戮于北京的菜市口，同时遇难还有：林旭、康广仁、杨锐、杨深秀、刘光第，世人并称为"戊戌六君子"。《清史稿》中谓"启超避匿日本使馆，嗣同往见之，劝嗣同东游。嗣同曰：不有行者，无以图将来；不有死者，无以酬圣主。卒不去。未几，斩于市"[1]。

谭嗣同的著作主要有：《仁学》《以太说》《报贝元征书》等，此外还有《芒苍苍斋诗集》等，现已有《谭嗣同全集》出版。

（四）严复

严复，生于 1853 年，字又陵，又字几道。福建侯官（今闽侯）人，14 岁入福州船厂附设之海政学堂。1877 年赴英国学习海军课程，在此期间，他认真研读了大量的西方思想家的著作，并曾参观过英国的法院。据称，他经常与当时的驻英公使郭嵩焘"论析中西学术政制之异同，往往日夜不休"。1879 年，严复毕业归国。先任福州船政学堂教习，次年，出任北洋水师学堂总教习。他所翻译的赫胥黎之《天演论》、亚当·斯密的《原富》（即《国富论》）、斯宾塞的《社会通诠》、孟德斯鸠的《法意》（即《论法的精神》）等西方经典著作，对中国近代思想的发展影响甚巨。此外，他还写作了许多政论文章，主张维新变法，驳斥顽固派，其中以《原强》《辟韩》《救亡决论》等最为著名。1911 年（宣统三年），清政府设立海军部，严复被任命为协都统，受赐为文科进士，充学部文词馆总纂，又为资政院议员。辛亥革命后，其思想趋于保守，提倡旧学，反对新文化运动，1921 年逝世。其著译编为《侯官严氏丛刊》《严译名著丛刊》等。

严复是近代思想家中最倡言自由主义者。他深刻地认识到，西法的精髓

---

① 《清史稿》卷四百六十四，中华书局，1977，第 12746 页。

就是自由。其言："自由者，各尽天赋之能事，而自承之功过者也。虽然彼设等差以隶相尊者，其自由必不全。故言自由，则不可以不明平等。平等而后有自由之权，于以治一群之事者，谓之民主。"而西方国家的根基民主制度的基本目的就在于保护自由。民主的根本价值在于保障自由，"自由为体，民主为用"。严复所构想的政治制度环绕着民权与民主的概念。

严复认为，西方的民权的理论，不论是卢梭还是洛克，从基本精神上来说，都没有超过孟子的"贵民说"。其称："问古今之倡民权者，有重于'民为重，社稷次之，君为轻'之三语乎？殆无有也。"他认为，人民应该是国家的主人，而统治者是人民的公仆。其言："斯民也，固天下之真主也……西洋之言治者曰：国者，斯民之公产也；王侯将相者，通国之公仆隶也。"

严复认识到，民权与民主的运作不依赖统治者的仁心，而依赖以制度的方式防止权力的滥用。"国之所以常处于安，民之所以常免于暴者，亦恃制而已，非恃其人之仁也，恃其欲为不仁而不可得也，权在我者也。使彼而能仁吾，即亦可以吾不仁，权在彼者也。在彼者所胜之民也，必在我，无在彼，此之谓民权。"即使是皇帝，也不应该仅仅是高高在上的社会主人，所谓："立宪之君者，知其身为天下之公仆，眼光心计，动及千年，而不计一姓一人之私利。"[①]

由于严复的以自由为本的法律思想具有特别鲜明的特质，故以下将设专节加以介绍。

（五）陈炽

陈炽（1855～1900），江西瑞金人，字克昌，号次亮。其亦为近代维新派的代表人物。其28岁中举人，任职户部。他曾广阅中外史籍，尤其对西方的政治、经济思想特为重视。其还曾游历沿海商埠及香港、澳门，眼界大开。从其曾经翻译亚当·斯密的《富国策》一书来看，其具有一定的英语水平，应该可以阅读西书原著。1894年，撰《庸书》，对中国的政治、经济、文化提出变法的建议。此书经翁同龢推荐供光绪皇帝阅读，对戊戌维新的改革举措具有直接的影响。

实际上，陈炽的思想内容介于洋务思想家与变法维新思想家之间。但因其思想的影响主要体现于戊戌变法期间，故于本章加以介绍。同时，对其思想进行较详细论述的主要原因在于其作为清政府的一般官吏，长期从事实际工作，故他的观点一般来自于现实问题，非常具有针对性。比如在法律方

---

① 以上有关严复的思想论述，请参考黄克武著《自由的所以然》，上海书店出版社，2000。

面，他具体提出了制定商律、税律等新型法律的具体措施，在处理教案的问题上也有独特的观点。根据陈炽的现实特点，也许可以称其为现实主义的思想家。

陈炽与王韬有相同的观点。他认为，西方人来到中国是一件好事，其为中国提供了进行改革的方式和方法，他说："第水陆程途逾数万里，旷绝而无由自通，天乃益资彼以火器、电报、火轮、舟船，长驱以入中国，中国弗能禁。天祸中国欤？实福中国也。天厌中国欤？实爱中国也。"① 同时，他认为，现在的西方国家与以往的夷狄有根本的不同，故也要按照文明的方式与其交往，他说："泰西各国，相距七万里，叩关通市，攘攘者特为利来，我以宾礼待之，以敌国识之，情也，亦义也。西人文章制度，整肃可观，不若戎狄之颛蒙未启也；陆师海军，精强罕匹，不若苗猓之聚散无常也。伊古以来，诸夷猾夏，有如是之声明文物，犁然井然者乎？无有也。"② 由此，要重视对公法的研究。陈炽认为，公法在中国古已有之，他认为春秋战国时期的盟誓制度是西方国家公法的源流。他称："五霸乃始假托仁义，挟天子以令诸侯，仗义执言，四海亦阴受其福，此泰西公法之所由滥觞也。"③ 陈炽以为，现在的公法可以成为独立国家的保障，"天下万国，众暴寡，小事大，弱役强，百年以来尚不至兽骇而鱼烂者，则公法之所保全为不少矣。"④ 他认为，虽然中国经同文馆的丁韪良等人的努力已经翻译了公法的著作，但中国并没有参与到公法的制定中去，在实际操作时没有什么成效，故应该将其归于实用，并且要设立公法学科，"宜将公法一学，设立专门，援古证今，折衷至当"⑤。

陈炽认为，法律则例是国家得以良好治理的必备之具："则例者，治之具也。所以纲纪万事，整齐而约束之，以措一世于治平者也。"然由于年久不修，使之堆积成山，枝蔓繁复，这使得执法的官员难以措手足，而恰给贪胥滑吏上下其手、求索贿赂的机会，使得法律的实施大打折扣，其言："国家承平将三百载，六曹积牍，充栋汗牛，则例一也。而案之歧出者，少或二、三，多且什百焉。……虽才俊之士，白首为郎不能举。……一事也例应驳，书吏受贿，无难觅一可准之案以实之；一事也例应准，书吏索赇未遂，无难觅一可驳之案以倾之。……况案外有案，歧而又歧，若辈动以谕旨为

① 《陈炽集》，中华书局，1997，第 7 页。
② 《陈炽集》，中华书局，1997，第 72 页。
③ 《陈炽集》，中华书局，1997，第 111 页。
④ 《陈炽集》，中华书局，1997，第 111 页。
⑤ 《陈炽集》，中华书局，1997，第 112 页。

辞，以阴肆其要挟贪婪之计，持之有故，言之成理，堂司不得不屈己而从之。……谚曰'书吏之权，重于宰相'，非虚言也。"① 为了解决这个问题，他建议要对法律进行重新修订，删削律例，使之简明："谓宜通饬六部堂官，博选贤能，增修则例。则例而外，芸萃各案为例案，折衷一书，以例为纲，以案为目，与例同者，去之；虽不同，无大出入者，亦去之。其必存者，别类分门，附载于后，毋须详备，惟取简明。书成后，请旨颁行，限期截止，所有积案，一火焚之。"②

我们看到有许多维新思想家都曾对此问题有所论述。实际上，有关律例繁杂，则例积重的情况，在此前已有许多人曾经指出过，并提出了改革的措施，如徐继畲在鸦片战争以前就曾上奏其事："六部则例日增，律不足，求之例；例不足，求之案；陈陈相因，棼乱如丝。论者谓六部之权，全归书吏。非书吏之有权，条例之繁多使然也。臣以为，当就现行事例，精审详定，取切于事理者，事省十之五，文省十之七，名曰简明事例，使当事各官得以知其梗概，庶不至听命于书吏。"③ 但他们都未如陈炽这样提出如此详细的改造方案，更没有陈炽将"所有积案，一火焚之"的彻底。

对于为社会普遍所诟病的胥役，陈炽认为应该加以改造，其称："自胥役盘踞要津，而天下之良民寡，不肖之民众矣；自要津重胥役，而天下之良吏少，不职之吏多矣。"④ 胥役对社会的危害很大，"惟胥役者，则以法生弊，有百害而无一利者也。"针对这种情况，他建议，要善用胥役，一要严定限制，人数要减少；二要优给工食，使其足以养家；三要量予出身，优选保升。"减其额，恤其家，重其赏，严其罚，彼胥役者，素知国法，亦具人心"⑤。

陈炽建议要制定商律等有关经济制度的法律法规。"谓宜仿泰西各国，增设商部，筦以大臣，并立商律、商情、商平、商税四司。商律者，保商之政也。以泰西商律，译出华文，情形不同者，量为删改，通行遵守，以杜奸欺。"⑥ 他还从公司制度、官税制度、货币制度、保险制度、社会福利制度等多方面介绍了西方国家的经济、法律制度，为晚清时期制定有关法律法规提供了必要的参考。他特别推崇西方的公司制度，认为这是西方国家富强的

---

① 《陈炽集》，中华书局，1997，第 11 页。
② 《陈炽集》，中华书局，1997，第 12 页。
③ 《清史稿》卷四百二十二，中华书局，1977，第 12183 页。
④ 《陈炽集》，中华书局，1997，第 66 页。
⑤ 《陈炽集》，中华书局，1997，第 67 页。
⑥ 《陈炽集》，中华书局，1997，第 80 页。

根本，如果自己不发展，恐怕不待军力比拼，而胜负已决。其言："西人之公司，今已垄断海疆，久且纵横于内地。彼之民日富，我之民日贫；彼之商益强，我之商益弱，恐不待兵刃既接，而胜负得失之数已有霄壤之相悬者。"①

王尔敏先生认为，在中国政治思想史上，提出建议创设商部，当以郑观应为第一人。郑观应提出："欲求利国，先祛二弊；欲祛二弊，先自上始。必于六部之外，特设一商部，兼辖南北洋通商事宜。"（《盛世危言后编》卷七）并于光绪二十四年（1898）向协办大学士孙家鼐建议政府颁定商律。他还在《盛世危言后编》中称："振兴工商，宜速定商律也。振兴工商，必先有商律而后能保护商贾。盖商律是其根源，商会学堂是其枝叶也。若无商律，何异国无法律？主事者任性妄为，以公济私，安能振兴商务乎？我国工商之衰，正坐无商律之弊。"（《盛世危言后编》卷二）

但实际上，陈炽也在同时提出这种主张。《庸书》出版于1894年，应该说不在郑观应之后。陈炽建议设立商部，以为保护商民的具体机构："泰西各国皆设商部，另有商律专主护商，岂好为是纷纷不惮烦哉。盖国用出于关税，关税出于商人，无商是无税也，无税是无国也。不立专官、定专律，则商情终抑而商务必不能兴。况中国积习相沿，好持崇本抑末之说，商之冤且不能白，商之气何以得扬？"② 他指出，中国以往没有很好地重视商务，更没有专门的法律用以保商权，其言："盖中国之官商相去悬绝，不设专官以隶之，不设专律以防之，不定地方官吏之考成功罪以警之，而欲恤商情、保商权，是犹缘木求鱼，欲南辕而北其辙也，其必不可得已。"③ 他提出，一定要重视现实问题，并通过具体的方法加以改革："即习变矣，而不立商部，译商律，开商局，设商学，将英美各国公司章程择要删繁，通行刊布，使商人传诵揣摩，以明其理；官吏维持保护，以考其成，岁刊征信录、账目单以昭示天下，则猜嫌终不能泯，壅蔽终不能除，虽需之益殷，而去之弥远。"④ 实际上，郑观应和陈炽二人有许多共同的地方，他们都注重实务，且都懂英文，故在思想上有许多暗合之处。

针对清季教案的处理，陈炽提出了自己的建议。他认为，有些西方国家"借护教为名名，乘隙以阴谋人国"。而"无耻之徒借以为捕逃之薮，其牧师神甫有复不问是非，曲为庇护，遂使朝野上下，闻声畏恶，望影讥弹，其

---

① 《陈炽集》，中华书局，1997，第98页。
② 《陈炽集》，中华书局，1997，第233页。
③ 《陈炽集》，中华书局，1997，第234页。
④ 《陈炽集》，中华书局，1997，第236页。

党恶也益坚，其蓄怒也愈甚，而各省教堂之案，遂往往败溃决裂而不可胜穷"①。对此，他提出了法律上的对策："宜汇查诸国限制之法，斟酌情势，择善而从。约而定之，有四事焉：一、入教之民，应稽确数，教堂教产，何地何名；二、日后入教者，应先报所在官吏，以便保护；三、教堂之内，谣诼繁兴，应纵外人游观，并由官吏查察，则疑谤自息；四、遇有词讼之事，教民应与凡民一律，毋许擅用西礼，致为众怨所归。"② 应该说，陈炽的这些建议都是非常具有现实意义的。同时，他提出的思想主张也是非常具有实际操作性的。

第二节 变法维新派法律思想的基本内容

一 深入进行根本性变法的政治要求

甲午战争的失败，使人们不得不对以往的变法措施和主张进行深入的反省。通过多年的经营，清王朝拥有了比较现代化的工业，也拥有了在当时较为强大的海军舰队，但最终仍归于失败。从而，变法维新派认为，必须进行更深层次、根本性的变法，才有可能挽救清王朝的统治。

康有为通过撰写《新学伪经考》和《孔子改制考》等著作，从特定的角度，采取特定的形式对传统的经典和思想加以否定和抨击。他利用儒学的旧形态，宣传变法维新的新思想。在《新学伪经考》中，康有为通过对今文经与古文经何为"真经"的"学理"考证，对东汉以来被独尊为儒学正宗的古文经学加以抨击。这实质上是对封建正统思想的否定。因为，无论古文经是否伪经，都的确是正统儒家思想的理论基础。而这种正统思想一直被标榜为神圣不可侵犯的，它们是封建统治的根本，是与可变之"器"根本不同的"道"。即所谓"天不变道亦不变"。《新学伪经考》实质上是对"道"的一次破除。这种对变法理论的探求从深度上而言已远远超越了前两代变法者（即前述的鸦片战争时期的求变思想家和洋务思想家）。前两代的变法者均是谋求从传统中寻求变法的理论依据。他们从儒家经典中努力寻找它们，他们在几十年间，不过挖掘出极为雷同的一些章句，诸如："穷则变，变则通，通则久""天行健，君子以自强不息""周虽旧邦，其命维新"等等。甲午战争以后，康有为等思想家已经看出这种挖掘的确不得不另辟蹊

---

① 《陈炽集》，中华书局，1997，第140页。
② 《陈炽集》，中华书局，1997，第140～141页。

径了。

中国近代思想史上，屡见为了接受西方思想，并使其为中国所用，而将西方思想用中国古代的外表重新包装的情况。即路易斯·哈茨所谓："为了发现'西方'，人们不得不到东方的思想中去寻找。"① 其中以康有为的托古改制最具代表性。其所谓孔子改制及大同思想，完全是以中国古代之旧瓶装西方思想之新酒。《新学伪经考》的作用在于破除了变法维新的思想阻碍。康有为的另外一部著作《孔子改制考》则成为他创建其本人变法思想体系的重要著述。在这部著作中，康有为把孔子认定为"托古改制"的始作俑者。他称，六经均是孔子为托古改制而作，其中的"微言大义"重点体现在改制。六经统一于《春秋》，《春秋》之传在《公羊》。只有《公羊春秋》才是孔子阐发"圣法"的"真经"。那么，《公羊春秋》为什么这么重要呢？其原因在于它所阐发的"公羊三世说"。所谓"公羊三世"是指《公羊春秋》中的"通三统""张三世"之说。前者的内容是说中国古代的夏商周三代是不同的，它们在更替之时，都曾经历过一个因时变革，有所损益的过程。而不是一以贯之、一成不变的。所以，可以得出的结论是，变法是天经地义的，夏商周"三代"都是如此，现代就更不用说了。而后者的内容是说，社会的历史演进包括三个阶段，即："据乱世""升平世""太平世"。社会的进步与文明程度是随着"三世"的交替而不断发展的。康有为用他所了解的历史进化论和西方的政治法律学说，改造、附会"公羊三世说"，把它解释为，"据乱世"等同于君主专制时代；"升平世"等同于君主立宪时代；"太平世"相当于民主共和时代。根据这种社会发展规律，康有为论证了当前的中国正处于"据乱世"的末期，现在是向"升平世"进化的历史转型时期。这种转型需要实行相应的变法维新措施，才能达到顺利平稳的过渡。根据这种理论，中国的变革是必需的、合理的；由像他本人一样的低级士人参与的"布衣改制"是有理由的，是"合乎古训"的，是适应时代要求的。而如果不能顺应时代发展的要求，抱残守缺，则难逃王朝覆灭的命运。他直截了当地指出："时既变而仍用旧法，可以危国"，只有变法维新，才能使清王朝的统治摆脱危机，走上自强之路。所谓"我今无士、无兵、无饷、无船、无械，虽名为国，而土地、铁路、轮船、商务、银行，惟敌之命，听客取求，虽无亡之形，而有亡之实矣。后此之变，臣不忍言。观大地诸国，皆以变法而强，守旧而亡，……能变则全，不变则亡，全变则强，小变仍亡"（《中国近代史资料丛刊——戊戌变法》第二册，上海人民出版社，

---

① 史华兹：《寻求富强》，江苏人民出版社，1990，第4页。

第 197 页）。

梁启超虽然在学术观点上不完全同意其师，他称康有为的《新学伪经考》"往往不惜抹煞证据或曲解证据，以犯科学家之大忌。"但在倡言变法这一基本点上，他也采取了与康有为相同的观点和方法。他同样坚定地认为变法维新是救亡图存的唯一出路。他用比康有为更加清晰准确的社会进化论观点来论证变法的合理性。他认为，人类世界与自然界一样是不断变化的。地球在变、时辰在变、季节在变，社会同样也在变，社会制度的各种组成部分会随着社会的改变而改变，国家的军事制度、教育制度、考试制度都必须变化，法律更是如此。他说：法律的变动是"天下之公理也。"并且他把"三世"的划分运用于法律制度的更迭，即"有治据乱世之律法，有治升平世之律法，有治太平世之律法。"针对变法的反对者所坚持的"祖宗之法不可变"之类的顽固观点，梁启超从多方面、多角度予以反驳。他认为，法律在其运用过程中，肯定会逐渐产生出自身的弊病："法行十年或数十年或百年而必弊，弊而必更，天地之道也。"他称，如果在世事不断变化的情况下，一味地不思进取，恪守祖宗的不变之法，必然会导致可悲的后果，必然在世界上沦落为弱者，为他人所欺，最终的结果就是亡国灭种。所以，他得出的结论是，变法已不是可变、可不变的问题，而是一种大势所迫、不得不为的必然。他写道："法者，天下之公器也；变者，天下之公理也。大地既通，万国蒸蒸，日趋其上，大势相迫，非可於制。变亦变，不变亦变。变而变者，变之权操诸己，可以保国，可以保种，可以保教。"而如果不进行彻底变法，则"万无可以图存之理"。

梁启超还列举了清朝社会实际中的种种变化，以说明变法不但是可能的，也是可行的；并且，变法并不至于引起什么灾难性的后果。如军事上"坚壁清野之法，一变而为长江水师，再变而为防河圈禁"，"由长矛弓箭而变为洋枪、洋炮"；外交上"使用闭关绝市之法，一变而通商十数国"；商业上也从闭关自守变为了"开埠通商"。所以，法律制度也应该因变而变，而不能梦想"一食而求永饱，一劳而求永逸"。

梁启超提出应该针对现状找出变法亟须解决的问题，他在著作中列举了社会中存在的种种弊端："工业不兴""商务不讲""学校不立""兵法不讲""官制不善"。如此"因延积弊，不能振变"，必然要导致"国家衰弱，民不聊生"，加之西方列强的侵略和瓜分，中国在这种情况下，割地丧权，处境十分危急，犹如"一羊处群虎之间，抱火厝之积薪之下而寝其上"。在此生死存亡之际，变法已不再是什么该不该变的问题，而是"大势所迫"的必然，而变法的根本应该是从法律制度上加以改变。他称："法治主义为今日救时的唯一主义。"

谭嗣同早年曾反对过变法，认为"道"是永恒不变的，它可以不随天变，也不随地变。甲午战争的失败，深深地刺激了谭嗣同，使他成为变法的积极倡导者。他主张从思想基础上进行变革，破除"圣人之道无可云变"的精神束缚。他称："不变法，虽圣人不能行其教。"在国家危难之际，只有变法是才能挽狂澜于既倒。他认为，不变法是不能改变中国的现实问题的："不变今之法，虽周孔复起，必不能以今之法治今之天下。"

严复认为，中国必须变法，不然必定灭亡，这是"天下理之最明，而势所必至者"。从而，救亡之道、自强之谋皆在变法。他断言，天下没有"百年不变之法"，现实的状况说明，古人所立之法于今已不可通行，如果"犹责子孙令其谨守其法"，必定导致危亡。

宋育仁在为陈炽《庸书》写的序言中称："今日之病在网密而法遁，则议更其苛细；在官冗而禄薄，则议均其食事；在学肤而举滥，则议变其选仕；在上蔽而下壅，则议通其复逆。今日即更律法、厘官制、兴学校、行议院，整齐立效，知治本矣。顾更律法、厘官制、兴学校、行议院，不于先王取法，则必以外域为师。外域之治，果胜于先王之法，即师外域无伤也。"①极力主张学习西方，实行变法。

二　实行"宪政"的变法维新主张

维新派的变法主张，体现在具体的改革目标上，就是废除君主专制制度，实行君主立宪制度。在此以前，虽然宪政理论已被介绍和宣传，但从具体实行这一意义上，是维新派提供了明确的行动纲领和实施的手段，并最终导致了戊戌变法的必然结果。在维新派看来，中国之所以内忧外患频繁出现，积贫积弱的现实得不到根本的改变。其原因不仅仅在于没有外国的船坚炮利，也不仅仅在于缺乏现代化的经济，根源是君主专制制度的存在。要使中国彻底摆脱陈旧落后、被动挨打的局面，达到国家富强，人民安乐的优良之治，必须从统治制度的根本之处入手。具体的方法就是实行宪政，确立"君主立宪"政体。维新派寄希望于清政府主动地进行自上而下的改革，他们为清政府提供了一系列的政治改革方案。

（一）立宪法、设议会

变法维新派认为。立宪法、设议会是变法之路的不二之选。康有为称："东西各国之强，皆以立宪法、开国会之故。国会者，君与国民共议一国之

---

① 《陈炽集》，中华书局，1997，第1~2页。

政法也。盖自三权鼎立之说出，以国会立法、以法官司法、以政府行政，而人主总之。立定宪法，同受治焉。……东西各国，皆行此政体，故人君与千百万之国民合为一体，国安得不强？……立行宪法，大开国会，以庶政与国民共之，行主权鼎力之制，则中国之治强，可计日待也。"[1]

康有为认为，要实行改革，其首要的任务在于必须制定确定君主立宪政体的宪法。他称："变法全在定典章宪法。"因为在他看来，只有用宪法对国家政体加以确定，才可能使国家的政治生活纳入有序的轨道，变法才能取得成功。他主张仿照日本的明治维新，把"定宪法"作为"维新之始"。他指出："各国之一切大政皆奉宪法为圭臬"。即宪法是国家的根本法，它不但能使国家的政治制度得以确定，而且还可以保障变法的顺利施行，减少内部的动荡。他断言："若能立宪法，改官制，行真维新，则内乱必不生。"而如果不能制定宪法，则局面必是："恶之者驳诘而不行，决之者仓卒而不尽，依违者狐疑而莫定，从之者条画而不详。"

梁启超更是极力主张要制定宪法，并写了《立宪法议》等专门介绍宪政的文章。他认为，君主立宪政体是最为优良的政体。他主张仿照英国实行君主立宪政体。针对戊戌变法的失败教训，他指出，必须制定成文宪法，而不能如以往那样"今日上一奏，明天下一谕"的乱抛一些"纸上空文"。在《立宪法议》中，他具体分析了世界各国政体的形式："世界之政有二：一曰有宪法之政（亦名立宪之政），二曰无宪法之政（亦名专制之政）。……今日全地球号称强国者十数，除俄罗斯为君主专制政体，美利坚、法兰西为民主立宪政体，自余各国皆君主立宪政体也。"[2] 他认为，根据中国的传统与现实考虑，应该实行君主立宪制，因为民主立宪制有许多问题，"其施政之方略，变易太数，选举总统时，竞争太烈，于国家幸福，未尝不间有阻力。……故君主立宪政体，政体之最良者也。地球各国既行之而有效，而按之中国历史之风俗与今日之时势，又采之而无弊者也"[3]。

梁启超把宪法称为国家的元气，是国家生命的根本所在，他说："宪法者何物也？立万世不易之宪典，而一国之人，无论为君主、为官吏、为人民，皆共守之者也，为国家一切法度之根源。此后无论出何令、更何法，百变不许离其宗者也。……盖谓宪法者，一国之元气也。"[4] 他进而论述道，只要君主承认其权力是有限的，确定了君主与官吏、君主与人民的权力界

---

① 夏新华等编《近代中国宪政历程：史料荟萃》，中国政法大学出版社，2004，第 16～17 页。
② 夏新华等编《近代中国宪政历程：史料荟萃》，中国政法大学出版社，2004，第 24 页。
③ 夏新华等编《近代中国宪政历程：史料荟萃》，中国政法大学出版社，2004，第 24 页。
④ 夏新华等编《近代中国宪政历程：史料荟萃》，中国政法大学出版社，2004，第 24 页。

限，就可以铲除社会矛盾，使其统治永续，他称"故立宪政体者，永绝乱萌之政体也。馆阁颂扬通语，动曰'国家亿万年有道之长'，若立宪政体，真可谓国家亿万年有道之长矣！"①梁启超疾呼，建立立宪政体是世界大势，不可违背："抑今日之世界，实专制、立宪两政体新陈嬗代之时也。按之公理，凡两种反比例之事物相嬗代必有争，争则旧者必败而新者必胜。故地球各国，必一切同归于立宪而后已。此理势所必至也。以人力而欲与理势为敌，譬如以卵投石，以蜉撼树，徒见其不知量耳。"②

康有为认为，议院制是一种十分理想的制度，它的确立，可以使国家"百废并举，以致富强"。早在《公车上书》中，他就提出了设议院、开国会的主张。他建议举"议郎"，"上驳诏书，下达民词，凡内外兴革大政，筹饷事宜，皆令会议于太和门，三占从二，下部施行。"康有为设想，设立议院可以达到"上广皇帝之圣聪，可坐一室而知四海，下合天下之心志，可同忧乐而忘公私，皇上举此经义，行此旷典，天下鼓舞奔走，能者竭力，富者纾财，共赞富强。君民共体，情谊交孚，中国一家，休戚与共，以之筹饷，何饷不筹？以之练兵，何兵不练？"议会的作用在于"民信上则巨款可筹；政皆出于一堂，故德意无不下达；事皆本于众议，故权奸无所容其私"。他肯定这种制度要优越于专制政体，召开国会可以使"君与国民共议一国之政法"，从而达到"庶政与国民共之"的共治局面。在这种政治制度下，"人君与千百万国民合为一体"，并且"立宪法以同受其治，有国会合其议，有司法保护其民，有责任政府以推行其政"。在国会的组织方式上，康有为主张，不但在中央"设议院"，一切政事都要在议会中进行讨论，而且，在省、府、县中分级设立。在戊戌变法期间，他建议清帝："预定国会之期，明诏布告天下。"并在召开国会之前，谏言仿照日本明治维新时的方法，先在宫中设立"立法院"或"制度局"。其"制度局"的构想被他认为是"变法之原"，他设想的制度局由十二个局组成，即法律局、度支局、学校局、农局、工局、商局、铁路局、邮政局、矿务局、游会局、陆军局、海军局。

梁启超认为，"立国会"是专制政体区别于立宪政体的重要特征。他声称，"宣布宪法，召集国会"是中国进行变法的当务之急。他在研究了世界各国的政治制度后，总结出这样的结论：除英国这样的不成文宪法国家外，世界大多国家都是先有国会，然后制定出宪法。所以，应该以召集国会作为

---

① 夏新华等编《近代中国宪政历程：史料荟萃》，中国政法大学出版社，2004，第26页。
② 夏新华等编《近代中国宪政历程：史料荟萃》，中国政法大学出版社，2004，第26页。

变法的开端。严复与康、梁的主张有所不同，他提倡设乡局以建立地方自治的基础。他设计的方法是："一乡一邑之间，设为乡局，使及格之民，推举代表，以与国之守宰相助为理"，以此形成地方自治的基础，进而实行宪政。陈炽特别赞成君主立宪制度，"泰西议院之法，……合君民为一体，通上下为一心，即孟子所谓'庶人在官'者，英美各邦所以强民富国，纵横四海之根源也"①。但他有着与其他人不同的地方，他特别介绍了西方国家的财政支出的问题，其论述可谓别开生面。其谓："惟君民共主之国，有上议院，国家爵命之官也；有下议院，绅民公举之员也。院之或开或散有定期，事之或行或止有定论，人之或贤或否有定评。国有用例支、有公积，例支以岁费，公积以备不虞，必君民上下询谋金同，始能动用，公积不足则各出私财以佐之，此所以举无过言、行无废事，如身使臂、如臂使指，一心以德，合众志以成城也。"②

（二）实行"三权分立"的宪政方式

在维新派提出实现三权分立以前，三权分立之学说已经为社会所知。马建忠就曾对西方的三权分立学说加以赞美，他说："各国吏治异同，或为君主，或为民主，或为君民共主之国，其定法、执法、审法之权，分而任之，不责于一身，权不相侵，故其政事纲举目张，粲然可观。"③

康有为认为，实现"三权分立"的政治统治方式，是实现国家富强的关键所在："行三权鼎立之制，则中国之治强，可计日待也。"他主张，在中国实行君主立宪政体，必须采用"三权分立"的方式。他引证西方的政治学说来解释他的这种主张："近泰西政论，皆言三权，有议政之官，有行政之官，有司法之官，三权立，然后政体备。"他还把国家比喻为人的身体，以此论证"三权分立"的必要性。他说："夫国之政体，犹人之身体也。议政者譬如心思，行政者譬如手足，司法者譬如耳目，各守其官，而后体立事成。"他进一步分析批评了清政府政治体制中不实行分权的弊病："今万几至繁，天下至重，军机为政府，跪对不过须臾，是仅为出纳喉舌之人，而无论思经邦之实。六部总署为行政守例之官，而一切条陈亦得与议，是以手足代谋思之任，五官乖宜，举动失措。"由此，只有实行"三权分立"，才能在立宪政体制度基础上实现限制君权，并明确国会、政府和司法机构的职责的目的。即："以国会立法，以法官司法，以政府

---

①　《陈炽集》，中华书局，1997，第107页。

②　《陈炽集》，中华书局，1997，第107页。

③　马建忠：《适可斋记言》，中华书局，1960，第28~29页。

行政。"

梁启超结合西方的政治理论思想和中国的实际情况，构造了自己独特的"三权分立"理论。其内容为：国会行使立法权，国务大臣行使行政权，独立审判厅行使司法权。此三权分而论之，称为"用"，它们是可分的；此三权统而论之，称为"体"，其为不可分之权，统掌于君主之手。即"三权之体皆莞于君主"。

谭嗣同虽然没有使用"三权分立"这一词汇，但他明确表示中国应该仿行西方的分权制。他说："西国于议事办事，分别最严。议院议事者也，官府办事者也。各不相侵，亦无偏重。明示大公，阴互牵制。治法之最善而无弊者也。"这种对于权力应受制约的思想认识，在当时社会条件下是很具超前性的。

三　主张采用西方的法律制度形式

在关于采用什么形式的政治法律制度这个问题上，出于对现实的认识，变法维新派认为，西方国家的政治法律制度应该是中国仿效的样板。从而，他们均主张学习西方、仿效西方甚至是全盘地引进西方的政治法律制度。

康有为研读了西方的政治理论著作，并收集了许多日本的法律和章程，在对其进行了研究之后，他主张采用西方的法律制度模式。对于原有的刑法典章，他建议："今宜采罗马及英、美、德、法、日本之律，重订施行。"以此解决外国借口中国的刑罚过重，而坚持其治外法权的问题。他还要求全面移植西方的法律制度，以适合当前社会变化的需要。他称："其民法、民律、商法、市则、船则、讼律、军律、国际公法，西人皆极详明。既不能闭关绝市，则通商交际，势不能不概予通行。然既无律法，吏民无所率从，必致更滋百弊。且各种新法，皆我所夙无，而事势所宜，可补我所未备。故宜有专司，采定各律以定率从。"（《中国近代史资料丛刊——戊戌变法》第二册，上海人民出版社，第200页）

梁启超深受西方法律的影响，他十分推崇卢梭、孟德斯鸠等人的思想主张。从而从根本上认为西方的法律制度是合理而优越于中国固有法律制度的。比如，他十分赞赏西方的资产阶级契约论，认为法律的起源有所不同，其中西方式的起源于契约的法律是最完美无缺、公正无私的。梁启超非常重视学习西方的法律，在当时的社会环境下，他更加倾向于集体主义。"从这种集体主义和有机体的观点出发，梁氏不仅欣赏民主制度，而且也欣赏另一些近代西方制度，……或多或少是同样的理由，导致梁认识到法律的社会意义。他指出，任何群体都需要法律，因为法律使一个群体结合在一起，并维持秩序。一个群体智力愈是发达，该群体所需要的规则和规章也愈复杂多样。因此，保持国家团结和强大的一个重要方法，即是学习西方的法律知识。"① 当然，应该指出，梁启超的思想中，对群的特别重视使得他对于社会中的个体有所忽视。从而，虽然他对于自由的理念有比较深刻的理解，但未如严复一样，把自由当作法律的核心价值。他认为，中国的现实更适合实行集体主义，实际上也就是国家主义。张灏指出："梁启超将民主化看成是近代国家思想的一个必要组成部分，但由于他基本上是从集体主义和功利主义的观点看待民主制度，由此，他的民主信念在遇到他的国家主义偏向上，没有发挥在西方自由传统背景下所预期的那种作用。"②

谭嗣同认为，西方国家的政治法律制度中"法度政令之美备"是值得借鉴的。他主张"尽变西法"，全面地引进西方的法律制度。他的理论根据是天下的器和道都是相通的。外国的道是与中国之道一般无二的。他说："且道非圣人所独有也，尤非中国所私有也，……彼外洋莫不有之。"既然如此，引进外国的法律制度就是理所当然的了。在政治上，他要求仿行西方国家的分权制、兴民权、设议院；强调要努力摆脱封建政治统治对人的束缚，争取政治上的解放："衔勒去，民权兴，得以从容谋议，各遂其生，各均其利"。他主张鼓励私人投资近代工业，发展民族资本主义经济；他举例说明西方国家是如何促使社会投资工业的："西人于矿务铁路及诸制造，不问官民，只要我有山有地有钱，即可由我随意开办"，而在此基础上，会有诸多的仿效者，"一人获利，踵者纷出"。如此，则工业会迅速兴起。他还倡言改革旧律，实现资产阶级法律制度，培养具有近代法学知识的法律人才，以适应变法图强的需要。他主张，在修改旧律时，要注意"使中西合一，简而易晓，因以扫除繁冗之簿书"。他建议，仿效西方的教育制度，建立各级书院。并在大书院中，通过不同科目的专门培养，造就法律人才。使这些法律人才在国家管理中发挥出作用，使"凡府史皆用律学之士"。

严复十分赞赏西方国家实行的资产阶级法制，其一，他认为西方国家由议会立法，由自治地方实施法律，是一种可以得到民众拥护而到达"无乱"的好办法；其二，西方国家的狱政公平，是其富强所依赖的重要方面；其三，严复认为，西方国家的律师辩护制度、陪审制度是实现司法公正，减少冤案的重要手段；其四，他认为西方国家的刑事判决中运用经济制裁的方式，是一种合理而有效的方式，他说："西国轻罪，多用锾罚，故法行而民

---

① 张灏：《梁启超与中国思想的过渡》，江苏人民出版社，1995，第76页。

② 张灏：《梁启超与中国思想的过渡》，江苏人民出版社，1995，第211页。

重廉耻，可谓至便。"

陈炽很明确地指出，西方的法律制度中也曾有许多苛虐的地方，但与中国比相对要文明一些。他说："惟彼此相衡，仍觉西轻而中重，每有交涉，动启纷争，泰西领事诸官，乃得操会审之权，不复以与国相待。"而近邻日本由于采取了法律制度的变革，使得西方国家在其国犯法后服罪认罚。进而，他认为这种领事裁判权制度事关国体，要特别予以重视。其称："日本，东瀛小国耳，而西人之商于其地者，俯首服罪而无辞。国体所关，非细事矣。"①

陈炽分析了中西之间在法律制度上的异同，认为处罚过重不但不能起到禁绝犯罪的目的，还会使人失去改恶迁善的机会。他指出："窃谓中西刑律，各有所长，允宜斟酌其间，变通尽力。盖刑罚过重，不足以禁暴除邪，徒绝人为善之路而已。"②进而，他认为，西方法律制度中有三个方面长处：一曰监禁做工，即犯人可以通过劳动得到改造，并获得一定收入，使其重入社会时有一定的日常费用所需；二曰轻犯充役，即犯轻罪的人，被处罚参加社会劳动，不必一概监禁；三曰入锾赎罪，即以罚款代替刑罚。而相对西方，中国的一些刑罚制度应该有所改进，特别是对笞杖之刑罚应该严加管理。其言："中国有变本加厉而首应限制者，一事焉，曰笞杖。笞杖之制，仿于扑作，教刑之意，未尝不美，而相沿既久，酷吏借以杀人，多有小过非辜立毙杖下者。似应严加禁约，明定章程，勿使无知小民横遭冤酷也。今日刑曹之长，于重罪多主平反。而于轻罚未尝措意，鞭箠桎梏，与死为邻。夫天下之至可怜者，轻罪也；而天下之至易虐者，愚民也。刑禁不悬，司刺不举，惟明克允择善而从，是所望于视民如伤之君若相矣。"③即笞杖之刑，本适用于轻罪，以教育为主，但却被酷吏当作杀人工具。社会上往往重视重罪大案，对于轻罪不甚关心，使那些犯轻罪之人实际上受到重罚，甚至有性命之忧，失去使其迁恶从善的立法本意。

四 变法维新派法律思想的主要特点及评价

从鸦片战争前后出现的求变改革派，到戊戌变法时期形成的变法维新派。他们在半个多世纪的时间里走过了一条漫长而曲折的思想路程。这条思想的轨迹可以说是一条变法思想的轨迹，其目的都是在于使中国摆脱积贫积

① 《陈炽集》，中华书局，1997，第116页。
② 《陈炽集》，中华书局，1997，第116页。
③ 《陈炽集》，中华书局，1997，第116页。

弱、被动挨打的不利处境，走上富国强兵之路。

变法维新思想把近代变法思想发展到了一个极限，其改革目标是西方式的资本主义的国家政治组织方式，但实行的手段是走改良的道路。而在此之后，中国的政治思想开始走上革命之路。与以往的变法思想相比较，变法维新派的法律思想有什么特点呢？如果我们总结一下近代变法思想的发展过程，就会自然地得出结论：（1）近代变法思想的发展过程是一个西化的过程。从林则徐、魏源开始，中国的思想家们开始"睁开眼睛看世界"，注意西方的政治制度和科学技术，但此时，他们还是出于一种御敌的策略，对西方的事物防范多于接受，他们的思想基本上还是渊源于中国传统中固有的文化；其后，洋务派开始主动地接触西方的事物，并开始出现一些具有资本主义意识的思想家，他们在从传统中找寻解决问题的方法的同时，也主动接受了许多西方的思想，但他们坚持的行动纲领是"中学为体，西学为用"；而变法维新派的思想家，他们已是积极地利用西方的政治法律思想来形成、完善和阐述自己的思想了。（2）近代变法思想的发展过程是一个自我认识的过程。鸦片战争前后，中国的思想家们开始反思社会制度中存在的弊病，他们认识到，中国社会正处于变化之中，清王朝的统治秩序存在着极大的危机。但他们并没有认识到中国社会正处于根本性的转折过程中；洋务派在中国对抗西方的屡屡失败中认识到，中国正经历千古未有的大变局，他们面对的对手是亘古未有的强敌，从而比较清醒地认识到必须学习西方先进的科学技术，并进行深刻的社会变革，但他们的认识还是一种表层的、比较肤浅的；发展到资产阶级改良派，他们已充分认识到中国固有的政治体制是一种落后的体制，从而开始寻求制度上的根本改变。（3）从"变器"到"变道"的过程。早期的改革派根本没有意识到在这场社会危机中，应该从根本上变更封建王朝的统治方式，从传统上进行深入的变革。他们认为，依照一般性的改革方式就可以解决问题，他们倡导"仿古法而行之"或"药方只贩古时丹"。洋务派已察觉出，仅仅依靠对封建秩序的小修小补是不能解决问题的，但出于传统的惯性，他们拒绝对他们赖以存在的制度加以改造，他们坚持"变器不变道"，决不允许触动他们的统治基础。到戊戌变法期间的变法维新派形成时，中国已陷于不可自拔的危机之中，亡国灭种的危险已现实地摆在他们面前。他们看到，仅仅"变器"已不足以摆脱危机。不变道，必然将会很快被列强瓜分，而无力自立于世界，由此，他们不得不向传统的统治方式开刀，要求从制度的根本之处进行改革。"变道"已是势所必然的了。（4）从"形而下"到"形而上"的过程。在早期改革派时代，变法思想没有形成独立的思想体系。几乎所有的思想家们一般上都是从抨击社会弊端、倡言局部改革开始展开其思想的，他们基本上还是着眼于个案的、具体的事物；对所提倡的社会改造，也只局限于拾遗补漏，而大多没有从整个社会制度的角度去说明问题。洋务派更是趋向于一个官僚集团，而长久没有形成一个完整的思想脉络，直到张之洞转向洋务派，他们的思想才趋于成型。但此时，洋务派的思想由于甲午战败所引发的思想激变而显得落后于时代的发展了。况且，他们在张之洞的《劝学篇》刊行以前基本上没有提出任何比较完整、可行的社会改造方案。而在《劝学篇》刊行之时，激进心态形成，社会理智已处于混乱状态，失去了渐进改革的社会基础，这是极为令人扼腕叹息之事。因为在近代史上，只有洋务派才是最有能力、最有权力基础、最有丰富的学识、最有道德品行的力量。他们本有可能为中国设计一条真正可行的发展道路，而由于现实的原因，在中国近代史上最早形成比较完整、比较系统思想体系的，是变法维新派。他们通过大量的著述，多角度、多层面地论述了他们的思想，形成了较完整的思想体系。其中，尤以康有为的"托古改制"和"大同思想"最具有特色。更为重要的是，他们的理论已从"务虚"过渡到"务实"，戊戌变法的发动就是这种思想体系完全形成的根本标志。但我们看到，他们比之于洋务派思想家，从学识、人品、社会号召力等各方面来说都有比较大的欠缺。由他们构筑中国变革的思想体系实有力不能支之感。

第三节　梁启超法学论述简介

可以说，梁启超是近代意义上中国最早的法学家和法律史学家。其有关法学和法史的论述甚多，故在此设专节予以介绍。

据范忠信先生统计，梁启超一生的法学著述不下 300 万字。其可以分为以下几个方面的内容。（1）法理学，著作有《法理学大家孟德斯鸠之学说》《中国法理学发达史论》《论立法权》等；（2）宪法学，著作有《各国宪法异同论》《宪法之三大精神》《中国国会制度私议》《立宪法议》《宪法浅说》《立宪政体与政治道德》《责任内阁释义》《开明专制论》等；（3）行政法学，著作有《官制与官规》、《外官制私议》《资政院章程质疑》、《城镇乡自治章程质疑》《改盐法议》《省制问题》等；（4）法史学，著作有《论中国成文法编制之延革得失》、《先秦政治思想史》等。此外，他还对许多西方的法律思想进行了介绍，如：亚里士多德、孟德斯鸠、边沁、康德等。（5）国际法学，著作有《国际联盟评论》《西南军事与国际公法》《国际立法条约集序》《日俄战役于国际法上中国之地位及各种问题》等。① 以下对梁启超的几部主要法学著作做提要式的介绍，以使大家对此有初步的印象。

一　《各国宪法异同论》

该书写作于 1899 年，有学者认为，这可能是中国人写作的最早的比较法学著作了。此著作分七章，政体、行政立法司法之三权、国会之权力及选举议员之权利、君主及大统领之制与其权力、法律命令及预算、臣民之权利与义务、政府大臣之责任。实际上，该书篇幅很短，也可以说它是一部概要式的著述。

在《各国宪法异同论》中，梁启超首先对宪法下了一个定义："宪法者，其义盖谓可为国家一切法律根本之大典也。"

其后，他根据宪法的各个方面对不同国家的宪法进行了介绍。在"政体"中，他把政体分为君主国和共和国两类；在"行政立法司法三权"中，他说："行政、立法、司法三权鼎立，不相侵轶，以防政府之专恣，以保人民之自由。"在"法律命令及预算"中，梁启超对法律的概念、分类等加以界说。其称："法律云者，虽为总括国家一切法制规则之称，然于立宪国则惟以经国会议定者称为法律。至于君主及政府大臣所发布之法制规则，则别称之为命令，而就中又分为敕令、省令等名称。""又所定法律之界，各国亦有异同。虽难一定，今得举其重要者：曰民法，曰民事诉讼法，曰刑法，曰刑事诉讼法，曰政法，曰收税法，曰会计法，曰征兵法，及定一切官民相接之分宜等之规则是也。"在"臣民之权利与义务"中，他列举了宪法的权利与义务："厘定臣民之权利及职分，皆各国宪法中之要端也。如言论著作之自由，集会结社之自由，行为之自由，居住之自由，所有（如某物为我所有，他人不能占夺者，谓之为所有权利），请愿权利及其他重大之各权利；并纳税义务，兵役义务，及其他重大之义务。"

二　《论立法权》

该书写作于 1902 年，其中分三节：论立法部之不可缺、论立法行政分权之理、论立法权之所属。

在《论立法权》中，梁启超对立法进行了分析和介绍。其称："国家者，人格也。……国家之意志何？立法是已。"他认为，中国之所以落后于

---

① 见范忠信选编《梁启超法学文集》，中国政法大学出版社，2000。以下介绍未特别标明者，均据此本。

西方，关键的一点就在于中国缺少独立的立法机关。"泰西政治之优于中国者不一端，而求其本原，则立法部早发达，实为最著要矣。"他认为，在中国历史上，由于荀子推崇人治，造成了中国法律的极端不发达。只有王安石变法时，立法获一线生机，但惜归于失败。其言："盖自周公迄今三千余年，惟王荆公创设制置条例三司，是立法于行政，自为一部，实吾中国立法权现影一瞥之时代。惜其所用非人，而顽固虚骄之徒又群焉制其肘。故斯业一坠千年，无复过问者。呜呼，荀卿有治人无治法一言，误尽天下。遂使吾中华数千年，国为无法之国，民为无法之民。并立法部而无之，而其权之何属，更靡论也；并法而无之，而法之善不善，更靡论也。"他还认为，中国法的因循守旧使国家的意志萎缩，"而腐败之根原所从出也"。

他还对立法权属于人民的观点加以论证："立法者，国家之意志也。昔以国家为君主所私有，则君主之意志，即为国家之意志，其立法权专属于君主固宜。今则政学大明，知国家为一国人之公产矣。且内外时势，浸逼浸剧。自今以往，彼一人私有之国家，终不可以立优胜劣败之世界。然则今日而求国家意志之存在，舍国民奚属哉。"

三 《中国法理学发达史论》

该书写作于1904年，分为四个部分：法之起因、法字之语源、旧学派关于法之观念、法治主义之发生；其中在第四部分中又分为五个部分：放任主义与法治主义、人治主义与法治主义、礼治主义与法治主义、势治主义与法治主义、法治主义之发生及其衰灭。

在《中国法理学发达史论》中，梁启超结合中国法律思想发展的历程，比较全面地论述了法理学的诸多基本问题。在法律起源的问题上，他认为法律是随社会的发展而逐步发展起来的，其言："以近世学者之所说，则法律者，发达而非创造的也。盖法律之大部分，皆积惯习而来，经国家之承认，而遂有法律之效力。而惯习固非一一，焉能悉有理由者也。"

范忠信认为："梁氏对中国法理学说史的评价，有两大基本观点。一是把先秦的儒家、墨家、法家、道家的争鸣解释为'放任主义'（道家）、'人治主义'（儒、墨）与'法治主义''国家主义'（法家）的斗争。二是认为中国古代有主张'自然法'与反对'自然法'的斗争。"（范忠信：《认识法学家梁启超》，载《梁启超法学文集》）

梁启超指出："我国自三代以来，纯以礼治为尚。乃春秋战国之前，社会之变迁极剧烈，然后法治思想乃始萌芽。法治主义者，应于时势之需要，而与旧主义宣战者也。夫礼治与法治，其手段固沟通不同，若其设为若干条件以规律一般人之行为，则一也。"而最后，法治主义终被礼治主义所战胜。"吾国崇古念重，法治主义之学说，终为礼治主义之学说所征服。"

梁启超认为，中国的法律制度之所以不发达，原因有两个。其一，法律没有成为知识阶层的一种事业。"一切法律上事业，悉委诸刀笔之吏。学士大夫，莫肯从事。此其所以不能发达者一也。"其二，主张法治主义的法家，其自身有缺点，这种缺点不断被对手攻击，牵连至法律也难于发达。"又法家言，主张团体自身利益过甚，遂至蔑视团体成员利益。虽能救一时之弊，而于助长社会发达，未可久适。"

在文章中，梁启超对法的起源、法字的语源、各学派关于法的观念等问题都做了细密的考证。他认为，自然法应是立法的准则。其言："夫立法者既不可不以自然法为标准矣。自然法既出于天意矣，而人民之公意，即天意之代表也。"

梁启超对中国古代诸子各家的思想均有自己的评价。他认为，儒家主张人治，虽立意崇高，但于社会现实无益。"《君道篇》：有治人无治法。……法不能独立。……得其人则存，失其人则亡。……君子者法之原也。故有君子，则法虽省，足以遍矣。无君子，则法虽具，失先后之施，不能应事之变，足以乱矣。此其言虽未尝不含一面之真理。然人也者，非可操券而得者也。圣人君子，间世而不一遇。专任人而不任法，此所以治日少而乱日多也。"他认为道家"对于法之观念，实以无法为观念者也。既以无法为观念，则亦无观念之可言"。对于墨家，其评论为"故墨子绝对的认法律为创造的，而不认为发达的。若惯习法，其为墨家所承认者殆希也。且墨子之排斥人民总意也，犹有说"。

梁启超认为，法治主义和礼治主义虽然形式各异，但实质相同。"则儒家之言礼，法家之言法，皆认为行为之标准。儒家所谓中礼不中礼，即法家之所谓适法不适法也。二者就形质上，就效用上，其观察点全同，虽谓非二物可也。"其区别在于其适用的范围。"所谓礼者，即治本族之法律；所谓刑者，即治异族之法律。"由于社会处于大变革的时代，这种界限不得不被打破。"儒家则欲以畴昔专适用于贵族之法律（即礼）扩其范围，使适用于一般之平民；法家则欲以畴昔专适用于平民之法律（即刑与法）扩其范围，使适用于一般之贵族。此实礼治法治之最大争点，而中国进化史上一大关键也。"

梁氏的这种论断，恰能说明中国法律的发展特点。在法家占据统治地位的时候，法律被适用于全社会，自然包括贵族；而儒家独尊以后，便有所谓

"以礼入律。"

梁启超不但对法治主义的产生和发展进行了一般性的论述，其还进一步对其动机进行了更深入的阐释。其言："大抵当时法治主义之动机有二：一曰消极的动机，二曰积极的动机。消极的动机者何？其在国家内部，阶级制度之弊，已达顶点；贵族之专横，为施政上一大障碍，非用严正之法治，不足以维持一国之秩序。……积极的动机者何？当时交通既开，兼并盛行，小国寡民，万不足以立于物竞界。故大政治家，莫不取殖产主义与军国民主义，即所谓富国强兵者是也。而欲举富国强兵之实，惟法治为能致之。……由是观之，则法治主义者，实应于当时之时代所要求，虽欲不发生焉而不可得者也。"

四 《论中国成文法编制之沿革得失》

该书写作于 1904 年，共分为十一章：绪论、战国以前之成文法、李悝之成文法、两汉之成文法、魏晋间之成文法、唐代之成文法、宋代之成文法、明清之成文法、成文法之渊源、成文法之公布、前此成文法之阙点。

在《论中国成文法编制之沿革得失》中，梁启超对法律的起源、成文法的形式、成文法之延革等问题都做了比较深入的研究。他把法律分为成文法和惯习法（习惯法），并把成文法严格界限于制定和公布两个必要前提之下。其言："成文法之定义，谓国家主权者所制定而公布之法律也，不著竹帛之惯习法，其非成文法不俟言。即已著诸竹帛，如君主之诏敕，及法庭之判决例，实际上虽与法律有同一之效力，然名义上未经主权者指定赋与法律之名，仍不能谓之成文法。"他复把成文法分为两种，"一曰单行法，谓随时颁布之法律也。二曰法典"。

梁启超对法律的起源、发展、本质等问题有更为周密的思考。他将法律的发展论述为三个阶段。"人类之始为社会，其间固自有种种惯习以为之制裁，是即法律之所由起也。故法律之起，可谓之先于国家，及社会既形成国家，而前此所谓制裁力者，渐以强制执行之。主治者与受治者之关系既确定，惯习变为惯习法，主治者复以其意之所是非，制为禁令，而一国人皆有服从之义务，此法律发达之第一级也。"此后，到国家公布成文法，法律就发达到第二级；"及夫统治作用渐进步，主治者以种种原因，不得不取前此之惯习及禁令，泐为条文，而特命之以法律之名。又以不教而诛之为罔民也，乃以法律代一种之教规，泐而布之，使一国知所守。于是所谓成文法见焉。此法律发达之第二级也。""凡法律之内容及外形，皆有一定之原理、原则以组织之，而完善之法典始见，此法律发达之第三级也。"

梁启超认为，法律是在社会中通过一定的过程发展成熟的，所以不可以简单地照搬外国的法律理论，而要使法律与社会实际相契合。其言："法律者，非创造的而发达的也。然则非徒有外国之法律智识，而遂足以语于立法事业。而本国法律之延革，与夫社会之需要，皆不可不深厝意焉。夫法律当如何而适于社会，此实质问题。"这种认识水平，在现代看来也是非常高的。

在研究考证了中国历代的成文法之后，他指出中国古代法律的缺点有四个方面。

（一）法律之种类不备

梁启超认为中国法律的体系不完整，其最大缺憾在于私法的不发达及宪法未能成长。其言："近今学者言法律之分类，其说虽不一，而最普通者，则大别为公法、私法之两种。公法者，所以规定国之组织，及国与人民之关系，国与国之关系者也。私法者，所以规定人民相互之关系，及甲国人与乙国人之关系者也。……我国法律界，最不幸者，则私法部分全付阙如之一事也。罗马法所以能依被千祀，擅世界第一流法系之名誉者，其优秀之点不一，而最有价值者，则私法之完备是也。……我国法律之发达，垂三千年。法典之文，万牛可汗。而关于私法之规定，殆绝无之。夫我国素贱商，商法之不别定，无足怪者。若乃普通之民法，据常理论之，则以数千年文明之社会，其所以相结合相维护之规律，宜极详备。乃至今日，而所恃以相安者，仍属不文之惯习。而历代主权者，卒未尝为一专典以规定之。其散见于户律、户典者，亦罗罗清疏，曾不足以资保障。此实咄咄怪事也。"对于这种现象，梁启超分析其原因有二：其一，"由君主专制政体，亘数千年未尝一变。……故法律纯为命令的原素，而丝毫不含有合议的原素。其于一般私人之痛痒，熟视无睹焉，亦固其所。"其二，"由于学派之偏畸。……儒教固取德治主义、礼治主义，而蔑视法治主义，故言法者殆见屏于儒教之外。……儒教言惟置重社会制裁力，而于国家之强制执行，不甚视为重要。其根本概念，与法治不能相融。故不得不任法家言占优胜之地位于法律界。而法家言则只有国家自身之利益，而构成国家之分子（即人民）之利益在所不计。"

梁启超认为，中国没有固有的宪法性法律，而《会典》并非如有人所言的具有宪法性质。其言："次所遗憾者，则关于国家根本组织之宪法，未能成立也。……苟无此物，则终不足以进于法治国。……夫各国所谓宪法者，虽程度高下各有不同，然其内容大率分三大部，一曰国家组织之方法，二曰国家机关活动之规律，三曰国家分子对于国家之权利义务。三者缺一，不得谓宪法。而会典（指大清会典——引者）则惟有第二项，其第一、第三项皆无有也。且宪法为国家之根本法，一切法律，不得与宪法法文及法文所含之精神相触背。而会典之效力，反往往得以则例停止之也。故会典与宪法异者，非徒程度问题，而实性质问题也。"

（二）"法律之固定性太过"

梁启超认为，中国的法律一直因循古代的内容而少有创新，这种法律在其源头则可适应，但延续千年以后，其适用性势必大为减弱："法律之有固定静止性，其本质然也。虽然，法律以适于社会之需要为贵。而社会之进步变迁，瞬息未尝停止也。以固定静止之无机的法律，而遇瞬息变迁之有机的社会。""今之法律非他，唐律之旧也；唐律非他，汉律之旧也；汉律非他，李悝之旧也。夫李悝距今则而千年矣。唐之距今则亦千余年。及曰旧社会进步淹滞，亦安有千余年前之法律，适用于千余年后，而犹能运用自如者？"

（三）法典之体裁不完善

（1）范围不确立："我国会典与律，近于主法；则例、条例，近于助法。然有一般之大纲宜为主法者，而以入诸则例、条例之中。亦有部分之细目，宜为助法者，而以入诸会典与律之内。质而言之，则律之与例、会典之与则例，果以何者为界限，彼立法者自初未尝设有一严格的区分也。夫宜为主法者而入诸助法，则效力不强，而授官吏以出入上下、因缘为奸之嫌。宜为助法者而入诸主法，则主法太繁碎猥杂，失弹性力；缘夫时势之变迁，而主法遂不得不成为僵石。"

（2）主义不一贯：也就是说，法律的基本原则没有连贯性。其称："我国前此之法典，其编纂太无意识。去取之间，绝无一贯的条理以为之衡。故一法典中而其文意相矛盾者，指不胜屈。使用法者无所适从，而法典之效力以相消，而不复存在。此不得不谓编纂方法拙劣之所致也。"

（3）纲目无秩序："故善立法者，于纲目之间，最所注意焉。先求得其共通之大原理，立以为总则。……我国今日现行两大法典，其大清会典，无所谓总则，不必论矣。其大清律例，……名例律者，有总则之名而未能全举其实者也。……此我国法律所以等于头痛灸头、脚痛灸脚，支离灭裂，而终不足以周社会之用也。"

（四）法典之文体不适宜

梁启超认为，中国古代法律在法律用语方面有所缺欠，法律用语应该有"明白""确定"和"伸缩性"三个方面的特性，而中国以往的法言法语可以做到明白，但在确定和伸缩性方面欠缺很多，他写道："法律之文辞有三要件：一曰明，二曰确，三曰弹力性。……我国法律之文，'明'则有之，而

'确'与'弹力性'两种，皆甚缺乏。……以我律文与今世诸国之法文相较，其正确之程度，相去远矣。若夫弹力性，则我律文中殆全无之。率皆死于句下，无所复容解释之余地。法之通用所以日狭，而驯即于不为用者。"

第四节　严复"自由为本"的法律观

自由一词，无疑是近代思想史中出现频率最多者之一，也是近代中国最响亮的口号。但学习西方并不仅仅是一个口号，其包括种种方式、种种方法和几乎全方位的制度变迁，这必然是困难重重的艰辛历程。正如林毓生先生所言："把另外一个文化的一些东西当做口号是相当简单的，但口号式的东西的了解并不是真正的了解。"① 从这种意义上而言，在近代思想发展过程中，能够理解自由理念的真实内容的，恐怕只有严复和梁启超等少数几个人。

据学者考证，"自由"二字的首度出现则在东汉，赵岐注《孟子·公孙丑（下）》"则吾进退岂不绰绰然有余裕哉"一句为："今我居师宾之位，进退自由，岂不绰绰然舒缓有余裕乎。"此后，在许多诗文中也都用了自由这个词汇。② 严复在解释"自由"的意义时，特别引用了柳宗元的《酬曹侍御过象县见寄》这一首诗："破额山前碧玉流，骚人遥驻木兰舟。东风无限潇湘意，欲采萍花不自由。"他称："自繇之义，始不过谓自主而无挂碍者。"（严复：《群己权界论·译凡例》）可以说，是严复把自由作为一个政治理念引入中国近代思想之中的。周昌龙先生把严复的自由观划分为三个层次，其言："严复的自由观，因此有了三个不同之层次：区分群己权界，以法权保障自由，为第一个层次；融入'洁矩之道'，以自由人格之推展提升自由之境界，为第二个层次；提倡地方自治，落实公民自由，为由虚返实之第三层次。"③

严复的自由思想极为丰富，其从字义本源、文义引申到思想内涵进行了充分的论述，本书不可能将其完全展示，因为那可能是一部完整的著作也难以尽述的。在此仅将其与政治法律相关者加以简单归纳，以使读者能够知其大略。

---

① 林毓生：《中国传统的创造性转化》，生活·读书·新知三联书店，2011，第21页。

② 林载爵：《严复对自由的理解》，载刘桂生等编《严复思想新论》，清华大学出版社，1999，第173页。

③ 周昌龙：《严复自由观的三层意义》，载刘桂生等编《严复思想新论》，清华大学出版社，1999，第84页。

一 自由为西方文化传统之根本

严复认为，自由是西方国家制度文化传统的根本。在严复介绍约翰·密尔的《自由论》以前，自由作为一种西方的思想观念已经传入中国，但是无论维新派或守旧派都没有理解自由的内涵，严复称："自繇之说常闻于士大夫，故竺旧者既惊怖其言，目为洪水猛兽之邪说；喜新者又恣肆泛滥，荡然不得其义之所归。"（严复：《群己权界论·序》）

应该说，在近代以前，这个词汇并没有与法律、制度有所联系，"有制度保证、有法律保障以免于独裁专制的政治自由或外在自由，也就是第一指称的自由，在中国传统中却付之阙如。"① 而自严复始，把个人自由与国家独立相提并论，其言："身贵自由，国贵自立。"（严复：《论世变之亟》）严复认为，西方国家与中国相比较而言，最为重要的区别在于其以自由为根本，即其所谓命脉所系之处，其于《论世变之亟》中称："其命脉云何？苟扼要而谈，不外于学术则黜伪而崇真，于政刑则屈私以为公而已。斯二者，与中国道理初无异也。顾彼行之而常通，吾行之而常病者，则自由不自由异耳。夫自由一言，真中国历古圣贤所深畏，而未尝立以为教者也。……故人人各得自由，国国各得自由。"（《严复集》，第2~3页）观此一言，则可知严复深刻理解了自由的精髓，而有学者称严复未解自由之本意，可谓不明所以。大概在同时代人中，只有梁启超对自由的理解最为接近严复，他在1899年所撰《自由书》的《叙言》就说"西儒约翰弥勒曰，人群之进化，莫要于思想自由、言论自由、出版自由"。

严复清楚地意识到西方的富强中包含着政治制度、法律制度、社会秩序，以及价值观念和思想意识等众多的内容。他认识到，任何一项事业的创建，不可能在一个未曾经历过深刻的社会和心理变革的社会里成功。"他振聋发聩地宣布一个基本观点：西方强大的根本原因，即造成东西方不同的根本原因，绝不仅仅在于武器和技术，也不仅仅在于经济、政治组织或任何制度设施，而在于对现实的完全不同的体察。因此，应该在思想和价值观的领域里去寻找。"②

严复认为，学习西方，寻求富强，必须要明了其之所以富强的根本，也就是必须知道自由的真实含义。"当他发现到甚至连主张变法者都对自由的

---

① 林载爵：《严复对自由的理解》，载刘桂生等编《严复思想新论》，清华大学出版社，1999，第174页。

② 史华兹：《寻求富强》，江苏人民出版社，1990，第45页。

观念茫无所知时，自由的介绍更属迫切。"① 从而，他翻译了约翰·密尔的《自由论》，其译名为《群己权界论》，从这个译名来看，严复更为注重的是自由的社会属性和政治意义。

中国古代，一个普通知识分子也深知："古人为学，皆以自治其身心，而以应天下国家之事……未有剖学与行为二者也。"（程晋芳：《正学论》，《清经世文编》，中华书局）故而，严复从一开始就决定要把引入自由的理念作为改造国家的一种手段，而不仅仅限于学术层面。

虽然在不同的时期，严复对自由的表述有所不同，但严复对自由的核心价值非常看重，他认为其为最高的社会价值，有了它，社会就可以迈向太平盛世，其言："故今日之治，莫贵乎崇尚自繇。自繇，则物各得其自致，而天择之用，存其最宜。太平之盛，可不期而至。"（严复：《评点老子道德经》）

严复把具有个性，即约翰·密尔所称的特立独行之人称为"特操"，他很准确地表述了密尔原著中的意思，即不能保持个人的特性，社会上没有不同意见的表达者，社会就不能进步。其言："不自繇则无特操，无特操则其群必衰。"（《群己权界论》，第 76 页眉批）所以，如果没有倡自由之人，国家就会衰落，"民少特操，其国必衰之理"（《群己权界论》，第 74 页眉批）。但他也认识到，只有在有自由的国家中，才会出现具有持不同见解的个人，即："特操之民，社会所待以进化。然国必自繇，而后民有特操。"（《群己权界论》，第 76 页眉批）

这种思想对于中国传统而言是具有革命意味的，强调个人的自由，实际上就是对专制制度的否定。同时，也是对以家族和等级为核心价值的法制的一种否定。

二　自由是法治的关键

严复认识到，西方法治的精髓在于全社会对自由理念的认可。他认为，在社会中倡导并实现自由是中国寻求富强的关键。史华兹称，严复"像他同时代的许多人一样，他不仅在寻求医治中国眼前的病毒，而且在寻求一个清晰的无所不包的现实梦幻"②。当然，这种梦幻里必然包括法治的成分。

法治是西方之政治观念，这是确定不移的事实。这个西方的观念在进入

---

① 林载爵：《严复对自由的理解》，载刘桂生等编《严复思想新论》，清华大学出版社，1999，第 186 页。

② 史华兹：《寻求富强》，江苏人民出版社，1990，第 74 页。

中国以后，如果想要获得生存的土壤，应该具有中国的特质也是无疑的。魏源的"以夷制夷"之说后来为冯桂芬所否定，但其"师夷长技以制夷"之论为冯桂芬所接受。其所谓夷之长技，洋务运动时期被认为是技术层面的，中国人对传统的体制虽然在个别地方（如律例、胥吏等）产生诸多质疑，但还是坚信其整体的优越性。甲午战败，举国悲愤，对制度之当变也成为共识，然以思想观念为先导者，几乎唯严复等少数几人而已。严复更深得西方法治思想的精髓，把自由的观念引入中国。

但于当时，民族之危机感使得自由成为一种奢侈的向往，人们对自由的理念没有深入理解的愿望。故自由一词，虽嚣嚣于众口，或言高于生命与爱情，但对其内在的精神实质的理解只在若即若离之间。

严复崇尚自由，认为其有助于解决中国的现实问题。他认为，在巨大的民族危机中，不但必须学习西方国家的科学技术、制度形式，也要注入西方的思想。他认为，实行西方的法治是必要的。

事实上，许多年前他已崇拜西方法律，在英国留学期间，他曾旁听了英国法院的庭审，日后，他回忆道："不佞初游欧时，尝入法庭，观其听狱，归邸数日，如有所失。尝语湘阴郭先生，谓英国与诸欧之所以富强，公理日伸，其端在此一事。先生深以为然。"（《法意》案语，《严复集》第四册，第 969 页）因此，他倾注了极大的热情翻译了孟德斯鸠的《论法的精神》一书，孟德斯鸠就认为英国极为注重把自由建立在法律的基础之上。严复认识到："英国的非凡的经济成就是解放个人活力的结果。正是自由的环境使这一切成为可能；而孟德斯鸠生动地论证过，此种自由根植于英国的法律制度之中。"①

此后，他不断论述法律在社会中的作用。"严复在译著《原富》中，一再指出英国法律的优点与英国富强之间的密切关系。在《原富》一书的译按中，'泰东西之政制，有甚异而必不可同者，则刑理一事是已。'严复强烈地感受到了亚当·斯密著书立说的法律环境，当然，他也明了斯密和孟德斯鸠对于立法权力的信仰和对通过改变法律使社会发生变化的可能性的信仰。"②

直到近代之初，中国的知识分子仍然没有足够的勇气对自己的文化传统进行深刻地反思，而往往在看到西方的思想家对中国的传统进行批评时，他们受到的震惊可想而知。"当孟德斯鸠指出，在中国，宗教、习俗、法律和

---

① 史华兹：《寻求富强》，江苏人民出版社，1990，第 103 页。
② 史华兹：《寻求富强》，江苏人民出版社，1990，第 103 页。

生活方式等等，一切都被搅混在'礼'的范畴之中时，严复发现自己完全被此种一针见血的见解所震撼。"① 他认为，中国亟待解决的问题就是对现行法律进行彻底的变革，他认为这是改变中国积贫积弱现状的有效途径。"严复很可能渴望国家通过立法使贫穷不堪的中国在经济、教育和政治上得到发展，因此不得不同意孟德斯鸠和斯密在 18 世纪的信仰：立法者有影响人类社会进程的力量。"②

严复在翻译西方著作的过程中，心中即带着寻找富强答案的急切，也带着痛苦的焦虑与感情。故而，他一边进行着翻译的工作，一边与作者进行着论辩，还在努力阐发自己的思想。严复从自由的本质出发，介绍并探究了自由与法律的关系问题。其言："民所不得自由者，必其事之出乎己而及乎社会者也。至于小己之所为，苟无涉于人事，虽不必善，固可自由，法律之所禁，皆其事之害人者。"③ 如周昌龙先生所言："严复国群自由急于小己自由的主张，并非要牺牲个人特操，也没有贬损穆勒个体自由的价值，他是将个体自由更推进一层，从消极'免受限制'的一己自由，转化为积极谋求全体幸福的公民自由；从个人的克己复礼，进至泯除人我界限的天下归仁。这样一种创造性的阐释，既契合儒家传统之自由精神，且与罗素等现代西方哲学家的思考方向，也若合符节，值得研究近代思想史的人再三致意。"④

严复界定思想言论自由的标准是："为思想为言论，皆非刑章所当治之域。思想言论修己者之所严也，而非治人者之所当问也，问则其治沦于专制，而国民之自繇无所矣。"（严复：《法意》第十二卷第十一章案语，见《严译名著丛刊》，上海商务印书馆）他认为，法律是保障思想自由的，而不是限制思想自由的。如果思想自由被法律所限制，则国民就没有自由可言了。

严复所谓的"行己自繇"，也就是个人的自由。他主张只有个人在获得广泛自由选择权的基础上，社会才能有法律的有效控制。其言："自繇云者，乃自繇于为善，非自繇于为恶。特争自繇界域之时，必谓为恶亦可由，其自由分量，乃为圆足。必善恶由我主张，而后为善有其可赏，为恶有其可诛。又以一己独知之地，善恶之辨，至为难明，往往人所谓恶，乃实吾善，人所谓善，反为吾恶，此干涉所以必不可行，非任其自由不可也。"

---

① 史华兹：《寻求富强》，江苏人民出版社，1990，第 112 页。
② 史华兹：《寻求富强》，江苏人民出版社，1990，第 103 页。
③ 严复：《群己权界论·译凡例》，《严译名著丛刊本》，上海商务印书馆，1903，第 1 页。
④ 周昌龙：《严复自由观的三层意义》，载刘桂生等编《严复思想新论》，清华大学出版社，1999，第 82 页。

（严复：《群己权界论·译凡例》）也就是说，允许个人按照自行设定的善恶标准来行事。而不能先设定一个标准，以至于使人丧失了择善的主动性。严复这么说不是毫无所指的。当时，正值社会思想剧变，所谓善恶标准"至为难明"。比如，在严复青年时代对其最为赏识的郭嵩焘，出于对西方国家的了解，盛赞其成就而被国人指为汉奸，甚至许多湘籍士人耻于与其同乡。从而，严复坚定地认为，个人必须有选择善恶的自由，民智和民德才能进步："不自由则善恶功罪，皆非己出，而仅有幸不幸可言，而民德亦无由演进。故惟以自繇，而天择为用，斯郅治有必成之一日。"（严复：《群己权界论·译凡例》）在这里，我们可以看到，严复对个人的选择自由至为看重，认为这是创造良好政治的基础，同时也是法律制度得以建立的基础。

同时，他还认为，对于一些纯属个人的行为，以及不涉及他人的风俗、爱好，应该给予自由的空间。其称："盖民所不得自繇者，必其事之出乎己，而及乎社会者也。至于小己之所为，苟无涉于人事，虽不必善，固可自繇。法律之所禁，皆其事之害人者。而风俗之成，其事常关于小己，此如妇女入庙烧香，又如浮薄少年，垂发覆额，至种种衣饰好尚，凡此皆关风俗，皆关小己。为民上者，必不宜与聚赌讹诈之类等量齐观，施以法典之禁。何则？烧香束发，人人皆有行己之自繇也。"（严复：《法意》第十九卷第十四章案语）

在这里，我们可以看到，严复非常详细地论述了个人自由与法律控制的关系。对于仅仅关于个人之行为，其可能使社会的大多数人厌恶或不齿，也不应该属于法律控制的范围，而聚赌讹诈这些事关他人的行为，应该由法律予以禁止。

虽然自由对个人而言至为重要，也是建成民主政治的基础，但并不是说，自由是无限的，也要有一定的限制，这种限制，一般而言就是法律的限制。严复也深刻地认识到这一点，其认为，如果自由没有一定的限制，就会成为所谓"完全十足之自由"，其结果就是"无政府，亦无国家，则无治人、治于人之事，是谓君臣伦毁。且不止君臣伦毁，将父子、夫妇一切之五伦莫不毁"（严复：《群己权界论》，译者序）。故一定要处理好自由与法律限制的界限，没有自由，社会就不能进步，而没有法律，社会就没有秩序，也即："纯乎治理而无自由，其社会无从发达，即纯自由而无治理，其社会且不得安居。"（严复：《群己权界论》，译者序）

严复所主张的自由是多方面的，其包括个人行为自由、思想言论自由、政治自由与经济自由等，但这一切自由都必须有法律加以保护才能实现。严复认为西方文化之命脉在于，"于学术则黜伪而崇真，于刑政则屈私以为公而已"。但这种在法律上的屈私以为公并非意味着法律可以随意侵犯个人的权利，而是主张以自由为法律内在的精神，而法律的重要功能就在于保护个人的自由。他认为自由的要旨则为："第务令无相侵损而已，侵人自由者，斯为逆天理，贼人道，其杀人、伤人及盗蚀人财物，皆侵人自由之极致也，故侵人自由，虽国君不能，而其刑禁章条要皆为此设耳。"（严复：《论世变之亟》）

三　自由是寻求富强的关键

追求富强的愿望，与先秦法家的思想高度吻合。《韩非子》中称："明主者，通于富强则可以得欲矣"。中国近代知识分子本可以从法家思想中获取更多的资源，但儒家的立场使其回避了这种挖掘。同时，新涌入的西方思想也有足够多的内容来取代它们。因为，西方思想更具有实效性。史华兹认为："康有为肯定接受了人类社会必然进步的观念，但却企图从儒家学说受压制的一派中引申出这一观念。严复则认为没有必要为自己心目中的新观念找一件中国外衣。"① 实际上，严复未必不想给他的观念找到一件中国外衣，但他的理念确实太新了，甚至难以在传统中找到相近的观念。自由，在中国传统中从来就没有形成一种观念，而只是一个内容比较模糊的名词。

寻求富强，对于彼时的严复而言是最为关切的任务，史华兹说："严复似乎是带着一个已使他入迷的问题到达英国的，这个问题构成了他所有观察、思索的基础。这个问题就是西方富强的秘密是什么，首先是英国富强的秘密何在？正是这个迫在眉睫的问题，引导严复热切地考察英国的政治、经济和社会制度，并且最终导致他全神贯注于当时英国的思想。"② 富强成为严复及那一代中国知识分子最为关注的社会目标，为了这个目标，甚至牺牲一些个人自由也被视为理所当然的事情。为此，严复非常渴望从西方的思想宝库中寻找到对国家富强最为直接、最为有用的东西。甚至他把自由的理念移植到中国的目的也是要使其能为富强之目的所用，"在严复的关注中，占突出地位的仍然是对国家存亡的极大忧虑。严复的所有信奉必须都放在由国家危机造成的背景中来看。假如严复看来，科学、自由、平等和民主与他所关注的事没有直接关系，那么人们大可怀疑，他对'自由主义'的信仰是否会如此热诚"③。严复认为，只有获得了自由，人民才可以从事"自利"

① 史华兹：《寻求富强》，江苏人民出版社，1990，第54页。
② 史华兹：《寻求富强》，江苏人民出版社，1990，第19页。
③ 史华兹：《寻求富强》，江苏人民出版社，1990，第44页。

的行为，而这种"自利"就是国家富强的基础，其言："夫所谓富强云者，质而言之，不外利民云尔。然政欲利民，必自民各能自利始；民各能自利，又必自皆得自繇始；欲听其皆得自繇，尤必自其各能自治始；反是且乱。"①

严复认为只有自由之民，才能有民力、有民智、有民德。而民力、民智与民德又必须以法律加以保障，即所谓："必三者既立，而后其政法从之，于是一政之举，一令之施，合于其智德力者存，违于其智德力者废。"（严复：《原强》）严复强调，他最关心的是政治意义上的自由。由此，他界定了政治意义上自由的含义："释政界自由之义，可云其最初义，为无拘束、无管治，其引申义，为拘束者少，而管治不苛。"（严复：《政治学讲义》，见《严几道先生遗著》，第 59 页）在这里严复已经接触到了现代政治中有关限制政府权力的问题，他认为拘束少是政治自由的关键，也就是所谓"以政令简省为自由"（严复：《政治学讲义》，见《严几道先生遗著》，第 63 页）。这里的政令简省完全超越了前代思想家删除则例、厘清法律的思想水平。

四　自由是民主制度的根本

相对于维新派主张的君主立宪制，严复似乎更倾向于民主立宪。其认为，民主立宪制度可以为国民提供真正的法律保障，他说："乃至立宪民主，其所对而争自繇者，非贵族非君主。贵族君主，于此之时，同束于法制之中，固无从以肆虐。"（《群己权界论·译凡例》）严复盛赞民主制度，其称："民主者，治制之极盛也。使五洲而有郅治之一日，其民主乎。虽然，其制有至难用者，何则？斯民之智、德、力，常不逮此制也。夫民主之所以为民主者，以平等。……顾平等必有所以为平者，非可强而平之也。必其力平，必其智平，必其德平，使是三者平，则郅治之民主至矣。"（严复：《法意》，第八卷第二章案语）

在这里，我们看到，严复一方面认为民主政治是最好的制度形式，但也认为要实现民主政治是有一定条件的，也就是社会民众要达到有力、有智、有德。而要有此三项条件，自由是不可或缺的，没有自由，要想民众有力、智、德是不可能的。故民主政治的最基本要求就是有必要的社会自由。

所谓民智包括两个方面内容，其一是社会民众的智识水平的普遍提高，其二是社会上有特立独行的"特操"人士。也就是具有高度智识的人物，社会的进步实质上是有赖于这样的人。而这种人物的出现，必须要以国有自

---

① 《严复集》第一册，中华书局，1986，第 27 页。

由为前提。严复称："特操之民，社会所待以进化，然国必自繇而后民有特操。"（严复：《群己权界论》，篇三之案语）

　　笔者同意周昌龙先生的看法，其言："遍阅严复的翻译与著作，他从来没有说过要人牺牲个人特操去成全国群利益的话，相反，他将个人特操视为国群独立与富强的前提。在《群学肄言》的《译余赘语》中，他指出：'社会之变相无穷而——基于小己之品质。'"① 笔者虽未能"遍阅"严复的所有著作，但也能从严复的字里行间体会出他对自由的认知是非常清晰的。后人所谓严复未能体味自由真实意味之说，实出于自身未能体会严复的思想内涵。当然，严复对自由的解释未必能够如今天一样在文字上作出清晰的表达，但也要看到，正是在严复等人对自由的解释的基础上，自由这个词汇才能得到越来越清晰的形式上的表述。同时，经过百年的学习过程，中国整体社会已经在整体上完成了一个思想意识上的西化过程，我们对于自由的含义尽管还是似懂非懂，但对其作为一个词汇的存在已经是见惯不惊了。而严复在翻译与解释自由这个名词时，他在寻求想要为国人所理解的词汇时一定是满腹疑虑，难以抉择。其结果是在《大学》中找出了"絜矩"这个词汇，他自己也知道，实际上用"絜矩"来表述自由也是勉强而为之，他在《论世变之亟》中已有阐述，他说："中国道理与西法自由最相似者，曰恕、曰絜矩。然谓之相似则可，谓之真同则大不可也。何则？中国恕与絜矩，专以待人及物而言；而西人自由，则于及物之中，而实寓所以存我也。"② 存我，这是一个对中国传统而言非常新鲜的内容，也就是要在群的基础上保持己的个性，对此群己关系，中国传统思想中甚少表述，而在西方思想中，在群则关乎限己，在己则关乎限群的主张，严复在表述上也很难把握，只能根据不同时期的认识而作不同的表述。其目的只有一个，叫中国社会能够认知自由的存在意义和价值。"严复在阐明自由与民主之间的关系，已经注意到民主可能是人类所能达到的制度性政治之最高境界，更进一步提出'自由为体，民主为用'的论点，指出民主是自由的运用，自由才是民主的本体，摆脱了当时流行的中体西用说，直探西方自由主义政治思想的精粹领域。"③ 进而，严复宣传，只有人民自由，国家才有自由，人民有权，国家才有权："吾未见其民之不自由，其国可以自由也；其民之无权者，其国之可以有权也。"

---

① 周昌龙：《严复自由观的三层意义》，载刘桂生等编《严复思想新论》，清华大学出版社，1999，第 78 页。

② 《严复集》第一册，中华书局，1986，第 3 页。

③ 刘桂生等编《严复思想新论》，清华大学出版社，1999，第 65 页。

严复认为，人民的聪明才智是潜在的，只有通过长期艰苦的教育过程，才能使其表现出来。"顾平等必有所以为平者，非可强而平之也。必其力平，必其智平，必其德平。使是三者平，则郅治民主至矣。"他的基本观点是透过教育与地方自治的实施，培育国民，以缓进的方式将君主专制政体改为君主立宪，再进而为民主共和。严复认为，中国人之个体小自由，造成群体性无秩序，最终导致社会无自由的状况；西方人个体之自我约束，最终获得社会整体自由之基础。

当然，我们也要提到，严复实际上认为在当时的社会基础上，实行民主自由的时机并不成熟。在王蘧常撰写的《严几道年谱》中曾记述了严复与孙中山1905年在英国的谈话，严复说："中国民品之劣，民智之卑，……为今之计，惟急从教育上着手，庶几逐渐更新也。"据说孙中山回答："俟河之清，人寿几何？君为思想家，鄙人乃执行家也。"在此，我们看到，知识分子于社会之责任是在社会思想观念上予以推动，其与政治家之行动并非同步，但须互相尊重，至少是容忍对方。从某种程度上可以说，严复对自由、民权的认识，最接近西方民主思想的实质。但在晚清的现实条件下，这种对西方思想的本质认识，并不能得到社会的认同。在当时社会思想失衡的条件下，人们更容易接受被粗俗化了社会进化论。"物竞天择，适者生存"更能唤起人们的紧迫感。而严复对于西方社会本质的认识并没有得到社会的认同，没能成为认识西方社会的有效工具，更未能成为中国文化与西方文化融合的理论基础，以现在的眼光来看，实有可令人叹惜之处。张灏认为："梁启超与严复等人提倡民权鼓吹群众的议论常常是伴以提高'民智、民德、民力'的呼吁。这显示当时知识分子的一种困境感。一方面在理论上他们强调群众是神圣的，人民的'公意'已取传统的天意而代之。另一方面，就实际情况而言，他们也知道人民大众的愚昧与落后，需要提高他们的'德、智、体'各方面的素质；一方面他们在理论上宣扬群众是历史的动力，社会的巨轮，另一方面他们也知道一般人民在现实情况下，往往不是处于积极主动的地位，而是处于消极被动的地位。"[1] 笔者认为，放弃对"人民"素质加以提高的意愿，是一种真正的民主。因为，真实的民主是"智民"与"愚民"共同做主，而非仅仅是"智民"做主。"智民"在社会生活与经济生活中都占有强势地位，而"愚民"不得不在政治生活中将自己的劣势稍微加以挽回。

英国著名学者阿克顿认为，"自由是人类最珍贵的价值，而人类一部历

---

① 张灏：《幽暗意识与民主传统》，新星出版社，2006，第235页。

史也就是这价值的逐渐体现。"① 严复在西方思想的宝库中发现了自由这个奇妙的东西，进而认定它是西方国家富强的根本所在。从而，他急于把这个思想引进到中国。当他从事这项工作的时候，实际上已经开始进行了激烈的内心冲突。他愈是了解自由的本质，就愈是发觉它与中国的思想传统有着很大的不同。欲想叫国人理解这种不同看来是不可能完成的任务，于是他开始调和他们，使两者之间的距离能够缩小到人们可以理解的范围内。在完成了这项艰巨的工作之后，他内心的挣扎并没有结束，他不仅仅越发感觉到在一个积贫积弱、以富强为目标的中国社会中，自由只能成为一个口号式的东西，而不可能要求在短时间内为其建立制度上的保障。更为重要的是，社会上的个体，即应该享受自由权利的个体，根本没有要求自由的愿望。这就导致社会观念中根本没有自由的一席之地。从而，他便试图把自由与富强联结在一起，以便人们可以通过富强来辨识它。

　　在严复的晚年，目睹了他倾情半生的西方文明在第一次世界大战中被无情摧残，他甚至开始对以自由理念为根本的西方文明加以怀疑，进而转向中国的传统。这不仅仅是严复的自由思想历程，也是那一代中国知识分子的思想历程。从此以后，自由变得更为口号化，而其本质已被厚厚的思想废料、观念垃圾所掩埋。直到今天，人们仍然对自由抱有深深的不解与怀疑，它的外表与内在被隔离得相当彻底，以至于人们已经把它当成一种幻想。但即使在这种条件下，还是有一些知识分子在试图了解它，试图把它作为人类生存的核心价值。也许，以赛亚·柏林是对的，他说："假如自由只是一种幻觉，它也是人类的生存与思考必不可少的一种幻觉。"②

---

　① 张灏：《幽暗意识与民主传统》，新星出版社，2006，第 32 页。阿克顿是著名的史学家，曾著有《剑桥近代史》，其最为有影响的是他的著名论断："大人物几乎都是坏人！""权力容易使人腐化，绝对的权力绝对会使人腐化"（Power tends to corrupt and absolute power corrupts absolutely）。

　② 〔英〕以赛亚·伯林：《扭曲的人性之材》，译林出版社，2009，第 8 页。

第八章
海外背景思想家的法律思想

　　不可否认，思想的产生和发展是具有其相应社会条件的。这种条件在某种情况下会使某种思想在形成和演变过程中形成一种特点。这种特点，既可能是一种个人的特点，也可能是一种地域的特点，同时还可以大而化之为时代的特点。我们这里所提到的海外背景，就是从地域上而言的。近代以降，沿海地区首当其冲地受到西方的强力冲击，商品社会的价值观念不断地瓦解中国社会传统的价值体系。反映在思想领域中，我们看到，沿海地区的思想家较之内地的思想家往往在"利"的问题上更为开放，特别是有香港背景的一些思想家更是如此。比如胡礼垣、何启、伍廷芳、王韬等人均有此特征。柯文在《在传统与现代性之间：王韬与晚清革命》一书中，把这些思想家称为"沿海型改革家"。① 海外背景思想家在晚清思想的发展上，占有重要地位。就个人来说，他们一般都既有早年的科举经历，又有在香港或国外接受正规的西方式教育的经历。从而，他们于中学和西学都有极为扎实的功底，这使他们在其研究著述时可以自如地运用中学与西学；事实上，这些人也的确可以说形成了一个特定的群体。比如，王韬在1872年创办的第一份华文日报《循环日报》时，就是在洪士伟、伍廷芳、胡礼垣、何启的协助下进行的。从时代性而言，伍廷芳，何启、胡礼垣所处的时代正值中国社会大变革的时代，也是中国社会固有的传统开始离析崩溃，人们开始为中国的未来寻找出路，寻找新传统的立足点。海外背景思想家的思想体系别具一格，对传统思想冲击的力度最大。同时，也因为他们身份的特殊性，使他们对朝廷的权势并无太多的顾忌。比如，伍廷芳曾由于薪俸过低而拒绝了许多大吏的延聘；而何启、胡礼垣屡屡把攻击的矛头对准曾纪泽、张之洞这样的

---

　　① 他在以上所列人物之外，还加上了马建忠、薛福成、郑观应、唐景星、容闳、马相伯等人。

大臣。所有这一切，构成了海外背景思想家务实而前卫的思想特点，我们看到，他们的一些思想主张比诸国内的确具有很大程度的超前性。本书特别将他们作专章介绍，就是为了彰显其特点。

第一节　伍廷芳的法律思想

一　伍廷芳生平简述

伍廷芳（1842～1922），字文爵，号秩庸，广东新会人。伍廷芳先世家贫，其父武荣彰曾在南洋经商。伍廷芳出生在新加坡，三岁随父归国，定居广州芳村。丁贤俊先生把伍廷芳的一生划分为四个时期①：（1）以香港为据点，在海外求学、任职时期（1856～1881年）。在此期间，他曾在香港圣保罗书院读书，在法院任译员。1874年留学于英国伦敦林肯法律学院，1876年结业，经过考试取得律师资格。其为第一个取得英国律师资格的中国人。在英国期间，他曾与时任驻英公使的郭嵩焘多有接触，郭嵩焘本想聘其为参赞，伍廷芳因父亲病逝未就。1877年返香港做律师。同年10月，经天津海关道黎北棠引见，伍廷芳拜谒了北洋大臣李鸿章。李鸿章对其甚为赞赏："……其人熟悉西洋律例，……虽住香港及外国多年，尚恂恂然有儒士风，绝无外洋习气，尤为难得。……此等熟谙西律之人，南北洋须酌用一、二，遇有疑难案件，俾与洋人辩论。凡折以中国律例而不服者，即以西律折之。所谓以彼之矛刺彼之盾也。"② 1878年，伍廷芳被港督轩尼诗任命为第一个华人"太平绅士"，1880年复被香港当局聘为定例局（后称为立法局）议员，他也是香港立法局中第一位华人议员。（2）参与清末政治改革时期（1882～1911年）。1882年，伍廷芳进入北洋大臣李鸿章幕府。后因在台湾军务中运筹出力，经闽督刘铭传保奏，奉旨以道员备用。1896年，受命出使美国、西班牙、秘鲁，其间曾上《奏请变通成法折》《奏为借材异地当以美国为宜片》《请仿行各国印花税折》等阐述其变法主张。1902年，伍廷芳任满回国，曾先后担任商部左侍郎、外务部右侍郎、署刑部右侍郎等职，并与吕海寰、盛宣怀同任商约大臣；同年，与沈家本同任修订法律大臣，参与了清末的法律改革。1907年，其再次出使美国等国家，为交涉外交事务出力甚多。在此期间，他还投身实业，参与经营了唐胥铁路、津沽铁路、关东

---

① 丁贤俊、喻作凤编《伍廷芳集》，中华书局，1993，"前言"。
② 《伍廷芳集》，中华书局，1993，第2页。

铁路，并曾出任中国铁路公司经理。有研究者喻其为"中国近代铁路交通事业的行政先驱和总管家"①。（3）投身辛亥革命、为建立民国而奋斗时期（1911～1915 年）。辛亥革命爆发后，伍廷芳即联合张謇等人电请清帝退位。其赞成共和政体，曾被推选为南方光复各省临时外交代表，与袁世凯的代表唐绍仪"商决国是"，开南北和会于上海。1912 年，南京临时政府成立，其受孙中山之约出任司法总长。极力主张实行三权分立的共和原则。在此期间，他撰写了《中华民国图治刍议》，比较全面地阐述了其政治主张。（4）维护民主共和制度与南北军阀斗争时期（1916～1922 年）。1916 年，袁世凯称帝，伍廷芳坚决反对。此后，他在历届政府中担任过外交总长、外交部长、政务总裁、广东省长等职务。1922 年 6 月 23 日在广州病逝，享年 80 岁。

伍廷芳的一生，可以称得上丰富多彩，声名卓著。他的主要成就集中于外交、实业、法律和政治四个方面。有时，这四个方面也是密切结合在一起的，他非常善于用法律手段处理外交和政治问题，努力通过立法促进实业，并意图把政治规范于宪政的范围内。

伍廷芳早在 19 世纪 70 年代，就从事中外交涉方面的法律工作。当时曾任北洋大臣的李鸿章之所以将他留在南北洋"差遣"，也是因为其熟悉英国律例和国际公法的缘故。

伍廷芳认为，开展中外交涉，应当在平等的基础上进行。为此，他十分强调必须收回治外法权（即领事裁判权），认为这是"变法自强之枢纽"。在处理实际的法律事务过程中，他提出过许多行之有效的建议，为收回"领事裁判权"做准备。

在对待美国颁布的禁止华工的法律问题上，伍廷芳也投入了很多的精力。

伍廷芳认为，从法律的角度来看，当时美国实行的禁止华工及限制中国商人的法律，违背了国际条约的规定。最为不公平的是其他亚洲国家的人，如日本、暹罗、马来等，都可自由出入美国国境及其领土，只有中国人被拒于美国门外，这是毫无道理的。伍廷芳认为，如要合理解决中国的移民问题，而使"两方皆得其平"，只有通过双方平等谈判，才能善妥完成。他建议，美国政府应以工党、厂家及商家的代表组织一团体，与中国的同一团体交换意见，进行直接的讨论，使双方的种种困难得以解决，而中美两国将会各自得到满意的结果。

---

①　张礼恒：《西东方到东方——伍廷芳与中国近代社会的演进》，商务印书馆，2002，第 110 页。

伍廷芳在清末任职时，赞成在中国实行君主立宪。辛亥革命后，他的思想随时代而变，认为必须实行共和立宪。其称："我初亦以为中国应君主立宪，共和立宪尚未及时。惟今中国情形与前大异，今日中国人之程度，可以为共和民主矣。

……今日局势变迁，清廷君主专制二百余年，今日何以必须保持君位，且清帝本非中国之人，据君位已二百余年，使中国败坏至于如此，譬如银行总办，任事十余年，败坏信用，尚须辞职，况国家乎？中国之不可收拾，人所同知，立宪云云皆涂饰耳目之事。如何整顿，为今之计，中国必须民主，由百姓公举大总统，重新缔造。我意以此说确不可易。"①

二　伍廷芳有关法律的思想主张概要

伍廷芳的法律思想可以分为两个部分：清末时期主张改造旧法律和民国初期倡言建立新法制。以下分别加以介绍。

（一）主张变革旧的法律制度

早在 1898 年，伍廷芳就撰成《奏请变通成法折》，提出其法律改革主张，其中有许多内容涉及对旧法制的改革。特别是他从解决教案和废除治外法权这些现实问题角度来论及对旧法制进行改革的必要性，实具有独特的眼光。他称："为教案迭起，内治无权，拟请变通成法，亟图补救事。窃查近来边衅之开，每起于教案。而教案所以多者，推原祸始，则由昔年与之订立条约，许以遍地传教，不许以内地通商，殊为失策。实则通商利多害少，传教则不然。盖富商硕贾，身家即厚，爱惜体面，而不肯为非。传教者阳托劝人为善之名，广为号召门徒之举，各国近已不甚崇信其教。及来中土，气焰倍张。内地不逞之徒，又从而煽惑，为之羽翼，每藉入教以抗拒官长、凌轹平民。群受其害，则归怨于教士，积忿既久，衅端乃成。事每起于至微，祸则生于不测。今欲预弥其变，惟在内治有权。

查各国通例，凡他国人在本国者，皆归地方官管束，犯案皆归地方官讯办。惟中国商民住他国者，受治于他国之官；而他人来我中国者，则不受治于我，侈然而无所顾忌。……然彼之人民不受约束、犯案不听讯办者，非专恃强以凌人也。彼所藉口，盖有两端：一则谓我限以通商口岸，民人应就近归彼领事管束；二则谓我刑律过重，彼实不忍以重法绳其民。

若夫法律，原以齐民。轻典重典，时为损益，伊古以来，帝王不相沿袭也。臣愚以为，中西法律固不能强同，然改重从轻，亦圣明钦恤之政。况因

---

① 《伍廷芳集》上册，中华书局，1993，第 390 页。

不一之故，以致华民科罪，则虽重犹以为轻；洋人定案，则极轻犹以为重。无术以杜彼族之口，岂足以示廷尉之乎。夫法无不变，制贵因时。应请饬下部臣，采各国通行之律，折衷定义，勒为通商律例一书，明降谕旨，布告各国。所有交涉词讼，彼此有犯，皆以此为准。此律一定，则教民、教士知所警，而不敢妄为。治内治外有所遵，而较为划一矣。"① 在这里，伍廷芳论及了中外法律冲突的起因，并提出了解决的方法，非常具有现实性和实用性，显示了其深厚的法律修养。

1899 年，伍廷芳再次上奏朝廷要求改革法制，他以英国的情形为参照，指出了旧有制度中的种种弊端。

"刑狱宜矜恤。英国百年之前，酷刑苛惨，殆无人理，意谓惩奸重典，乃文纲愈密，讼狱愈繁。后扫除更张，民风翕然丕变。观此可悟道德齐礼之旨，并可探胜残去杀之原。中国章程，事平之后，沿用勿革，每年就戮者，不可胜计。而犯者更多于前，狱成三木，律析二端，欲民无冤，不可得也。孔子曰：'不教而杀谓之虐'；老子曰：'民不畏死，奈何以死惧之'，盖痛酷吏之风，言治狱之难也。应请旨饬下刑部，参取西法之良，以为录囚之助，如问供不尚刑求，圜扉务期清洁，法良意美，最宜仿行。其罚多刑少，监禁多而死罪少，亦所以慎决狱而重民命，参而取之，比而同之，庶几可复唐虞钦恤之隆，或有当于古先哲五刑期无刑之至意也。"②

1902 年，伍廷芳与沈家本共同出任修律大臣，其修改旧律的思想更能得以发挥。在几年的时间中，他多次与沈家本联名会奏，力求改革旧的法律制度，并取得了很多的成果。他与沈家本联名所上的奏折有：《删除律例内重法折》《核议恤刑狱各条折》《变通窃盗条款折》《驳停止刑讯请加详慎折》《请专设法律学堂折》《订新律折》《流徒禁刑讯笞杖改罚金折》《诉讼法请先试办折》《伪造外国银币设立专条折》等。这些奏折多数得到了朝廷的认可，并通令施行，对改造中国旧有的法律制度起到了重要的作用。概括而言，伍廷芳关于改革清朝法律制度的思想主张有以下两个方面。

1. 改造旧法中的落后成分

伍廷芳与沈家本一起，建议删除《大清律例》中的严刑峻罚，如凌迟、枭首、戮尸、缘坐、刺字等。其认为："治国之道，以仁政为先。自来讲刑法者，亦莫不谓裁之以义，而推之以仁，然则刑法之当改重为轻，固今日仁

---

① 《伍廷芳集》上册，中华书局，1993，第 47～51 页。
② 此文《伍廷芳集》中未见收录，本文转引自马作武著《中国法律思想史纲》，第 328 页。

政之要务，而即修订之宗旨也。"①

他赞同张之洞、刘坤一在《江楚会奏变法三折》中提出的"恤刑狱"主张。认为改革法律不仅要废除重法，而且在禁止刑讯、重视证据、整顿监狱、专官检查等方面也要大力改进。伍廷芳提议，以后"除罪犯应死，证据已确而不肯供认者，准其刑讯外，凡初次讯供时及徒流以下罪名，概不准刑讯，以免冤滥。其笞杖等罪，仿照外国罚金之法"②。伍廷芳鉴于不少地方继续进行刑讯，故再三奏请必须认真贯彻执行。并以亲身经历，说明中国人与欧美人并无不同，外国的法制也是逐步改革完善的。他称："臣廷芳遍历欧美，深知彼中风俗，凡有血气，心理皆同。中外民情，无甚悬绝。虽政教稍异，而今日各国法制之完备，皆由逐渐改革而成，并非一蹴所能几及。"他还以其在香港从事法律职业时的亲身体会，说明不实行刑讯并不会降低工作效率，其言："更以臣廷芳身所亲历者证之。查香港一岛，内地商民侨居于此者，不下三十万人。昔年臣廷芳在该港任理刑事，维时规制未备，凡审判事宜，系用英法，专凭证佐，不事刑求。随讯随结，案件从无积压。"③

伍廷芳认为中国旧有的监狱制度极为落后，亟须整顿，具体方法是令各督抚、将军、都统、府君设法筹款，将臬司、府、州、县各衙门内外监，一律大加改进，地面必须宽敞，房屋必须整洁，一洗从前积弊。并要增加每天伙食及冬夏调理各费，以示体恤。狱卒等人，倘有凌虐囚犯，应当从严惩治。至于羁所，也必须完整洁净，不准虐待，也不可多押。如有违犯，可照凌虐及淹禁律，分别加等治罪。这样，可使"监羁顿改旧规而民命无虞淹毙"。并应该委派专官检查监狱。如有监狱、羁所不善，凌虐不禁，准其据实禀告督臬司。这样，可达到"狱囚咸占实惠，而积弊可期廓清"的实际效果。

2. 引进一些西方先进的法律制度

伍廷芳极力主张引进一些西方先进的法律制度，其中特别关注实行陪审制度和律师制度。

伍廷芳认为西方的陪审制度与中国的固有法律制度并无冲突，实行起来也没有什么窒碍，甚至在中国的古代法中已有实行陪审制度的依据。其称："考《周礼·秋官·官刺》掌三刺之法。三刺曰讯万民，万民必皆以为可

---

① 《伍廷芳集》上册，中华书局，1993，第 257 页。
② 《伍廷芳集》上册，中华书局，1993，第 262 页。
③ 《伍廷芳集》上册，中华书局，1993，第 270~271 页。

杀，然后施上服、下服之刑。此法于孟子'国人杀之'之旨相吻合，实为陪审员之权舆。秦汉以来，不闻斯制。今东西各国行之，实与中国古法相近。诚以国家设立刑法，原欲保良善而警凶顽诪张为幻，司法者一人，知识有限，未易周知，宜赖众人之听察，斯真伪易明。若不肖刑官，或有贿纵曲庇，任情判断及舞文污陷，尤宜纠察是非。拟请肆后各省会并通商巨埠及会审公堂，应延访绅富商民人等，造具陪审员清册，遇有应行陪审案件，依本法临时分别试办。地方如僻小，尚无合格之人，准企其暂缓，俟教育普及，一体举行。庶裁判悉秉公理，轻重胥协舆评，自无枉纵深故之舆矣。"①

如前所述，伍廷芳是第一个取得英国律师资格的中国人，并在香港做过执业律师，他深知建立律师制度的重要性。他认为，在已有的法律制度下，实行律师制度也是必要的。其言："按律师一名代言人，日本谓之辩护士。盖人因讼对簿公堂，惶悚之下，言词每多失措，故用律师代理一切质问、对诘、复问各事宜。各国俱以法律学堂毕业者，给予文凭，充补是职。若遇重大案件，即由国家拨于律师，贫民或由救助会派律师代伸权利，不取报酬，补助于公私之交，实非浅鲜。中国近来通商故埠，已准外国律师辩案，甚至公署间亦引诸顾问之列。夫以华人讼案。借外人辩护，已觉扞格不通，即使遇有交涉事件，请其伸诉，亦断无助他人而抑同类之理，且领事治外权因之更形滋蔓，后患何堪设想。拟请后凡各省法律学堂，俱培养律师人才，择其节操端严，法学渊深额定律师若干员，卒业后考验合格，给予文凭。然后分拨各省以备办案之用。如各学堂骤难造就，即遴选各该省刑幕之合格者拨入学堂专精斯业。俟考取后酌量录用，并给予官阶，以资鼓励。总之国家多一公正之律师，即异日多一习练之承审官也。"② 由此可见伍廷芳对律师在创建新型法制中的作用寄予了厚望。在这里，伍廷芳将律师制度介绍得清晰明白，同时提出在现实条件下培养律师的有效途径，对中国律师制度的初建贡献极大。

值得一提的是，伍廷芳在中国法学教育的创建过程中也起到了重要作用，其参与创建的京师法律学堂在中国近代法律教育史上具有相当重要的地位。民国期间，学者高维廉在其论文《中国法学思想之国际地位》中提及："光绪廿七年和约既成，国难日迫，朝野人士革政之谋益力，乃有修订法律馆之设。当时名宿，处预其事。六年间，成法典五。改组后，复续订草案九。进行之速，世无其匹。此外，更立法律学堂训练人才。此期之代表人

① 《伍廷芳集》上册，中华书局，1993，第280页。
② 《伍廷芳集》上册，中华书局，1993，第280~281页。

物，有沈家本、伍廷芳、董康等。"（《法学季刊》，1930 年第四卷，第三期）

伍廷芳在《奏请专设法律学堂折》中言及设立法律学堂的初衷："深虑新律既定，各省未豫储用律之才，则徒法不能自行，终属无补。当此各国交通，情势万变。外人足迹遍于行省。民教龃龉，方其起衅之始，多因地方官不谙外国法律，以致办理失宜，酝酿成要案。将来铁轨四达，虽腹地奥区，无异通商口岸。一切新政，如路矿、商标、税务等事，办法稍歧，诘难立至，无一不赖有法律以维护之。……至于查阅通商条约、议收治外法权，尤现在修律本意，亟应广储裁判人才、以备应用。查学务大臣奏定学堂章程内列有政法科大学，然须预备科及各省高等学堂毕业学生升入。现在预科甫设，计专科之成，为期尚远。……而于本国法制沿革以及风俗习惯，尤当融会贯通，心知其意。两汉经师多娴律令，唐宋取士皆有明法一科。在古人为援经饰治之征符，在今日为内政外交之枢纽。将欲强国利民，推行无阻，非专设学堂，多出人才不可。日本变法之初，设速成司法学校，令官绅每日入校数时，专习欧美司法行政之学。昔年在校学员，现居显秩者，颇不乏人。宜略仿其意，在京师设一法律学堂，考取各部属员，在堂肄习毕业后，派往各省为佐理新政、分治地方之用。"①

京师法律学堂在中国近代法律教育创建过程中占据了很重要的地位，它为中国新型法学的建立奠定了基础，为晚清法律变革培养了优质人才。在当时大学法律教育没有完善的情况下，京师法律学堂称得上是法律教育的主力军。应该说，这其中也有伍廷芳的一份贡献。

（二）创建以司法独立为核心的新型法制

民国时期的伍廷芳，极为注重在中国建立新型的法律制度，并提出了自己的宪政构想。他撰写的《中华民国图治刍议》一书，非常清楚地表述了他的政治理想，并明确提出了新型的法制模式。在其中，他草拟了"宪纲大旨七条"，认为"中国立宪基础，即在乎是"。这七条的具体内容是："一、凡国人，不论何事，若无合格衙门所发之票，不能擅入铺屋等处捕人与搜查及封禁房屋捕户等等。二、在街道中，如无合格衙门发出拘人票，或其人安分，现未目睹其在街上犯法，不准拘拿。三、所捕之人，必须于二十四点钟内提案，由法庭当众审讯。四、如一人犯事，只可将本人科罪，于本人父母妻子及亲戚伙伴，均不得牵连。又凡审讯刑事民事各案，均不准用刑。五、或照例将犯罪人财产充公，只准充本犯名下财产，别人所有不得牵

---

① 丁俊贤、喻作凤编《伍廷芳集》上册，中华书局，1993，第 271～273 页。

及。六、如犯以上数条，不论为官为商，得以起诉，要其赔补科罚。七、审判官所断之案件，行政官不能过问，如有冤抑，得上控于合格衙门。"①

伍廷芳认为，要共和、立宪、民权，必须是三权分立。其言："文明国家，均有三权鼎立，各处相侵，立法一也，司法二也，行法三也。"② 而三者之中，以司法独立最为重要。他认为，看一个国家文明与否，须看其司法能否独立，并且其执法能否廉明。因为，"司法者，全国治体命脉所系，非从表面皮相者也"。而中国政治要有所进步，也必须从司法一门入手。何况，中国一直主张收回治外法权，而如不能使司法独立，则"终难望收回之一日"。所以，司法问题与国家富强"一脉相属"，是缔造民国的"一大机枢"。

伍廷芳指出，司法问题为"民生性命所托"，司法独立如切实奉行，永不变更，则"国民安居乐业，避地远去之富家，可望复回梓桑，不虞有人侵害。否则，内地迁出之民，日甚一日，无兴旺之可期"③。

伍廷芳非常强调司法独立的作用和意义，其称：司法独立"盖专指审判官之独扼法权，神圣不可侵犯，其权之重，殆莫与京也。"④ 所有大小各案，都归地方大小审判庭及大理院"援例讯谳，不出范围之外"。其称："至文明强国，尊崇法律，推重司法，神圣不得或贬其权，更不准行政者越俎违章，稍作民权之侵犯，上下守法，四民安谧，此治国之第一要图也。"⑤ 同时，对于法官必须给予优厚待遇与崇高地位。他说，必须使司法官俸薪高于行政官，以示优厚养廉，尊重人格。这样，可使其养成"冰霜节操，免为利念所动"，从而确保司法独立。其称："总观文明诸国，尊重法律，崇敬法官，故法官俸薪较其他职员为独厚。英之司法（官），比行政官增一、二倍；英之大法官，俸薪之优，视首相犹过之。而法官亦守法不渝，为职自重。其一种爱国之心理，由知律懔法制造而成。故谓中国政治欲有所进步，须先从司法一门入手，改良审判，优给俸薪，是为第一要义。"⑥ 伍廷芳的这种务实的思想主张，非常具有海外思想家的特色。

伍廷芳认为，民权主要表现为权利平等和自由。他说，所谓权利平等，是指从法律上而言，即"以律例眼中所视全国之人，无上下高低，尽属平

① 《伍廷芳集》下册，中华书局，1993，第598页。
② 《伍廷芳集》下册，中华书局，1993，第594页。
③ 《伍廷芳集》下册，中华书局，1993，第594页。
④ 《伍廷芳集》下册，中华书局，1993，第594页。
⑤ 《伍廷芳集》下册，中华书局，1993，第651页。
⑥ 《伍廷芳集》下册，中华书局，1993，第595页。

等。国家法律，上下人须一律恪遵。位极长官，亦难枉法。犯者无论上下，一同治罪，此之谓平等也"①。所谓自由权，"凡人于法律界限内，不出范围，可以自由行事，无人可为拘制。如有稍涉拘制，而不依法律者，即可执拘制之人，起诉于法官，或官或民，犯者一律惩治。此之谓自由也。人能守法，斯能自由"②。

第二节　何启、胡礼垣的变法主张举要

一　何启、胡礼垣之著述与生平

何启、胡礼垣合著的《新政真诠》是一部在清末极具影响的著作。全书由前、后总序及正文七编组成。七编正文实际上是七篇独立的文章。即：《曾论书后》，作于1887（丁亥）年，原名为《书曾袭侯〈中国先睡后醒论〉后》；《新政论议》，作于1894（甲午）年，原名为《中国宜改革新政论议》；《康说书后》，作于1898（戊戌）年，"政变前七月"；《新政始基》，作于1898年，"政变前五月"；《新政安行》，作于1898年，"政变后三月"；《劝学篇书后》，作于1899（己亥）年；《新政变通》，作于1900（庚子）年。该书写作的时间，即1887～1900年，正值晚清社会最为动荡之际。中日甲午战争和戊戌变法对中国社会的影响甚大，对当时的思想界的影响更是剧烈异常。我们从《新政真诠》中可以清晰地感到这种影响。这就是异乎寻常强烈的忧患意识和深刻的精神痛苦。从某种程度上而言，这些影响直到现在犹余波未尽。《新政真诠》以其真知灼见在当时影响极大，何启和胡礼垣也成为海外华人的舆论之代言人。澳门东亚大学校长薛寿生先生称他们"在革命之初，执海外舆论牛耳，举足轻重，为一时翘楚"（《胡翼南全集·薛寿生序》）实非过誉。

何启，字沃生，生于1859年，祖籍广东南海县，长期在香港居住。其父何福堂是一名牧师③，所以，何启从小就接受了西方式的教育和熏陶。他早年毕业于香港大书院，其后到英国学习，先在帕默中学（Palmer House），后入阿伯丁大学（Aberdeen University）学医，获医科学士及医科硕士学位；此后，他又到林肯法学院（Lincoin's Inn）学习法律，毕业后于1881年回到

---

① 《伍廷芳集》下册，中华书局，1993，第611页。
② 《伍廷芳集》下册，中华书局，1993，第611页。
③ 何福堂1845年10月11日在合众堂受封牧师，其为香港第二位华人牧师。

香港。1882 年，何启放弃从医，而改执大律师业，后成为香港立法局连任三届的非官守议员。并且，他对于香港的医疗卫生事业贡献良多。为此，1892 年，英国王室授予他 C. M. G 勋章，1910 年，又赐以爵士衔。① 何启是当时在英国学习法律的极少数华人之一，他对西方的社会制度十分熟悉，从而成为晚清改良派的重要人物，并与当时的许多持变法主张的思想家如王韬等人过从甚密，他曾协助王韬创办《循环日报》，晚清修律的重要人物伍廷芳的妻子何妙龄是他的胞姐。

胡礼垣，生于 1847 年，字荣懋，号翼南，晚号逍遥游客，祖籍为广东三水县。后其父胡献祥到香港经商，乃定居香港。胡礼垣出生于香港，小时候曾致力于科举，但未能取得功名。后入香港大书院（皇仁书院）学习，伍廷芳曾为其补习英文。在此期间，胡礼垣广泛接触了西方的文学与政治理论。毕业后，在香港大书院充任两年教习，在此期间，他曾创办《粤报》，并翻译了《英例全书》。因胡礼垣颇具才名，曾多有朝廷钦差大吏想将其招入幕府，但其均辞未就。后协助英国巨商开发南洋北半岛，此举大获成功，数年间，昔日荒岛成为商贾辐辏的巨埠。据说，苏禄国的国王曾重礼延请胡礼垣至其国问政，并对他大为钦服。甲午战争期间，胡礼垣适在日本，并曾代任神户领事一职。后回香港为文学会翻译，此后，专心研究著述，1916年卒于香港。② 胡礼垣先生的著作辑有《胡翼南先生全集》。

《新政真诠》中所表述的思想概括而言是变法的思想，这与晚清以来的思想潮流是一致的，甚至可以说，晚清的政治法律思想的历史就是变法思想的历史。而大多数思想家的变法思想通常由以下方式提出，即指出旧有制度中的弊病，并从事实和理论上加以分析和批判，在此基础上，进而提出其变法主张。何启、胡礼垣先生阐发其思想主张基本上也是采用了这种论述方式，但其中理论分析的成分较之同时代的其他思想家，似乎更为充分，其论证方式更接近于西方式的学术规范。同时，其言辞的激烈也是当时国内学者所不敢直书的。他们所言之"天下非一人之天下，兆民非一家之奴才"（《新政变通》）在当时实为振聋发聩之言语。

二　何启、胡礼垣的变法思想主张举要

何启、胡礼垣在《新政真诠》中对当时的种种社会问题进行了全面的

---

① 有关何启先生的生平，请参考张云樵著《伍廷芳与清末政治改革》一书中有关介绍，台湾联经出版社，1987。
② 《胡翼南先生全集一·事略》以下所引《新政真诠》中之论述，均见香港印行之《胡翼南先生全集》。

探究，其变法思想极为丰富，涉及了社会改革的各个方面。同时，由于其身居海外，在政治上可以免受清政府的直接控制，故其言论更为大胆犀利；在学术师承关系上也与内地学术关系疏远，对所谓名人大吏也可以不畏不惧。其中他们提出的"厚官禄以清贿赂"的思想主张很有特色，同时代的内地思想家们对此所谈甚少，故在此予以论述。

（一）清代俸禄制度的基本状况

清代的官禄制度存在着由来已久的不合理成分，后来虽然不断地修补，但效果并不明显，甚至使其更加混乱。成为贪污腐败的直接根源。

清朝早期的俸禄制度基本上沿袭明朝的体制。顺治元年（1644 年）八月，在议定在京文职官员的俸禄时，就声明其制度"仍照故明例"（《清代文献通考》卷四二，《国用四》）。而明朝的俸禄制度是以微薄著称的。清朝任源祥曾在《制禄议》中对明代官禄制度进行了抨击，这也可以说是对清朝俸禄制度本身的一种批评。他说："有明官制，上仿成周，而俸给则大远于古。数额既少，又折支焉。甚非养廉之道也。……上之欺下者一，下之欺上百矣。以律言之，职官自俸给以外，但有所取，分毫皆赃。既乏衣食之资，又乘得为之势。而一介不取，非中人以上不能。吾恐三百年来，完人可屈指可数耳。其初文具相取，上下相蒙，其究贪墨成风。虽严加诛戮不能止。则制禄使然，所节者小，所亏者大也。"① 实际上，清朝的官禄制度不但走了明朝的老路，而且在王朝的晚期比其有过之而无不及。

清朝的俸禄制度十分混乱繁杂，本节只能做一个简单的说明性描述。内容涉及主要为清朝文官的俸禄，而武官、宦官、皇族等及其他官员的俸禄均略过不论。在清朝开国之初其俸禄制度与明朝几乎相同。顺治四年其文官的俸禄标准是从正一品至九品官员，从 215.51 两至 19.52 两。顺治十年又调整到正从一品 180 两至从九品的 31.5 两。此后，这一标准几乎变化不大。但其间枝枝节节很多。如顺治元年曾议定了汉官的"柴薪银"，在禄银之外另外每年发放从 144 两至 12 两不等的"柴薪银"。而顺治十三年，这项收入被裁掉以节省开支，补充军需。② 此外，在外文官与京官的官禄也有区别，外官可以获得各种名目的支给远远多于正俸。如总督，官居二品，正俸银为 155 两，而薪银、蔬菜烛炭银、心红纸张银、案衣什物银诸项，合计可得 588 两。又如知县，正俸银为 45 两，而其他杂项合计为 96 两。③ 此后，

① 《皇朝经世文编·卷十八吏政四》，中华书局，1992，书名改称为《清经世文编》，第 435 页。
② 《皇朝经世文编·卷十八吏政四》，中华书局，1992，第 435 页。
③ 黄慧贤、陈锋主编《中国俸禄制度史》，武汉大学出版社，1996，第 544 页。

这些收入也因国家的财政需要而被取消。由此导致了官员的生活困难。康熙八年，监察御史赵璟曾说：官员们"一月俸不足五六日之费，尚有二十余日将忍饥不食乎？不取之百姓，势必饥寒。若督抚，势必取之下属。所以禁贪而愈贪也。……臣以为俸禄不增，贪风不息，下情不达，廉吏难支"。由此，朝廷实行了外官养廉银和京官的双俸制。从雍正初年开始，养廉银成为清朝与正俸并行的俸禄支给，并形成固定的制度形式。其内容是根据官员职位和品序及任所的不同，在正俸之外发给相应数额的养廉银。乾隆二十五年（1760年），养廉银的数额基本调整完成。如在直隶省，总督、巡抚、布政使、按察使和道员的养廉银数额分别为：15000两、15000两、9000两、8000两和2000～4000两；云南省的相应数额是20000两、10000两、8000两、5000两和3500～5900两。① 可以看到，养廉银的数额已远远超过了正俸的标准。② 同时，雍正、乾隆年间还先后实行了京官的恩俸制和双俸制，即在正俸之外另行支给同样数额的银两。其不同之处是，"恩俸"仅限于"各部堂官"，"双俸"则包括所有在京大小官员。应该说，清朝中叶以前，虽然俸禄制度缺欠很多，并由此产生了许多的问题，如"耗羡"③ 的征收与"陋规"④ 的收取，等等。但通过以上所述的"养廉银""双俸"等弥补措施的实施，情况有了很大的改观。而清朝中叶以后，特别是鸦片战争后，清王朝陷入了重重危机之中。不但无力对俸禄制度进行及时的调整，反而对官员的养廉银等项收入也设有各种名目加以克扣。如咸丰三年（1853年），太仆寺卿李维翰奏请"暂停养廉以充军饷"，经军机大臣与户部官员议定："武官自三品以上停给二成，文职自一品至七品暂给养廉银六成。"（《清朝续文献通考》，卷七三）自此以后，朝廷多次因为"筹饷紧要"核扣官员的养廉银。使得官员"有衣食内顾之忧"。如此，致使其政治上的弊端充分显现，成为造成吏政极度衰败的主要原因。《清朝续文献通考》中称："贿赂公行，已非一日，原情而论，出于贪黩者犹少，迫于穷困者实多。"

（二）"厚官禄以清贿赂"思想主张的提出

清代俸禄制度的混乱直接导致了吏政的混乱，贪污腐败现象的发生与它有直接的关系。清朝从开国以来，有识之士多曾加以评说。如顾炎武认为：

---

① 《中国俸禄制度史》，第550页，表9～12。
② 张仲礼先生的《中国绅士的收入》一书中有关于清朝官员正俸与养廉银比例的专门研究。
③ 所谓"耗羡"，即在赋税之外向百姓一并征收的钱物。钱陈群《条陈耗羡疏》中称："大州上县，每正赋一两，收耗银一钱及一钱五分、二钱不等。其或偏州远县，赋额少至一二百两者，税轻耗重，数倍于正额者有之。"见《皇朝经世文编》卷二十七。
④ 指一种官员获取财物的手段，即在年节、生辰、庆典、升迁、进谒之时索取或接受规礼。

"今日贪取之风，所以胶固于人心而不可去者，以俸给之薄，而无以赡其家也。"他转引汉宣帝神爵三年诏书以说明他的观点："吏不廉平，则治道衰。今小吏皆勤事，而俸禄薄，欲其毋侵渔百姓，难矣。"（顾炎武：《日知录·俸禄》）清朝晚期，俸禄制度更成为一个严峻的问题，其日益尖锐化的主要原因有以下几个方面：（1）清朝一贯实行的俸禄制度长期缺乏必要的调整，已与现实环境严重脱节。如上所述，清朝的俸禄制度自乾隆朝确定以来，没有大的变化，官员的俸给不但没有增加，反而由于政府的财政屡屡陷入危机、物价迅速上涨等因素使其收入在实质上有所减少，使得官员处于"不得不贪"的境地。（2）西方文化和制度模式侵入，使人们对原有的制度有了参照。以往在人们的观念中，"天朝"的典章制度是举世无双的。而中国以外不过是蛮夷之邦，他们对于中国的典章、器物无不仰慕已极。鸦片战争后，这种观念开始瓦解，人们对于西方的文明开始有所认识，仿效西方逐渐成为一种社会思潮。主张变法的人多以西方的制度模式为改革的方向。我们看到，主张改革俸禄制度的倡言者都在不同程度上以西方为参照。（3）传统观念受到现实的巨大挑战，一些封疆大吏开始摆脱固有的选才用人模式，采用以利诱之以网罗人才的方式。在传统的用人择才方式和观念上，不过是以科举出身及人品为考查内容。晚清以来，这种方式已不适用于社会的变化。首先，许多国家事务并不是饱读圣贤书可以解决问题的，如有关外交、海防、海关、邮政等等。其次，传统的驱使下臣的方式也不适用，一些有用人才或不热衷于功名或本身的职业较为官更有利可图。再次，一些有外国人就职的部门，如海关等，外国人的收入远远高于本国人。从而，在一些部门，不得不打破传统的用人模式，以非常的方式聘用有用之人。如伍廷芳，其为取得英国律师资格的第一个中国人，他的知识结构对于官方极为有用。但许多官员都无法招纳使其为己所用。因为按照通常的俸给标准无法满足他的要求，原因是他作为律师在香港可以获得巨额收入。后来，李鸿章不得不以高薪聘用。4. 社会收入分配方式已开始变化。以往，做官是获得收益的最好途径。而现在，许多职业的收入远远超过官俸。如从商、为外国企业充当买办等等。所以，以原有的俸禄制度难以吸引人才，难以保障国家官员的高素质。

　　基于以上原因，近代的改革者多提出改革清朝的俸禄制度，以杜绝贪污，吸引有用的人才。冯桂芬称在清朝的俸禄制度下："大抵大官之廉者仅足，不廉者有余；小官则皆不足。不足则揭债，……十年外简，数已巨万，债家相随不去，犹冀其洁清自好乎？选人亦难。然则非本性之贪，国家迫之，使不得不贪也。而犹且设为空虚不用之律例，凡俸禄外丝毫有取，皆不

'枉法脏',以综核名实之法治之,曹局一空矣。"① 郑观应也认为,西方国家之所以吏政清肃,主要是因为其俸禄制度较中国合理。即:"惟其有司养廉之款则较中国为倍优,国家课吏之条亦较中国为倍肃,是以俸薪外一介不取,而箪篚不饬之患寂尔无闻。"而中国则有所不逮:"我朝建官设禄,正俸之外,加以恩俸;常支而外,复给养廉。体恤臣工,无微不至。无如俗尚奢靡,物价腾踊,京外各官之廉俸入不敷出,数本无多,而又以丁耗划为军曹,绌于转输,扣俸折廉,所得无几。其能洁己奉公、见利思义者贤人也。否则上焉者或借贪缘馈赠节礼堂规,克扣军饷,侵蚀钱粮为津贴;下焉者或藉窝家坐赃娼赌私规,诈索乡民,欺曚长官为得计。探其源,实由支用不给,极其弊遂流毒无穷。恐非古圣王重禄劝士,庶人在官者禄足代耕之本意矣。"② 此外,有关呼吁改革俸禄制度的还有很多。但以何启、胡礼垣的《新政真诠》最为激烈、最深刻、也最为系统。

何启、胡礼垣提出的改革俸禄制度的思想,主要集中于"厚官禄以清贿赂"这一具体变法主张中。他们的这一思想主张,自始至终贯穿于《新政真诠》的论述之中。他们认为,中国之所以积贫积弱,无从振兴,其主要根源之一就是官禄过薄。其称:"礼义之风微,廉耻之道丧;纲维一决,国势必倾。而莫不由于俸禄之微,有以至此。然则中国之所以自海而至于几不可救者,非军兵之不足也,乃俸禄之薄也;非练勇之不精也,乃俸禄之薄也;非大臣之不才也,乃俸禄之薄也;非将帅之惰偷也,乃俸禄之薄也;非百官有司之任事不力也,乃俸禄之薄也;非纪纲之仆之耳目不广也,乃俸禄之薄也;非侍从之臣之忠言勿告也,乃俸禄之薄也;非台谏之官之见闻不确也,乃俸禄之薄也;非枪炮火药之不堪用也,乃俸禄之薄也;非铁甲战舰之不堪应敌也,乃俸禄之薄也;非金城汤池之不堪拒战也,乃俸禄之薄也;非兵法韬钤之不堪运用也,乃俸禄之薄也;并从之务而他务,是遑是犹不求其始而求其终也。"(《新政安行》)这种对具体的制度缺陷进行批评,并认为其为国家贫弱根源的观点在近代思想中非常具有特殊性。基于这种认识,何启、胡礼垣提出了"厚官禄以清贿赂"的思想主张,以此作为其变法思想的理论基础。

何启、胡礼垣认为,中国的变法是一项艰巨而又复杂的事业,其中要涉及方方面面的因素。但其核心的准则是在不脱离中国国情的基础上,根据实际情况适时变通。其称,这样的变法"无非循我古先王之法而实事求

① 冯桂芬:《校邠庐抗议》,中州古籍出版社,1998,第85页。
② 《盛世危言·廉俸》,中州古籍出版社,1998,第196页。

是，与时变通而已"（《新政议论·自序》）。他们认为，中国古代的政治是开明而合理的，其优越性超出了时间和空间的界限，它不仅仅适用于古代，也适用于现代和将来。中国现今的这个样子，其存在的种种弊端，完全是在历史的进程中，逐渐背离了古圣王之道的结果。所以，他们提出，现今的变法，应采用复古的方式。只有恢复了古圣王的治国之道，才能达到理想的结果。应该指出，"托古改制"是近代思想家们喜欢使用的手法，而中国数千年的文明也为他们提供了取之不尽的材料。康有为的《孔子改制考》是这种主张的一个典型代表，而其他一些思想家也多有持此种说法的。如冯桂芬在《校邠庐抗议》中称："三代圣人之法，后人多疑为疏阔，疑为繁重，相率芟夷屏弃，如弁毛弊屣，而就其所谓近功小利者。世更代改，积今二千余年，而荡焉泯焉矣。"（《校邠庐抗议·自序》）何启、胡礼垣所称的复古，是他们所归纳之"古先王之法"。其基本内容有七项："一曰择百揆以协同寅，二曰厚官禄以清贿赂，三曰废捐纳以重名器，四曰宏学校以育真才，五曰昌文学以求多士，六曰行选举以同好恶，七曰开议院以布公平。"他们认为，这七项治国的基本方略，是为政的基础。中国古代曾借助它们达到了理想的政治局面，只是在漫长的历史中，在王朝更迭之中，这些基本的治国之道被破坏了，现代变革的首要任务应该是把它们恢复起来。

当然，何启、胡礼垣的变法主张，并不是停留在所谓"复古"之上。他们认为，与时变通是恢复"古先王之制"的必要条件，只有与时变通，才能达到良好的变法结果。而与时变通实际上也是中国古代为政的根本方法之一。具体而言，何启、胡礼垣提出的与时变通之要者有九项："一曰开铁路以振百为，二曰广轮舶以兴商务，三曰作庶务以阜财民，四曰册户口以严捕逮，五曰分职守以厘庶绩，六曰作陆兵以保疆土，七曰复水军以护商民，八曰理国课以裕度支，九曰宏日报以广言路。作者言明，前七事意在于得人，后九事意在于行政。"（《新政论议·序》）何启、胡礼垣认为，在"与时变通"的基础上，恢复"古先王之制"是变法的根本所在。而他们特别重视其中的"厚官禄以清贿赂"这一点。在《新政真诠》中，对此也着墨甚多。他们认为，在现今的变法活动之中，必须由此着手，才有取得成功的可能。

（三）"厚官禄以清贿赂"之思想与事实根据

晚清变法思想发展的一个重要特点是，思想家们的变法主张概无例外地均要从传统中和西学中寻找思想根据。一方面，传统是他们赖以思想的基础，他们不可能完全抛弃固有的传统。对这种现象，葛兆光先生称："对于历史想象、回忆和追溯，给古代中国人建构了关于历史时间的知识，这些知识，给中国思想世界提供的是一种来自遥远的古代的神圣证据，使人们从一开始就相信，古已有之的事情才具有合理性与合法性。"① 另一方面，随着西学的渐入，特别是一些思想家通过对西方语言文字的掌握，使他们直接接触到了大量的西方政治法律理论，他们自觉不自觉地把这些理论运用于构造自己的思想体系之中。从而，在后人看来，晚清的思想历程在某种程度上成为一种西化的历程。

何启、胡礼垣是会通中西的思想家，他们为其"厚官禄以清贿赂"的思想从传统中学和西学中寻找出了极为充分的理论与事实根据。何启、胡礼垣认为，在中国古代，人们并非提倡薄俸，也并不是以不言利为清廉的标准。而恰恰相反，即使是圣贤也主张厚俸。其称："中国在昔，官俸自孟子时已不闻其详。然管仲夺伯氏骈邑三百以补其禄，伯无怨言；晏子之禄，待举火者万家；原思为孔子宰，其禄可以惠邻里乡党；陈仲子之兄戴盖禄万钟；孟子为卿于齐，其禄十万钟；以此观之，春秋战国时，官禄之给其为从厚，盖可知也。汉时谏议大夫秩八百石，俸钱月九千二百；光禄大夫秩二千石，俸钱一万二千，禄已非薄矣，尤复节有赏腊有赐，其数且无限制。唐时大臣月俸有至九十万者，刺史亦至十万，抑何其禄之重也。宋初，留意养贤，凡前代俸给未有实数者，则给以实数；前代俸给未有实钱者，则给以实钱。所谓敬大臣礼群臣，忠信重禄以待士者，具见于此。"（《新政真诠·前总序》）

何启、胡礼垣还从经史中为其思想主张寻找理论上的根据。他们称：司马光曾言，不殷富不可以为官。范仲淹也说，一家哭何如一路哭。（《新政真诠·前总序》）他们还举诸孔子、孟子的例子为其佐证："昔孔子杏坛设教，凡来学者必须自行束修，至为委吏则有委吏之禄，为乘田则有乘田之禄，及其为鲁司寇，则曰：以从吾，大夫之后不可徒行。孟子抱道自重，其遨游于梁者，亦为卑礼厚币而至；而于宋，则受兼金七十镒；于薛，则受兼金五十镒；尝以后车数十乘，从者数百人传食诸侯。"（《新政安行》）由此，他们得出结论："由此观之，仕而必受禄，且必受以称职之禄，大烹之养。自古圣贤未尝有以受禄之丰为讳者也。不惟不以为讳，且必以是为宜。"（《新政安行》）

何启、胡礼垣认为，西方国家的政治清明、办事效率高的一个重要原因就是其采用了厚俸禄这种"至庸至常"的方法。《新政真诠》中列举了若干

① 葛兆光：《中国思想史》第一卷，复旦大学出版社，2001，第 27 页。

国家和地区的实例加以说明："英国宰相年俸十万元，吏部尚书五万元，上控刑务司六万元，刑部尚书八万元，兵部总统四万五千元，水师总统四万五千元，驻华公使五万元，藩部总督在新南威里士者七万元，在域多利者七万元，在君士伦者五万元，在新思伦者五万元，在奥洲南部者四万元，在奥洲西部者四万元，在香港者三万二千元。"① 此外还有种种因职务而获得的补贴。(《新政真诠·前总序》) 他们通过这些例子说明，中国的薄俸是一种极为不合理的现象，它是导致中西之间政治差距的一个重要原因。

《新政真诠》的作者对西方的政治理论的了解，也必然是他们提出"厚俸禄"主张的一个原因。实际上，当时在华的西方人士，也多曾提出过有关在中国实行厚禄的主张。何启、胡礼垣精于西学，关心时务，他们肯定会注意到此点。比如，担任海关总税务司的赫德曾于 1875 年在《万国公报》第 360 卷上发表题为《局外旁观论》的文章，其中论及中国在文武方面应行的改革。其称："文之要惟各官俸禄，各等官员应与以足敷用度定数，不至再外设法得钱。升官加俸。查明署内应用人若干，并开销经费，官署各人虽数不少，向系均得度日之银，左右之民均言被勒，其民不服并非因被勒之多，因无定时、无定数、而系私取，若因国家用度，新定民间应纳各项银两，必无不服。所交之银，并无格外为难，反或较少，仍是各官重禄、各署定费。"② 美国人林乐知在其文《险对语》中也对此有所论述："中国冗员太多，正员职掌又太多，而俸禄则皆太少。今宜分正员之职掌以冗员，其无所事事及不关紧要者则汰之。其留者则量其所需，俾给于用。敢于朘削小民及私蚀经手款项者，终身不齿。从此人皆知作官非发财之地，亦不致有食贫之叹。既足用而不必贪，更畏法而不敢贪。"③ 李佳白在《新命论》中指出，"……至其所得之人，一旦为官，又苦额俸太薄，加以刻扣酬应，万不足以赡其身家。即有慷慨忠义之辈，亦且迫于不得已，迁就时趋，莫由正道。此又法之最坏，不啻驱善良而尽为贪污也。"④ 在本书以下的论述中，我们会看到，《新政真诠》中提出的思想主张，与这些言论多有契合之处，这恐怕不仅仅是简单的所见略同吧。

---

① 根据《辞海》(1979 年版，卷三，第 3923 页) 解释，银两与银圆的比例因时因地而异，按 1910 年所订标准，银圆的规定重量为 0.72 两。转引自黄宗智《民事审判与民事调解：清代的表达与实践》，中国社会科学出版社，1998。

② 《万国公报文选》，生活·读书·新知三联书店，1998，第 188 页。

③ 《险对语·下之中》，引自《万国公报文选》，生活·读书·新知三联书店，1998，第 351 页。

④ 《新命论》，引自《万国公报文选》，生活·读书·新知三联书店，1998，第 377 页。

（四）"厚官禄以清贿赂"之思想内容

从中外的实例和理论中，何启、胡礼垣得出结论，中国的变法改革必须从厚官禄开始。他们说："是故，中国经济不谈则已，谈则必以厚给官禄为先；中国政令不变则已，变则必以厘政官俸为首。"（《新政真诠·前总序》）晚清的其他一些思想家也多曾提到过应改革现行的官禄制度，如文中所举之冯桂芬、郑观应、孙中山等人；康有为也认为，官俸过薄是清王朝政治中的主要弊病之一。（《上清帝第二书》，见《康有为全集》第二卷，上海古籍出版社）

何启、胡礼垣认为，在中国的种种政治弊端中，贿赂公行是其中最为严重的一个方面，它可以导致国家政治的崩溃。他称："夫国家之败，其端不一，莫不由于官府之邪。官府之邪，其端不一，莫不由于贿赂之弊。始而害民，终而误国。迨至事发，其覆补救已迟。虽倾受贿者之家，不足以偿其失，食受贿者之肉，不能以挽其灾。是非有以清之，其弊不能止也。中国于受贿一节，办法为天下之至严。而无以清其源，绝其流者。则非意之不美，而实法制未良。"（《新政论议》）他们认为，中国社会中，贿赂公行、吏治败坏的一个重要原因是大臣官员的薄俸制。而此制始于北宋的王安石，他们称："元丰诸臣如王安石辈，以省俸之名欺其君，以增俸之实肥于己。自是而降，中国官俸有其实而无其名，而冒耻干利之态作矣。夫官也，而至于冒耻干利，则为大臣必不能为国家遗大投艰；为小臣必不能为国家理烦治剧。"（《新政真诠·前总序》）何启、胡礼垣指出，在薄官禄的体制下，官员假公济私是必然的，甚至可以说是一种人之常情。他们说："盖俸禄之得已形其薄，而应酬之费又苦其繁，则其因公济私亦复人情所有，是以怀清履洁之不敢居官，即居官亦不能久。"（《曾论书后》）

何启、胡礼垣进而通过分析现行的官禄制度以具体阐明其思想主张："今中国官俸，位一品者年仅百八十两，二品不过百五十两，三品不过百三十两，四品百有五两。视其势位之崇隆，车服之暄赫，须百倍之俸乃可措办裕如。百而谨给其一，将何以为计。"虽然，朝廷为此有养廉银一项支付官员，但数目也远远不足。官俸的不足敷用，使官员不得不于官俸之外谋求财物，它远远多于官俸所给。何启、胡礼垣说："今之为官而图财，可百倍于廉俸者。其所得皆非官禄而来。"（《新政安行》）郑观应也称："作官十年，而家富身肥，囊囊累累然，数十万金在握矣。"（郑观应：《盛世危言·吏治上》）实际上，俗语所言的"三年清知府，十万雪花银"已十分清楚地说明了这种情形。

《新政真诠》中把官员的俸外所得归纳为三种形式：一曰乾没，二曰贿赂，三曰陋规是也。(《新政安行》) 所谓"乾没"，即假公济私，"以国家之利为己之利，而国家无可问也。"所谓"贿赂"，即利用权力收受钱物，以此为论断是非的标准。所谓"陋规"，即以法律的名义掠夺他人的财富。这三项弊端，对于国家的危害是极大的。"此三弊也，国有其一皆足倾危。"但是，它们不仅仅是个人品性的问题，而是体制上的问题。在现行的官俸体制下，想要根除这三项弊端是不可能的。甚至可以说，国家的官员不得不行此三弊方可维持生计。实际的情况是："是故，责之以乾没，而乾没者有词矣，曰吾非不知乾没之不可为也，而无如俸禄之薄，使我欲忠信笃敬而不得也；忠信笃敬无以立乎今之朝也。责之以受贿，而受贿者有词矣，曰吾非不知贿赂之不可受也，而无如俸禄之薄，使我欲怀清履洁而不能也；怀清履洁无以守乎今之位也。责之以收规，而收规者有词矣，曰吾非不知陋习之不可循也，而无如俸禄之薄，使我欲清矫拔俗而不敢也。清矫拔俗无以保乎今之职也。"(《新政安行》)

《新政真诠》通过对人性的分析，更深层次地论述了厚俸制的合理性。"夫欲富者，人之真情；远虑者，人之至性。当膂力方刚之日，则预思夫衰残老大之年；当承欢膝下之时，预虑夫点颔堂前之际。使宦囊所入仅供目前薪水之需，一旦解职归来，何以谋其仰事俯畜，心惊身后何以置其幼子孤孀。于此，而核其在官时不得营谋，莅任时不许受馈，窃恐能之者百无一二，而不能者，比比其人。"(《新政论议》)

通过这种分析，他们得出结论："是则财也者，天下无一事不以之为归，无一人不藉以为命者也。而独谓为官者可以不饮不食，无衣无褐焉，必无之理也。夫立志非徒温饱，然亦必须温饱而志乃可行；乐道首在安贫，然亦贫尚可安，而道才可乐。世未有饥寒切于肌肤而犹能仁义尚礼让者。"(《新政安行》)

何启、胡礼垣认为，国家必须厚待官员，使他们得到与身份相应的物质财富，以使其尽心尽力地为国效力。他们说："盖国家苟以忠信用人，则必以厚糈待士，从未有以欺伪刻削视人臣如犬马，待百官如寇仇，而能望其乃心国事，克勤王家者也。夫事君敬其事而后其食，然食不得则身且难存，事何能办，为国以安社稷为悦，然禄不足则家且莫保，国岂能安。"(《新政安行》) 他们的这种观点，在晚清的思想家中几成共识。如郑观应曾指出，西方国家的官员："俸糈优厚，人无内顾之忧，职任精专，事有难宽之责，君民一体，上下一心，孜孜然日求有益于民，有益于国，否则，议院排之，国君斥之，一日不能居其位。"所以，国家的吏治改革，其中一项基本措施就是："裁汰冗员，酌增廉俸，以通其隔阂，而渐化其贪婪。"(郑观应：《盛世危言·吏治上》）孙中山也认为人尽其才的重要保证是"任使得法"，他称："厚其养廉，永其俸禄，则无瞻顾之心而能专一其志。此泰西之官无苟且，吏尽勤劳者，有此任使之法也。"（孙中山：《上李傅相书》，转引自《万国公报文选》，第304页）何启、胡礼垣根据当时的情况拟订了一个具体的厚俸方案。其称："是宜下令国中，自此以往，在内地为相臣者，年俸各一万五千两，其属递趋递降，以是为差；在外为总督者，年俸二万两，其属递趋递降，以是为差；提督将军年俸各一万五千两，其属递趋递降，各以是为差；下至兵丁水手，月俸七两至十两，月终颁俸，分毫不得扣减。衙门公役以及各官住所费用，由公项给发。历官十年而归田者，恩俸视其所食禄给若干成数，以终其世；二十年、三十年者递加之；终于王事者，功大则以恩俸之数，给及其孙之终身；功小则给及其子之终身；再小则给及其子之成人而止。文员武员有收及民间一钱一物，或擅支国库一毫一厘者，立行革职，永不再用，恩俸尽削。如此，则贿赂之风未有不绝。或嫌所议不无过重，不知我纵不与，彼亦自取；且彼之所取，多不止此。与其私取而败公事。曷若公给而杜私谋。重禄所以劝士，古之大小臣工，身名俱泰者，无他，此法行焉耳。今当改革之初，事之崇实，必自官禄始。"（《新政论议》）

何启、胡礼垣的"厚官僚以清贿赂"的思想，在当时引起了社会上的广泛重视。不但许多同时代的思想家都从中获得了启发，就是一些官吏也把这种观点写进自己的奏章中。从这个角度上看，对清末的官制改革也可能起到了一定的作用。如1898年7月，国子监学习监丞高向瀛在奏折中所陈的"停捐纳，厚廉俸"的内容（《戊戌变法文献汇编》第一卷，台湾鼎文书局，1974），显然参考了在此以前，何启、胡礼垣已提出的思想主张。

《新政真诠》写于一个世纪以前，但我们从今天的角度来看，它仍然具有着实际的意义，其所描述的种种社会弊端，现在仍然存在，有些甚至是在膨胀。这使我们感到无限地惆怅，也使得我们相信，历史的探索的确是一种具有永恒意义的工作。一切抨击时政的著作，其存在越久，人们会感到悲哀越深，因为其所论之弊犹存；一切谋划新政的著作，其存在越久，人们的悲哀同样会越深，因为其新政至今仍遥遥无期。但于一种学说本身而言，它的存在是令人欣喜的，因为我们从它的恒久存在，可以体味出人类思想所具有的深意。

第九章
清末修律时期的人物与思想

第一节 清末修律的发端与背景

一 清末修律的发端

清末修律，是在清末新政的大背景下展开的。1901 年 1 月 27 日的《新政改革上谕》标志着晚清进入新政改革阶段。其中言称："……盖不易者三纲五常，昭然如日星之照世；可变者令甲令乙，不妨如琴瑟之改弦。……大抵法积则蔽，法蔽则更，惟归于强国利民而已。……一切政事，尤须切实整顿，以期渐致富强。懿训以为取外国之长，乃可去中国之短；惩前事之失，乃可作后事之师。……中国之弱在于习气太深，文法太密；庸俗之吏多，豪杰之士少。……人才以资格相限制，而日见消磨。误国家者在一私字，祸天下者在一例字。晚近之学西法者，语言文字、制造器械而已。此西艺之皮毛而非西学之本源也。……总之，法令不更，锢习不破。欲求振作，须议更张。著军机大臣、大学士、六部、九卿、出使各国大臣、各省督抚，各就现在情弊，参酌中西政治，举凡朝章、国政、吏治、民生、学校、科举、军制、财政，当因当革，当省当并；如何而国势始兴，如何而人才始盛，如何而度支始裕，如何而武备始精，各举所知，各抒己见。……新进讲富强，往往自迷始末；迂儒谈正学，又往往不达事情。……欲去此弊，慎始尤在慎终；欲竟其功，实心更宜实力。是又宜改弦更张以祛积弊。……物穷则变，转弱为强，全系于斯。"（《光绪朝东华录》第四册，中华书局，第 4601 页）

法律变革是清末新政的主要组成部分，其于 1902 年展开，该年 3 月 11 日（光绪二十八年二月初二）光绪皇帝下诏改革中国法律："中国律例，自汉唐以来，代有增改。我朝《大清律例》一书，折衷至当，倍极精详。惟是为治之道尤贵因时制宜。今昔形势不同，非参酌适中，不能推行尽善。况近来地利日兴，商务日广，如矿律、路律、商律等类，皆应妥议专条。著各出使大臣，查取各国通行律例，咨送外务部。并著责成袁世凯、刘坤一、张之洞，慎选熟悉中西律例者，保送数员来京，听候简派，开馆编修，请旨审定颁发。总期切实平允，中外通行，用示通变宜民之至意。将此各谕令知之。"① 此诏书对于中国法律史而言是非常重要的文献，其不但为清末法制变革的开始，也在很大程度上标志着中国传统法制的终结。

同年4月1日（二月二十三日），袁世凯、刘坤一、张之洞连衔上奏，会保沈家本、伍廷芳修订法律："奏为遵保熟悉中外律例人员听候简用，恭折会陈，仰祈圣鉴事。

窃臣等承准军机大臣字寄，光绪二十八年二月初二日奉上谕：中国律例，自汉唐以来，代有增改。我朝《大清律例》一书，折衷至当，倍极精详。惟今昔形势不同，非参酌适中，不能推行尽善。著责成袁世凯、刘坤一、张之洞，慎选熟悉中西律例者，保送数员来京，听候简派，开馆编修，请旨审定颁发。总期切实平允，中外通行，用示通变宜民之至意。等因。钦此。遵旨寄信前来。仰见圣朝修明宪典，因时制宜，薄海臣民，同身钦服。

臣等公同筹商，窃惟经世宰物之方，莫大于立法。律例者，治法之统纪，而举国上下胥奉为准绳者也。我朝律例，邃密精深，本无可议。但风会既屡有迁嬗，即法制不能无变更。方今五洲开通，华洋杂处，将欲恢宏治道，举他族而纳于大同，其必自修改律例始。查泰西各国，区域虽分，而律例大致一致。其间有参差者，亦必随时考订，择善而从。如造车者之求合辙，务期推行无阻而后已。迩稽法、德，近考日本，其变法皆从改律入手。而其改律也，皆运以精心，持以毅力，艰苦恒久，而后成之。故能雄视全球，得伸自主之权，而进文明之治，便民益国，利赖无穷。中国自开禁互市以来，近百年矣。当其初，不悉外情，不谙公法。又屡次订约，皆在用兵之后，权宜迁就，听人所为。国权既渐侵削，民利尤多亏损。浸寻至今，国威不振，几难自立。近者交涉益繁，应付愈难。教士纷来，路矿交错。游历之辈，足迹几遍国中。通商之议，乘机而图进步。我如拘守成例，不思亟为变通，则彼此情形，终多捍格。因捍格而龃龉，因龃龉而牵制，群挠众侮，我法安施；权利尽失，何以为国。惟是改定律例，事綦繁重，既非一手一足之烈，亦非一朝一夕之为。臣等再四思维，若不于创办之始，先立规模，虽由各省保送数员，窃恐品类不齐，漫无统属，势必各执意见，聚讼难行。

---

① 《清史稿·刑法志一》，中华书局，1976，第4180页。

　　查刑部左侍郎沈家本久在秋曹，刑名精熟。出使美国大臣，四品卿衔伍廷芳，练习洋务，西律专家。拟请简调该二员，饬令在京开设修律馆，即派该二员为总纂。其分纂、参订各员，亦即责成该二员选举分任。伍廷芳并可遴选西国律师二、三人挈以同来，拔茅连茹，汲引必当。近来日本法律学分门别类，考究亦精，而民法一门，最为西人所叹服。该国系同文之邦，其法律博士，多有能读我会典、律例者。且风土人情，与我相近，取资较易。亦可由出使日本大臣，访求该国法律博士，取其专精民法、刑法者各一人，一并延订来华，协同编译。如此，规模既立，则事有指归，人有禀承，办理自易。迨开馆之后，即就目前所亟宜改订者，择要译修，随时呈请宸鉴施行，逐渐更张，期于至善。不过数年，内治必可改观，外交必易顺手。政权、利权亦必不难次第收回，裨益时局，实非浅鲜。

　　臣等为译修法律，先择总纂，以期握纲领而免分歧起见。此外，如有熟悉中西律例之员，容臣等随时访求，果系确有所长，当再续行保奏，以供差委。是否有当，谨合词恭摺具陈。伏乞皇太后、皇上圣鉴，训示。谨奏。"①该奏议不但确定了主持修律之人，也对修律的目的、原则及方式方法作出了指导性的规定，确立了中国近代法律变革的路径。

　　自此，开始了修律工作。这次修律在中国法律史上有举足轻重的地位，可以说，它标志着中国固有法律传统的终结，也可以被认为是中华法系的终结。《清史稿》中记载："德宗末业，庚子拳匪之变，创巨痛深，朝野上下，争言变法，于是新律萌芽。迨宣统逊位，而中国数千年相传之刑典俱废。是故论有清一代之刑法，亦古今绝续之交也。"②

　　清末立宪修律的直接后果是，中华法系就此消亡，中国的法律制度被纳入于西方化的轨道之中。其所以得以进行的直接原因为庚子事变所导致的统治危机和现实社会中的种种压力。

二　晚清修律的背景

　　晚清修律是在什么样的历史背景下展开的呢？在论及清末修律的原因这一问题时，比较有代表性的论点是："1840 年的鸦片战争，打破了以自然经济为基础的，以家族为本位，闭关自守的封建专制主义体系。资本主义因素的迅速的增长，加之外国资本涌入，改变了中国社会的经济结构和阶级结

---

　　① 《清史稿·刑法志一》，中华书局，1976，第 4182 页。
　　② 《清史稿·刑法志一》，中华书局，1976，第 4182 页。

构。从而使整个社会关系都处于激烈变动之中。"①

的确，这是一个极为动荡的历史时期。西人东来，摧毁了"天朝"精神和物质的堤防。闻所未闻，见所未见的事物接踵而来。社会心理几乎承受不了巨大的外在压力，忧国忧民的士大夫们人人感到天翻地覆，大厦将倾。但中国社会的变化果然如此之大吗？社会经济基础果然已动摇了吗？一千余年以来形成的中国法律传统果然已经失去其存在的基础了吗？从表面上看，的确是这样。中国法律制度的命运说明了这一点。清末立宪修律的直接后果是，中华法系就此消亡，中国法被纳入于西方化的轨道之中。但这一切是社会经济基础被打破的后果吗？抑或有其他的原因？笔者认为，除了近代历史的大背景以外，清末修律的直接原因有两个方面。其一，庚子事变所导致的统治危机；其二，现实的诸种社会压力。以下分别加以叙述。

（一）庚子事变所导致的统治危机

《清史稿》记载："德宗末业，庚子拳匪之变，创巨痛深，朝野上下，争言变法，于是新律萌芽。"② 谈到庚子事变（义和团运动），不能不提到基督教对中国近代社会的影响。基督教及教会在中国近代史上扮演了重要的角色，其影响涉及社会生活的方方面面。就重大的历史事件上而言，太平天国、义和团运动都可以说是基督教在中国传播所产生的直接后果；在人物和思想上，我们可以看到，从太平天国时期的洪秀全、洪仁玕，到重要的思想家王韬、何启、孙中山、马相伯等，都和教会有密切的关系。此外，外国传教士直接进行的活动也对中国思想的变革影响至深，如《万国公报》等。在社会文化方面，基督教会通过办报纸、杂志，创办学校，对中国影响极大。

基督教在中国传播的历史，可分为唐朝的景教、元代教廷使节的东来、明清之际耶稣会士在中国的活动、近代天主教的复归与新教的输入四个历史时期。

公元 7 世纪时，聂斯脱里派的传教活动已遍及中亚，并有进一步向东扩展的趋势，终于在公元 635 年（唐贞观九年），聂派传教士来到了中国的长安，其教在中国被称为"景教"。关于景教，明末来华的耶稣会士阳玛诺称："景者，光明光大之义；教者，教会也，言信仰景道之人缔结之团体。"③ 公元 638 年，朝廷下诏，说此教于社会和世道人心均有裨益，应该

---

① 汪必新：《沈家本法制改革述论》，《比较法研究》1988 年第 2 期。
② 《清史稿·刑法志一》，中华书局，1976，第 4182 页。
③ 顾卫民：《基督教与近代中国社会》，上海人民出版社，1996，第 8 页。

让它通行天下（"济物利人，宜行天下"），并在义宁坊由朝廷资助营建一所"波斯寺"，寺里住有 21 位教士。后更名"大秦寺"。唐朝时，由政府建立和资助的庙宇称"寺"，非政府所立者称"兰若"或"召提"。

据统计，1667 年（康熙六年），耶稣会所属的信徒为 256886 人，共有会所 41 处，教堂 159 处；多明我会的传教士自 1650 年（永历四年）至 1664 年（康熙三年）共付洗 3400 人，共有会所 11 处，教堂 21 处；方济各会自 1633 年（崇祯六年）至 1660 年（永历十四年）受洗 3500 人，会所 11 处，教堂 13 处。公元 1670 年（康熙九年），全国各修会统计所属信徒 273780 人。[①] 而在"礼仪之争"[②] 后，天主教为朝廷所顾忌，为士民所排拒，在百年禁教政策下沦为像白莲教一般的秘密宗教。由于雍正、乾隆、嘉庆年间对基督教传播进行了周期性的镇压，传教活动被迫蜷缩到一些行政上或地理上的边缘地区。直隶威县的赵家庄、魏村，景州的青草河村，以及山东武城县十二里庄等处的天主教社群，成为天主教徒和那些间或可以对他们行使神甫职责的教士的避难所。[③]

近代以降，在《黄浦条约》《天津条约》和《北京条约》等一系列由西方列强强迫签订的不平等条约的保护下，基督教在中国的发展得以恢复并扩张极为迅速。据统计，到 1920 年，基督教在中国的独立传教团体，已经从 1900 年的 61 个增加到了 130 个。此外，还有 36 个不以教派划分的超宗教组织。1919 年，据统计新教教堂有别于 6391 座，并拥有 8886 个巡回布道中心。

基督教在其扩张的过程中，对中国社会的固有传统冲击甚巨。教会与中国民众在许许多多方面冲突极多，酿成了数以百计的教案。其中规模较大、造成较大人员伤亡的教案就有几十起，如青浦教案、西林教案、贵阳教案、酉阳教案、台湾凤山教案、扬州教案、天津教案、重庆教案、大足教案、曹州教案，等等。1900 年，最终爆发了义和团运动。[④] 在义和团运动中，被杀死的天主教传教士为 53 人，基督教传教士为 188 人，[⑤] 而被杀死的中国教民达上千人。

---

① 方豪：《中西交通史》，转引自顾卫民著《基督教与近代中国社会》，上海人民出版社，1996，第 59 页。
② 康熙年间，由于罗马教廷对中国教民遵行中国传统礼仪加以干预，从而与清朝政府发生激烈冲突，导致基督教被禁止。请参考李天纲《中国礼仪之争》，上海古籍出版社，1998。
③ 〔德〕狄德满：《义和团民与天主教徒在华北的武装冲突》，《历史研究》2002 年第 5 期。
④ 关于义和团运动的性质，本书不作过多的讨论。有兴趣的读者可以参考有关资料。特别推荐柯文的《历史三调》和周锡瑞的《义和团运动的起源》，此二书均有中译本。
⑤ 姚民权、罗伟虹：《中国基督教简史》，宗教文化出版社，2000，第 123 页。

1900 年 4、5 月间，英、美、德、意四国都派出战船进入天津的大沽口，6 月初又有俄、奥、日、法四国也派兵威逼清政府剿办义和团。八国联军官兵共约 2000 人由英国海军上将西摩尔统率，越过天津进逼北京，沿途不断同义和团交锋却不能取胜。6 月 21 日清政府向联军下了宣战诏书，命令张勋和刚毅统领义和团，企图控制义和团使之成为朝廷御外的工具。7 月中旬，八国联军攻下了天津，接着又纠集了 19000 人，由德国元帅瓦德西为统帅，于 8 月 14 日攻陷北京，慈禧和光绪出逃"西狩"。当八国联军还在从天津到北京的路上时，朝廷又急忙授命李鸿章为全权议和大臣。议和结果中国签订了《辛丑条约》，被迫偿付 4.5 亿两白银。在这种压力下，清王朝的统治受到极大的挑战，选择变法似乎是其继续维持统治的唯一出路。故而，改革的抉择在很大程度上是在仓促间做出的。实际上，改革诏书颁布的时候，慈禧还未回到北京。

（二）诸种社会政治压力的逼迫

1. 由于西方国家的入侵而产生的社会压力

如前所述，西方国家的入侵使中国的"天朝"体系开始迅速崩溃。这使得中国的知识阶层大感羞愤，与西方国家竞争成为一种很强的社会压力。自强图存，抵御西人的确是修律的直接原因。梁启超就认为：为了"外竞"必须对内加以控制和调节。最重要的不是"内竞"，而是内部秩序，为了秩序，由政府权力强加的强制是最值得考虑的事情。实际上我们看到，中国近百年来，走的就是这样一条强制的道路。伏尔泰认为："一个国家的强大，必须使人民享有建立在法律基础之上的自由；或者使最高权力巩固和强化，无人非议。"（伏尔泰：《路易十四代》，商务印书馆）在"外竞"的过程中，中国的社会变得更易于接受专制，而与自由和法治渐行渐远。

舆论压力是这种社会压力的重要形式。自鸦片战争以后，社会上的有识之士，一直倡言认识西方，实现变法。李鸿章认为："居今日，而欲整顿海防，舍变法和用人，别无他方下手。"（转引自杨国强《李鸿章》，载《中华文史化丛》52 辑）戊戌变法的失败，也并没有使变法主张沉寂下来。刘坤一和张之洞在奏折中也疾呼："立国之道大要有三：一曰治，二曰富，三曰强。国既治则贫弱者可以力求富强，国不治则富强者亦必转为贫弱。整顿中法者，所以为治之具也；采用西法者，所以为富强之谋也。"这样的言论，不胜枚举。

而到 19 世纪末叶，这种社会压力更以革命的形式出现。1895 年，孙中山发起成立了革命党的第一个组织兴中会。自此以后，革命党的压力日益增强。"驱逐鞑虏，恢复中华"的号召使反清的力量不断增强。革命党不但利用舆论来宣传革命思想，号召推翻清廷的统治；并且，它还采取直接的武装暴动的方式进行反清活动。1905 年，同盟会在东京成立，革命党组织上显得力量空前壮大。同时，孙中山提出了具体的民国建设主张，赢得了国际和国内众多人士的普遍同情和支持。清朝的统治，受到致命的威胁。当权者不得不正视这种威胁，被派出洋考察宪政的五大臣之一载泽在奏折中称："欲防革命，舍立宪无他。"

2. 欲图收回领事裁判权

《清史稿》中记述："然尔时所以急于改革者，亦曰取法东西列强，藉以收回领事裁判权也。考领事裁判，行诸上海会审公堂，其源肇自咸丰朝，与英、法等国缔结通商条约，约载中外商民交涉词讼，各赴被告所属之国官员处控告，各按本国律例审断。嗣遇他国缔约，俱援利益均沾之说，众相仿效。同治八年，定有洋泾滨设官章程，遴委同知一员，会同各国领事审理华洋诉讼。其外人应否科刑，谳员例不过问。华人第限于钱债、斗殴、窃盗等罪，在枷杖以下，准其决责。后各领扩张权限，公堂有径定监禁数年者。外人不受中国之刑章，而华人反就外国之裁判。清季士大夫习知国际法者，每咎彼时议约诸臣不明外情，致使法权坐失。光绪庚子以后，各国重立和约，我国龈龈争令撤销，而各使藉口中国法制未善，靳不之许。迨争之既亟，始声明异日如审判改良，允将领事裁判权废弃。载在约章，存为左券。故二十八年设立法律馆，有'按照交涉情形，参酌各国法律，务期中外通行'之旨。盖亦欲修明法律，俾外国就范也。夫外交视国势之强弱，权利既失，岂口舌所能争。故终日言变法，逮至国本已伤，而收效卒鲜，岂法制之咎与？然其中有变之稍善而未竟其功者，曰监狱。有政体所关而未之变者，曰赦典。"①

梁启超在《政闻社宣言书》中称："今中国法律，大率沿千年之旧，与现在社会情态，强半不相应。又规定简略，惟恃判例以为补助，夥如牛毛，棼如乱丝，吏民莫如所适从。重以行政司法两权，以一机关行之，从事折狱者，往往为他力所左右。为安固其地位起见，而执法力乃不克强。坐是之故，人民生命财产，常厝于不安之寺，举国儳然若不可终日，社会上种种现象，缘此而沮其发荣滋长之机。其影响所及，更使外人不措信于我国家。设领事裁判权于我领土，而内治之困难，益加甚焉。"（《饮冰室合集》第 20 册，第 26 页。）

领事裁判权是近代中国法律制度处于危机的明显特征。1842 年在中

---

① 《清史稿·刑法志三》，中华书局，1976，第 4216～4217 页。

英《五口通商章程》中，领事裁判权制度初步形成，其中规定："凡英国禀告华民者，必先赴管事官处投禀，候管事官先行查察谁是谁非，……间有华民赴英官处控告英人者，管事官均应听讼。……倘遇有交涉词讼，管事官不能劝息，……即移请华官公同查明其事，……其英人如何科罪，由英国议定章程、法律，发给管事官照办。"（《中外旧约章汇编》第一册）第二次鸦片战争后，在中国与英、法签订的《天津条约》中，领事裁判权被确定。如在中英条约中，有以下明确规定："英国民人有犯事者，皆由英国惩办。中国人欺凌扰害英民，皆由中国地方官自行惩办。两国交涉事件，彼此均须合同公平审判，以昭允当。"（《中外旧约章汇编》第一册）此后，西方诸列强也相继通过签约取得领事裁判权。1864 年（同治三年），列强还在上海租界内设立了会审公廨，把司法审判权扩大至单纯的华人案件。

领事裁判权限制了中国的司法部门在自己国家的领土上行使审判权。外国人却可以在中国的土地上设置法庭。如美国在华设置的领事法庭曾多达 18 个，美、英等国都在中国设立了驻华高等法院。这一切都令清政府深感到有辱国格，由此带来的种种后果更令国人难以忍受。章太炎曾对此加以猛烈抨击："……通商之岸，戎夏相捽，一有贼杀，则华人必论死，而欧美多生。制律者欲屈法以就之，以为罪从下服，则吾民可以无死。呜呼，以一隅之事享受域中，吾未见其便也。"（章太炎：《定律》）的确，在一定程度上，"领事法庭或租界公堂大都成为了西方殖民主义者在中国横行霸道，胡作非为的庇护所"（张培田：《中西近代法文化冲突》，中国政法大学出版社）。

在对中国法权丧失感到切肤之痛的同时，一些有见识的官员和知识分子也对中国法律自身进行了比较深刻的反思。如李鸿章曾说："洋人刑法从轻，每怪中国考讯、斩、绞之属太苛。"中国法律的这些弊端，如不加以改进，"而强西人归我管辖，虽巴西、秘鲁小邦亦不愿也"（《李文忠公全集·朋僚函稿》）。郑观应也从日本的经验中认识到必须改革中法："溯日本初与泰西通商，西人以其刑罚严酷，凡有词讼，仍由驻日西官质讯公断。强邻压主，与中国同受其欺。乃近年日人深悟其非，痛改积习，彼此均无枉纵，而邦交亦由此日亲。……（中国）苟能毅然改图，一切与之更始，于治军经武、行政理财、通商惠工诸大政，破除成见，舍旧谋新，设议院以通上下之情，执公法以制西人之狡，定则例以持讼狱之平，庶大政不致旁落，而强邻不敢觊觎。"（《盛世危言·交涉》）康有为直接把改革法律制度与治外法权联系在一起，他说："若夫吾国法律，与万国异。故治外法权不能收回。

且吾旧律，民法与刑法不分，商律与海律不分，尤非所以与万国交通也。"
（康有为：《康南海自编年谱》）严复更是认为西法在本质上有高于中法之
处，其言："彼之法令，所以保民身家者也；我之刑律，所以毁人身家者
也。"（严复：《法意》第十五卷案语）谭嗣同也明确主张："改订刑律，
使中西合一，简而易晓，因以扫除繁冗之簿书。"（谭嗣同：《报贝元征》）
曾鉎列举了西律的若干便利之处：洋律人命不抵，止拟监禁、以监狱为学
堂、律师制度，等等。他认为中律应该向西律靠拢，其称："窃谓我朝定
律，尽除前明之酷刑苛法，与天下百姓休息者二百五十余年。专重宽厚，
爱养斯民。所以民心亦极团结。至于今则外洋各国律例，较之我国更宽，
似我律例，亦当斟酌比拟而济其失"（《皇朝蓄艾文编》卷四），如此等
等。

　　1902 年，张之洞以兼办通商大臣身份与各国修订商约。此间，英、
日、美、葡四国表示，只要清政府改良司法现状，就可以放弃领事裁判
权。如在《中英条约》中规定："中国深欲整顿中国律例，以期与各西国
律例改同一律，英国允愿尽力协助以成此举。一俟查明中国律例情形及其
审断办法及一切相关事宜皆臻妥善，英国即允弃其治外法权。"（《中外旧
约章汇编》第二册）清政府认为这是一个有利的时机。故遂下决心修律以
就西人的要求。据《清史稿》记载："逮光绪二十六年，联军入京，两宫
西狩。忧时之士，咸谓非取法欧、美，不足以图强。于是条陈时事者，颇
稍稍议及刑律。二十八年，直隶总督袁世凯、两江总督刘坤一、湖广总督
张之洞，会保刑部左侍郎沈家本、出使美国大臣伍廷芳修订法律，兼取中
西。旨如所请，并谕将一切现行律例，按照通商交涉情形，参酌各国法
律，妥为拟议，务期中外通行，有裨治理。自此而议律者，乃群措意于领
事裁判权。"[①]

3. 日本变法成功的示范效应

　　"西方的冲击"，对于中国而言，是一个致命的问题。其实，对于许多
的东方国家，它具有同样的意义。台湾的李永炽教授称：它是"以西方帝
国主义为主体，以非西国家为客体的世界史课题。"（李永炽：《日本学者对
清末变法运动的看法》）而在回应"西方的冲击"的成效上，日本表现得最
为突出。它在政治上最先恢复了自己的主动性。而在其他国家，如中国，则
在恢复自我的过程中挣扎。

　　日本的明治维新运动，不但使其主权得以恢复，而且国力迅速增强，不

---

① 《清史稿·刑法志》，中华书局，1976，第 4187 页。

但在甲午战争中打败了中国，而且在日俄战争中也打败了令人生畏的俄国。它已俨然成为"西方"一员。① 这一事实极大地触动了中国。日本在日俄战争中的胜利被看作立宪对专制的胜利。由此看到中国一定要变法。张之洞写道："一知耻，耻不如日本，耻不如土耳其，耻不如暹罗，耻不如古巴；二知惧，惧为印度，惧为越南、缅甸、朝鲜，惧为埃及，惧为波兰；三知变，不变其习，不能变法，不变其法，不能变器。"（张之洞：《劝学篇》）沈家本说："日本旧时制度，唐法为多，明治以后，采用欧法，不数十年，遂为强国。"（沈家本：《历代刑法考》第四册，中华书局）学习日本似乎是中国的唯一出路；只要学习日本，中国就可以富强。康有为对此充满乐观："日本效欧美，以三十年而募成治体，若以中国之广土众民，近采日本，三年而宏规成，五年而条理备，八年而成效举，十年而图霸定矣。"（康有为：《进呈日本明治变政考序》）似乎只要如日本一样积极学习西方，中国定能走向富强。

从以上所列举的清末修律的直接起因中，我们并没提及社会经济基础对法律变革的直接要求。从史料中也及少看到新兴的资产阶级对修律所施加的影响。为什么这样呢？从我们的研究的单一视角上很难说明这个问题。所以，本书以下的论述很可能是片面的。但正如马克·布洛赫所言："既是一门学问不具备欧几里得式的论证或亘古不变的定律，仍无损于科学的尊严。"（马克·布洛赫：《历史学家的技艺》，生活·读书·新知三联书店）在此笔者只以一家之言，以待有识者的批评。

让我们先看一看当时中国社会中，最能体现新型的资本主义经济发展的一些具体情况。上海，这个"江海之通津，东南之都会"无疑是经济发展最快的地区。1844 年前，它的年商品流通额已达到白银 3000 万两。占全国的 7% 以上。1844 年，上海的外贸，出口量是白银 268 万两。到 1863 年，就猛增至白银 1 亿余两。在此以后，上海的贸易发展更是突飞猛进。1865 ~ 1900 年，外贸进出口额从 1.2 亿（海关）两，增至 3.89 亿两。直接对贸易贷值从 5900 万（海关）两，增至 2.04 亿两。② 可以说，此时的上海已成为一个现代化的都市，它已被纳入世界经济体系之中。

再看另一个大城市天津。作为拱卫京师的海路要冲，在雍正时，就在此

---

① 美国学者伯尔曼称："西方"是不能借助罗盘找到的，见其《法律与革命》第一卷。

② 以上资料引自潘君祥、陈立仪《十九世纪后半期上海商业的演变》，《历史研究》1986 第 1 期。

地设置了水师营，同治年间设机器局。在其治内有新域驳台和大沽驳台，航路直通芝罘（烟台）、上海、营口、仁川、长崎；铁路有京津线、津榆线、津保线、津浦线。（《清史稿·地理志》）从这个交通状况来看，它的经济环境也是极优良的。应该提到的是，清末修律的一个重要人物——修订法律大臣沈家本曾做过天津知府，这段经历对于他以后的变法思想形成肯定有着极大影响。

另一位修订法律大臣武延芳，更来自于经济发达的香港，他自幼接受西式教育，从香港圣保罗书院毕业，之后到英国攻读法律并取得了大律师资格。他回香港后成为执业律师，后被香港政府聘为法官，他也是香港历史上第一位华人议员。此时的香港，也已成为经济发达商贸中心。从香港的航运业一项，就可以看出香港的经济发展速度。1861年，进入香港港口结关的轮船为2545艘，吨数为1310383吨，而1900年为10940艘和14022167吨。①

再从资本主义经济的行业结构发展来看，在西方经营者的示范下，各种行业的经济实体也都建立起来。如1845年西人开设了广州柯拜船坞；1865年，江南制造总局成立；1862年，西人设立了旗昌轮船公司；1872年，中国轮船招商局成立；1876年，西人修上海吴淞铁路；1881年，唐胥铁路建成；1845年，丽如银行在广州设分行；1897年，中国通商银行开业，等等。②

如果仅仅从上述的描述来看，你会得到这样的印象：中国资本主义经济的发展已有了相当的规模，社会经济的基础已发生了重大的变更。相应的社会的政治基础、文化基础也必须做相应的改变，这种感觉对于知识分子来说尤为强烈。甚至连陈寅恪先生也深有此感。他在《王观堂先生挽诗序》中写道："自道光之际，迄乎今日，社会经济之制度，以外族之侵迫，致剧疾之变迁。纲纪之说，无所凭依。"但笔者认为，真实的情况似乎不是这样，中国社会的传统封建小农经济的基础根本没有被触动。中国的社会经济基础并没有因西人东来而动摇，所摇摇欲坠者，只是清政府的政治统治基础而已。

中国的经济基础，封建性至深，小农经营占绝对的优势，它是不可能被资本主义的兴起轻易动摇的，新兴产业在当时实不足以与其匹敌。截至

---

① 以上资料引自余绳武、刘存宽主编的《十九世纪的香港》，中华书局版。

② 以上资料引自汪敬虞《中国近代社会：近代资产阶级和资产阶级革命》，《历史研究》1986年第6期。

1911 年，中国还只有近代厂矿企业 562 家，资本总额不到 1.32 亿元。比照中国的土地人口及庞大而又原始的农业，这个数量实在是微乎其微。资产阶级的贡赋在国家财政收入所占比重，虽然比那种绝对的比较好得多，但在 1901 年，厘金在政府财政预算中所占的份额也只不过是 9.43%。1908 年，全国共有商会组织 262 处，会员 7784 人，不及成年男子的万分之一。（〔美〕费正清：《剑桥中国晚清史》下，中国社会科学出版社）从另一方面看，微弱的资本主义经济对中国的政治权力组织所施加的经济影响力实在不能估计。因为，它根本没有足够的力量为现政权分忧解难。1895～1911 年，仅甲午和庚子两项赔款，就需支付白银 47982000 两。这个数目，相当于 1895～1913 年，中外新式企业资本总额的一倍以上。（〔美〕费正清：《剑桥中国晚清史》下，中国社会科学出版社）此时，中国整个经济发展的基础设施极不完善，经济环境很差。到 1913 年，航运用轮船为 1130 艘，虽然说发展比较迅速，但与传统的船只和木筏相比，实不足论。铁路的发展也是这样，到 1912 年，铁路的干线和支线的总里数为 9244 公里。"对当时的经济和商业体系只起了有限的作用。"另外，新型经济的分布呈现极不均衡的状态，上海、江苏和广东占了其总数的近一半；在其他广大的地区，新型企业则如同汪洋大海中的孤岛。

20 世纪初的中国经济完全是耕作型的，小农经济的基础至为深厚，传统农业的结构很难被改变。实际上，这种状况一直延续到我们仍可清楚记忆的不久以前。传统经济的韧性极强。它可以抵御人口压力，政治体制的变迁，生态环境的恶化。而与这一切比较起来，西人东来又能如何。外来的影响对整个社会而言只是一小部分，虽然它对于统治阶层来说是至关重大的，甚至可以说，中国的小农经济对于资本主义的抑制作用要大过于资本主义对它的破坏作用。黄宗智先生在《华北小农经济与社会的变迁》中写道："中国的小农经济把传统的农业推到一个很高的水平，但对新式投资，却完全起到了抑制作用。由此，中国农业陷于一个高水平均衡的陷阱。"（黄宗智：《华北的小农经济与社会变迁》，中华书局）这种小农经济对于资本主义的发展，从劳动力吸引和资金的筹措以及消费市场的形式，等等，许多方面都起了极大的负面的影响。

通过以上的论述，可以得到这样的结论：在清末修律的时候，中国的社会经济基础并没有像表面上那样，已呈离析状态。所以，应该说修律的原因不是经济基础的改变，而是其他一些非本质性的原因，是"意识形态的风暴和政治风暴摧毁了这个儒家的帝国"（费正清：《剑桥中国晚清史》下，中国社会科学出版社），是一种精神期待的产物。从某些方面而言，甚至可以说是托克维尔所言的"人类冲动的产物"。当时的统治阶层在巨大的压力之下开始的变法，其政治上和外交上的原因是远远超过经济原因的，必须看到政治统治基础的崩溃不等于社会经济基础的崩溃，而人们常常难以正视这一点。经济生活最为表面化的东西往往被当成了法律改革的出发点，成为改造社会传统的根据。正因如此，中国法传统被人为地割裂了，连接现在和过去的桥梁被无可挽回地摧毁了。从而，社会民众对法律的认知"无所凭依"。的确，让因迷信风水而誓死抵制开矿山修路的中国小农去应适应西方式的法律制度，真是难于上青天。从这种意义上而言，清末修律是难称成功的。这一点已为法史界许多人士所认同。马小红先生称："变革后，中国的法制制度与西方几无差别，但法律观念与法律环境与变革前大致相同。……西法虽被引进国门，却又被拒之于人们的观念之外。"①

实际上，在当时，已有人看出了修律缺乏必要的社会基础，章太炎就曾指出："季世之人，虚张法理，以欧美有法令可因攘之也，房延设律例馆，亦汲汲欲改刑法，比迹西方，其意非为明罚饬法，以全民命，惩欲杜塞领事法权，则一切不问是非，惟爻法泰西是急。法律者，因其俗而为之，约定俗成，案始有是非之剂惟爻，顾作法者，当问是非，不当问利害。今以改律为外交之弊，其律尚可说哉。"清末的法律变革能不能采用其他更有效的方式方法呢？亚当·斯密说："在不能树立最好的法律时，尽力树立人们所能承受的最好的东西。"在清末的社会状态下，人们对于法律的期待是什么？什么样的法律是他们能接受的最好的法律？让我们假设，如果人们对社会经济基础的认识更为清楚，那么又会如何呢？李鸿章曾说："是故华人之效西法，如寒极而春，必须迁延忍耐，遂渐加重。"如果在法律改革的问题上采取"迁延忍耐，逐渐加重"的方式又会如何呢？

第二节　修律时期的人物与思想

一　张之洞的思想主张

有关张之洞的生平与总体性的思想主张，我们已在第四章中有所论述，本章主要就其有关修律时期的思想加以简单论述。

---

① 马小红：《沈家本传统法律变革之评价》，载论文集《走向法治之路》，法律出版社，第199页。

（一）《江楚会奏三折》^① 中的有关法律思想

《辛丑条约》订立以后，湖广总督张之洞与两江总督刘坤一^②在"欲求振作"、当议更张的形势下，提出必须在政治、经济、法律等方面，进行整顿改革，采用外国新法，以挽清王朝之颓势。他们于 1902 年（光绪二十七年）五月二十七日到六月初五之间，连上三疏，即《变通政治筹议先务四条折》《整顿中法十二条折》《采用西法十二条折》三折。这就是著名的《江楚会奏三折》。

在奏折中，他们首先论证了必须变法的原因，其中以《周易》《孟子》关于变的思想为根据，来说明立法贵在因时，变通唯期尽力，清王朝处于不能不变的关键时期。其称："《周易》乾道变化者，行健自强之大用也；又《孟子》闻过然后改，困然后作，动心忍性，增益其所不能者，生于忧患之枢机也。上年京畿之大变，大局几危，其为我中国之忧患者可谓巨矣，其动忍我君臣士民之心性者可谓深矣，穷而不变，何以为图？"

在《变通政治筹议先务四条折》（亦称《变通政治人才为先遵旨筹议折》）中，其以为施行变法必须储备人才有要旨。提出设文武学堂，酌改文科，停罢武科，奖劝游学四事。

在《整顿中法十二条折》中，其论述了关于实行崇节俭、破常格、停捐纳、课官重禄、去书吏、去差役、恤刑狱、改选法、筹八旗生计、裁屯卫、裁绿营、简文法等十二条措施。其中在第七条"恤刑狱"中，集中论述了有关刑法改革的九个方面问题，即禁累讼、省文法、省刑责、重众证、修监羁、教工艺、恤相验、改罚锾、派专官。

禁讼累，就是要禁止政府官员借讼案勒索当事人。

省文法，就是不能对官员管辖过严，从而导致官员对许多案件的隐匿不报或私和案件。

省刑责，就是要求在审案中，实行拷掠刑讯应有所限制，除对盗案、命案证据确凿而不肯认供者，准许刑吓外，凡初次讯供时及牵连人证，应规定断不准轻加刑责。笞杖等刑罚手段可酌改为羁禁，但亦不得凌虐久系。

重众证，就是要学习外国审案时重视证人证据，不过分依靠案犯的口供。其提出断案除死罪必须有输服供词外，其余流刑以下罪各若干犯狡供拖

---

① 关于《江楚会奏三折》的酝酿与成型之过程，李细珠先生在《张之洞与晚清新政》一书中，考证甚明，值得参考。

② 刘坤一（1830～1902），字岘庄，湖南新宁人。以湘军将领而入仕，累迁广西布政使、江西巡抚、两广总督、两江总督兼通商大臣等职。中日甲午战争时被任命为钦差大臣驻山海关，节内外军百余营。1896 年回任两江总督。后人集有《刘坤一遗集》六十一卷。

延半年以上，而证据确凿，证人也都公正可信，上司层递亲提复均无疑义，当"按律定拟，奏咨立案"。

修监羁，就是要改良中国的监狱制度。

教工艺，就是为在押嫌犯提供学习手艺的机会，"令其学习，将来释放者可以谋生；改行禁系者，亦可自给衣履"。

恤相验，就是要求在处理命案时，验尸官要"轻骑简从，不准纵扰"，减少当事人的负担。

改罚锾，就是对轻罪的处罚可改用罚金的方式。并提出，命盗重案应按律治罪，窃贼、地痞、恶棍、讼棍伤人诈骗当扑责监禁，其余如户婚、田土、家务、钱债等案，均可按其罪名轻重酌令，斟酌罚银赎罪。

派专官，就是选派专职官员管理监狱。

张之洞和刘坤一认为，"恤刑狱"各条若得以一一实现，则会产生良好的效果和积极的影响。所谓"去差役则讼累可除免，宽文法则命盗少讳延，省刑罚则廉耻可培养，重众证则无辜少拖毙，修监羁则民命可多全，教工艺则盗贼可稀少，筹验费则乡民免科派，改罚锾则民俗右渐敦，设专官则狱囚受实惠"[1]。

在《采用西法十一条折》中，他们首先指出要采用西法的理由。其称：当今世界各国月新日盛，大者富强，次者亦不贫弱。原因在于其政体、学术，经历了数百年的研究、无数人的改造，实践证明其确系精良。同时，它又具有广泛的示范效应，如美洲即学于欧洲，日本的变法也采自于西洋，两者的成效都很显著。此如同药有经验的方剂，路有熟游的图经。取法西方，在许多方面可以对中国有所裨益。所谓："相我病症，以为服药之重轻；变我筋力，以为行程之迟速"。为此，学习西方，坚持传统应该是救国的最好方式。

张之洞、刘坤一提出的《采用西法十一条折》的具体内容是：（1）广派游历；（2）练外国操；（3）广军实；（4）修农政；（5）劝工艺（6）；定矿律、路律、商律、交涉刑律；（7）用银元；（8）行印花税；（9）推行邮政；（10）官收洋药；（11）多译东西各国书。其中有关法律改革的内容集中于第六条定矿律、路律、商律、交涉刑律中，也是其认为最关键的内容。其称："四律即定，各省凡有关涉杂案。悉按所定新律审断、两造如有不服，止可上控京城矿路商务衙门，或在京审断。或即派编纂律法教习，前往该省会同关道审断。一经京署及律法教习复审，即为定谳，再无翻异。"这样，

---

① 《张之洞全集》，河北人民出版社，1998，第 1419～1420 页。

中外纠纷、华洋诉讼将会大大减少。为了从速制订路、矿、商、交涉四律，他们建议总署电致各国驻华公使，访求各国著名律师，每大国派一名来华，充当各该衙门编纂律法教习。博采各国矿律、路律、商律、刑律诸书，为中国编纂简明矿律、路律、商律、交涉刑律若干条，分别纲目，限一年内纂成。由该衙门大臣斟酌妥善请旨核定，并照会各国，颁行天下，一体遵守。

张之洞、刘坤一等提倡变法，实际推动了清末的修律运动。慈禧太后下令全国遵行。谕旨中称："尔中外人等，须知国势至此，断非苟且补苴所能挽回厄运。惟有变法自强，为国家安危之命脉，亦即中国生民之转机。予与皇帝为宗庙计，为臣民计，舍此更无他策。……昨据刘坤一、张之洞会奏，整顿中法，仿行西法各条事，多可行。即当按照所陈随时设法择要举办，各省疆吏亦应一律通筹，切实举行。"

张之洞、刘坤一的《江楚会奏三折》，特别是《整顿中法十二条折》的"恤刑狱"九个方面内容，最终成为修订法律馆修订清律的重要根据。如"省刑责"和"改罚锾"两个方面，在后来修订的《现行刑律》中，得到了充分的反映。关于停止刑讯，江庸的《五十年来中国之法制》曾说："此议发之两江总督刘坤一、湖广总督张之洞，奉旨交法律馆核办，经馆议定办法，停止刑讯"。关于"改罚锾"，沈家本在《大清现行刑律案语名例上五刑》中说笞刑、杖刑改为罚银，是根据光绪三十一年"修订法律馆核议原任两江总督刘坤一、升任湖广总督张之洞会奏恤刑狱折内拟请笞杖等罪仿照外国罚金之法"而定的。

二 张之洞的其他思想主张

张之洞即是晚清政治史上最关键的人物之一，也是法律变革过程中最为关键的人物。他的《劝学篇》及有关著述在思想上为清末改革提出了指导性的原则。同时，他在修订法律、创建法律教育等方面都有所贡献。除了与刘坤一共同上奏的《江楚会奏三折》以外，张之洞有关法律改革的思想主张还有很多。其中主要思想集中体现于1898年出版的《劝学篇》中。或有人认为，张之洞撰写《劝学篇》，意在对抗康有为的思想影响。实际上这种认识过于狭隘，张之洞的胸怀比这种小抱负要宏阔得多。况且，在其眼中，当时的康有为不过是个政治流行人物而已。他的目标更为远大，该书是他努力认识处于千古变局中的中国如何应对可能亡国灭种严峻现实之思考结果，他认为，按照《劝学篇》中拟订之方案，可以为中国指明解决问题的途径。

1898年，张之洞写就了中国近代变革史上最重要的著作《劝学篇》，1900年，此书就在纽约出版了英文本，名为《中国唯一的希望》。张之洞认为，当今的中国处于有史以来最大的变化之中："今日之世变，岂特春秋所未有，抑秦、汉以至元、明所未有也，语其祸，则共工之狂、辛有之痛，不足喻也。庙堂旰食，乾惕震厉，方将改弦以调琴瑟，异等以储将相。学堂建，特科设，海内志士发愤扼腕，于是图救时者言新学，虑害道者守旧学，莫衷于一。旧者因噎而食废，新者歧多而羊亡。旧者不知通，新者不知本。不知通，则无应敌制变之术；不知本，则有菲薄名教之心。夫如是，则旧者愈病新，新者愈厌旧，交相为愈，而恢诡倾危、乱名改作之流，遂杂出其说以荡众心。学者摇摇，中无所主，邪说暴行，横流天下。敌既至，无与战；敌未至，无与安。吾恐中国之祸，不在四海之外而在九州之内矣。"① 张之洞深刻认识到了中国所进行的巨大变化。为了应付这种变化，必须要加以必要的变革。他指出，在当时的情况下，要想维持统治，就必须进行变法，而固有法律是可以加以改变的。张之洞积极推动晚清变法修律。他指出西方国家都是重视法律的："泰西诸国，无论君主、民主、君民共主，国必有政，政必有法。官有官律，兵有兵律，工有工律，商有商律。律师习之，法官掌之。君民皆不得违其法。"②

张之洞认为，清朝的法律制度总体上说是比较完善的，其法律传统是可以被保留的。其曾对清代法制加以赞美："自暴秦以后，刑法酷滥，两汉及隋相去无几，宋稍和缓，明复严苛。本朝立法平允，其仁如天，具于《大清律》一书：一、无灭族之法；二、无肉刑；三、问刑衙门不准用非刑拷讯，犯者革黜；四、死罪中又分情实缓决，情实中稍有一线可矜者，刑部夹签声明请旨，大率从轻比者居多；五、杖一百者折责，实杖四十，夏月有热审减刑之令，又减为三十二；六、老幼从宽；七、孤子留养；八、死罪系狱，不绝其嗣；九、军流徒犯不过迁徙远方，非如汉法令为城旦鬼薪，亦不比宋代流配沙门岛，额满则投之大海；十、职官妇女收赎，绝无汉输织室、唐没掖庭、明发教坊诸虐政。凡死罪必经三法司会核，秋审。决之期，天子素服，大学士捧本，审酌再三，然后定罪；遇有庆典，则停、减等。一岁之中，决者天下不过二三百人，较之汉文帝岁断死刑四百，更远过之。若罪不应死而拟死者，谓之失入；应死而拟轻者，谓之失出。失入死罪一人，臬司、巡抚、兼管巡抚事之总督，降一级调用，不准抵消；失出者一案至五案只降级留任，十案以上始降调，具见于历朝圣训。"③ 这种赞美一向被认为

---

① 张之洞：《劝学篇》，广西师范大学出版社，2008，第 1 页。
② 张之洞：《劝学篇》，广西师范大学出版社，2008，第 40 页。
③ 《张之洞全集》第十二册，河北人民出版社，1998，第 9712 ~ 9713 页。

是极其无耻的阿谀之词，是不顾实际的谎言，是为清朝统治者的脸上贴金。但如果我们不以固有的观念去看问题，不以"西方论"的标准去衡量，不以"革命性"作为历史评价的标准，只从制度层面而言，就会看到张之洞的观点虽有过度美化的倾向，但也并非全是谀词。

张之洞认为，造成法制败坏的原因在于各地方没有切身遵行法律。其言："徒以州、县有司政事过繁，文法过密，经费过绌，而实心爱民者不多，于是滥刑株累之酷，囹圄凌虐之弊，往往而有。虽有良吏，不能随时消息，终不能尽挽颓风。"① 而解决这些问题也成为晚清法律改革的出发点。张之洞主张，整顿中法，采用西法，其根本目的是为了保存中国固有的文化传统，变法修律应以"中学为体，西学为用"为指导方针。他认为，民权是断不可实行的，就西方式的民权而言，张之洞认为，中国有其特殊的情况，而且在"民智未开"的社会条件下，中国还谈不上民权。在中国社会中，君为臣纲，父为子纲，夫为妻纲的"道统"是根本不可变革的。根据传统，"知君臣之纲则民权之说不可行也，知父子之纲则父子同罪免丧废祀之说不可行也；知夫妇之纲则男女平权之说不可行也"（张之洞：《劝学篇》）。在张之洞看来，在现实的条件下，民权一经提倡，必然导致社会的混乱，所谓：愚民必喜，乱民必作，"纲纪不行，大乱四起"。

张之洞认为，在当时的社会条件下，司法独立也是不适宜的，中国旧律有其突出的优点。中国古代法律与礼教相结合，也就是所谓法律的本原与经术相为表里，其中如亲亲之义、男女之别等法律原则是"天经地义，万古不刊"的。这些优点，不仅体现在内容上，也体现在形式体例中。中国的固有法律制度疏密相辅，纲目相维，具有独特的优越性。他说："律常而例变，律疏而例密，律简而例繁"，"事变繁多，律文所不能载者，例以辅之"。"名例为纲，诸律为目，律为纲律文为目，……纲目者子母之子。"而在中国旧律中，《大清律》的宽平仁恕精神尤为突出。与《汉律》《唐律》相比，《大清律》的优点体现在：没有族刑，没有肉刑，老幼从宽，孤子留养，死罪不绝其嗣，军流徒犯不过移徒远方，职官妇女犯罪收赎，问刑衙门不准用非刑拷讯，死罪分情实、缓决；从轻比者居多，杖一百者折责实杖四十等方面。这种法律制度实行的结果是死刑犯很少，"一岁之中勾决者，实不过二三百人"，这个数字比号称广施仁政的汉文帝岁断四百，"更远过之"（张之洞：《劝学篇》）。

张之洞认为清代现行的法律制度的根本缺欠在于：州县官吏实心爱民者

---

① 《张之洞全集》，河北人民出版社，1998，第1415页。

不多，又因政事过繁，方法过密，经费过绌，从而导致了滥刑株连、监狱凌虐等弊端。故应该吸取外国新法中的长处，将旧法"量加变易"；而且，他认为，这种改造势在必行。同时，也可以缓解社会中的诸多矛盾，即"必要西法，后可令中国无仇视西人之心"；"必变西法，然后可令各国无仇视朝廷之心"；"必改用西法……孔孟之教乃能久存，三皇五帝神明之胄乃能久延，……逆党乱民始能绝其煽惑之说，化其思敌之心"（张之洞：《劝学篇》）。张之洞在改用西法上升到保存孔孟之道的高度，足见其对此的重视。

张之洞指出，采用西法，重要的一个内容是分别民法与刑法，改变中国传统上诸法合体的法律结构。因此，他主张聘用日本法学博士当顾问，应该同时聘用两人："一专精民法，一专精刑法"。张之洞还在江夏县建立了新式监狱，以"矜恤劝善"和"以教祗德"来改造罪犯，改变以往所遵循的单纯"惩罚主义"。

张之洞认为，在中国不能实行西方式的"三权分立"，因为司法一经独立，裁判官所断的案件，内外大臣不能参议，朝廷不能驳改。而且，司法官终身任职，如不自行告退，朝廷无权罢免，必然导致司法官的一意孤行，处断失当，该宽不宽，该严不严。这样，不过几年，必将乱党布天下，大局人情倾危，无从补救。而对于"乱民""乱党"等盗匪会党的处理也会处于进退失据的状况下。

三 劳乃宣及其有关法律的思想主张

劳乃宣（1843～1921），字季宣，号玉初，桐乡人，进士出身。义和团运动后，先为两江总督衙门幕僚，后出任江苏提学使。其后，历任宪政编查馆参议、京师大学堂总监和学部副大臣等职。劳乃宣主张实行君主立宪，辛亥革命后，主张还政清朝，由袁世凯执政，行周召"共和"故事。民国三年，举为参政，末就任。民国六年张勋复辟，受任法部尚书，未及赴任，复辟即已失败。后死于青岛。撰有《桐乡劳先生遗稿》。

劳乃宣对于法律研究有素。他与张之洞有不少相近的观点，如张之洞提出"中学为体，西学为用"，而劳乃宣主张形而上之道不可变，形而下之器可变；张之洞提出"法律本原实与经术相表里"，劳乃宣认为法律产生于风俗礼教之中，道体现为三纲五常，而器体现为法律制度等形式，所谓"三纲五常则万代率由永行"，而法律制度可以随时损益，"百变而不穷"。所以，王者有改制的名，而无变道的实。

劳乃宣还认为，道与器的关系，不仅在中国如此，即使在外国也一样。他说，如欧美诸邦，形而下器，日新月异，变而变。但语道德则必祖耶稣，语哲理则必本希腊，这也是道以古为重，所以，道从古从旧，器从今从新，这是世界五大洲没有一处能够例外的。

劳乃宣认为，虽然法律制度必须变化，但也必须以保留中国固有文化为前提。劳乃宣指出，法不可不加区分尽数全变。他说，清朝祖宗所立法，相传二百余年，虽时是变化，然而"大经大法昭垂百世者，固卓然而不可易"。如要将成法全部变更，那么，它的害处将比不变还要大。

劳乃宣认为，因法不可不变，又不可全变，所以清末一度全部否定新法，便出现了义和团的动乱；后来又全部模仿外国新法，从而导致了清朝的灭亡。所谓"修律则专主平等自由，尊卑之分，长幼之伦，男女之别一扫而空之。不数年而三纲沦，纲纪法度荡然无存，一夫振臂天下土崩，而国竟亡矣。"（《桐乡劳先生遗稿》卷一，《论古今新旧》）

劳乃宣对世界各国的法律形式进行了法理层次上的思考，这在当时可以说是相当有见识的，其对西方国家法律制度的认识可以说并不比修律者低。如果因为其坚持礼教而把其简单归结为保守派，至少是轻率的，其言："法律何自生乎？生于政体；政体何自生乎？生于礼教；礼教何自生乎？生于风俗；风俗何自生乎？生于生计。宇内人民生计其大类有三：曰农桑、曰猎牧、曰工商。农桑之国，田有定地，居有定所，死徙不出其乡。一家之人，男耕女织，主伯亚旅同操一业而听命于父兄。故父兄为家督而家法立。是家法者，农桑之国风俗之大本也，其礼教、政体皆自家法而生。君之于臣，如父之于子，其分严而其情亲。一切法律皆以维持家法为重，家家之家治而一国之国治矣。所谓人人亲其亲、长其长而天下平是也。猎牧之国，结队野处，逐水草而徙居，非以兵法部勒不能胥匡以生，故人人服从于兵法之下。是兵法者，猎牧之国风俗之大本也。其礼教、政体皆自兵法而生。君之于臣，如将帅之于士卒，其分严而情不甚亲。一切法律皆与兵法相表里，所谓约束径易行，君臣简可久，皆用兵之道也。工商之国，人不家食，群居于市井。非有市政，不能相安。故人人服从于商法之下。是商法者，工商之国风俗之大本也。其礼教、政体皆自商法而生。君之于臣，如肆主之于佣侩。其情亲而分不甚严。君主之国，如一家之商业；民主之国，如合资之公司。一切法律皆与商法相表里。凡所为尚平等、重契约，权利义务相为报酬，皆商家性质也。"（劳乃宣：《新刑律修正案汇录序》，宣统三年四月排印）劳乃宣认为，中国是个农桑之国，故其法律不能脱离其风俗基础。

劳乃宣称："风俗者，法律之母也。"因为法律由礼教风俗而产生，所以不同类型"生计"的国家，便有不同的礼教风俗，也就有不同的法律。除了农桑的国家有家法之外，北方等猎牧国家有兵法，欧美等工商国家有商法。而且，这种法律也适用于其所产生的特定礼教、风俗国家，不可随便效仿借用。为此，"若以中国家法政治治朔方，兵法政治治欧美，不待智者而知其不可行也。今欲以欧美之商法政治治中国，抑独可行之无弊乎？"所以，一个国家的法律在本质上必须与其特有的文化精神相一致。正是因为法律产生于风俗礼教为本，其礼教必为本源，而法令则为末。在治国理民当中，法的作用也就是没有礼教大。劳乃宣列举了古人的观点，其称，贾谊曾说过礼可禁于未然之前，而法只能禁于已然之后；司马迁也认为法令不过是"治之具"，而不是"制治清浊之源"；就此，劳乃宣认为"刑法之于化民，末矣"。既然，法律生于礼教，礼教是法令之本；所以，明法就应该是为了助教。因此，劳乃宣坚持主张法律与礼教相结合，而竭力反对《大清新刑律草案》将法律与礼教相分离的做法。其所作《修正刑律草案说帖》很清晰地表明了自己的观点："今查法律大臣会同法部奏进修正刑律草案，于义关伦常诸条，并未按照旧律修入正文。但于《附则》第二条声称：中国宗教尊孔，向以纲常礼教为重，况奉上谕再三告诫，自应恪为遵守。如大清律中十恶、亲属容隐、干名犯义、存留养亲以及亲属相奸、相盗、相殴，并发冢、犯奸各条，均有关伦纪礼教，未便蔑弃。如中国人有犯以上各罪，应仍照旧律办法，另辑单行法以昭惩创等语。窃惟修订新刑律，本为筹备立宪，统一法权之计。凡中国人及在中国居住之外国人，皆应服从同一法律。是法律本当以治中国人为主，特外国人亦在其内，不能异视耳，非专为外国人设也。今乃按照旧律另辑中国人单行法，是视此新刑律专为外国人设矣。本末倒置，莫此为甚。谓宜将旧律中义关伦常诸条，逐一修入新刑律正文之内，方为不悖上谕修改宗旨。是以维伦常而保治安。顾草案按语内谓：修订刑律所以为收回领事裁判权地步，刑律中有一、二条为外国人所不遵奉，即无收回裁判权之实，故所修刑律专为摹仿外国为事。窃惟此论实不尽然。泰西各国凡外国人居其国中者，无不服从其国法律。而各国法律互有异同，有一事而甲国法律有罪，乙国法律无罪者，乙国之人居于甲国有犯，即应治罪，不能因其本国法律无罪而不遵也；甲国法律罪轻，乙国法律罪重，甲国之人居于乙国有犯，即应治以重罪，不能因其本国法律罪轻而不遵也。"

实际上，劳乃宣的许多言论相当有说服力。其中一些很尖锐地指出了修律中的弊端。这种弊端实肇源于修律的出发点。实际上，改革中国的法律制度，使其合乎时代潮流，向更文明、更科学、更有效率方向迈进，应该是修律的根本。而如果能以此为目标，积极地推进国家的民主化，在法律制度中适当地保留一些民族性比较强的特殊规定，也会得到外国人的理解。而如果这种改革的出发点是基于一种功利的目的，即使徒有西方化的外貌，也不会得到认可。而且，这种制度也肯定会受到本国的抵制。

四　薛允升与律学

薛允升虽然与清末修律没有直接的关系，但其在法学史上占有极重要的地位，他是中华法系的最后代表之一，故在此对其生平与学术进行简单的论述。事实上，他对修律也有着间接的影响，比如：由沈家本主持，董康等六人参加修订，作为新旧过渡之用的《现刑刑律》，"大致采长安薛允升《读例存疑》之说"。此外关于废除枭首、凌迟等重刑，薛允升也是最早的倡言者。

薛允升（1820～1901年），字云阶，清代陕西长安人。咸丰六年中进士，后授刑部主事，累迁郎中后外放江西饶州知府，后历任四川龙茂道、山西按察使、山东布政司等职。光绪六年召为刑部侍郎。后又曾供职于礼、兵、工三部。光绪十九年，授刑部尚书。后因执法不阿，处斩太监李苌材等，触怒了慈禧，先被贬为宗人府府丞，继而致仕在家。1900年（光绪二十六年），义和团运动兴起，导致八国联军进京。光绪帝和慈禧太后逃往西安，薛允升伴驾，起复为以刑部侍郎，寻授尚书。

当薛允升被任命为刑部尚书时，他曾以年老为由力辞。慈禧对此大为不满。其下旨予以申斥："现在时局艰难，大小臣工，宜如何实心办事，劳瘁不辞。薛允升昨授刑部尚书，系朝廷破格擢用，自当感激图报。乃以衰病具辞，未免有意沽名。且复以暂属侍郎为请，既同办一事，岂有可供职侍郎，而不能供职尚书之理。薛允升所请收回成命之处，著不准行。并传旨申饬，嗣后如有此虚文渎请者，定即开缺重处。"（《清实录·德宗实录》卷四七七）事实上，薛允升的辞请的确出于身体状况的考虑，而没有所谓"沽名"的意思。

薛允升一生中，前后在刑部供职达几十年之久。其间，他充任刑部当家堂官为时甚久。在供职之余，他对古今法律进行深入钻研，曾辑《汉律辑存》六卷、《汉律决事比》四卷。又撰《服制备考》四卷、《读例存疑》五十四卷、《唐明律合编》三十卷、《薛大司寇稿集》二卷。其中《读例存疑》和《唐明律合编》是其代表作。

薛允升过世后，沈家本以刑部的名义奏请刊刻《读例存疑》，在奏稿中，其对于薛允升的学术成就加以概括。其称："名法为专门之学，始于管子而盛于申韩。自汉唐以来，代有专家，沿及国朝，相承弗替。如原任尚书薛允升，律学深邃，固所谓今之明法专家者也。该故尚书耄而好学，博览群书，谙习掌故，研究功令之学，融会贯通，久为中外推服。自部属荐升卿贰，前后官刑部垂四十年。退食余暇，积生平之学问心得，著有《读例存疑》共五十四卷，《汉律辑存》六卷，《唐明律合编》四十卷，《服制备考》四卷，具征实学。而诸书之中，尤以《读例存疑》一书最为切要，于刑政大有关系。其书大旨以条例不外随时酌中，因时制宜之义。凡例之彼此抵牾，前后歧异；或应增应减，或畸重畸轻，或分晰之未明，或罪名之杂出者，俱一一疏政而会通，博引前人之说，参以持平之论，考厥源流，期归划一，诚钜制也。"①

薛允升对于清朝的法律制度极为维护。一方面，他遵循儒家的传统，对于法律重视礼教、服制、名分，并以服制、名分以定刑罚的性质与轻重的原则奉行不违。但他也经常对立法执法中的公正和平等的问题进行学理上的探讨。在立法上，其认为："法贵持平惩恶，尤贵持平，民旗、贫富之间当视同一律。"

薛允升在《唐明律合编》中，通过对比《唐律》和《明律》，对《明律》多持批评的态度，其中也隐含着改造《清律》的寓意。因为《清律》基本上是对《明律》因循，虽略有增减，但基本内容是一样的。所以说，薛允升对《明律》的看法，实际上也可以视为对《清律》的一种批评。

薛允升对《明律》的批评，可从形式、内容两方面来说。在形式上，从律例的修订来说，他认为《明律》在对《唐律》继承中变更过多，律文冗杂，条例的繁多更甚，且结构上杂乱无序，彼此矛盾的地方不少。在内容上，薛允升也指出了《明律》的许多不足之处。他认为，明代在刑罚中恢复枭首、凌迟等刑罚手段，虽然从惩恶从严的角度出发，但毕竟过于残忍。其又认为，诬告反坐，虽为古法，亦可称平允。但《明律》的规定却轻重失当。如犯杖徒以上罪的加三等处刑，而罪名较重的反而无可再加，"刑之不中，莫甚此"。

薛允升认为，《明律》中的规定有死刑过严、生刑过宽，轻重失去公平的缺点。据他翻检考证，在《明律》中，定罪苛刻的，有三十八条之多。其中如"官员大臣专擅选用"等三十条，都处斩罪；"投匿名文书告言人罪"等八条处以绞罪。他对这三十条斩罪、八条绞罪进行了具体的分析，并提出了自己的见解。提出紊乱朝政、变乱成法、弃毁制书圣旨、贩私盐拒

---

① 《刑部奏底·进呈薛尚书遗书折》，转引自李贵连《沈家本传》，法律出版社，2000，第151页。

捕、盗制书圣旨乘舆御物、煽惑人民等，似不应列入大恶重罪，不当处斩。而背夫逃走因而改嫁、狱卒支持罪犯杀人等，没有死罪，不应处死。特别是对于贫民、妇女、囚犯的违反活动，不宜严刑峻罚。因为这些关于刑罚的规定，完全违背了《明律》修订时所标榜的"改严从宽之意"，而《唐律》是没有这样苛刻的。从而也可以断言，他对于《大清律例》中的相同规定也是持有疑义的。"薛允升认为，唐、明律的主要区别在于：《唐律》'一准乎礼'，奉行'德主刑辅'原则；《明律》实行'刑乱国用重典'的思想，伦理法色彩有所淡化；《唐律》'宽而有制'，《明律》'颇尚严刻'，在用刑上，'大抵事关典礼及风俗教化等事，《唐律》均较明律为重，贼盗及有关帑项钱粮等事，《明律》又较《唐律》为重'；《唐律》繁简得中，宽严俱乎，《明律》非过于疏略即涉于繁杂。"

《唐明律合编》的后序中，薛允升写道："《唐律》以宫卫为首，盖所以尊君也。人人知尊君，而好犯上作乱之风泯矣。顾尊君者，臣下之分也；而礼臣者，君上之情也。以礼使臣，以忠事君，天下尚有不治者乎？《唐律》于名例之首，即列八议，议请减之后，又继以官当荫赎，其优恤臣工者，可谓无微不至矣。　《明律》俱删除不载，是只知尊君，而不知礼臣，偏已。……人徒见《唐律》之应拟徒罪以上者，《明律》大半改为笞、杖，遂谓《唐律》过严，不如《明律》之宽。不知宽而有制，斯为得中。一味从宽，则苟且因循之弊，从此起矣。请以大者言之：郊祀庙享，王者之所有事，亦国家之大典礼也，稍有怠忽，不敬莫大焉。更以小者言之：婚姻者，人道之始，万化之原也。不慎之于初，则本先拔矣。《唐律》于此等俱严其罚，《明律》悉改而从轻，甚至明明载在十恶，《唐律》载明应拟绞流者，亦俱改为杖罪，即以数端而论，两律之优劣，已可得其大凡，其余概可知矣。"其中，我们不仅看到薛允升对《唐律》的褒扬与对《明律》的贬抑，更能看到薛允升通过对《明律》删除礼臣律文批评，表达了其对《明律》倡导绝对君权的一种不满，并期待在法律层面上有所纠正。应该说，这种批评是具有很大勇气的。

薛允升还指出了《清律》有亟须修改的地方。如条例显得比较混乱。他举例说，在古代法律制度中，减死一等即为满流，前明以流罪为轻，而加拟充军之制。清朝于军之外，仍与流犯无异。所谓"何必多立此项名目"。他说，近百十年来，斗殴案内，情节稍有可原的，秋审俱入于"缓决"，是从前应以故杀论的今都不"实抵"。每年此等案件入于"情实的不过下之一二，虽是慎重人命起见，然人不死，末免过于宽厚。而非亲手杀人，死由自尽，却拟死罪，且有拟入情实的。这均属轻重不伦，不如全行删去之为愈"。此外还有："主从不分"，他以共谋为盗为例指出，今强盗律注有虽不分赃亦坐罪的规定，而分赃不行并未注明。此条定例的意思，因当时情有可原的盗犯尚可免减等，故不行的盗犯亦得再减一等。因此，强盗不分首从皆斩之律，为未尽妥善也。"不适应时势"，如对外贸易有关律例规定，只准输入不准输出，即中国货物不准出洋，而外国货物俱许进口。他认为，这在清初是为了防夷起见，故只严于出，而不严于入。后来，更以多收洋税为得意，实中外人之计。事实上日久情况变更，"天下岂可一概而论"？又清初承明旧法，关于驿站各条的规定也极严厉。后来，驿丞少缺，裁去者十居八九，已与从前情形不同。尤其是最近十年来，铁路、轮船、电信到处皆是，数千里外，顷刻即至，这是自古以来所没有的事。所以，私借驿马治罪等条，已与时势不合。

薛允升认为法宜平允，主张改严从宽，尤应顺应时势的发展而作合理的修正。因此在他看来，无论从体例内容上，或者从时代要求上，《大清律例》的修改，是势所必然的，但其所言"修律"与清末的"修律"有着本质上的不同。

五　沈家本及其法律思想

（一）沈家本生平简述

沈家本，字子敦，别号寄簃，浙江归安人。1840 年（道光二十年）出生于一个读书人家庭。其高祖沈逢龄，字舜庸，因家境贫寒而"不得已栖身为椽吏"，后被拔为库书。其"赋税出纳，一秉勤慎"，从而使家道渐殷，后纳粟而为太学生。曾祖沈国治，字琴石，号韵亭，22 岁为诸生。1765 年（乾隆三十年）乾隆南巡时，其因往行在献词赋，获乾隆褒奖。但终其一生，前后省试十八科，也未能考中举人。沈家本的祖父沈镜源，字席怀，号蓼庵，因家道中落，生计艰难。1798 年（嘉庆三年）中举人，后虽屡次参加会试，未能考中进士。清乾隆时定制，举人三科会试不中，可参加大挑。其中被选为一等者以知县用，二等者以教职用。1817 年（嘉庆二十二年）沈镜源赴京大挑，也未能入选。1826 年（道光六年），他再次进京大挑，被列为二等。次年，他被选授庆元县（今浙江龙泉县）教谕。沈家本的生父沈丙莹，字晶如，号菁士。1832 年（道光十二年）中举人，1845 年（道光二十五年）考中进士，补官刑部，为陕西司主事。沈氏家族几代人求取功名，这次终于得偿所愿。沈丙莹在刑部供职十二年，由陕西司主事而致广西司员外郎，再迁为江苏司郎中。其"熟于律例"，"为上官所重"。他的刑部经历和勤谨作风，对沈家本影响至深。

沈家本自幼随父亲在京就读，其受业师中对其影响最大的有闵连庄和沈桂芬两人。闵需曾，字连庄，其为沈丙莹的朋友，也是沈家本在京读书的老师，曾任两淮余西盐场大使。沈桂芬，字文定，其为沈家本的姨丈。沈桂芬是道光二十七年进士，1863 年（同治二年）出任山西巡抚，其后历任都察院左都御史、兵部尚书、总理各国事务衙门大臣、军机大臣等职。沈桂芬是清代晚期著名的重臣大吏，其"躬行谨饬，为军机大臣十几年，自奉若寒素，所处极湫隘，而未尝以清节自矜"（《清史稿》卷四三六，中华书局）。

沈家本自幼喜爱读书，他曾作《借书记》，记述其读书的经历和感受："余喜书，暇辄手一篇。……家素藏书不多，既攻举业，又无暇多读书。十年之恨，与吾家攸之同矣。泊自楚来，以道远且阻，书多置不携，惟向人借观，颇有荆州之难。因叹有书者，不可不多读，尤不可不急读。'姑待'二字误人不少。"① 在该书中，沈家本记录了他曾借阅过的 348 种书籍。其中有黄宗羲的《明夷待访录》，这说明沈家本早在梁启超、谭嗣同秘密刊印此书以前，就读过这本当时的禁书。其对"明夷待访"的解释为："明夷待访者，言当明夷之世，而冀当局者如箕子之见访也。所条并为治大法，欲革百王之弊，以复三代之盛。"〔《沈家本未刻书集纂》（下），中国社会科学出版社，1997〕此外，沈家本借读的书籍还有《圜容较义》《测量法义》《几何原本》《同文算指前编》《海录》《新释地备考全书》《全体新书》等西学书籍。

1865 年（同治四年），沈家本在杭州应乡试，以第 62 名中举人。考官对其诗文有较高的评价。② 沈家本于 1866 年（同治五年）参加会试落榜，其后又参加了若干次的会试，但直到 1883 年（光绪九年）才得中进士。其间饱受科举之苦，他在日后回忆这段经历时称："此数十年中，为八比所苦，不遑他学。"（《寄簃文存小引》）

沈家本的仕途在中进士前可谓平平。长期任刑部郎中、秋审处提调，虽因精熟律例而受到上司的器重，但职位不过是一般的司员。

1893 年（光绪十九年）沈家本在其第 10 次京察中被列为上等。8 月，他被简放天津知府。结束了近 30 年的贫寒京官生涯。在天津知府三年多的任职期间里，他并没有什么显赫的政绩，当时对他的评价是"治尚宽大"。在这期间，中日甲午战争爆发，沈家本对战争的进程非常关注，这在他的《日记》中有所反映。③

---

① 《沈家本未刻书集纂》（下），中国社会科学出版社，1997，第 1765 页。

② 李贵连：《沈家本传》，法律出版社，2000，第 43 页。其书对沈家本的科举历程着墨甚多，极具参考价值，可参阅。

③ 李贵连：《沈家本传》，法律出版社，2000，第 81～85 页。

　　1897 年（光绪二十三年）沈家本调任保定知府。在他任职期间，正是晚清政治最为动荡的时期。1898 年，戊戌变法运动速起速灭，百日维新以六君子被诛戮、光绪皇帝被囚禁瀛台而告失败。在六君子中，刘光第是沈家本的癸未同年，当年会试，他们两人分别名列 203 和 204。在 8 月 14 日的日记中，沈家本作如下记载："是晨，闻杨深秀、杨锐、谭嗣同、林旭、刘光第、康广仁，已于十三日正法。党祸至此惨矣哉。"他虽然对戊戌变法并不是很赞成，对革新的具体做法本身也缺乏理解，但作为好学深思的知识分子，他还是对六君子持一种同情的态度。他在诗作中表达了这种同情："自首竟同归，青山埋惨骨。千秋万载后，畴秉董狐笔。"

　　同年，保定发生了北关教案。作为地方最高行政长官，他在处理这桩教案过程中付出了极大的努力。其《墓铭志》中记述了简要的经过："北关外有某国教堂，甘军过境毁之。公闻变，即偕清苑令驰往。而当路慑于外人之势，遽派员查办。于是教士亦电告其留京主教，百端要索，势张甚，卒偿金五万两，且与以清河道旧署。犹不可，以郡廨东偏为道署旧址，应划为教堂为辞，将许之矣。公独持府志断断辩，教士始无言以退。于是又知公于外交能守正不阿如此。"①

　　1900 年，沈家本升署直隶按察使，旋即任山西按察使。时在义和团运动期间。八国联军攻占保定后，曾将尚在保定的沈家本拘禁，后虽被释放，但同时被拘禁的护督廷雍等清朝官员却被处斩。12 月，沈家本离开保定，赴西安。途中经过郑州时，他拜谒了子产祠，并在此赋诗表达自己匡世济时的理想："公孙遗爱圣门推，论学原须并论才。国小邻强交有道，此人端为救时来。"到达西安后不久，沈家本就得到朝廷的谕旨："命山西按察使沈家本，开缺以三四品京堂候补。"1901 年 5 月 14 日，他又得谕旨："以候补三四品京堂沈家本为光禄寺卿。"同年十月初四日，他又被任命为刑部右侍郎，终于身列朝班，跻身于大臣之列。② 此后，其曾任刑部左侍郎、大理寺正卿、法部右侍郎、修订法律大臣、资政院副总裁、法部大臣等职。沈家本在 1890 年与刑部同僚集资重刻了中国法律史上最重要的法典之一《唐律疏议》，沈家本在序言中称："律者，民命之所系也，其用甚重而其义至精也。根极于天理民彝，称量于人情事故，非穷理无以察情伪之端，非清心无以祛意见之妄。设使手操三尺，不知深切究明，而但取办于临时之检按，一案之误，动累数人；一例之差，贻害数世，岂不大可惧哉？是今之君子

---

① 李贵连：《沈家本传》，法律出版社，2000，第 91 页。

② 依清官制，光禄寺卿为中央六部九卿之一，从三品；刑部右侍郎，正三品。

所当深求其源而精思其理矣。"① 这段话充分体现出沈家本对待法律极为敬畏而审慎的态度，这是一个他不论作为一个法律适用者，还是主持立法者的一贯态度。

沈家本著作等身，其撰有《沈家本先生遗书》，其中甲编22种86卷，乙编13种104卷。其甲编是专门考订、研究法制的，分为《历代刑法考》和《寄簃文存》两大部分，另外未刻书目，有16种132卷。其中《秋谳须知》《律例偶笺》《律例杂说》《读律校勘记》等均是研究法制的著作。此外，《沈家本未刻书集纂》《沈家本未刻书集纂续编》由中国社会科学院法学研究所编辑出版。日前，《沈家本全集》也已问世。

（二）沈家本的法律思想举要

沈家本的法律思想非常丰富，其于新旧法律均有相当之研究，并在理论与实践层面均有极高的建树，被誉为沟通中西法律的桥梁，联结两大法系之"冰人"。限于本书篇幅体例，本处只择要列举数端，略见其法律思想之概括。

1. 改造中国固有的旧法制

在修律伊始，沈家本认为应先从改造旧法制入手，其指出中国旧律必须进行修改，才能适应现实的要求。他曾思考过许多改进中国法律的方法，并逐步在修律过程中将其付诸实施。比如，他曾提出以多种方式对旧律进行改造，并逐步加以实施。

其一，删除总目，简易例文。沈家本认为，清朝旧律总目承《明律》之旧，以六曹分职，这是沿用《元圣政》《元典章》及《经世大典》等前朝法律。因官制有的已改名，有的已归并，与以前不同，故不能仍绳旧式，应将吏、户、礼、兵、刑、工诸目一律删除，以昭划一。这是沈家本在深入进行法律变革前的准备工作。此与维新思想家所主张的法律改革方式非常相近。

其二，废除重法和附加刑。沈家本认为，废除重法苛刑，这既是为了施行仁政的需要，也是为了适应世界各国轻刑的趋势。他参考了日本的做法，在新的法律未制定颁布之时，先将以往律例中的苛刑重法，如磔罪、枭首、籍没、墨刑等废除，使得社会普遍愿意接受法律的改造。沈家本认为，变革法制是日本成为强国的原因之一。他认为，既然中日两国在文化上有许多相同之处，所以可以以此为法律改革的参考。从其在修律过程中聘请多位日本专家的事实来看，沈家本主持的修律是以日本为模范的。

其三，停止刑讯等具体措施。沈家本从事法律工作多年，其对于中国固有法律中一些不合理的部分知之甚详，故其提出的法律改造方案非常准确、

① 李贵连：《沈家本传》，法律出版社，2000，第60页。

细致，这与以往思想家们提出的改革法律的概括性方法有所不同，他首先在一些具体的问题上提出改进的意见。他在改造旧法制时，采取了许多措施，如停止刑讯、酌减死罪、简化虚拟死罪、删除比附、死刑唯一等。

沈家本认为，只有对证据确凿而不肯供认者准其刑讯外，凡初次讯供及流徒以下罪名概不准刑讯，以免冤滥。至于笞杖等轻罪，可惩以罚金。

关于酌减死罪，他认为应根据《唐律》及各国通例予以酌减。有些因中国风俗一时难以骤减的，如强盗、发冢等，可采取别辑暂行章程的方法予以变通。

关于虚拟死罪，他认为应该省繁从简，当改戏杀为徒罪，改误杀、擅杀为流罪，均照新章勿用发配，入习艺所，罚令做工。

沈家本认为，比附有三个弊病。其一，与立法相矛盾；其二，执法者仁残各异，因律无正条而任其比附，必致轻重不齐，使审判不能统一；其三，若于刑律之外，参以执法者的个人意愿，则使民无所适从。因此，拟删除此律，另拟良法。

关于死刑。以往中国传统法律中，死刑的处罚有两种方式，即绞刑与斩刑。从传统观念来看，两者的区别很大，斩刑的实施，犯人身首异处，而绞刑之下能得全尸。沈家本认为，虽然这种制度安排源于中国传统上的社会认知，但与现代法制的趋势不符。故为达至从轻、从一的目标，死刑的处决方式应仅用绞刑一种。但他也考虑到社会的认识程度，认为在犯人罪行涉及谋反、大逆及谋杀祖父母、父母等条时，俱属罪大恶极，仍可使用斩刑，但可以另辑专例通行。

其四，更定刑名。刑名在中国的传统法律制度中占有重要地位。沈家本认为，中国古代的刑名存在已久，五刑制度已经施行逾千年，其中有许多与现代世界先进的法律相比显得落后，也是导致中外法律冲突的原因，故应该加以改造。沈家本指出，自《隋律》开始的笞、杖、徒、流、死五刑，至清末仍然沿用，在交通日见方便的当时，流刑已渐失其效，笞杖也不过是惩戒的工具，而各国刑法以自由刑及罚金占多数。自由刑大致分为惩役、禁锢、拘留三种。为此，当改刑名为死刑、徒刑、拘留、罚金四种。

其五，统一刑制，法律上平等。沈家本认为以往在法律上的诸多不平等，如满汉不平等、良贱不平等，都应该加以废除。及至晚清修律之时，革命思想已经传播广泛，民主自由、民族主义的思潮大兴。特别是革命党提出了"驱逐鞑虏，恢复中华"的口号深入人心。沈家本认为要顺乎时代潮流，在法律上对满汉不平等，以及基于身份上的不平等加以改造。满汉平等，是改变清初八旗人犯军流徒罪特设折枷免予发配，在现实情况下，应把律例中折枷各条一概删除，使旗人犯罪当发配者，概与汉族民人一体办理。在中国历史上，将社会上一些特殊的人群定为"贱籍"，如所谓"奴婢""船家""蛋户""胥户""吹鼓手"，等等，其在法律上的地位很低，甚至没有科举考试的资格。在晚清民权兴起之背景下，沈家本也主张废除在法律上的所谓"良贱"不平等的内容。

除了修律实践外，他还在理论上对改进中国法制进行探究。他在其著作《历代刑法考》中，从古今刑罚、赦法、监狱、刑具、行刑之制、死刑之数、盐矾法、茶酒禁、同居律、丁年制、律目、刑官、诰命等诸多方面，作了细密而又深入的考证性研究。其中既有宏观的论述，也有具体的分析。同时还包括对散佚律令进行了拾遗补阙性的辑佚整理。

沈家本从法律发展的角度出发，对中国固有法律中的严刑酷罚持坚决的否定态度。他赞同薛允升对枭首、凌迟等酷刑的批判态度。他进一步认为，严刑酷罚是导致王朝覆灭的重要原因。他以殷纣王的剖心法、炮烙刑为例予以说明，称这种"肆其暴虐"的行为使得商王朝"终于来亡"；而王莽实行的掘墓鞭尸等酷刑是一种最大的恶行，称其："贼莽之恶，百倍于秦"；他还认为明成祖的三族、九族、十族罪，魏忠贤的断脊、剁指、刺心刑都是妄为非法。

沈家本对于中国固有的法律传统，并非妄自菲薄，一味批评，而是对中国的固有法律从正反两个方面进行了研究和评价，比如，他认为《唐律》量刑轻重最为适中，堪为后世的楷模。但也对《唐律》的一些缺欠提出了自己的看法。他认为，其十恶中的不敬、不孝、不睦、不义，轻重不一，论其名则似同，论其实则有异，而不问名实如何，一概归之十恶，有违三代宽刑慎罚的精神，过于严酷，"先王之法，恐不若是之苛也，此《唐律》之可议者"。

沈家本不赞成绝对惩罚论的刑罚观，其认为刑罚应该是教化的一种手段，即"刑者非威民之具，而以辅教之不足者也"。但是，作为天下之程式、万事之仪表的法律，也是不能偏废的。

2. 会通中西，建立新法制

以会通中西的宗旨对中国的法律加以变革，是沈家本法律思想中最为闪光的部分。沈家本曾主持编纂了《刑案汇览三编》，在《序言》中，他阐述了其对于融汇新旧法律精神的态度，他认为，中国固有的法律在新的时代中也不是陈迹故纸，而应该在制定新法律时与新的法律精神进行有效地连接。其言："顾或者曰：今日法理之学，日有新发明，穷变通久，气运将至。此编虽详备，陈迹耳，故纸耳。余谓：理固有日新之机，然新理者，学士之论说也。若人之情伪，五洲攸殊，有非学士之所能尽发其覆者。故就前人之成说而推阐之，就旧日之案情而比附之，大可与新学说互相发明，正不必为新学说家左祖也。"①

沈家本主张在立法时，必须会通中西。与近代许多思想家一样，他力图从传统中为改革变法寻找依据。他努力从中国的法律传统中抽绎出与西方法律理念相一致的东西。其称：《管子》中的立法以典民，以法治国，与今天西方的学说流派颇有相合之处，"法治主义古人早有持此说者"。而《周礼·秋官》的三刺法、孟子的有关论述，都与西方的陪审制相一致，"陪审员之权舆……今东西各国行之，实与中国古法相近"。罚金制度，也是"其事则采自西方，其名实本之于古"。

沈家本在长期的司法工作中得出的结论是"世局亦随法学为转移"。他在主持清末修订法律工作时，即采取会通中西，与时俱变的宗旨。其认为欲使修律达到预期效果，必须"会通中外"，一方面采取西方法律的形式和内容，另一方面要注重对中国法律传统的继承。他极为赞赏杜预《晋律注》所主张的"网罗法意"及"非专主一家"的立法精神。他认为这种精神可以作为修律的一项原则，其称："当此法治时代，若但征之今而不考之古，但推崇西法而不讨论中法，则法学不全，又安能会而通之，以推行于世？"所以，寻绎前人的成说，参考旧日的案情，与新学说"互相发明"，才是创立新法制的必由途径。固有法律传统对于修订法律极为重要，在其看来，如不究明法制沿革必然会导致不良的后果，贻害后人。他以明拷讯法为例对这种观点加以说明。其结论是，古法"不可遽废"，古律"不可妄删"。

沈家本认为，古法不同于今法而不行于今，非必古法不如今法，甚至有些古法有许多胜于今法之处。说古法尽为今用，"诚未必然"；但断言古法皆不可今用，"又岂其然"？采用西法是势所必然，但必须在实际研究其所以然以后，才能用到实处。所以，必须研究西法的本源、宗旨和其实践经验。对待西法，不能盲目照搬，"几欲步亦步"；也不能轻率地鄙弃西法，"以为事事不足取"。同时，立法者应该认识到，西法在形式与内容上也并非整齐划一的，它们之间也各有异同，此为各国政教风俗各异的缘故。以这种思路反观中国自己的法律，其与西法不同之处，概缘于中国的政教风俗，与西法及日本的情况均不相同。因此，修订法律尽据西法，是不现实的。对于西方各国的通行的法律，必须根据中国的特殊情况，"量予变通"。要"体查中国情形，斟酌编辑，方能融会贯通，一无捍格，此为至当不易之法"。

---

① 李贵连：《沈家本传》，法律出版社，2000，第 105 页。

虽然法律的改造必须在尊重中国固有传统的前提下进行，但沈家本也认识到西方的法律制度的确有其优越之处，所以，在修订法律时应当最大限度地学习西法，要以"模范列强为宗旨"。在他主持修订法律时，一方面大量翻译东西方法律书籍，另一方面聘请各国法律专家为顾问，并派员到外国实地考察法制状况。他强调，学习西方的法律，不能只限于皮毛，而应注重探究其本质，即"思其精神之所在，无徒于程式仪表以求之"。应该如日本明治维新时一样，君臣上下同心同德，发愤图强。

沈家本在修律过程中，试图把一些西方先进的制度移植到中国法制当中。以下对此加以简要论述。

其一，对少年犯实行惩治教育。惩治教育，主要用于丁年（十六岁）以内的少年犯罪。因为在沈家本看来，少年犯罪是教育的主体，而不是惩罚的主体，如拘于监狱，易染恶习，如付诸家族，往往不能教育，也无力教育。而德国等励行惩治教育，成效显著，故采用惩治教育十分必要。惩治教育管理的办法，略同监狱，又似学校。所在各省应设立惩治场，少年犯罪可拘置场内，按情节轻重，定年限长短，以冀渐收感化之效。

其二，根据实际情况，增设新罪名。沈家本鉴于各国刑法设有诬指一科，英国有诽谤外国高位人的罪，德国有毁一国君主荣誉的罪，迫于外交上的需要，故应拟设诬指专条。又因外国银元在中国一律通行，伪造外国银币的案件频频发生，但究竟与私铸中国银币不同，拟罪自应略分轻重，以示区别。但现行律例并无治罪明文。为此，与其就案斟酌，临事鲜有依据，何如订立专条，随时可资引用。故应拟立伪造外国银币治罪专条。为了适应新的时势和维护社会秩序，沈家本认为，应增设外患罪妨害国交罪、泄漏机务罪、妨害公务罪、妨害往来通信罪、妨害卫生罪等新罪名。

其三，改变旧律民刑不分、实体诉讼混合的法律形态。沈家本认为，随着时代的进步，民刑不分、实体诉讼混合的中国旧的法律形式，应当加以改革，以适应新的实际情况，因为"法律一道因时制宜，查中国诉讼断狱附见刑律，沿用唐明旧制，用意重在简括。揆诸今日情形，亟应扩充，以期详备。泰西各国诉讼之法，均系另辑专书"。所以，诉讼法应当脱离实体法，而进行独立编纂。如果不如此规范，则实体法虽完善，于法律的适用仍难以见到实效。

沈家本又指出，由于民事法律和刑事法律的性质不同，故刑法典自应专注于刑事之一部，而民律法律应当与刑律分离，独立成典。因为民事、刑事法律性质各异，所以诉讼上也宜有区别。要像西方各国诉讼那样，分为民事、刑事两项。关于钱债、房屋、地亩、契约及索欠、赔偿等，属于民事裁判；关于叛逆，伪造货币、官印，谋杀、故杀、抢劫、盗窃、诈欺、恐吓取财等，属于刑事裁判。这样，可使断弊之制秩序井然，平理之功如执符契。

其四，建立陪审员和律师制度。沈家本认为，当时已为各国通例而我国亟应效法的有两件事：一是设陪审员；二是用律师。

其五，倡言司法独立。沈家本认为，司法必须独立，应使司法、立法、行政，三权"鼎峙"。这既是"推明法律，专而能精"的要求，也是实行宪政的需要。因为东西各国宪政的萌芽"俱本于司法之独立"，故应当改变朝廷行政兼司法的官制。因为"政行丛于一人之身，虽兼人之资，常有不及之势，况乎人各有能有不能。长于政教者未必能深通法律，长于治狱者未必为政事之才，一心兼营，转致两无成就"。只有司法与行政分离，才能使官员各守其职，而不相侵越，各尽其所长，而政平讼理。所以，在订立法院编制法时，当裁明官吏的职责，监督的权限，以防止行政干预司法。

沈家本认为，司法独立的中心问题是裁判独立。西方立宪国家，无论谁都不能干涉裁判的事，虽以君主的命令、总统的权势，都只可赦免而不能改正。司法独立当中，法部与大理院也当职责分明。法部掌司法行政，大理院掌司法审判，在沈家本看来，这是司法行政不能干涉裁判权的体现。

其六，改良监狱制度。沈家本认为，监狱应该是教育感化的机构，而不是苦人、辱人、害人的地方。因为"犯罪之人歉于教化者为多，严刑厉法可惩肃于既往，难望涵袱于将来，故藉监狱之地，施教诲之方"。为此，旧的监狱必须改良才可以实现"迁善感化"的宗旨，同时，也是适应国际背景和实行新政的"最要之举"。于是，沈家本提出了改建新式监狱、培养监狱官吏、颁行监狱规制、编辑监狱统计四项措施来改良监狱制度。

第三节 资产阶级革命派的法律思想简述

一 资产阶级革命派主要人物生平

（一）孙中山

孙中山（1862～1925），名文，字德明，号逸仙，别号中山。其为广东香山县（今中山市）人。自幼家贫，无力学业，只好无奈选择西学，其言："生而贫，既不能学八股以博科名，又无力纳粟以登仕版。"[①] 1894 年，在檀香山创立兴中会，在章程中提出："是会之设，专为振兴中华，维持国体

---

① 《孙中山全集》卷一，中华书局，1981，第 1 页。

起见。"① 在《盟书》中提出："驱逐鞑虏，恢复中国，创立合众政府。"②
1895 年，在香港成立兴中会。

孙中山的三民主义，在中国近代思想史上占据重要地位，其内容极为丰富，其中关于法律的思想主张有诸多创新。1905 年，在《民报》发刊词中，孙中山提出了三民主义："余维欧美之进化，凡以三大主义：曰民族，曰民权，曰民生。"③ 他主张实现西方资本主义的法治模式，在认真研究和西方的宪政理论与中国的现实情况后，提出了以西方的"三权分立"理论为基础的"五权宪法"学说。"五权宪法"不仅仅停留在理论层面，在中华民国的制度建设中，它成为了民国体制的思想基础。

（二）邹容

邹容（1885～1905），原名绍陶，字蔚丹，四川巴县人，6 岁入私塾，打下了良好的国学基础。少年时代开始接触西学，眼界大开，对封建体制开始自觉的反思。其曾入重庆某书院学习，但由于"非尧舜，薄周孔"而被除名。1902 年，邹容东渡日本求学。在日本期间，他刻苦研读了许多西学名著，卢梭、孟德斯鸠、穆勒等思想家对其影响巨大。在对欧美资产阶级革命的理论和实践进行了深入的探讨后，邹容形成了自己的革命观，他认为，在中国的现实条件下，必须采取暴力革命的方式，才能推翻清朝的封建统治，建立民主共和国。其所作之《革命军》，堪称为中国近代资产阶级革命的宣言书。全书共七章，较为系统地阐述了资产阶级民主革命的理论，鼓吹以革命的方式推翻清政府，建立资产阶级的民主共和国。1905 年，邹容死于狱中，年仅 20 岁。邹容虽然英年早逝，但他的影响是巨大的。吴玉章先生曾作诗赞颂邹容：少年壮志扫胡尘，叱咤风云《革命军》。号角一声惊睡梦，英雄四起挽沉沦。

（三）章太炎

章太炎（1869～1936），名炳麟，亦名绛，字枚叔，号太炎，浙江余杭人。自幼耽习儒家经典，功底扎实。1890 年，更得机缘，拜在朴学大师俞樾门下，研读经史，终成一代名家。甲午战争后，章太炎从埋头学术转向关注政治，曾加入强学会，从 1897 年开始，为《时务报》撰写文章，宣传变法。戊戌变法后，章太炎亦受到清廷通缉，从而假道台湾逃亡日本。在日本期间，结识了孙中山。1900 年，曾参与自立军起义，但因与唐才常政见不

---

① 《孙中山全集》卷一，中华书局，1981，第 19 页。
② 《孙中山全集》卷一，中华书局，1981，第 20 页。
③ 《孙中山全集》卷一，中华书局，1981，第 288 页。

和而退出，并剪辫以示与改良派决裂，由此走上革命的道路。1902 年，在日本参与发起"支那亡国二百四十二周年纪念会"，号召推翻清政府。1903 年，章太炎在《苏报》上发表了著名的《驳康有为论革命书》，用革命的思想驳斥改良的主张，影响很大。此后，他还为《革命军》作序，其革命思想发展到一个高峰。"苏报案"兴，章太炎被捕入狱。1906 年，章太炎出狱后，为同盟会代表迎至日本，加入同盟会，并任《民报》主编。1907 年后，章太炎与孙中山为首的革命派出现革命理念上的分歧，最终分道扬镳。辛亥革命后，章太炎由革命转为保守，其"革命军兴，革命党消"的言论使其革命者的形象大受损害。虽然他曾拥袁反孙，但其拥护民主共和的立场并未改变。"宋教仁案"发生后，章太炎策动反对袁世凯，并于 1917 年参加护法运动。这表明，章太炎并非反对革命，而是对于革命的进程、革命的方式有自己的理解。此后，章太炎淡出政治，专心学问，1936 年病逝。章太炎学问深湛，勉力国学，一生著作甚丰，有《章氏丛书》《章氏丛书续编》《章氏丛书三编》存世，后人辑有《章太炎全集》。

（四）宋教仁

宋教仁（1882～1913），字遁初，号鱼父，湖南桃源人。少年时入漳江书院读书，尤喜政治、法律。1903 年，考入武昌文普学堂，在校期间，深受新思潮影响，逐渐萌生革命思想。与黄兴组织华兴会，任副会长。华兴会策划起义失败后，逃亡日本。在日本，宋教仁先后就读法政大学、早稻田大学，曾创办《二十世纪之支那》，用黄帝纪年取代清朝正朔，以示与清廷决裂。1905 年，同盟会成立，宋教仁任司法部检事长兼湖南分会主盟人。此后，《二十世纪之支那》改刊为《民报》，宋教仁任庶务干事。宋教仁于西方政治、法律制度特别关注，曾翻译《英国制度要览》《美国制度概要》等书籍，1910 年，宋教仁提出了著名的革命方略："一为中央革命运动，推翻政府，使全国瓦解，此为上策，然同志都在北方，北京无从着手，此非可易言者；一在长江流域同时大举，使两方交通断绝，制政府命脉，此为中策，然此等大事，布置不易；一在边省起事，徐图中原，然前此用之失策，斯为下策。"（《宋教仁集》下册，中华书局，第 446 页）此时的宋教仁，为革命事业呕心沥血，成为革命派的主要理论代言人。1911 年 7 月，同盟会中部总会在上海成立，宋教仁任总干事，着手起义。武昌起义成功后，宋教仁出任南京临时政府法制院院长；袁世凯任总统期间，宋教仁曾出任农林总长。袁世凯上台后，为限制袁世凯的独裁统治，宋教仁力主实行责任内阁制，国民党组建后，宋教仁以代理理事长的身份主持工作（孙中山为理事长）。在宋教仁卓越的领导下，国民党在国会大选中获压倒性胜利。袁世凯对此深为忌惮，于 1913 年 3 月 20 日派人将宋教仁暗杀于上海火车站。宋教仁临终前，还曾致电袁世凯，希望在中国实现宪政，其言："开诚心，布公道，竭力保障民权，俾国会得确定不拔之宪法，则虽死之日，犹生之年。"（《宋教仁集》下册，中华书局，第 496 页）堪称为中国宪政大业死而后已。孙中山在挽联中写道："为宪法流血，公真第一人"。

二 资产阶级革命派法律思想主张概述

戊戌变法失败后，中国社会激进心态占据了主要地位，革命的思想得到广泛的传播。邹容对革命予以热情德赞颂："我中国今日不可不革命。我中国欲独立，不可不革命。我中国欲与世界列强并雄，不可不革命。我中国欲长存于 20 世纪新世界上，不可不革命。我中国欲为地球上名国，地球上主人翁，不可不革命！"孙中山也称："革命是唯一法门，可以拯救中国出于国际交涉之现实危惨地位。……今日之中国何以必须革命？因中国之积弱已见于义和团一役，二万洋兵攻破北京。若吾辈四万万人一起奋起，其将奈我何！我们必要倾覆满洲政府，建设民国。革命成功之日，效法美国选举总统，废除专制，实行共和。"[1]

1905 年，三个主要的革命组织兴中会、华兴会和光复会合并成立了中国同盟会，成为具有政党性质的统一革命组织。同盟会推举孙中山为总理，奉行其"民族、民生、民权"的三民主义，并确立了"驱逐鞑虏，恢复中华，建立民国，平均地权"的革命纲领，以暴力手段推翻清王朝，建立民主共和国为根本目标。"革命、保皇二事决分两途，如黑白不能混淆，如东西之不能易位。"[2] 资产阶级革命派在长期的革命斗争中形成了独特的法律思想主张，既有革命成功以前对于重建新社会的构想，也有革命成功后法制建设的经验总结，内容极为丰富。概括而言，资产阶级革命派的法律思想主张主要内容有以下三个方面。

（一）深刻批判封建法制

资产阶级革命派认为，在封建法制下，人民实际上处于无法的状态下，"除服从（君主个人的）私意，遵从王法外，复无可以发表意思之余地。"中国"数千年蜷伏于专制政权之下，复罔论宪法！全社会束缚于名分大防之内，复罔论法律"！[3] 邹容在批判清政府的严刑酷罚时指出：清政府"用

---

① 《孙中山全集》卷一，中华书局，1981，第 226 页。
② 《孙中山全集》卷一，中华书局，1981，第 232 页。
③ 武树臣：《中国法律思想史》，法律出版社，2004，第 336 页。

苛刑于中国，言之可丑可痛。天下积怨，内外咨嗟。……若夫官吏之贪酷，又非今世界语言所得而写拟言论者也"①。

孙中山对清王朝的政治制度进行了批判，他指出："前清起自草昧之族，政以贿成，视吾民族生命，曾草菅之不若。教育不兴，实业衰息，生民失业。及其罹刑网也，则又从而锻炼周纳，以成其狱。三木之下，何求不得。"②

他认为："至中国现行之政治，可以数语骇括之曰：无论为朝廷之事，为国民之事，甚至为地方之事，百姓均无发言或与闻之权；其身为牧者，操有审判之全权，人民身受冤抑，无所吁诉。且官场一语等于法律，上下相蒙相结，有利则各饱其私囊，有害则各委其责任。婪索之风已成习惯，官以财得，政以贿成。"③ 他还总结了清政府的多项弊政：任私人、屈俊杰、尚诈术、渎邦交、嫉外人、虐民庶、仇志士、尚残刑、悔民变、挑边衅、仇教士、害洋商、戕使命、背公法、戮忠臣、用债师、忘大德、修小怨。其中"尚残刑"一项直指清政府的法律制度，称其："严刑取供，狱多瘐毙，宁枉勿纵，多杀示威。"④ 对此，他提出了法律改革主张，称为"平其政刑"，内容有："大小讼务，仿欧美之法，立陪审人员，许律师代理，务为平允。不以残刑致死，不以拷打取供。"并建议把律学、科学、文学等设为专门之学，以此取代科举。⑤ 他在其他地方也对清王朝得法律制度进行了批判，如他在列举清王朝的主要虐政时，称："他们实现最野蛮的酷刑；他们不经法律而剥夺我们的各种权利。"⑥

章太炎对清王朝的法制多有严厉的批判，他特别对文字狱深恶痛绝，其言："况于廷杖虽除，诗案史祸，较诸廷杖毒螫百倍。康熙以来，名世之狱，嗣庭之狱，景祺之狱，周华之狱，中藻之狱，锡虞之狱，务以摧折汉人，使之禁不发语。"⑦

资产阶级革命派对封建法制所维护的旧礼教进行了猛烈的批判，他们认为，所谓礼教，都是"大奸巨恶，欲夺天下之公权而私为己有，而又恐人之不从我也，于是借圣人制礼之名而推波助澜，妄立种种网罗，以范天下之

---

① 曹德本：《中国政治思想史》，高等教育出版社，1999，第364页。
② 《孙中山全集》卷二，中华书局，1982，第157页。
③ 《伦敦蒙难记》，《孙中山全集》卷一，中华书局，1981，第50～51页。
④ 《致港督卜力书》，《孙中山全集》卷一，中华书局，1981，第192～193页。
⑤ 《致港督卜力书》，《孙中山全集》卷一，中华书局，1981，第194页。
⑥ 《孙中山全集》卷一，中华书局，1981，第556页。
⑦ 郑振铎编《晚清文选》卷下，中国社会科学出版社，2012，第417页。

人"。这种所谓的礼，被封建的法律所维护，"其事苟为伪道德所作，既有峻法严刑以持其后"。因此，封建法制"拘守不通之礼教"，乃其"最乖谬之处"，也是"最为害民之处"。他们对于法制对旧礼教进行维护的种种方面都加以批判，其认为旧礼法对妇女的压迫最为深重，其言：妇女"襁褓未离，而从'三从'、'四德'之谬训，无才是德之伪言，既聒于耳而浸淫于脑海，禁识字以绝学业，强婚姻以误终身，施缠足之天刑而戕贼其体干焉，限闺门之跬足而颓丧其精神焉"①。

（二）丰富的宪政理论

邹容鲜明地提出了资产阶级共和国方案。他提出了"中华共和国"的二十五条纲领，其中主张，实行议会制度，以美国的宪法和法律为蓝本，参照中国国情特点，制定自己的宪法和法律。

孙中山根据中国社会的传统和政治特点，创造性地提出了"五权宪法"理论，他的"权能分治"理论也很有特色。关于孙中山的宪政理论，下面篇幅中将有专门论述。

革命党的一个重要特点在于其对帝国主义的批判态度，与启蒙思想家不同，革命思想家大多对西方帝国主义有比较深刻的批判。章太炎的这个特点很突出，他反对"委心向西"，强调提倡国粹。章太炎的宪政思想有其鲜明的自身特点。李泽厚先生称："一方面要求并积极参与客观性质是资产阶级民主革命的进步事业；另一方面主观上又全面地、强烈地反对、抨击欧美日本近代资本主义的经济、政治、文化、理论……这才是构成章太炎的全部复杂性的实质、内容和特色之所在。"②

在共和政体下，应该采取什么样的制度模式，在革命派内部也有不同的意见。如章太炎对于在新的制度下可能产生的新的不平等很为担心，其言："专制之国无议院，无议院则富人贫人相等夷，及设议院，而选充议士者，大抵出于豪家，名曰代表人民，其实依附政府，与官吏相朋比，是故共和政体而不分散财权，防止议士，则不如专制政体之为善也。"③

章太炎对资产阶级的代议制模式采取坚决反对的态度。"余向者提倡革命而不满于代议，……是时所痛心疾首者，盖在君主立宪。"他认为，代议制并不是最优良的政体形式。甚至在某些地方还不如专制政体。他说："要之，代议政体必不如专制为善，满洲行之非，汉人行之亦非，君主行之非，

---

① 转引自武树臣《中国法律思想史》，法律出版社，2004，第337页。
② 李泽厚：《中国近代思想史论》，天津社会科学院出版社，2004，第360页。
③ 章太炎：《五无论》，转引自李泽厚《中国近代思想史论》，天津社会科学院出版社，2004，第362页。

民主行之亦非。"①

章太炎认为，在中国社会中，议会的选举形式只会导致更多的不平等，他说："是故选举法行则上品无寒门，下品无膏粱，名为国会，实为奸府，徒为有力者附其羽翼，……凡法自下定者，偏于拥护富民。今使议院尸其法律，求垄断者惟恐不周，况肯以土田平均相配？"②

应该说，章太炎的这种担心有其必要性，民国初期的议会政治也印证了他的观点。但他的思想主张也有因噎废食之嫌，由于担心产生新的不平等，而主张保留帝制，不得不说是一种思想上的滞后。

宋教仁宪政思想的一大特点是，主张建立和实行责任内阁制，它是宋教仁宪政理论的核心和基本出发点。有人认为，宋教仁主张责任内阁制是出于限制袁世凯的独裁统治，为国民党掌握政权创造条件。应该说，这只是一个方面，而更为重要的是，宋教仁真心认为，政党政治、议会政治更能保障民国政治的民主本质。其言："吾人则主张内阁制，以期造成议宪政治者也。盖内阁不善而有以更迭之，总统不善则无术变易之。如必欲变易之，必致摇动国本，此吾人所以不取总统制，而取内阁制也。欲取内阁制，则舍建立政党内阁无他图，故吾人第一主张，即在内阁制也。"（《宋教仁集》下册，中华书局，第484页）宋教仁所主张的政党政治，基本上就是英美等西方国家的两党政治。

（三）建立民主政治下的新法制

孙中山意图建立新型的民国法制，在有人对伍廷芳由外交官员改任法律要职提出疑义时，他强调："伍君固以外交见重于外人，惟吾华人以伍君法律胜于外交。伍君上年曾编辑新法律，故于法律上大有心得，吾人拟仿照伍君所定之法律，施行于共和民国。夫外交本为一国最重要政策，第法律尚未编定，虽有俾斯麦、拿破仑之才，掌理外交，亦将无用。中华民国建设伊始，宜首重法律。"③

孙中山认为，民国政治的重要任务，是要对旧法制进行全面的改造，其言："吾人当更张法律，改订民、刑、商法及采矿规则；改良财政，蠲除工商各业种种之限制；并许国人以信教之自由。"④

---

① 章太炎：《代议然否论》，转引自李泽厚《中国近代思想史论》，天津社会科学院出版社，2004，第361页。
② 章太炎：《代议然否论》，转引自李泽厚《中国近代思想史论》，天津社会科学院出版社，2004，第362页。
③ 《孙中山全集》卷二，中华书局，1982，第14页。
④ 《孙中山全集》卷二，《对外宣言书》，中华书局，1982，第10页。

他认为，改造法制，要从废除旧的法制开始，要树立新的法制观念："近世文化日进，刑法之目的亦因而递嬗。昔之喝（揭）威吓报复为帜志者，今也则异。刑罚之目的在维持国权、保护公安。人民之触犯法纪，由个人与社会之利益不得其平，互相抵触而起。国家之所以惩创罪人者，非快私人报复之仇，亦非以示惩创；使后来相戒，盖非此不足以保持国家之生存，而成人道之均平也，故其罚之之程度，以足以调剂个人利益与社会之利益之平为准。苟暴残酷，义无取焉。"①

孙中山认为，完善法制，提高人民的素质，可以避免宗教自由等许多社会问题："政教分离，几为近世文明国之公例。盖分立则信教传教皆得自由，不特政治上少纠纷之原因，且使教会得发挥其真美之宗旨。外国传教士传教中国者，或有时溢出范围，涉及内政，此自清朝法令不修、人民程度不高有以致之。"② 孙中山还认为，新的法制必须要区别权与法的关系，其称："夫法律者，治之体也，权势者，治之用也，体用相因，不相判也。"③

孙中山十分重视立法的制度性和规范性，在处理内务部颁布《暂行报律》的事件时，他指出："民国一切法律，皆当由参议院议决宣布，乃为有效。该部所布暂行报律，既未经参议院议决，自无法律之效力，不得以暂行二字，谓可从权处理。"④

章太炎针对清政府时期中国法权尽失的可悲状况，主张建立合理的涉外法律制度。他说道："通商之岸，戎夏相捽，一有贼杀，则华人必论死，而欧美多生。制律者欲屈法以就之，以为罪从下服，则吾民可以无死。呜呼！以一隅之事，变革域中，吾未睹其便也。……今宜与诸邻国约，于通商之地，特定格令，参中西之律以制断，而不以概域中。此轻重互相革也"。⑤

宋教仁对于如何建设新型的民主法制进行了细致的思考和研究。他认为，必须要彻底消除人治的观念，要严格依法办事，在执法上，要"本正大光明之主张，不能因人的问题以法迁就之，亦不能因人的问题以法束缚之"，"此后政治进行，先问诸法，然后问诸人"（《宋教仁集》下册，中华书局，第487页）。在司法问题上，宋教仁主张实行司法独立，全国必须建立统一的司法体制，地方必须设立裁判所；他建议在各省实行四级审判制；同时，他还主张改良监狱，仿行西方国家的监狱制度；宋教仁认为，要建立

---

① 《孙中山全集》卷二，中华书局，1982，第157页。
② 《孙中山全集》卷二，中华书局，1982，第66页。
③ 《孙中山全集》卷一，中华书局，1981，第236页。
④ 《孙中山全集》卷二，中华书局，1981，第198~199页。
⑤ 《訄书》（重订本），生活·读书·新知三联书店，1998，第273页。

新型的法制，必须抓紧培养法律人才，要培养律师，以保障人权；要培养法官，提高法官的地位，达成真正的司法独立。（《宋教仁集》下册，中华书局，第 495 页）

通过资产阶级革命派思想家的宣传，在民国初年，重视法制建设，基本上成为一种社会共识。张东荪曾写就《法治国论》，影响很大。他认为，那种"开国之初可无需于法律"的论调是令"全国民所深恶而痛绝"的。他完全认可卢梭的"有法律者为共和，无法律者为专制"的思想主张，认为民国为共和政体，必须实行法治。其称："今日之各国皆尚法治，我处其间，苟不步其后尘，非但不足以图存，且对内亦不足自立。"难能可贵的是，张东荪还比同时代人更进一步，认识到了民众的法律观念对法治的影响和作用。他认为，如果法律不能得到民众的认可，不能得到全社会的遵守和保护，"则虽法律多如山积，而亦等于死物。盖法者不能自言自动者，必有人焉拥护之，保障之，然后始有效"。进而，他还特别提出，掌权者必须要遵守法律，他指出："法治国者，不仅是人民之守法，亦必国家各机关之行动——皆以法律规定为准绳，然后法治国庶几可得而成。……仅有人民守法于下，而政府违法于上，则法治国终无由以成，……夫政府能守法于上，而后人民始可守法于下。"①

三　孙中山的五权宪法与"权能分治"理论

（一）五权宪法理论

孙中山把中国走向宪政的道路，划分为三个阶段：第一期为军法之治；第二期为约法之治；第三期为宪法之治。"第一期为军政府督率国民扫除旧污之时代；第二期为军政府授地方自治权于人民，而总揽国事之时代；第三期为军政府解除权柄，宪法上国家机关分掌国事之时代。"②

孙中山很早就考虑了在中国实行宪政的问题。1906 年，《在东京〈民报〉创刊周年庆祝大会的演说》中，他提出了自己的构想。其认为，创建民主国家的首要任务是制定一部好的宪法："我们要有良好的宪法，才能建立一个真正的共和国。"（孙中山：《五权宪法》）他认真研究了世界上的宪政模式，其认为：世界各国的宪法，"有文宪法是美国最好，无文宪法是英国最好。英是不能学的，美是不必学的。英的宪法所谓三权分立，行政权、立法权、裁判权各不相统，这是从六七百年前由渐而生，成了习惯，但界限

---

① 李学智：《民国初年的法治思潮与法制建设》，中国社会科学出版社，2004，第 16 页。

② 《孙中山全集》卷一，《中国同盟会革命方略》，中华书局，1981，第 298 页。

还没有清楚。……美国宪法……把那三权界限更分得清楚，在一百年前算是最完美得了"①。他提出，要创立一种适合中国现实情况的宪政："中华民国的宪法，是要创立一种新主义，叫五权分立"。他所设计的宪政模式为："以五院为中央政府：一曰行政院，二曰立法院，三曰司法院，四曰考试院，五曰监察院。宪法制定之后，由各县人民投票选举总统以及组织行政院。选举代议士以组织立法院。其余三院之院长，由总统得立法院之同意而委任之，但不对总统、立法院负责。而五院皆对国民大会负责。各院人员失职，由监察院向国民大会弹劾之；而监察院人员失职，则国民大会自行弹劾、罢黜之。国民大会之职权，专司宪法之修改，及裁判公仆之失职。国民大会及五院职员，与夫全国大小官吏，其资格皆由考试院定之。此五权宪法也。"

孙中山认为，建立政权后的第一要务就是制定宪法，他认为，宪法是立国的根本，1913 年，国会召开时，孙中山称："国会开幕后，辟头第一事须研究一部好宪法。中华民国必有好宪法，始能使国家前途发展，否则将陷国家于危险之域。"②

孙中山的"五权宪法"理论是中西结合的一种政治理论。他称："宪法者，为中国民族历史风俗习惯所必须之法。三权为欧美所需要，故三权风行欧美；五权为中国所需要，故独存于中国。……"所谓"五权宪法"，即中国传统中的考试权、监察权与西方国家的行政、立法、司法"三权"的结合。他认为，监察权"是中国固有的东西"。中国"自唐虞起，就左史记言，右史记事"。而以后的朝代，也多有御史、谏议大夫等专官掌握监察权。他们的地位虽然不高，但对那些显赫的大吏有着重要的监督作用，其"官虽小而权重内外，上自君相，下及微职，儆惕惶恐，不敢犯法"③。这是西方所没有的，也是为西方所认可的。有外国学者称中国历史上的监察制度"说明中国之弹劾权，是自由与政府中间的一种最良善的调和方法"（孙中山：《五权宪法》）。对于这种优良的传统，中国的新型政治应该坚持并发扬光大。孙中山还认为，考试权应该作为民主国家的一种基本政治权力。而这种权力也是中国古代政治制度中可以借鉴的。它不但合乎平民政治，也适合现代民主政治的需要，它是平民参与国家政治的有效途径。通过适当的考试，"朝为民，一试得第，暮登台省；世家贵族所不能得，平民一举而得

---

① 《孙中山全集》卷一，中华书局，1981，第 444 ~ 445 页。
② 《孙中山全集》卷三，中华书局，1981，第 5 页。
③ 《孙中山全集》卷一，中华书局，1981，第 329 ~ 330 页。

之。谓非民主国之人民极端平等政治，不可得也"①。

孙中山认为，中国古代的考试制度，具有一定意义上的权力独立性："科场条例，任何权力不能干涉。一经派出主考学政，为君主所钦命，独立之权高于一切。"他认为，中国古代的考试制度和监察制度，可以弥补"三权分立"的不足，五权宪法是中国对世界宪政理论的贡献："立法、司法、行政三权，为世界国家所有；监察、考试两权，为中国历史所独有。他日五权之风靡世界，当改进而奉行之，亦孟德斯鸠不可改易之三权宪法也。"②

（二）"权能分治"理论

孙中山的"权能分治"理论也是很有特色的。孙中山根据权力的功能和属性，把政治权力分为政权和治权两种，其言："政是众人之事，集合众人之事的大力量，便叫作政权，政权就可以说是民权。治是管理众人之事，集合管理众人的大力量，便叫作治权，治权就可以说是政府权。所以政治之中，包含有两个力量：一个是政权，一个是治权。这两个力量，一个是管理政府的力量，一个是政府自身的力量。"

孙中山在分析了这两种权力的特性后，他认为，政权既然是民权，就要由人民掌握，而治权要为政府所有。孙中山的这种思想在当时的历史阶段中具有很大的进步意义。他把民权落实到一个很现实的位置上。并不空洞地主张所谓无限的民权，也不再坚持政府的全权。他认为，要把中国改造成新国家，必须把权和能（治权）分开。政权"完全交到人民手内，要人民有充分的政权，可以直接去管理国事"；治权则"完全交到政府的机关之内，要政府有很大的力量，治理全国事务"。

孙中山对世界各国的宪法进行了有针对性的考察，其发现瑞士的宪法中有可以借鉴的地方，在瑞士的宪法规定中，人民有选举权、创制权和复决权。其中创制权和复决权是比较独特的，而在美国一些州的宪法中，人民有罢免权。他认为，结合这四种权力，即选举权、创制权、复决权和罢免权，民权才是一种完整的政权。他说："人民有了这四个权，才算是充分的民权，才能实行这四个权，才算是彻底的直接民权。以前没有充分民权的时候，人民选举了官吏议员之后，便不能够再问，这种民权，是间接民权。间接民权就是代议政体，用代议士去管理政府，人民不能去直接管理政府。要人民能够直接管理政府，便要人民能够实行这四个民权。人民能够实现这四个民权，才叫全民政治"。

---

① 《孙中山全集》卷一，中华书局，1981，第445页。
② 《孙中山全集》卷一，中华书局，1981，第445页。

第十章
礼法之争

第一节　礼法之争之开端

一　清末修律的基本情况

清末修律可以分为两部分内容，改造旧律和制定新律。在改造旧律阶段，整个社会的思想比较统一，对修律工作没有什么疑义。这是因为，对于固有法律的缺欠，人们都感到有必要加以改进。同时，改造旧律对于固有法制并未做根本性的改变。而在开始制定新律的过程中，这种一致性立刻不复存在，几乎每出一新法，都要引起一定范围内的争论，最终在《大清新刑律》的问题上展开全面的争论，形成了所谓的"礼法之争"。

在修律的过程中，从 1906 年起，新法不断出台。到清朝在 1911 年覆亡时，完成并奏呈朝廷的新法比较重要的有：《刑事民事诉讼法》，1906 年完成奏呈；《大清新刑律草案》，1907 年完成，修改后于 1910 年颁布；《法院编制法》，1907 年奏呈，1909 年颁行；《违警律草案》，1907 年奏呈，1908 年颁行；《大清现行刑律》，1908 年开始编订，1909 年奏呈，次年颁行；《商律》，草案于 1909 年奏呈；《国籍条例》，1909 年奏准颁行；《禁烟条例》，1909 年奏准颁行；《刑事诉讼法草案》，1910 年奏呈；《民事诉讼法草案》，1910 年奏呈；《大清商律草案》，由商部编订，1910 年奏呈；《大清民律草案》，1911 年奏呈。

在这些新法律的制定过程中，以沈家本为主的法律修订馆，本着会通中西的原则，在新法中加入了许多现代意义上的法律理念和具体规定。为了制定新法律，法律修订馆高薪聘请了许多著名的法律专家，几部比较重要的法律草案都是出自日本专家之手。其中最为著名的日本专家有：冈田朝太郎、松冈义正、小河滋次郎、志田钾太郎等。

冈田朝太郎，1891年毕业于东京帝国大学法科（法学士），1897～1900年受教育部派遣赴德国、法国和意大利留学，回国后任东大法科教授，主持刑法讲座。其于1906年9月来到北京，月薪是850银元，并签约三年。此外，他还任京师法律学堂和京师大学堂教员。松冈义正（1870～1939），1892年毕业于东京帝国大学法科（法学士），1916年获得法学博士学位。1906年来华前为东京上诉法院推事。他的月薪为800银元，约期亦为三年。松冈义正主要负责起草民法和诉讼法。沈家本在他的《法学通论讲义序》（1908年）一文中讲述了聘请冈田朝太郎和松冈义正的始末。他说，在修订法律馆开始修订新法及京师法律学堂创立时，意图聘请日本专家，"乃赴东瀛，访求知名之士。群推冈田博士朝太郎为巨擘，重聘来华。松冈科长义正，司裁判十五年，经验家也，亦应聘而至"。冈田朝太郎在日后曾回忆其来华经历时说：1906年，清政府设立法典调查会，"当时即招余任编纂事，因其宗旨未定，余虽任编纂，而不能收何等之效力"（《冈田博士关于吾国法典之讲演》，载《法政学报》1914年第2卷第1号）。他主要负责起草刑法和法院编制法。

小河滋次郎（1861～1925）曾留学德国，返日后曾供职于内务省和司法省，是日本研究监狱学的先驱，起草监狱法和施行法，1906年获得东京帝国大学法学博士学位。他于1897年出版的权威性著作《监狱法》是当时日本唯一讲述西欧监狱法的著作。小河滋次郎于1908年5月来华，月薪高达800银元，负责起草监狱法，1910年返回日本。

志田钾太郎（1868～1951）是修订法律馆以破纪录的950银元月薪聘请来的民商法专家。他于1894年毕业于东京帝大法科（法学士），后入研究院专攻商法中的公司与保险，1898年受派赴德国研究商法，回国后于1903年获得法学博士学位，并任东京帝大商科和法科教授。志田钾太郎主要负责起草商法。

这些日本法律专家工作认真，效率很高，但他们大多数人都对中国法律改革中所遇到的阻力估计不足，其起草的法律基本上在学理上是先进的，但对于中国的现实条件而言，有过于超前之嫌。

二　礼法之争的开端

礼法之争主要是围绕着《刑事民事诉讼法》和《大清新刑律》而引发的激烈争论。特别是围绕《大清新刑律草案》所引发的争论，范围很广，在社会上造成了极大的反响。社会上的许多人都加入了这场争论。以往，人们把这场争论限定于礼治派与法治派之间，但实际上，其意义已远远超出了这个范围。就其实质而言，其焦点也许可以被确定为：中国在移植西方式的法律过程中，是否有必要保持中国固有的法律传统，或在什么程度上坚持自己的传统。从这种意义上而言，这是中国法律传统在思想层面上对西方法律制度的冲击所进行的最后一次抵抗。一百年后的今天，在建设中国的法治社会的过程中，如何有效地利用本土资源仍是研究者所热衷的课题，故而也可以认为，这场争论到今天仍没有完结。

1906 年，由沈家本主持起草了《刑事民事诉讼法》。草案修成后，他在《进呈诉讼法拟请先行试办折》中阐述了立法目的、主要变化及其原则，其言："窃维法律一道，因时制宜，大致以刑法为体，以诉讼法为用。体不全，无以标立法之宗旨；用不备，无以收行法之实功。二者相因，不容偏废。……查中国诉讼断狱，附见刑律，沿用唐明旧制，用意重在简括。揆诸今日情形，亟应扩充，以期详备。泰西各国诉讼之法，均系另辑专书，复析为民事、刑事二项。……以故断弊之秩序井然，平理之功如执符契。日本旧行中律，维新而后，踔武泰西，于明治二十三年间，先后颁行民事、刑事诉讼等法，卒使各国侨民归其钤束，藉以挽回法权。……中国华洋讼案，日益繁多，外人以我审判与彼不同，时存歧视；商民又不谙外国法制，往往疑为偏袒，积不能平，每因寻常争讼细故，酿成交涉问题。……若不变通诉讼之法，纵令事事规仿，极力追步，真体虽充，大用未妙，于法政仍无济也。……考欧美之规制，款目繁多，于中国之情形，未能尽合。仅就中国现时之程度，公同商定简明诉讼法，分别刑事、民事，探讨日久，始克告成。推其中有为各国通例，而我国亟应取法者，厥有二端：一宜设陪审员也。……一宜用律师也。……以上二者，具我法所未备，尤为挽回法权最重之端，是以一并纂入。"[①] 从这个说明中可以知道，制定该法的主要原因在于为达成与西方国家的法律一致性，直接目的是要"挽回治权"。从而修律的要旨并不在于适合中国社会的实际需要，而是取法各国通例，引进某些先进的制度形式。

《刑事民事诉讼法》分为第一章"总纲"，下设刑事民事之别、诉讼时限、公堂、名类惩罚四节，计 20 条；第二章"刑事规则"，下设逮捕、拘票搜查票及传票、关提、拘留及取保、审讯、裁判、执行各刑及开释七节，计 68 条；第三章"民事规则"，下设传票、诉讼之值未逾五百元者、诉讼之值逾五百元者、审讯、拘提图匿被告、判案后查封产物、判案后监禁被

---

① 李贵连：《沈家本年谱长编》，台湾成文出版社，1992，第 156～158 页。

告、查封在逃被告产物、减成偿债及破产物、和解、各票及讼费（附讼费表）十一节，计110条；第四章"刑事民事通用规则"，下设律师、陪审员、证人、上控四节，计52条；第五章"中外交涉案件等"，计10条；共计有条文260条；此外，另附颁行例三条。

作为中国法律史上第一部独立的诉讼法典，《刑事民事诉讼法》有以下特点。

其一，废弃封建的苛法滥刑。旧律中缘坐、刺字、笞杖等永远废止；审案不准刑讯和严禁逼供；废除比附，若律无正条，不论何项行为，不得判为有罪。

其二，改变礼教与法律结合。提倡男女平等，凡职官命妇，均可由公堂知会到堂供证；主张父祖子孙异财别籍，一人有犯被刑，产物查封备抵，不牵涉妻妾、父母、姐妹、子孙和各戚属家人财产。

其三，仿效东西方资产阶级法制，实行律师制度和陪审员制度；以证定案，被告如无自供词而众证明白确凿无疑，即将被告按律拟罪；建立罪犯习艺所和施行罚金刑等。

其四，关于中外交涉案件，订有条约的外国人案件都依现行条约审讯；凡外国人控告中国人的刑事、民事案件，须遵中国现行法律并本法裁判，外国官员可以参加陪审；凡中国人控告外国人刑事或民事案件，由被告本国领事官审讯，中国官员在堂陪审，而没有与中国订立条约或遣领事驻扎的外国人在中国境内犯事，由中国公堂拘拿审讯得实，即按中国法律治罪。

《刑事民事诉讼法》进呈御览以后，清廷认为关系重大，下旨饬令各将军、督抚、都统等文武官吏仔细研究，据实具奏："法律大臣沈家本等奏，刑事民事诉讼各法，拟请先试一摺。法律关系重要，该大臣所纂各条，究竟于现在民情风俗，能否通行，著该将军、督抚、都统等，体察情形，悉心研究，其中有无扞格之处，即行缕析条分，据实具奏。"（《清实录·德宗实录》卷五五八）

根据朝廷谕旨要求，各地将军、督抚、都统纷纷上奏对《刑事民事诉讼法》发表意见，其中持反对意见者占绝大部分。其中，湖广总督张之洞的批评最为严厉，他称："综合所纂二百六十条，大率采用西法，于中法本原似有乖违，中国情形亦未尽合，诚恐难挽法权转滋狱讼。"

张之洞对该法对中国法律本质的毁弃极为反对，其称："乃阅本法所纂，父子必异财，兄弟必析产，夫妇必分资，甚至妇人、女子责令到堂作证，袭西俗财产之制，坏中国名教之防，启男女平等之风，悖圣贤修齐之教。"这种屈己从人的做法，对中国的纲常礼教将造成极大的破坏，"隐患实深"。他认为，中国必须变法，必须对固有的法律制度进行改造，但不能一味以放弃自己的传统为代价，而必须根据自己的特有条件去完成法律的变革。其言："夫立法固贵因时，而经国必先正本。值此环球交通之世，从前旧法自不能不量加变易。东西各国政法可采者亦多，取其所长补我所短，揆时度势，诚不可缓。然必须将中国民情、风俗、法令源流通筹熟计，然后量为变通。庶免官民惶惑，无所适从。外国法学家讲法律关系，亦必就政治、宗教、风俗、习惯、历史、地理一一考证，正为此也。"

张之洞对于"收回治权"的立法初衷甚是不以为然："在法律大臣之意，变通诉讼制度，以冀撤去治外法权，其意固亦甚善，惟是各国侨民所以不守中国法律者，半由中国裁判之不足以服其心，半由于中国制度之不能保其身家财产。……而谓变通诉讼之法，即可就我范围，彼族能听命乎？"他认为，要想收回治权，必须在全面改革的基础上逐渐变更法制，而不能盲目冒进，欲速则不达。"若果不察情势，贸然举行，而自承审官、陪审员以至律师、证人等无专门学问，无公共道德，骤欲行此规模外人貌合神离之法，势必良懦冤抑，强暴纵恣，盗已期而莫惩，案久悬而不结。"

张之洞在奏折后附的"条单"中，对原法中"捍格难行各条"加具按语，予以批驳，被加"按语"的条文多达62条之多。

从以下列举的"按语"中，张之洞的基本倾向可以概见。

《刑事民事诉讼法》第130条规定，一人因故查封备抵，但妻妾父母兄弟姐妹子孙及各戚属家人的财物，均不准查封备抵。张之洞认为，这是西方的风俗习惯，中国与此不同。因为，中国立教定律首重亲，祖父母父母在，如子孙另立户籍，分异财产则有罪，且列于十恶内"不孝"一项。如照这条办理，必致父子异宅，兄弟分炊，骨肉分离，"悖理甚矣"，故"此法万不可行"。

《刑事民事诉讼法》第242条规定："凡职官命妇均可由公堂知会到堂供证。"张之洞根据《春秋》"保母不在，宵不下堂"与《周礼》凡命妇"不躬坐狱讼"之记述，认为命妇到堂则"必不可"。因此，应该永远禁止将妇女提审，这是"养廉耻全名节"的必需，也是关系到名教的大事，故绝不可借口"男女平等"，而使妇女到堂供证。

《刑事民事诉讼法》第199条规定，律师准许在各公堂办案；208条有实行陪审员制度的规定。张之洞认为，律师也好，陪审员也好，在中国当时都没有实行的条件。

律师所以不适用于中国，因为西方国家的律师，必经学校的培养，经过相当的考查，不仅有很高的学问资历，又要聪明公正。而中国要在近日中造就许多西方国家那样公正无私的律师是非常困难的，即使选拔各省刑事幕僚入学堂肄业，也不是一下子可以培养出来的。如果让这种不合格的律师为人办案，将使"讼师奸谋适得尝试"。又案件双方，若一贫一富，富的一方有钱可以聘请律师代辩，而贫穷的一方只好凭自己的口舌申辩，这样，必然导致"贫者虽直而必负，富者虽曲而必胜"。（《张文襄公奏稿四十四·遵旨覆议新编刑事民事诉讼法折》）

至于陪审员制度也是这样，张之洞认为，陪审员不但要有专门的法律知识，而且要有公正的道德，人民也有自治精神，所以中国人民无实行陪审员制度的基本素质。何况中国有学问有道德的绅士，以"束身自爱"为荣，必不敢到公堂当陪审员，而肯到公堂陪审的，不是"干预词讼"的劣绅，便是"横于乡曲"的讼棍。由这些人参加陪审，不可能协助公堂秉公行法。

《刑事民事诉讼法》第76条规定，凡裁判均须遵照定律，若律无正条，不论何项行为。不得判为有罪。张之洞认为，比附古已有之，中国旧法律例中，如果审讯案件，为条例所未及，则援引"三礼"以为证。所以本法没有提到比附是最大的缺点。罪无正条，比照某律例科断，或比照某律某例加一等减一等科断，这可以预防"情伪无穷科条所不及也"。若因律无正条，不论何项行为，概置而不议，那么，只会给刁徒提供"趋避之端"。如此，必致"法政废弛之渐"。所以，比附法不可废。

《刑事民事诉讼法》第4条规定，凡刑事案件控诉的期限有规定：违警罪6月，轻罪3年，重罪10年，逾限不得复控。张之洞说，刑事案件如叛逆、强盗、谋杀、故杀等重案，皆"积久始发"。对于这种极恶罪犯，远避十年，即为无罪，"法纪何存"？同时又指出，把罪犯分为重罪、轻罪、违警罪三种，予以不同处理，这是仿效日本法律。日本能够实行，这是由于它改用西律，案以证定，以及具备其他各种条件。而中国警察、侦察、缉捕才开始创办，尚没有"明效"，怎能有犯即获？所以，在实际上是无法实现的。如照该法办理，必使匪徒无所忌惮而逍遥法外。总之，张之洞站在维护礼教的立场上，认为中西风俗习惯不同，各方面没有成熟，人民无自治精神，从而反对采用西方法律与礼教分离的新的诉讼制度骤然实施。

从以上论述中，我们可以看到，张之洞并非盲目地反对采用西方式的法律，他的批驳都是具有针对性的。实际上，他的意见即使是修律者也不得不表示赞同。也因为其地位与威望的崇高，即便修律者不同意他的观点，也多采取隐忍的态度，故他的意见并没有引起争论。但可以说，他对《刑事民事诉讼法》的批评开启了礼法之争的序幕。

第二节 礼法之争的基本过程

《大清新刑律草案》是在修订法律大臣沈家本主持下，由日本法学博士冈田朝太郎等起草的。此草案采用了资产阶级的刑法原则，虽有参考中国旧律的方面，但主要依据于德国最新刑法等西方国家的刑事法律内容。当然，沈家本关于对中国旧律的修改意见以及如何吸取资产阶级法律精神和思想，在草案中也得到了充分的反映。但大体而言，该法案与中国传统的律典有许多原则上的不同。据参加起草该法案之日本法学博士冈田朝太郎称，《大清新刑律草案》由预备案起算，共历七案。最先之草案，由修订法律馆起草，光绪三十二年春脱稿。第一案由修订法律馆上奏；第二案于宣统元年十二月由法部、修订法律馆奏进。《修正刑律草案》第六案，宣统二年十二月，清朝廷以上谕颁布者，是为《大清新刑律草案》钦定本。清朝廷钦定颁发之第七案计二编五十三章四百一十一条。

1907 年 8 月 26 日，沈家本上《刑律草案告成分期缮单承览并陈修订大旨折》[①]，比较全面地阐述了其立法思想。

首先，他强调了修订刑律的重要性，以及全面更新旧律的必要性："伏查臣自开馆以来，三阅寒暑，初则专力翻译，继则派员调查，而各法之中，尤以刑法为切要，乃先从事编辑。上年九月间，法律学堂开课延聘日本法学博士冈田朝太郎主讲刑法，并令该教习兼充调查员帮同考订，易稿数四，前后编定总则十七章，分则三十六章，共三百八十七条。考泰西十九世纪，学者称为法典革新时代，创之者法兰西，继之者为希腊、奥大力（疑为奥地利——编者）。……若日本则又折衷法国与唐明律暨我朝刑律，一进而为模范德意志也。风气所趋，几视为国际之竞争事业。而我中国介于列强之间，迫于交通之势，盖有万难守旧者。"并强调，无论是"惩于时局""鉴于国际"还是"惩于教案"，中国的法律制度都已到了不得不改的地步。

其次，他列举了中国旧律中应变通的五项内容：其一，更定刑名；改自隋《开皇律》以来因袭的笞、杖、徒、流、死五刑为西方法律制度中的死刑、自由刑、罚金。其二，酌减死罪；中国旧律中死罪的条款过多，而西方国家对此项的规定要简约得多。特别是日本这个以前承用中国法的国家，在现在也只有死刑二十余条。其三，死刑唯一；应废除死刑用绞、斩两种方式，而仅用绞刑一种方式。但在有些案件中，如大逆及谋杀祖父母、父母

---

① 以下引述该奏折的原文，皆转引自李贵连《沈家本年谱长编》，台湾成文出版社印行。

等，可以用斩刑。其四，删除比附。他认为用比附的弊端有二，第一，"定例之旨，与立宪尤为抵捂，立宪之国，立法、司法、行政三权鼎峙，若许署法者以类似之文致人于罚，是司法而兼立法矣"。第二，"因律无正文而任其比附，轻重偏畸，转使审判不能统一"。因此，"兹拟删除此律，而各刑酌定上下之限，并别设酌量减轻、宥恕减轻各例，以补其缺。"其五，惩治教育；即对未成年犯人实行惩治教育的方法。

概括而言，《大清新刑律草案》的主要特点如下。

第一，轻刑省罚：主要是在罪名上减少死罪，并且在总体上减轻了刑罚，与旧律的死刑之多，死刑之酷有了很大区别；对于内乱罪，并非一概处以死刑；对于未满 16 岁的少年犯法，并不全然论罪，在大多数情况下进行感化教育。

第二，法律与礼教分离：以往，依服制定罪是传统法律的基本原则，所谓，服制不同，刑亦异数。在《大清新刑律草案》中，量刑定罪不以"服制"为转移；旧律的"犯罪存留养亲"没有编入；故杀子孙无减轻，妻妾殴夫无加重，均同凡人，故不别立条文；无夫妇女犯奸不论罪，因而没有涉及；虽还有对尊亲属、皇室有犯加重的条文，但与旧律相比已大大减轻。

第三，废除法律中的不平等：以往旧律中，关于刑罚的适用，有"官秩""良贱"等加重减轻的不同，而在新律中这些规定一概弃而不用。《大清新刑律草案》中规定，量刑定罪无男女，主仆、官民的区别。

第四，刑制不同：旧律中刑名分笞、杖、徒、流、死刑五种，而在《大清新刑律草案》中仅分主刑从刑两大类。主刑有死刑、无期徒刑、有期徒刑、拘留、罚金；从刑有褫夺公权、没收。其中旧律的流刑加以废止，而笞杖改为罚金或拘留。

第五，体例不同：旧法典中民事与刑事、实体与诉讼诸法合一，而《大清新律草案》"专主于刑事一项"；旧法典或以六官分编，或以国政民事分编，《大清新刑律草案》仿欧美及日本各国刑法体例，分为《总则》和《分则》两编。《总则》定普通犯罪条件，而《分则》定各种特殊犯罪成立要件，同时，旧法典的条例，每每一事一例，而《大清新刑律草案》则采用概括主义，显得简明扼要。

张之洞在对《刑事民事诉讼法》提出批评之后，又代表学部对《大清新刑律草案》进行逐条签注，严厉指责法律与礼教分离，违背"三纲"，不合国情。张之洞认为，中国自古以来，因伦制礼，据礼制刑。刑的轻重等差，根据"伦之秩叙，礼之节文"，合乎天理人情。中西的立法根本不同，那么立法也相异。中国以"三纲"为教，故无礼于君父，罪罚特别重；而西方各国以平等为教，故父子可以同罪，叛逆可以不死。因此西方法律与礼教分开的做法，与中国国情不合，不可强行于中国。

张之洞认定《大清新刑律草案》违背了君为臣纲、父为子纲、夫为妻纲的"三纲"，破坏了男女之别，尊卑长幼之序。

张之洞认为，中国制刑以明君臣之伦，故律于谋反大逆者，不问首犯与从犯，一律凌迟处死。但《大清新刑律草案》对于颠覆政府、僭窃土地者，虽为首魁而不一定处于死刑；凡侵入太庙、宫殿等处，仅科以一百元以上的罚金，这些都是"罪重法轻，与君为臣纲之义，大相刺谬者也。"

张之洞认为中国制刑以明父子之伦，故旧律凡殴祖父母父母者死，殴杀子孙者绞。而《大清新刑律草案》中的规定则凡伤害尊亲属，因此致死或笃疾者，有的可不科以死刑，这是视祖父母、父母与路人无异，所以与父为子纲的大义是背道而驰的。

张之洞认为，中国制刑以明夫妇伦常，故旧律妻妾殴夫者杖，夫殴妻者，非折伤勿论；妻杀夫者斩，夫杀妻者绞。而《大清新刑律草案》中则并无妻妾殴夫的条文，即与凡人同例。这与夫为妻纲的大义明显有所抵牾。

张之洞认为，中国制刑以明男女之别，故旧律犯奸者杖，行强者死。但《大清新刑律草案》中规定则亲属相奸与平人无别，对未满十二岁以下的男女有猥亵行为的，一般处以 30 元以上罚金，行强者或处于二等以上有期徒刑，这是"破坏男女之别"。

张之洞认为，中国制刑以明尊卑长幼之序，故旧律凡殴尊长者加凡人一等，或数等，殴杀卑幼者减凡人一等或数等。干名犯义诸条，立法更加严密。而《大清新刑律草案》则并无尊长殴杀卑幼的条文，即与凡人同例。这是"破坏尊卑长幼之序"。

由此而观，《大清新刑律草案》于传统法律的核心价值——礼教的基本原则有所违背。因此，他主张《大清新刑律草案》中妨害礼教的地方，应该全部改正。如《总则》中要把封建伦纪的集中体现——《五服图》重新列入；并要根据现行"服制"，分别称本宗及外姻，不宜混称尊亲属、亲属。此外，"嫡孙承重之制，嫡母持服之各端，皆与礼教关系甚重，均应声明不宜删去。"①

张之洞的批评十分严厉，他甚至认为"以刑法内乱罪不处唯一死刑"，修律者有"勾结革命"的嫌疑。当时曾参与修律的江庸称："维时张之洞以

---

① 张之洞等：《奏请将中国旧律与新律草案详慎互校酌修改删并以维伦纪而保汉治安折》附《刑律草案有妨礼教各条摘出照录原文附以驳议》，《刑律草案签注》第一册。

军机大臣兼长学部，因刑律草案无奸通无夫妇女治罪明文，以为蔑弃礼教。各省疆吏亦希旨排斥，奏交法部会同修订法律大臣修改。"（江庸：《五十年来中国之法制》）清廷认可了张之洞的意见，对沈家本等修律人员进行了斥责，要求必须按照既定的修律宗旨进行立法工作，宣统元年正月二十七日谕旨中称："惟是刑法之源，本乎礼教，故于干犯名义之条，立法特为严重。良以三纲五常，阐自唐虞，圣帝名王兢兢保守，实为数千年相传之国粹，立国之大本。今寰海大通，国际每多交涉，固不宜墨守故常，致失通变宜民之志。但只可采彼所长，益我所短。凡我旧律义关伦常诸条，不可率行变革，庶以为天理民彝于不敝。该大臣务本此意。以为修改宗旨，是为至要。"（《清末筹备立宪史料》下册，中华书局，1981）

在这种情况下，沈家本只得将草案收回，进行重新修改，主要修改的内容是对涉及纲纪伦常的犯罪加重处罚的力度，"于有关伦纪各条，恪遵谕旨，加重一等"。法部尚书廷杰对这个修改后的《刑律草案》仍不满意，认为对纲纪伦常的强调仍不够，故而，他在这个《草案》的正文之后增加了附则五条，形成了《修正刑律草案》，由廷杰与沈家本联名奏呈。在《附则》五条中，规定"十恶""亲属相隐""干名犯义""存留养亲""亲属相奸""亲属相盗"等旧制仍予保留，同时主张卑幼对尊亲属适用正当防卫及"无夫奸"要处刑等。

这个沈家本认为已作出极大程度妥协的《修正刑律草案》，在通过宪政编查馆的审议时，仍然受到许多批评。其中以劳乃宣提出的质疑最为尖锐。沈家本等人对于这种质疑马上予以反击。实际上，在此以前，鉴于张之洞的身份，沈家本等修律人员并未与张之洞进行的正面辩驳，而在1909年张之洞病逝后，礼教派的首脑变为劳乃宣，由于劳乃宣的身份地位与张之洞不可同日而语，故以沈家本为首的法理派乃大张言辞与劳乃宣等人展开辩驳。实际上，这个时候才真正开始了"礼法之争"。

《清史稿》中对这一过程进行了比较客观的记述："宣统元年，沈家本等汇集各说，复奏进《修正草案》。时江苏提学使劳乃宣上书宪政编查馆论之曰：'法律大臣会同法部奏进修改刑律，义关伦常诸条，未依旧律修入。'但于《附则》称中国宗教尊孔，以纲常礼教为重。如律中十恶、亲属容隐、干名犯义、存留养亲，及亲属相奸、相盗、相殴，发冢犯奸各条，未便蔑弃。中国人有犯以上各罪，应仍依旧律，别辑单行法，以昭惩创。窃维修订新律，本为筹备立宪，统一法权。凡中国人及在中国居住之外国人，皆应服从同一法律。是此法律，本当以治中国人为主。今乃依旧律别辑中国人单行法，是视此新刑律专为外国人设矣。本末倒置，莫此为甚。《草案》案语谓修订刑律，所以收回领事裁判权。刑律内有一二条为外国人所不遵奉，即无收回裁判权之实。故所修刑律，专以摹仿外国为事。此说实不尽然。泰西各国，凡外国人居其国中，无不服从其国法律，不得执本国无此律以相争，亦不得恃本国有此律有相抗。今中国修订刑律，乃谓为收回领事裁判权，必尽舍固有之礼教风俗，一一摹仿外国。则同乎此国者，彼国有违言，同乎彼国者，此国又相反，是必穷之理也。总之一国法律，必与各国之律相同，然后乃能令国内居住之外国人遵奉，万万无此理，亦万万无此事。以此为收回领事裁判权之策，是终古无收回之望也。且夫国之有刑，所以弼教。一国之民有不遵礼教者，以刑齐之。所谓礼防未然，刑禁已然，相辅而行，不可缺一者也。故各省签驳《草案》，每以维持风化立论，而案语乃指为浑道德法律为一。其论无夫奸曰：'国家立法，期于令行禁止。有法而不能行，转使民玩法而肆无忌惮。和奸之事，几于禁之无可禁，诛之不胜诛，即刑章俱在，亦只具文。必教育普及，家庭严正，舆论之力盛，廉耻之心生，然后淫靡之风可少衰。'又曰：'防遏此等丑行，不在法律而在教化。即列为专条，亦无实际。'其立论在离法律与道德教化而二之，视法律为全无关于道德教化，故一意摹仿外国，而于旧律义关伦常诸条弃之如遗，焉用此法为乎？'谓宜将旧律有关礼教伦纪各节，逐一修入正文，并拟补干名犯义、犯罪存留养亲、亲属相奸相殴、无夫奸、子孙违反教令各条。时劳乃宣充议员，与同院内阁学士陈宝琛等，于无夫奸及违反教令二条尤力持不少息，而分则遂未议决。余如民律、商律、刑事诉讼律、民事诉讼律、国籍法俱编纂告竣，未经核议。惟法院编制法、违警律、禁烟条例均经宣统二年颁布，与现行刑律仅行之一年，而逊位之诏下矣。"[①] 应该说，劳乃宣等人的指责，立意上无可厚非，其"今中国修订刑律，乃谓为收回领事裁判权，必尽舍固有之礼教风俗，一一摹仿外国。……一国法律，必与各国之律相同，然后乃能令国内居住之外国人遵奉，万万无此理，亦万万无此事"之论，可谓一针见血。但在当时国家民族处于非常危急之时刻，变法修律不得不曲己从人，也是顺乎世界大势之举措。后人论及此争论，未必于二者之间区别其对误，判定其高下。关于礼法之争，李贵连教授认为："这次论争，从文化上说，是外来法文化与传统法文化之争（或者说，是工商文化与农业文化之争）；从制度上说，是旧法与新法之争；从思想上说，是家族伦理与个人自由权利之争（或者说，是国家主义与家族主义之争）。……在整个争论中，礼法双方都不绝对地主张礼教或法理。争论的核心问题是：用资产阶级的法理判断，

---

① 《清史稿·刑法志一》，中华书局，1976，第4190～4192页。

《大清律例》中的有关礼教规范，诸如干名犯义、犯罪存留养亲、亲属相奸、亲属相盗、亲属相殴、故杀子孙、杀有服卑幼、妻殴夫夫殴妻、发冢、犯奸、子孙违犯教令等等条文，要不要全部列入新刑律？要列入的，又如何列入？而争论到最后，焦点则仅限于'无夫奸'和'子孙违反教令'两条。"①

第三节　礼、法两派观点述要

这次清末修订法律中法治派与礼教派的斗争，不仅关系到法律的起草、签注、修改、审议、表决各部门，如修订法律馆、宪政编查馆、法部、资政院、中央各部、地方督抚等，而且牵涉到一般官吏、士人以及在华的外籍人。仅就反对《大清新刑律草案》而言，除了清廷帝后、军机大臣兼长学部张之洞、内阁学士兼资政院议员陈宝琛、法部尚书戴鸿慈和廷杰、大学堂总监督刘廷琛、江苏学政兼资政院议员劳乃宣、德国人赫善心之外，中央各部大臣与地方督抚著文攻击《大清新刑律草案》的有邮传部右丞李稷勋、浙江巡抚增韫、江苏巡抚陈启泰、湖广总督陈夔龙、山东巡抚袁树勋、江苏巡抚冯汝、河南巡抚吴重熹、两广总督张人骏、安徽巡抚冯煦等。许多地方士人也加入了反对派的行列，如江苏金匮县杨氏撰有《新刑律奸非罪拟请修改说》，等等。

同时，拥护法治派仿效西法而反对礼教派的也不少，特别是资政院、法律馆、宪政编查的成员和一些参与立法的外国人也参加了这场辩论，如日本的法学家岗田朝太郎、松冈义正等。又资政院赞成"倡仪修正新刑律案"的议员，包括了亲王、郡王贝勒、公爵、男爵、将军、各部大臣达105人，而参加审议表决的议员，包括了贵族、官吏，超过119人。这充分表明了此次论争参与的人数之多，阶层之广，气氛之热烈。

（一）礼教派的观念举要

劳乃宣不但对《草案》和后来修正过的《修正刑律草案》有妨害礼教的地方提出质疑，而且提出了许多具体修改意见。他认为，修律工作并没有照清廷的宗旨进行。因此，其主张要对《草案》中若干内容进行不同程度的改正或另拟条文。为此，劳乃宣撰成《修正刑律草案说帖》与《新刑律修正案说帖》，对《草案》予以严厉抨击。其中指出了《草案》中诸多与中国礼教及中国旧律相悖的条文，认为应当进行必要的增纂、修改、移改、

---

① 李贵连：《沈家本传》，法律出版社，2000，第 297~298 页。

复修。

其认为应增纂的，如《草案》尊亲属杀伤子孙论罪与凡人同，劳乃宣认为，子孙杀伤祖父母当加重，祖父母杀伤子孙当减轻，这是天经地义不可改变的。而《草案》与凡人同科。这"揆之中国礼教风俗，实不允协"。为此，必须增纂为：凡故杀死子孙者处四等以下有期徒刑，若违犯教令依法处罚，受伤后不立即死者不论罪。

应修改的，如《草案》的奸有夫之妇，本夫不告不为审理。劳乃宣认为，中国素重家族主义，女子出嫁以后，除了本夫之外，舅姑（公婆）也有管束之权。若如《草案》所规定的那样，妇人和奸只有本夫可以告诉，那么夫出游在外，而其妇与人通奸，舅姑将因限于法不得告诉，这近乎纵奸，也违背了"重伦常而维礼教"的原则。所以应增加其夫外出，其夫的直系尊亲属可以告诉一层，这样比较"周备"。

应移改的，如《草案》没有无夫奸罪。劳乃宣认为，应移改如下："凡和奸无夫妇女者，处五等有期徒刑或拘役，其相奸者同前项之犯罪，须待直系尊亲属之告诉乃论，若尊亲属事前纵容或事后得利私行和解者，虽告诉不为审理。"（《桐乡劳先生遗稿：新刑律修正案汇录》）在《修正刑律草案说帖》中，劳乃宣指出，为了"明刑弼教"，应将有关伦常诸条，根据旧律的义，用新律的体，一并归入另辑判决例内。因此，必须另拟条文，以与旧律相符。兹以干名犯义，犯罪存留养亲，亲属相奸，子孙违犯教令为例：关于"干名犯义"，他说，干名犯义律，与亲属容隐律相为表里，都是合乎义，本乎性，"真天理人情之至"的体现。但《草案》亲属容隐已具，而干名犯义未备，这是一大"阙典"。因此，必须另拟条文如下：卑幼告尊亲属者得实处四等有期徒刑。尊亲属同，自首免罪，诬告者处死刑，无期徒刑。亲属相告者得实，被告同自首免罪，卑幼处拘役，诬告者卑幼处一等至三等有期徒刑，尊长处拘役。

关于"犯罪存留养亲"，他说，旧律犯罪而有祖父母、父母年老疾病应侍奉的，如果非常赦所不原，死罪以下，都允许留养，所以示孝。《草案》有宥恕减轻，酌量减轻，缓刑暂释诸条，也属仁厚，但无存留养亲的条文，实属"漏义"。应另拟条文如下：犯罪人祖父母父母年老疾病应侍奉，而家无次丁的，死刑以下皆得存留养亲。

关于"亲属相奸"，他说，亲属相奸，古称"内乱禽兽行"，是大犯礼教的事，故旧律定罪极重。在德国、法国也有加重的条文，而《草案》不立专条，这不利于"维伦纪而防渎乱"。为此，应似条文为：奸父祖妾、伯叔母、姑姐妹、子孙之妇、兄弟之女的，处死刑、无期徒刑，其余亲属相奸的处一等至三等有期徒刑。

关于"子孙违犯教令"，他说，旧律子孙违犯教令则惩以杖罪，但子孙治罪的权力，全在祖父母、父母，这是"教孝之盛轨"。而《草案》没有把此条列入条文，实为"非孝治天下之道"。因此，应补其文为：凡子孙违犯祖父母、父母教令及奉养有缺的，处拘役；触犯的，处一等有期徒刑；但必须是祖父母、父母亲自告诉才能治罪，如果祖父母、父母代为请求减少期限或宽免的话，应该同意。

劳乃宣对《草案》的批评，比张之洞更为深入、更注重细节，也更具体。他又根据维护礼教的宗旨，提出了具体的修改意见。尤其是有关伦常"干名犯义"等十二条，另拟条文以与旧律相符。实际上，细究劳氏意见，虽针锋相对，但也很有节制，在立法技术上提供了不少很有价值的参考意见。

资政院议员，内阁学士陈宝琛和大学堂总监督刘廷琛，在子孙违犯教令和奸犯方面，全力支持劳乃宣。陈宝琛在《新刑律评议》中强调指出，以上两端必须治罪。其在量刑上与劳乃宣稍有不同：凡和奸处四等以下有期徒刑；凡子孙违反直系尊亲属正当的教令处拘役，因为触忤者处四等至五等有期徒刑等。刘廷琛在《奏新刑律不合礼教条文请严饬删尽折》中说，法律馆所修新刑律，不合礼教处不胜枚举，而最悖谬的，是子孙违犯教令及无夫奸不加罪数条。为此应该"严饬该馆，凡新刑律草案中，此等条文概行删除净尽，不准稍有存留，悉本中国礼教民情，妥为修正服制图尤杀关重要，不得率行变革"①。

不仅是礼教派，社会上其他一些人物，甚至连外国人也对《大清新刑律草案》进行了批评，认为这种完全放弃传统的做法实不可取。如青岛特别等高校教员德人赫善心，专门写了《中国新刑律伦》一文，赞同劳乃宣《修正刑律草案说帖》和陈宝琛《新刑律评议》中所阐发的意见，认为《草案》无视中国礼教而盲目仿效外国。其言："余见今日中国自置其本国古先哲王之良法美意于弗顾，而专求之于外国，窃为惜之。夫学与时新，法随世易，余非谓外国之不可求也，要在以本国为主，必与本国有益而后舍己从人。以本国国民之道德为主，必与本国国民道德不悖而后可趋时而应变。……为取悦于外人起见，即当引自己国民于非道乎？设如某国立法专为仿效他国，以致内地之罪案日多一日，试问他国人民亦愿居于是邦否？"②

---

① 高汉成主编《大清新刑律立法资料汇编》，社会科学文献出版社，2013，第770页。

② 高汉成主编《大清新刑律立法资料汇编》，社会科学文献出版社，2013，第775～776页。

他认为，一味地屈己从人，模仿外国，损害了法律的基础，磨灭了法律的精神，同时也不会获得外国人的认可，也对于收回领事裁判权没有帮助。赫善心非常推崇中国的《大清律例》，称"《大清律例》向为法学名家推为地球上法律之巨擘"。故他认为"中国修订法律须以《大清律例》为本，他国法律不过用以参考而已。倘中国修订法律，不以《大清律例》为本，则直可谓不知自爱也。……倘中国修订法律，以本国固有之法为本，而取他国之法为助，则中国必得一最新而适用之法律"①。最后，他总结道："总而言之，凡订刑律需从自己国民之道德上小心构造，万不可注意于他事。如外国人之治外法权等事万不可引以为权衡。大凡决一问题，只能问何以谓之善，如施之于我国之民善，则可谓之善矣。由此观之，中国修订法律一事，惟熟悉自己国民道德及其旧律之中国人方能胜其任。"②

当沈家本对于劳乃宣所撰《修正刑律草案说帖》中拟增有关关伦纪各条进行批驳之时，劳乃宣立即撰《声明管见说帖》予以回击，并提出补充意见。

第一，针对沈家本关于无夫妇犯奸"不必要编入刑律"，劳乃宣说，中外礼俗不同，故无夫妇女犯奸治罪与否往往不同，这应根据各实际情况而定，不能照抄照搬，牵强附会。如外国礼俗，夫妇关系重于父母与子女关系，有夫之妇与人通奸，其夫不能容忍，故必生争端，既生争端，便妨碍治安，因此应国家定罪加以惩办。但未婚之女与人私通，他人绝不讪笑其父母，其父母也不以为耻辱。舅姑对于寡媳的私通行为，更是不能过问，故无夫妇与人通奸不会产生争端，也就不致有妨碍治安，国家当然也不必定为有罪，但中国不是这样，未婚之女犯奸是合家的大辱，为众人所贻笑，父母视为其耻，其愤怒的程度大于夫对于妻的犯奸。而寡妇犯奸，其舅姑的耻辱和愤怒与父母对女儿犯奸相仿，这必有争端，必妨碍治安。所以若不明定罪名，民必不能服，地方也不能安。所以，中国无夫妇犯奸一端，不可不编入刑律

第二，针对沈家本关于子孙违犯教令，"无关于刑事，不必规定于刑律中"，劳乃宣认为，《周官》八刑，不孝之刑列为第一。俄国的刑法也有呈送忤逆的条文。因此，说违反教令，不关刑事法律，全然为教育之事极不妥当。如要以感化院教育他们，天下一千多州县，到什么时候才能普遍设立。

---

① 高汉成：《大清新刑律立法资料汇编》，社会科学文献出版社，2013，第777~778页。
② 高汉成：《大清新刑律立法资料汇编》，社会科学文献出版社，2013，第778页。

所以，"此条甚有关系，仍应照增，方不可删。"①

第三，针对沈家本关于犯罪存留养亲有弊，他指出存留养亲古今都曾论其流弊，但也有"其情可悯"之处。《草案》有宥恕减轻，酌量减轻条文，自可援用酌办，不必另立专条。但判决例中，似可于宥恕减轻，酌量减轻条之下，将犯人祖父母、父母年老疾病应奉侍等情形，一并叙入，以便临时酌行，这就比较"周密"。

第四，针对沈家本关于亲属相奸为个人之过，毋庸另立专条，劳乃宣认为，《草案》和奸治罪，既已包括亲属相奸，三等有期徒刑也不过为过宽，当然可以不必另立专条。但判决例中，必须"按服制详细定明，以昭儆戒"。

（二）法理派的观点

在反击礼教派的论战中，修订法律大臣沈家本首当其冲，对于礼教派的观点，无论在内容上还是在形式上，都给予了充分的辩驳。

在形式上，对法部尚书戴鸿慈的奏折中，欲将杀害祖父母、父母及期亲等，从《草案》分则第二十六章的杀伤罪，移置于前，作为第二章内乱罪，以重名教的提议。沈家本当即指出，这次法律馆所定律文次序，"兼采近世最新之学说，而……集类为章略次序"。若一经改移，则次序凌乱，于整个体例很不相宜。何况如何排例，古律早有先例，像《唐律》谋杀期亲尊长在第十七卷贼盗门内，而无谋杀祖父母、父母的条文，因为已包含于殴詈祖父母、父母一条内。而殴詈祖父母、父母一条，则在第二十二卷斗讼门内，列于寻常斗殴后。又《大清律例》谋杀祖父母、父母，在刑律人命第三条，也列于谋杀人，谋杀制使及本管官二条后，今《草案》分则内，凡尊亲属一条，列于通常杀人后，实与《大清律例》宗旨相符。所以，"考之于古，证之于今，原定次序并无悖谬"。(《修正刑律草案说帖》，《桐乡劳先生遗稿·新刑律修正案汇录》) 又如《唐律》赦款，叛逆（即内乱谋反等）可以赦免，而恶逆（子孙忤逆祖父母、父母）等不可赦免，这是恶逆罪重于叛逆罪的根据。但律文次序，叛逆在前而恶逆在后。恶逆律文所以不例为前，这是因为律有广狭两义（叛逆为广义逆，恶逆为狭义逆），狭义多从广义推演而出，故广义在前而狭义在后。因此，也是自然的次序。在这里，沈家本以历史的经验和法律的渊源，对《草案》的律文次序加以论证，维护了《草案》的体例安排。

在内容上，当修正的刑律草案刚告成进呈，也受到礼教派的非议，称义

---

① 《声明管见说帖》，《新刑律修正案汇录》宣统三年本，中国社会科学院法学所藏本。

关伦常诸条，《大清律》均有特别规定，而在《草案》中则被一笔抹杀，有失"明刑弼教"之意。劳乃宣提出应将旧律中义关伦常诸条逐一酌似条文，归入另辑判决例内，以维护礼教，使与"旧律相合"。该论点为朝野礼教派及其支持者所赞同和附和。沈家本由此而著《书劳提学新刑律草案说帖后》（《寄簃文存五·答戴尚书书》），予以逐条反驳。

关于"犯罪留存养亲"。沈家本说，古代本无罪人留养之法，至北魏之时，才开始著于令格。而金世宗时曾不准通行，所谓"可论如法，其亲官为养济"。又清代嘉庆六年上谕论及承祀留养两条时也说，凶恶暴徒，因律有明条，自恃身系单丁有犯不死，往往逞凶肆恶，所以，承祀留养，并非真是实施仁恕，而是借以助长奸恶。可见，无论从古至清都以为此法未尽合理，弊病百出。所以，这项内容不编入本《草案》，"似尚无悖于礼教"。

关于"故杀子孙"。沈家本指出，故杀子孙既背《春秋》之义，又为《尚书·康诰》所不赦。《唐律》规定，子孙违犯教令，祖父母、父母殴杀者徒一年半，以刃杀者徒两年，故杀者各加一等，即为两年和两年半，嫡继慈养杀者，又加一等为两年半或三年。而在本《草案》中规定，故杀子孙可处一等至三等有期徒刑，而三等当中，又可以适用最轻之处罚。这在量刑轻重上，与《唐律》并没有相差太多，所以可明定于判决例内，"毋庸另立专条"。

关于"犯奸"，沈家本指出，无夫妇女犯奸，欧洲法律并无治罪明文，何况近日学说多主张不编入律内。这也是外人最着眼的地方，如必要增入此条，恐必遭多方指摘。他认为，此条有关风化，应当于教育上别筹办法，"不必编入刑律之中"。

关于"子孙违犯教令"。沈家本认为，此条也不必于规定于刑律当中。因为，"违犯教令出乎家庭，此全是教育上事，应别设感化院之类，以宏教育之方。此无关于刑事，不必规定于刑律之中也"（《寄簃文存·书劳提学刑律草案说帖后》）。

其他如"干名犯义""亲属相奸""杀有服卑幼""妻殴夫夫殴妻""亲属相盗""亲属相殴"等内容也均不必"另立专条"；而"发冢"则"不必再补"。

沈家本的反驳以中国古代经史著述及历代法律规定为根据，并参以欧美最新法律及原理，也可以说是入情入理。

不仅沈家本，许多与其持相同见解者，包括日本法学家兼法律馆顾问冈田朝太郎、松冈义正，以及宪政编查馆和修订法律馆的成员董康、杨度、吴廷燮等人也纷纷加入论战。杨度的《论国家主义与家族主义之区别》、吴廷燮的《旧说议律辩》等文章，都在社会上引起了极大的反响。其中杨度的《论国家主义与家族主义之区别》尤为突出，影响很大。应该指出，自甲午战争以后，激进的变法思想逐渐形成，为了挽救即将灭亡的国家民族，在社会理论层面上兴起了国家主义的高潮。国家、民族被放在首要的位置，为了国家、民族、个人和以往的家族、阶层都是次要的。张灏认为，近代思想家们"分别以儒家'仁'的理想为基础，来吸收西方的民主思想，因此，他们的民主思想都呈现两个特征：一个是世界主义，一个是集体主义。"① 杨度所谓的国家主义实际上也就是集体主义，这也是杨度这篇文章的出发点。杨度称：法律要和道德相联系，这是确定的，"所当论者，今日中国之治国，究竟应用何种礼教之一问题而已。则姑舍法律而言礼教。论者若以为中国礼教之节目，乃天经地义之所不能移，有之则中华，无之则夷狄；有之则为人类，无之则为禽兽；中国有此数千年之礼教，此其所以为中国，为人类；东西洋各国无之则为夷狄，是禽兽也，不仅其所谓文化者非文化，即其无礼教之法律亦非法律，不可仿效，以贻用夷变夏之讥。"② 也就是说，修律是否可以学习西方，西方是否有可以学习的地方是一个关键所在，如果坚持只有中国是文明的，而其他国家都是野蛮的，那么他们的法律必然是不能被仿效的。但是如果你承认西方国家也是文明的，就没有理由拒绝学习和效仿。杨度称："既明人彼与我各有礼教，即明人彼与我各有其是。"况且"礼教并不能谓之天经地义，不过治民之一政策而已。审时变之所宜，应以何种政策治其民者，即以何礼教治其民。一切政治、法律、教育皆视之以为转移，无所谓一成而不可变者"③。也就是说，旧的道德礼教只是一种治民的统治方式，不是天经地义、一成不变的，而是要随时代而改变的，如果这种法律的基础改变了，法律自然也要随之而改变。他认为，在当今时代，在当前情况下，中国必须舍弃以往的家族主义，而实行能令国民团结、国家富强的国家主义，这是一个根本性的问题，"故此问题者，非区区一刑律之问题，更非区区刑律中一二条文字句之问题，乃中国积弱之根本原因，而此后存亡所关之大问题也"④。由此，杨度得出结论："于此而论新刑律，国家之欲改此律，决非欲布此律以为新政之装饰品也。必以大清旧律之不足以发达其国民，振兴其国家，而后为此也。而所派修律大臣又在老成典型之列，数十年旧律之经验，数年新律之讨论，论者所举浅薄之义彼岂不知？然竟如此

---

① 张灏：《幽暗意识与民主传统》，新星出版社，2006，第232页。
② 高汉成：《大清新刑律立法资料汇编》，社会科学文献出版社，2013，第782页。
③ 高汉成：《大清新刑律立法资料汇编》，社会科学文献出版社，2013，第783页。
④ 高汉成：《大清新刑律立法资料汇编》，社会科学文献出版社，2013，第785页。

定稿者，岂非本国家改律之意，弃旧主义而从新主义乎？今以事外之人，绝无讨论，贸然指摘，欲复其旧，则国家改律岂不多事，反不如仍用旧律，首尾贯注，全篇一辙，犹为完备，不必别订新律而又琐琐补葺，劳而少功也。……若以为家族主义不可废，国家主义不可行，则宁废新律而用旧律，且不惟新律当废，宪政中所应废者甚多也。若以为应采国家主义，则家族主义决无并行之道。而今之新刑律实以国家主义为其精神，即宪政之精神也，必宜从原稿所订，而不得以反对宪政精神加之。"①

礼法之争所涉及的范围很广，双方各持己见，并且都提出了许多有见地的观点、论据，形成了具有相当广泛而深刻的社会论争。应该说，这场论争的意义也是很深远的，如前所述，其本质上是中西文化在法律思想范畴内的一次猛烈碰撞。

---

① 高汉成：《大清新刑律立法资料汇编》，社会科学文献出版社，2013，第785页。

第十一章

余　论

第一节　如何认识中国近代法律思想史

思想史所涉及的范围远比其他专门史更宽泛。因为导致思想产生与形成的因素极多，它可能会涉及社会生活的各个方面。法律思想史虽其内容限于法律这一特殊的社会现象，但欲对其进行全面的解说，必须综合考察相关的种种因子。比如，在个人的层面上，我们不但要研究思想者的思想内容，还要考虑其身份，即确定思想者的角色，以确定其思想的出发点和可靠性。貌似相同的思想内容，它出自皇帝、大臣或一般的士人，其出发点和流转的方向是有巨大差异的。同样，在对一个具体的思想内容进行研究时，也必须考虑到不同身份的人对其认识上必然具有极大的差异。就晚清的法律改革而言，即使在持变法主张者内部，也有许多差异，此外还有海外的中国人，在华的外国人，他们的态度和目的均有不同。如果笼统地以"变法派"视之，不但其论述难免有粗糙的嫌疑，其结论中也必有诸多含混、难解的地方。

从思想的发展而言，近代思想史的最主要的线索就是在"变"。但在不同的时间，这种变的形式和内容是不同的。鸦片战争可以说是给了思想变化一个推动力，使中国思想史开始了本质性的变化，开始了中学与西学的对峙。相对于这种根本性的对峙，以往的"汉学"与"宋学"之争只是一种形式上的对立。但直到第二次鸦片战争之前，这种变化只是处于一种初始阶段，中国传统文化从整体上没有受到冲击。而在英法联军占据北京，圆明园被焚毁，咸丰皇帝病死于热河后，整个社会基础受到了真正的震动。开始了自强运动的历程，达成了"同治中兴"。

鸦片战争以前，中国的知识分子对中国固有文化虽然也有所反思，但对其本质并没有怀疑。两次鸦片战争及中法战争对士人的影响只是比较浅层次的。他们为自己的失败寻找了种种借口。对于鸦片战争的失败，他们一方面认为是西方人船坚炮利的结果，另一方面也把责任归结在个别大臣的身上，用传统的所谓"卖国说"为自己的失败寻找借口；对于第二次鸦片战争的失利，他们更认为太平天国对军事上的牵制是失败的重要原因。而甲午战争的失败使朝野上下有幡然悔悟之感，痛感"变器"不足以使中国走上自强之道，故形成了一种社会整体性的变法心态。

晚清的法律改革是在整体改革的大背景下展开的，而1902年清廷下诏变法，其主要原因在于庚子事变后情势的压迫，它可以看作是庚子事变的直接后果。当然，从理论逻辑上，它也可以视为戊戌变法的变相继续。

根据美国历史学家柯文的论述，以往西方学者对19世纪的基本看法，可以分解为以下几个相互关联的论点：第一，中国只有通过外来的强刺激才能从沉睡中惊醒；第二，近代西方，而且只有近代西方，才能发现这一强刺激；第三，这一震击过程已经开始，其结局必然是按照西方形象改造中国文化。（柯文：《在中国发现历史》，中华书局，2002）

西方主要国家在工业革命后，法律制度有了极大的进步。特别是在刑事法律制度方面，逐步废弃了刑讯等落后的审判方式，建立了比较完备的审判制度，完善了证据制度，确定了先进的无罪推定、自由心证等审判原则。而相对于这种进步，中国的法律制度就显得缺乏必要的革新。虽然，我们可以用文化的差异、制度的模式不同来说明中国固有体制自身存在的合理性。但当中西两种文化在特定的时间、特定的地点开始碰撞时，这种合理性的基础就被动摇了。

中国近代法律思想史的发展过程，从学术的层面上而言，也是中国现代法学开始萌生的过程。实事求是地讲，近代以前，中国的法学的确不是很发达。虽然我们可以把中国传统的"律学"视为法学的一种形式，但从严格的学术性而言，从学科的内在逻辑性而言，律学很难说是结构完整、体系脉络清晰的学术综合体。

中国近代思想发展的历史，也是被迫在外在思想的压力下扭曲变形的历史。无可否认，中国在制度结构和思想结构上形成了一种"稳定"，或如许多人所言的"超稳定"。对于这种稳定，西方国家（在特定情况下可成为"对手"）在不同的历史时期予以了完全不同的评价。特别是19世纪以后，这种评价中负面的成分与日俱增。而在此之前，正面的评价占有比较大的比例。西方国家对待中国（包括其他东方国家）的新看法，导致了他们的新做法。

许多西方或中国的历史学家很热衷于研究探索"近代前"的中国是否

存在有近代化的因素，或所谓的"资本主义萌芽"。他们认为，如果能够找到这种萌芽的证据或痕迹，那么就可以断定中国的历史如果没有西方势力的侵入，也会进入到近代阶段，完成中国社会的近代转型（或发展到资本主义阶段）。甚至有些友善的西方史学家指出：西方实际上打断了中国历史发展的正常进程，他们剥夺了中国自主发展的机会。这些观点的确很有诱惑力，他们不但为我们提供了一种理论佐证，而且大大满足了我们的自尊的需要。并可以就此摆脱智力上的屈辱，进而宣称我们在创造近代历史方面并非只是被动的角色。但如果我们不带有过分自尊或自卑的心态，不附加更多的民族意识或意识形态的偏见，我们将可以更客观地评述这段历史，也可以修正被歪曲的历史观。

实际上，意图对以往的学术观点做彻底的修正肯定是一种徒劳的努力，无论这种学术观点是基于"西方中心论"形成的，还是由"中国内发论"形成的，甚至是最具意识形态意味的"阶级斗争论"和"经济发展决定论"，也不是完全凭空杜撰出来的。它们也可以通过对史料的解说得到部分的证明。

就"西方中心论"而言，它的理论基础直到现在仍然是不可否认的一种事实，这就是西方在全世界范围内占据了绝对的强势地位。当然，如果据此把对中国近代史的思考基点仅仅确定于此，起码是片面的。在西方资本主义发展了三百余年以后，特别是工业革命以来的二百多年间，世界的发展远远超出了人们的想象。从某种程度上来说，人们在这二百多年中，其发挥出来的力量凌驾于自然的力量之上。在很大程度上，自然从世界的主宰者沦落为人的附属。当今，人们已认识到我们将面临最紧迫的问题是环境的问题，即人们将生存于什么样的世界里。这样的问题使西方发达国家也开始反思在这二百多年中，科学的发展是否有违其初衷，它造福于人类的成分是否足以弥补其危害自然的成分。进而，人们也在反思西方以外的文明发展道路，是不是有一些方面更符合自然的规律。布罗代尔认为，世界的发展可以分为三个层次：其一，自然的变化，这是一种长时段的发展，所谓"沧海桑田"的变化，它应该是以千万年计的；其二，社会的发展，它是指社会结构、社会阶层、社会组织的发展，它应该是以千百年计的；其三，个人的发展，它是以百十年计的。如果这种发展的层次出现了错位，生活在这种状况下的人就会感到不适应。实际上，我们这个时代就是这样一种错位的时代。在我们个人短暂的一生中，我们可以看到本应该经过千万年才发生的变化，我们看到曾经流淌了千万年的河流不见了踪迹；看到无际的原始森林变成了秃岭荒山；看到繁盛的城镇变成了莽莽沙丘……人们还可以在他短短的一生中历经多次的制度变迁。人和自然的和谐关系变成了极度紧张的敌对关系。如果把这一切都归罪于工业的革命，显然是不公平的，但工业革命的确是造成这一切的基本始因。

西方学者对中国停滞①的断言，从现象来看的确有难以申辩之处。因为，中国在近两千年中实在是缺少实质性的变化。但笔者不同意把这种缺少变化的原因，都归结为社会的体制和结构。所谓的"超稳定结构"根本就不存在，甚至可以说，结构的不稳定是中国无法产生变化的根源。

中国的制度、文化，以及在此基础上构筑的社会结构，从汉朝开始完全确定，但在其延续至晚清的两千年间，实际上缺乏持续发展的绝对时间。西方人认为中国社会结构保持一成不变，形成超稳定的观点，实际上是一种很外在的看法。因为，从中国人自身的角度来看，中国的历史没有过什么"停滞"，而是总在低水平的层次上不断地重复。中国固有的文化在两千年中曾多次被动地被打断，虽然它通过自身的顽强一次次复生，但不可避免地限于重复之中。为说明这一观点，我们简短地检索一下中国历史发展的脉络。

汉代是中国文化定型的时期，而且这一时期有足够的空间和时间使汉文化从形成走向高度的发达，从而奠定了中华文明的基础。但在南北朝时期，外族大规模的入侵使这种文明遭到极大的破坏。在南北朝时期建立了国家政权中，外族占有很大的比例。这些外族政权，自身的文明形式远比中华文明低级，从而不得不借鉴中国的本土资源。他们通过网罗熟知中国礼仪文化的士人来重建社会的组织结构和制度形态。即意图用中国文化建立其统治基础。北魏在这方面的努力尤为突出。但这种文化重构是在原有文化基础遭到重大破坏后的一种重建，不可能超越原有的文化水准。这种重构随着国家的统一而逐渐有了稳定发展的条件，因之也得到了实质性的进展。我们看到，这种重构到隋唐时期而最终完成，并在唐代获得极大的发展。而最可称道的是这种发展具有空前绝后的持续性，它杂糅了许多外来的文化因素，其中包括佛教、基督教（景教）等高级文化成分。但这种发展仅仅在 200 多年后就再度被外族的入侵所打断。五代时期，中华文化遭到破坏的程度虽未如南北朝时期那样严重，但也不得不又一次陷入低水准的重复之中。此后，这种重复并未停止，而是似乎被困于一个循环之中。在宋朝的发展过后有元代的重复；在明代的发展之后又有清代的重复。而且，即使是发展时期也越来越显得动力不足。宋代的发展水平低于唐代，而明代又低于宋代。实事求是地

---

① 法国学者佩罗菲特甚至用"停滞的帝国"作为他关于清朝著述的名称。

说，清代虽是外族入主中原，在其王朝建立初期，也不过是对中华文化的低水平重复，但通过一些有雄才大略的君主，他们很具智慧地把汉文化提升到一个较高的水平，它甚至几乎跨越了低水平重复的屏障，开始了自己的创造阶段。这就是我们所能看到的，清代的学术水平实际上要高于明代，当然"西人东来"使得这种文化的进步失去了本应该具有的地位。

在学术探索中，往往会有许多不确定的，甚至是含混不清的因素在起作用。那些非此即彼、泾渭分明的观点往往是值得怀疑的。因为，这很可能是用理想替代现实，用推测替代判断的产物；很可能只是发现了意图发现的东西；很可能是有意无意地掩盖了或忽略了其他的东西。这样的观点往往偏离了历史学者接近事实的任务，而只是去接近他心目中的事实。

笔者虽无意对以往有关中国近代法律思想史著述中的种种错误哪怕是加以最有限的修正，但本人的确想尽可能地避免一些被沿袭的通病。这些通病包括：极端的目的论倾向，即把写作的目的规定于证明某种理论的正确性，或旨在说明某个事实的特别性质；使用未获证明的所谓新史料；轻率地使用一些含混不清的概念；特别地把某种情绪（或激情）带入结论中；采用程式化的陈述方式，尽管某些陈述方式能被证明是有效的。

如前所论，当一个社会处于变动的时候，其于思想上、表象上，必然会有所谓保守与激进之区分，这些不可能用所谓先进与落后之言辞来涵括。就近代而言，思想流变极为剧烈，在不同的时期，不同的背景下，各种思想之脉络并非泾渭分明，今天的激进或成明天之保守。同时，若将保守思想置之于当时的社会文化背景之中，亦有其自身道理；即便从后人的角度细加审视，也可以看到其中诸多的合理因素。特别是百年后，从实际效果看，开风气之先者也有许多谬处，后世的许多弊端也早被"保守者"所言中。所以，采取持中的眼光与宽容的态度对于修史者而言也许是必要的。

第二节　社会伦理与法律传统的衔接

从 20 世纪初的清末修律开始，中国传统的法律制度在延续了近两千年之后，终于走向了消亡。此后的一百年间，中国一直在试图接受西方法律的制度模式。但人们发现，看起来似乎简便易行的法律移植实际上困难重重，法律制度的建立和健全行之不易。原因是什么呢？人们几次三番地轻易断言，是传统的阴魂在作祟。从而，中国的传统法律制度在近一百年间，不但没有丝毫复苏的迹象，反而不时地被掘出来鞭尸一过。这样，在法律制度的构造上，逐渐走到了传统的至远点。西方式的法律制度最终在形式上被基本构筑完成。但从法律实施的效果来看，它与预期的效果相去甚远。

中国为什么选择了西方法律制度为移植的对象呢？是不是因为它适应中国的基本国情呢？中国法律传统的崩溃与西方法律的引进开端于清末的法律改革，在前述有关清末修律的章节我们已经检索了西方法律引进的直接原因。其时，西人的船坚炮利，在双方多年一系列的对抗与较量中，洋人不但使"天朝"的颜面扫地，也使其从自大遁入自卑，不得不承认自己积贫积弱的现实。从而，谋图振兴的自强运动成为此时中国社会发展的主线，法律改革被认为是自强的必要手段。在对西方挑战进行回应的成效上看，日本是一个成功的典范。它在政治上最先恢复了自己的主动性的时候，中国仍未找到恢复自我的出路。日本不但在甲午战争中打败了中国，而且在不久之后也打败了令人生畏的俄国。日本的成功经验，成为包括法律制度在内晚清制度变革的榜样。领事裁判权限制了中国的司法部门在自己的领土上行使审判权，使清政府备感屈辱。当时许多人认为，通过改革法律制度使中西法律基本一致，就可以使西方国家放弃领事裁判权。而自鸦片战争以后，社会上的有识之士，一直倡言认识西方，实现变法。西方的物质文明和它的国家体制，已成为了士大夫阶层热衷话题。他们通过各种渠道陈述自己的政治见解，传播有关西方的各种知识。而在这期间，新闻和出版业的发展更为这种传播提供了有利的条件。1895年，孙中山发起成立了第一个革命党的组织兴中会。自此以后，革命党的发展几有燎原之势。对此，清政府感到压力日增。革命党不但利用舆论来宣传革命思想，号召推翻清廷的统治；更采取直接的武装暴动的方式进行反清活动。清王朝的统治受到了致命的威胁，当权的统治者不得不正视这种威胁。被派出洋考察宪政的五大臣之一的载泽在奏折中称："预防革命，舍立宪无他。"

从以上所列举的清末法律改革的原因来看。西方法律制度的引进，均属回应型的政治统治范围内的应变措施。而不是社会经济基础对法律制度的要求，也不是社会伦理变迁的直接需要。从而，这种引进从一开始就缺乏社会道德伦理的根基。因为如许多思想家都宣称的那样：法律的精神应体现民族精神。我们看到，清末以来的法律接受过程，使中国无可挽回地进入了西方法律制度的引力场中。这个过程实质上是一种抛弃固有的传统，而创造一种新传统的过程。那么，这种创造，是否可以以完全的"法律移植"达到其目的呢？从历史的角度来看，这种单纯的移植由于缺乏社会文化，社会道德伦理的根基而效果甚微。中国社会对于西方法律似乎有着本能的排异性。忽视这一点的后果就是：这种法律制度在破坏了固有的社会道德伦理的同时，自身也变得体无完肤。

由于中国在特定的历史中，在特定的历史条件下仓促地抛弃了自己固有的、延续上千年的法律传统。而这个传统不但在其成长的漫长岁月中形成了自己独特的形式和内容；也培养了社会民众的法律观和社会道德伦理观。直到现在，从我们身边，几乎每天都能轻易地找出社会民众对西方伦理观念强烈排斥的例子。从政治态度到饮食男女，这种排斥无处不在。

从而，在现代法律制度的构筑过程中，如果盲目地割裂历史的内在联系，这种法制只是空中楼阁。只有首先确定历史的坐标，才能把握行动的方向。在中国的历史被割裂已久的今天，一个首要的任务就是要努力架构起连接现代与传统的桥梁。其重要意义丝毫不亚于一百年前，我们的前辈所疾呼的"会通中西"。而这种沟通不可能依凭法律本身，必须借助社会文化与社会道德伦理的力量。

文化必有其相应的道德，这一点似乎没有讨论的余地；但与法律制度相应的道德伦理却往往被人们视为可以随意摆布的附属物，这是何等荒谬的事情。

以下，通过一个具体的例子简要地说明一下这些问题基本形态。

"容隐制度"是中国传统法律制度中的一项特有内容。其根源是儒家的人性论和法律观。实质上它即是中国古代家族制度的产物，也是对这种制度的法律认可与保障。

孔子认为："子为父隐，父为子隐。"是最符合人性的行为。孟子甚至假设，即使贤明如舜这样的圣人也会为自己犯罪的父亲而屈天下之人。自汉以后，历代的法律都对亲属之间的罪行隐瞒加以认可。遂形成中国传统法律制度中的容隐原则。并且，从唐朝以后，容隐的范围更加扩大。亲属之间的罪行揭发被认为是极为难以容忍的行为；所谓："子之事亲有隐无犯……陷亲极刑，伤和贬俗。"历代的法律一般均明文规定于律得相容隐的亲属皆不得令其为证，违者官吏是有罪的，唐宋杖八十，明清杖五十。历代的法律都严格制裁子孙告祖父母、父母的行为；违者有时甚至要被处以死刑。[①] 同时，即便是尊长告卑幼，在容隐的原则下也是不合理的。

对比现行的法律制度，我们会感到巨大的反差。现行的法律制度，不但鼓励亲属之间揭发罪行，而且加以法律上的强制，一旦有为自己的亲属隐瞒罪行的情况发生，当事人将被视为触犯了刑法，他将被以包庇罪或窝藏罪判处刑罚。

难道中国古代的统治者们没有认识到容隐制度会在一定程度上破坏国家

---

① 瞿同祖：《中国法律与中国社会》，中华书局，1981，第57页。

的法制吗？当然不是。他们只是认为，社会的伦理应处于更为重要的地位，如果社会的伦理基础受到损害，统治的基础将难以稳固。

《中庸》中说："人者仁也，亲亲为大；义者宜也，尊贤为大。"其实这就是对"容隐制度"的最好注解。

现行立法和司法实践对"容隐"极端排斥说明了什么问题？现代的法律制度与其相应的社会道德伦理是否一致呢？社会伦理如何与法律制度合理衔接呢？

事实上，"从世界范围来看，儒家所提出的亲属互隐罪行似乎不是独一无二的；在美国，妻子在许多类型的（不是所有的案件）中，不得违背丈夫的意愿而提供不利于丈夫的证据。"通过这个实际的例子，我们可以看到，任何一种法律文化现象在人类文明史中都有其自身的地位和价值，都是人性的积累在法律制度中的体现。在任何法律体系中，如果忽略了人类本质的东西，必然会走向歧途。制度的合理性必须高于个案的合理性。鼓励亲属间的告发、强迫亲属和挚友之间互证其罪、赞扬送子归案的父母，不但是对人性的嘲弄，也必然是制度上的缺欠。而这种缺欠往往是由于盲目背离传统所造成的。

法律本身就是权衡与选择的产物，当一种可能性变成现实的同时，就意味着放弃了其他无数的可能性。这就要求立法者要切忌率意而为。无数的事实证明，脱离了对人性的基本考虑，往往会导致恶法恣意横行。所以，可以这样说：人性不应被排斥于法律之外，道德应该是法律的根据，而文化是法律赖以生长的基础。

我们不能相信伯尔曼先生所说的："国家随心所欲地造就人们。"这是悲观的说法。因为国家不过是法律的载体，它本身也不得不为历史所造就，它也不能永远依靠缺乏文化伦理基础的虚幻法律而生存。

法律的接受本身无疑是一种文明的行为。但如果它最终导致了文化和社会道德伦理走向衰亡。那么，这种文明的行为就毫无意义。德国的历史学家威廉·蒙森的话也许对我们现代的法律构筑有一定的警示作用；他说："今天，人们有义务保证文明不至破坏文化，使技术不至消灭人类存在。"

第三节　中国法律现代化的模式——融合与创新

一　法系融合的真实定位

我们完全可以随意设定自己在一种完备的法律体系之中，在此基础上谋求与其他法系进行发展性的融合。但事实是我们根本不具备这种前提。因为法系融合的基本前提有两个。其一，有融合的必要。我们久以认识到，仅仅依靠自己的法律体系已不足以发挥法律的效能，从而必须进行深刻的改造。实际上，求“变”自古以来就是寻求秩序的一种手段。董仲舒就曾称：“胡汉得天下以来，常欲善治而至今不可善治者，失之于当更化而不更化也。”近代以来，西方的强势（或挑战）也使我们必须接受其一些基本的法律原则。所以，从法系自我改造的角度上，融合的前提条件是具备的。其二，法系融合的双方应该是同质的、互相了解的，或可以互相理解的。就这一点而言，我们谋求的法系融合的条件尚不具备。在一个世纪前，当清王朝谋求法系的自我改造时，尚有共同或通用的对话形式，有“会通”的基础条件。因为中西之间有传统上的互相认可，法系的融合有明确的指向性。而现在，由于一个世纪以来对自我传统的否定，法系的融合已不具备充分的条件了。

现代世界的法律体系正处于剧烈的变异之中。而我们需要采用什么样的方式来完成自身的变革呢？无法否定的事实是我们必须与西方法律体系进行必要的融合。殷海光先生说：“一个欧洲人，绝对不会说，他一生下来就‘面对’对方文化。因为他的文化两个世纪以来一直是世界的主流，他生下来只有自我意识，没有对抗意识。”①

台湾学者李明辉也称：“现代化不等于西化，但我们不得不承认：现代化的历史动力主要是来自西方的。因此，中国文化在追求现代化的过程中，自始便与‘它该如何面对西方文化’的问题相关联……在面对现代化的问题而自我转化的过程中，当代儒学一方面致力于现代化的意义，一方面重新诠释自己的传统。这两方面的工作是相互关联，同步进行的，而且都必须透过对西方文化的吸纳和消化来进行。”② 可以说，所谓法系，应该是法律制度在文化层面上的一种表现形态。从而，以上殷海光、李明辉先生的观点对法系的自我转化也是适用的。

中西法律之间的形式差异尽管是巨大的，但它们并不是不能融合的，前提是必须确定其本身的坐标。在现今的世界，西方的法律是已经确定的。但中国应该把自己的坐标确定在什么位置呢？如果以现有的制度形态去定位，显然是难以完成更新的目标。差异可以弥补，但南辕与北辙不可能归于同途。所以，我们必须回归传统中去寻找自己的本来位置。

从我们的法律制度的现状来看，人们有理由表现出悲观的情绪：如此混

① 龙应台、朱维铮编著《维新旧梦录》，生活·读书·新知三联书店，2000，第17页。
② 龙应台、朱维铮编著《维新旧梦录》，生活·读书·新知三联书店，2000，第11页。

乱的体系，如此素质低劣的执法者，如此缺乏内在一致性的法律精神。我们有足够的资格与不同的法系融合吗？

法律是基于相类似的人类需求而生长的，因而必然具有同质性。人类共同的东西是可以互通的，共同的生存需要，共同的环境需要，共同的期望，共同的忧虑。形式可异但本质相同。它决定了不同的法律生长形态（法系）之间，首先存在着相互理解，相互认知的基础。这种基础实质上是对文化与传统的认知。但设若法律的生长出现了变异性的后果，则这种相互认知的基础将会动摇。中国近百年来的自毁传统使法律体系也出现了严重的变异性，其结果不但使自身变得支离破碎，同时也失去了与西方法律体系融合的基础。

可以说，现今的状况是，中西法律文化实际上缺乏相互认知的基础。其根本原因在于我们对自己的传统的偏离。我们看到，对传统、对文明的破坏莫过于今。曾国藩曾言："李自成至曲阜，不犯圣庙；张献忠至梓潼，亦祭文昌。"我们今天的情况如何呢？完全可以袭用龚自珍的描述："左无才相，右无才史，阃无才将，痒序无才士，陇无才民，廛无才工，衢无才商；抑巷无才偷，市无才驵，薮泽无才盗。"这种局面完全是自我毁灭传统所造成的。

一百余年前，赫德在《局外旁观论》中写道："中国情事，一曰内情，一曰外情。今日之外情，系由前日之内情所致，而日后内情，亦必由外情所变。"今日的情形不正是由外情所变的结果吗？传统的丧失，正是现在进退失据的根本原因。

我们今天从自我批判的角度上，可以提出这样的问题：谁有权力背叛传统？个人或集体有这种权力吗？政党或政府有这种权力吗？

当然，这并不是说我们拒绝对传统进行彻底的清理和改造。余英时先生在论述中国文化现代化时，反复强调：虽然现代化不等于西化，但"以'五四'以来所提倡的'民主'和'科学'而言，西方的成就确实领先不只一步，应该成为其他各国的学习范例。"[1] 英国诗人 T. S. 艾略特也称："如果希望使某种文化成为不朽的，那就必须促使这一文化去同其他国家的文化进行交流。"[2] 但我们的法系如何与其他的法律文化进行交流和融合呢？或者说，从现实的情况而言，我们如何与西方的法律文化进行交流和融合呢？

---

① 余英时：《中国思想传统的现代诠释》，江苏人民出版社，1998，第 4 页。
② 郭廷礼：《近代西学与中国文学》，百花洲文艺出版社，2000，第 1 页。

美国历史学家利文森认为:"中国近代知识分子大体是理智方面选择了西方的价值,而在情感方面却丢不开中国的旧传统。"① 应该申明,这里提到的中国近代知识分子是指前一代(或两代)的知识分子,而现代的中国知识分子实际上已经走到反面,即在情感上选择了西方的价值观,但在理智上隐约意识到与传统有难以摆脱之联系。

无论理智也好,情感也好,其指向不外乎西方与传统,这就是法系融合的真实定位。

二 融合与混合

我们可以提出这样的问题:我们寻求的是融合还是混合?何谓融合?融合是一种同质间的结合。不同质的事物不可能融合,只能是混合,或者是一种掺和。融合的结果是事物在保持原有特点的基础上形成一种升华。

法律制度同一切事物一样,是有生命的,它可以出生,也可以死去。但如果它形成了一种文化,构筑出一种精神,则会使它的生命延伸、繁衍,并存活于新的生命体中。这种本质告诉我们,法系之间只能采用融合的方式,而混合是难以实现法系改造的根本目的的。

美国著名法律史专家伯尔曼在《法律与革命》一书中写道:"前进是着眼于过去的后退。"可以理解,他这句话的内在含义是,"过去"是前进的参照,是标尺;如果在前进中失去参照,其前进的方向大可怀疑。现代的中国法律制度在一个世纪中的艰难历程充分说明了这个道理。中国在特定的历史中,在特定的历史条件下仓促地、强迫性地试图抛弃自己固有的法律文化传统,其结果是可悲的。因为这个传统不但在其成长的漫长岁月中形成了自己独特的形式和内容,也培养了社会民众的法律观和社会道德伦理观。我们可以清楚地认识到,大凡一种法律制度于一个社会中生成或一个社会接受一套固有的法律制度,必要有与这种法律制度相适应的社会文化基础。

但凡一种事物,有了其内在的精神,就可以说形成了一种文化。在这个意义上,中国传统法律不但可以说形成了其特有的文化,而且这种文化是具有广泛内容的。马小红先生曾提出过一个观点:"中国人欲将法律的副作用限制到尽可能小的程度,西方人欲将法律的正面作用发挥到尽可能大的范围。"② 这的确决定了中国传统法律文化的特点。实际上,中国传统法律从其发展的开始就面临着一种被质疑的境地,其本身的副作用被不断地指陈。

---

① 余英时:《中国思想传统的现代诠释》,江苏人民出版社,1998。
② 马小红:《法治的历史考察与思考》,《法学研究》1999 年第 2 期。

所谓："国家班礼法，只于象魏悬条件，使闾里读之，刑法亦然。子产作刑书，反谓非法。"秦二世即亡的惨痛教训更使以后历朝历代的人们都带着审慎的目光对待法律甚至直到晚清的改革者也对法律持一种存疑的态度。如冯桂芬就称："天下有亿万不齐之事端，古今无范围不过之法律；观于今日，则例猥琐，案牍繁多，而始知圣人不铸刑书之法善也。"[①]

从而，中国的古人们在适用法律时，就不免特别重视条文背后的"意"。《大清律辑注·蒋陈锡叙》中称：大清律"其文似密，其意实甚宽，盖非所以死民而所以生民也。……故读律而止悉其文，不求其意，鲜有不为酷吏者。……张释之得此以佐汉文之仁政，徐有功得此以弛武氏之淫刑。"

如果说现代法律应该是西方式的，那么，儒家化实际上延缓了中国法律的实证化的道路。如果说法律在不同的地方可以有不同的形式，儒家化本身就没有什么真假之分了。而所谓"虚伪性"和"世俗化"实际上是一种必然。不过在程度的把握上应该是有原则的。"孔子曰：大罪有五，而杀人为下。逆天地者，罪及五代；诬鬼神者，罪及四代；逆人伦者，罪及三代；乱教化者，罪及二代；手杀人者，罪止其身。又曰：析言破律，乱名改作，执左道以乱政者，杀；作淫声、造异服、设怪伎奇器，以荡上心者，杀；行伪而固、言伪而辨、学非而博、顺非而泽，以惑众者，杀；假于鬼神，时日卜筮以疑人者，杀。此四诛者，不待时，不以听。"这里包含着世俗化的虚伪吗？根本没有。孔子之言可谓言之凿凿，因为他认为这就是昭昭之天理。

在设定的前提中，我们可以把中国传统法律置于与西方近代法律的比较平面中。这是由于它们的确同时并存，并发生冲突，最终导致了前者不得不寻求自我改造。其原因在于中国传统法律与西方法律比较而言，的确在一些基本的方面有其根本性的缺欠。中国强大的王权，不但使法律在形式上变得模糊，其他一些可以生成独立权力的东西，也受到极大的限制，比如宗教。所以，中国的法律传统，只有放在绝对王权的背景下，才能显示其合理性。也就是说，在没有自由的前提下，它具有一种全然的合理性。

中国传统的文化（包括传统法律文化）的形成完全可以归结为儒家思想的长期统治。陈寅恪先生认为："儒者在古代本为典章学术所寄托之专家。李斯受荀卿之学，佐成秦制。秦之法制实儒家一派学说之所附系。《中庸》之'车同轨，书同文，行同伦'（即太史公所谓'至始皇乃能并冠带之伦'之'伦'。）为儒家理想之制度，而于秦始皇之身，而得以实现之也。汉承秦制，其官制法律亦袭用前朝。遗传至晋以后，法律与礼经并称，儒家

---

① 冯桂芬：《校邠庐抗议》，中州古籍出版社，1998，第69页。

周官之学说悉采入法典。夫政治社会一切公私行动，莫不与法典相关，而法典为儒家学说具体之实现。故两千年来华夏民族所受儒家学说之影响，最深最巨者，实在制度法律公私生活之方面，而于学说思想之方面，或转有不如佛道二教者。"① 我们可以认为儒家通过把其核心价值之礼法律化形成思想上的统治，而其他的思想、学说均属于外道，层次是很低的。

实际上，法律不应该是任何思想可以创造的。法律本身是权衡与选择的产物，是中国传统法律选择了儒家，而不是相反。这种选择即是一种可能性的实现，也是对其他选择的放弃。当一种可能性变成现实的同时，就意味着放弃了其他无数的可能性。尽管中国在其法律制度演进的过程中不断地试图结合多种可能性，以达到"允执其中"的理想境界，由此创造了一种较为成熟的法律制度，但终归没有能够向现代"法治"主义更为靠近。

中国传统法律与西方法律的冲突并不在于其形式，而在于基本的价值观念。比如，严刑峻法是任何法律都要逐步改造的。西方由于工业革命，社会变革剧烈，导致社会的发展迅速，而中国的稳定的社会结构，使社会变化极慢。其中一个原因是汉朝以后，外族不断入主中原，但他们不但没有破坏这种封建社会结构，反而不断加强这种社会结构的稳定性，从而造成一种低水准的重复。陈寅恪先生称中国为"混一之中国"，此其意也。

中国法律传统在西方的强力之下轰然倾颓，代之以什么样的法律，人们自然把眼光盯在"最好"的法律制度之上。且置"最好"的相对性不言，适应性也是重要的要素。

法系的融合必须与中国的内在文化特质相契合，否则难以实现其效能。而百年以来，中国一直在试图接受西方法律的制度模式。从而在法律制度的构造上，逐渐走到了传统的至远点。西方式的法律制度最终在形式上被基本上构筑完成。但从法律实施的效果来看，它与预期的效果相去甚远，其原因实为其只能说是一种新形式之下的混合。

三　外来思想与民族本位

笔者完全赞成以柏克为代表的保守主义对待传统的态度。刘军宁先生在其著作《保守主义》中对这种态度有较完善的总结。其声称："传统是'作古之人的民主'。这就是说，那些还活着的人应该尊重他们的先辈以自己积累的经验和智慧所投下的'选票'，即在历史形成的习俗和传统。……摆脱传统，很大程度上意味着摆脱传统已经展示了的那一部分真理。……现代性

---

① 《陈寅恪史学论文选集》，上海古籍出版社，1992，第511页。

不仅是在传统的温床上长成的，而且是站在传统这个历史'巨人'的肩膀上的，抽去了传统，现代性就失去了根基。……任何社会变革不能象修理机器那样对它们作任意拼装，而是要尊重历史经验，尊重人的灵魂。"

所谓传统，其最为基本的东西就是文化。文化是一种最为柔韧、最为坚强的存在。我们看到，即使在中国对西方的物质文明几乎完全服膺的情况下，中国人（特别是知识分子）也没有丧失对自己固有文化的信心。只是这种信心不再是虚妄的自大，而是理智的判断。钱穆先生在其著作《国学概论》中开篇就言称："中国文化，于世界为先进。"[1] 这是他通过几十年的痛苦思考后得出的结论。[2]

曾有人把"文化"比喻为一只核桃，意为只有把它敲碎后才能充分认识其实质。中国传统法律文化就可以说是一只被打碎了的核桃，它的外壳在一百年前被打得粉碎，但它的内在的、本质的东西不但没有丧失，而且它顽强地在不断变化的社会环境下生存、生长，并在不断地努力生成一个全新的外壳。

中国对西方法律制度的引进，在其开始阶段属回应型的政治统治范围内的应变措施。即不是社会经济基础对法律制度的要求，也不是社会伦理变迁的直接需要。从而，这种引进从一开始就缺乏传统和社会道德伦理的根基。对社会民众而言，西方的法律制度过于概念化。而事实上，社会公众对法律的认可不可能以概念为基准。他们认可一种法律制度往往通过长久而混杂的方式。其中可以是亲身的体验，也可以是个案的示范；可以通过家长的训诫，也可以通过老师的教诲；可以是圣哲的著作与格言，也可以是市井的鄙言俚语；甚至可以通过戏文、鼓词以及种种民间传闻。而过分概念化的西方法律使社会民众感到陌生、遥远和不适应。事实上，它给中国近一百年的法律构筑造成了极大的负面影响。以至于在社会民众中形成了不小的法律空洞。美国的著名法官卡窦佐称：概念的专横乃是"产生大量非正义现象的根源"。因为法律的精神应体现社会的传统、文化的特质与民族的精神，否则，建立在概念上的法律很可能是无益，甚至是有害的。我们看到，清末以来的法律接受过程，使中国无可挽回地进入了西方法律制度的引力场中。这个过程实质上是一种抛弃固有的传统，创造一种新传统的过程。那么，这种创造是否可以以完全的"法律移植"达到其目的呢？从历史的角度来看，

---

① 钱穆：《国学概论》，商务印书馆，1997，第1页。

② 钱穆先生在其回忆录中称：在其幼小之时，中西文化孰优孰劣的问题曾令其有"五雷击顶"之感，并困扰了他几十年。

这种单纯的移植由于缺乏社会文化，社会道德伦理的根基而效果甚微。中国社会对于西方法律似乎有着本能的排异性，就像一个人通常不能被输入不同血型的血一样。忽视这一点的后果就是：这种法律制度在破坏了固有的社会道德伦理的同时，自身也变得体无完肤。①

对中国传统法律文化更深一层的认识，会对它多一分理解。设若我们不存自我菲薄之心，我们不会有胡适先生所谓"照镜子"而自现其丑的感觉。

法系的融合从广泛的意义上而言，是文化融合的一个方面，它是一个过程。在这个融合过程中，首先必须在一个坚实的基础上进行，而这个基础舍传统无他。因为传统是社会中个人的根本所在。"传统能够向个人提供一种归宿感和安全感。这些传统和习俗为人民所熟知。由此，向人们提供了某种身份，认同以及有根可依的感觉。"此处特别应该提出的是，这种有根可依的感觉对于社会中的知识分子尤其重要。因为如果作为构造文化融合主要力量的知识分子失去了有根可依的感觉，则会造成文化的断层出现。我们认为，文化的融合必须毫不妥协地坚持这样一种态度，即：不同文化的融合，不应该以其中一种文化的衰败或屈服为代价，否则必然会出现毁灭性的后果。我们已经在王国维的例子中看到了这种毁灭性的后果。陈寅恪先生称："凡一种文化值衰落之时，为此文化所化之人，必感苦痛，其表现此文化之程度愈宏，则其所受之苦痛愈甚；迨既达极深之度，殆非出于自杀以求一己之心安而义尽也。"②

"对传统和历史经验的了解可以克制个人的狂妄和自大。"这是一个极为重要，也是通常为人们忽略的问题。个人的文章功业虽则可以足以达到自我的实现，但率意而为的结果可能是对社会和他人的一种损害。朱学勤先生在《岂有文章觉天下》一文中将这个意思讲得十分透彻。所谓"岂有文章觉天下，忍将功业误苍生。"③对法系的改造而言，如果法学家们、立法者们不能立足于传统，只是以理论和概念为工具，其结果即便没有归于失败；也只不过是足以"误苍生"的功业。法国的著名指挥家明希曾说：你没有权力抛弃传统，但是有责任找出它们在逻辑上的错误——因为盲目地遵循传统可能是对传统的背叛。

从传统而言，中国与现代西方如果在制度层面上有什么本质性的差异，则首先是权利的本源问题。现代的西方，其设定每个个人都有完整的权利，

---

① 马小红：《法治的历史考察与思考》，《法学研究》1999 年第二期。
② 《陈寅恪诗集》，清华大学出版社，1993，第 10 页。
③ 朱学勤：《书斋里的革命》，长春出版社，1999，第 79 页。

但需让渡一些，由此生成公权利，以构成一种制度形态；而中国的传统是认定每个个人本初没有任何权利，而须由一个全权者给予，由此也可以构成一种制度形态。实际上，我们不可能从两者中分辨出个人权利的多寡。从而，问题的实质就在于自由的限度上，在于权利的主动性与被动性的不同上。更进一步来说，自由是一个法律传统改造中最为重要的砝码。它比简单的权利量化更为重要，比抽象的人权更重要。所以，在法律制度现代化，或者说在法系融合的过程中，传统改造的根本所在是要融入自由的表达形式、自由的基本理念、自由的精神实质。

历史的发展无疑是连续的，发展的中断意味着文明的死亡。从世界历史的范围中我们可以清楚地看到这一点。从物质存在上，从抽象的名称上，从地域划分上。你仍可以找到曾与中国并称"四大古代文明"的印度、希腊和巴比伦。但你更知道，它们早已不是从前的自我，而完完全全是另外的一些内容。为什么呢？只因为它们的历史曾被长久地割断。从而，在现代法律制度的构筑过程中，如果盲目地割裂历史的内在联系，虽可借用外来的形式，虽可以号称"法治"，也只是空中楼阁。只有首先确定历史的坐标，才能把握行动的方向。在中国的历史传统被短暂割裂后的今天，一个首要的任务就是要努力架构起连接现代与传统的桥梁，其重要意义丝毫不亚于我们的前辈们"会通中西"的努力。

在过去的一个世纪里，中国的法律制度可以说是在摒弃与接受中生存，摒弃与接受在同一条轨道上并行。在这个过程中，如果摒弃的速度过快，则接受必将是混乱而无序的。所以，法律的接受必须与中国的内在传统文化特质相契合，与中国的特有的社会道德伦理相契合。否则，无论多么完善的法律制度形式也不可能发挥其功效。它可能"振动一时之人心，而卒归于消沉歇绝"。陈寅恪先生在论述西方思想的引入时曾写道："窃疑中国自今日以后，即使能忠实输入北美及东欧之思想，其结局当亦等于玄奘唯识之学，在吾国思想史上，即不能居最高之地位，且已终归于歇绝者。其真能于思想上自成系统，有所创获者，必须一方面吸收外来之学说，一方面不忘本民族之地位。"思想如此，法律更是如此。

主要参考书目

一　文献

《清文献通考》，浙江古籍出版社，1999。

《清续文献通考》，浙江古籍出版社，1999。

《清史稿》，中华书局，1977。

《明实录》，中华书局，1980。

《清实录》，中华书局，1985。

《清经世文编》（三卷本），中华书局。

《唐律疏议》，中华书局，1983。

《大清新法令》（十卷本），商务印书馆，2011。

《刑案汇览》，法律出版社，2007。

《洋务运动》；中国史学会编，上海人民出版社，1961。

《筹办夷务始末》（道光朝），中华书局，2008。

《筹办夷务始末》（咸丰朝），中华书局，2008。

《筹办夷务始末》（同治朝），中华书局，2008。

《龚定庵全集类编》，中华书局，1991。

薛允升：《唐明律合编》，中国政法大学出版社，1998。

梁启超：《饮冰室合集》，中华书局，1989。

王韬：《弢园文录外编》，中州古籍出版社，1998。

冯桂芬：《校邠庐抗议》，中州古籍出版社，1998。

郑观应：《盛世危言》，中州古籍出版社，1998。

容闳：《西学东渐记》。中州古籍出版社，1998。

《康有为全集》，人民大学出版社。

《谭嗣同全集》，中华书局，1981。

王栻编《严复集》，中华书局，1981。

沈家本：《历代刑法考》（四卷本），中华书局，1985。

丁贤俊、喻作凤编《伍廷芳集》，中华书局，1993。

《孙中山全集》，中华书局，1981。

韩延龙、刘海年主编《沈家本未刻书集纂》，中国社会科学出版社，1999。

韩延龙、刘海年主编《沈家本未刻书集纂补编》，中国社会科学出版社，2002。

《董康法学文集》，中国政法大学出版社，2005。

《清末筹备立宪档案史料》（上、下册），中华书局，1979。

郑振铎编《晚清文选》（上、下卷），中国社会科学出版社，2002。

钟叔河编《走向世界丛书》（10卷本），岳麓书社，2008。

《万国公报选》，生活·读书·新知三联书店，1998。

齐思和等编《鸦片战争》，上海人民出版社，2000。

田涛主编《清代条约全集》，黑龙江人民出版社，1999。

《中国近代史资料丛刊——鸦片战争》，上海人民出版社，2000。

《中国近代史资料丛刊——太平天国》，上海人民出版社，2000。

《中国近代史资料丛刊——洋务运动》，上海人民出版社，2000。

《中国近代史资料丛刊——戊戌变法》，上海人民出版社，2000。

《中国近代史资料丛刊——中日战争》，上海人民出版社，2000。

《中国法律思想史资料汇编》，法律出版社，1983。

《曾国藩全集》，岳麓书社，1987。

〔美〕马士：《中华帝国对外关系史》，上海书店出版社。

辜鸿铭：《清流传》，东方出版社，1998。

《郭嵩焘奏稿·条议海防事宜》，岳麓书社，1983。

《陈炽集》，中华书局，1997。

马建忠：《适可斋记言》，中华书局，1960。

《梁启超法学文集》，范忠信选编，中国政法大学出版社，2000。

《新刑律修正案汇录》，宣统三年印本。

《胡翼南先生全集》，香港印行。

高汉成主编《大清新刑律立法资料汇编》，社会科学文献出版社，2013。

二 相关论著

〔德〕马克斯·韦伯:《法律社会学》,广西师范大学出版社,2011。

《柏林谈话录》,译林出版社,2011。

〔美〕本杰明·史华兹:《寻求富强》,江苏人民出版社,1990。

〔日〕实藤会秀:《中国人留学日本史》,生活·读书·新知三联书店,1983。

〔美〕费正清:《剑桥中国晚清史》上下卷,中国社会科学出版社,1985。

〔美〕柯文:《在传统与现代性之间》,江苏人民出版社,1995。

〔美〕柯文:《历史三调》,江苏人民出版社。

周锡瑞:《义和团运动的起源》,江苏人民出版社。

陶希圣:《中国政治思想史》,中国大百科全书出版社,2009。

李剑农:《中国近百年政治史》,商务印书馆,2011。

钱基博:《近百年湖南学风》,中国人民大学出版社,2004。

《陈寅恪史学论文选集》,上海古籍出版社,1998。

钱穆:《国学概论》,商务印书馆,1997。

萧公权:《近代中国与新世界》,江苏人民出版社,2007。

茅海建:《天朝的崩溃》,生活·读书·新知三联书店,1995。

王尔敏:《晚清政治思想史论》,广西师范大学出版社,2005。

朱维铮:《重读近代史》,中西书局,2010。

朱维铮:《近代学术导论》,中西书局,2013。

余英时:《中国思想传统及其现代变迁》,广西师范大学出版社,2004。

林端:《韦伯论中国传统法律》,台湾三民书局,2003。

熊月之:《西学东渐与晚清社会》,上海人民出版社,1994。

张晋藩:《中国法律的传统与近代转型》,法律出版社,1997。

汪荣祖:《走向世界的挫折》,岳麓书社,2000。

张灏:《梁启超与中国思想的过渡》,新星出版社,2006。

张灏:《幽暗意识与民主传统》,新星出版社,2006。

李贵连:《沈家本传》,法律出版社,2000。

焦润明:《梁启超法律思想综论》,中华书局,2006。

蒋廷黻:《中国近代史》,岳麓书社,1999。

王尔敏:《近代经世小儒》,广西师范大学出版社,2008。

王尔敏：《中国近代思想史论》，社会科学文献出版社，2003。

茅海建：《戊戌变法史事考》，生活·读书·新知三联书店，2005。

黄克武：《自由的所以然》，上海书店出版社，2000。

〔日〕矶谷幸次郎：《法学通论》，王国维译，中国政法大学出版社，2006。

左玉河：《从四部之学到七科之学》，上海书店出版社，2004。

侯欣一主编《中国法律思想史》，中国政法大学出版社，2008。

何勤华：《中国法学史》三卷本，法律出版社，2011。

何勤华主编《律学考》，商务印书馆，2009。

王健：《沟通两个世界的法律意义》，中国政法大学出版社，2001。

王健：《中国近代的法律教育》，中国政法大学出版社，2001。

〔美〕费正清：《剑桥中国晚清史》，中国社会科学出版社，1985。

熊月之：《西学东渐与晚清社会》，上海人民出版社，1998。

张晋藩：《中国法律的传统与近代转型》，法律出版社，2009。

桑兵：《清末新知识界的社团与活动》，生活·读书·新知三联书店，1995。

李细珠：《张之洞与清末新政研究》，上海书店出版社，2003。

河北省社科院编《张之洞与中国近代化》，中华书局，1999。

李贵连：《沈家本年谱长编》，北京大学出版社，1998。

李贵连：《沈家本传》，法律出版社，2000。

李贵连：《近代中国法制与法学》，北京大学出版社，2002。

谷春德主编《二十世纪中国的法学》，党建读物出版社，2001。

李露：《中国近代教育立法研究》，广西师范大学出版社，2001。

侯强：《中国近代法律教育转型与社会变迁研究》，中国社会科学出版社，2008。

刘俊文等主编《中日文化交流史大系（2）法制卷》，浙江人民出版社，1996。

王树槐：《外人与戊戌变法》；中华书局，1987。

汪向荣：《日本教习》，生活·读书·新知三联书店，1988。

孙青：《晚清之"西政"东渐及本土回应》，上海世纪出版集团，2009。

俞江：《近代中国的法律与学术》，北京大学出版社，2008。

瞿同祖：《中国法律与中国社会》，中华书局，1981。

贺卫方：《中国法律教育之路》，中国政法大学出版社，2001。

张生主编《中国法律近代化论集》，中国政法大学出版社，2002。

侯强：《社会转型与近代中国法制现代化：1840～1928》，中国社会科学出版社，2005。

任达：《新政革命与日本》，江苏人民出版社，2010。

朱志辉：《清末民初来华美国法律职业群体研究（1895～1928）》，广东人民出版社，2011。

李鼎楚：《事实与逻辑——清末司法独立解读》，法律出版社，2010。

徐建平：《清末直隶宪政改革研究》，中国社会科学出版社，2008。

任平：《晚清民国时期职业教育课程史论》，暨南大学出版社，2009。

中国社会科学院近代史研究所政治史研究室、河北师范大学历史文化学院编《晚清改革与社会变迁》（上、下卷），社会科学文献出版社，2009。

李青：《洋务派法律思想与实践的研究》，中国政法大学出版社，2005。

彭爽：《中国近代职业教育法律制度》，湖南人民出版社，2010。

曾宪义主编《中国传统法律文化研究》（10卷本），中国人民大学出版社，2011。

韩秀桃：《司法独立与近代中国》，清华大学出版社，2003。

陈煜：《清末新政中的修订法律馆》，中国政法大学出版社，2009。

苏力、贺卫方主编《20世纪的中国学术与社会——法学卷》，山东人民出版社，2001。

谷春德主编《二十世纪中国的法学》，党建读物出版社，2001。

裴艳：《留学生与中国法学》，南开大学出版社，2009。

桑兵：《晚清学堂学生与社会变迁》，学林出版社，1995。

桑兵：《清末新知识界的社团与活动》，生活·读书·新知三联书店，1995。

郭汉民：《晚清社会思潮研究》，中国社会科学出版社，2003。

柴松霞：《出洋考察与清末立宪》，法律出版社，2011。

丁贤俊、喻作凤：《伍廷芳评传》，人民出版社，2005。

苏亦工：《明清律典与条例》，中国政法大学出版社，2000。

葛兆光：《中国思想史》（两卷本），复旦大学出版社，2000。

夏东元《洋务运动史》，华东师范大学出版社，1992。

石泉：《甲午前后的晚清政局》，生活·读书·新知三联书店，1999。

林毓生：《中国传统的创造性转化》，生活·读书·新知三联书店，2011。

刘桂生等编《严复思想新论》，清华大学出版社，1999。

黄慧贤、陈锋主编《中国俸禄制度史》，武汉大学出版社，1996。

顾卫民：《基督教与近代中国社会》，上海人民出版社，1996。

李天纲：《中国礼仪之争》，上海古籍出版社，1998。

龙应台、朱维铮编著《维新旧梦录》，生活·读书·新知三联书店，2000。

刘军宁：《保守主义》，中国社会科学出版社，1998。

图书在版编目（CIP）数据

中国近代法律思想述论/高旭晨著. —北京：社会科学
文献出版社，2014.5
ISBN 978 - 7 - 5097 - 5741 - 3

Ⅰ.①中⋯　Ⅱ.①高⋯　Ⅲ.①法律 - 思想史 - 中国 -
近代　Ⅳ.①D909.25

中国版本图书馆 CIP 数据核字（2014）第 039794 号

中国近代法律思想述论

著　　者／高旭晨

出 版 人／谢寿光
出 版 者／社会科学文献出版社
地　　址／北京市西城区北三环中路甲 29 号院 3 号楼华龙大厦
邮政编码／100029

责任部门／全球与地区问题出版中心（010）59367004　　责任编辑／仇　扬　徐　瑞
电子信箱／bianyibu@ ssap. cn　　　　　　　　　　　　　责任校对／张千兵
项目统筹／祝得彬　　　　　　　　　　　　　　　　　　责任印制／岳　阳
经　　销／社会科学文献出版社市场营销中心（010）59367081　59367089
读者服务／读者服务中心（010）59367028

印　　装／三河市尚艺印装有限公司
开　　本／787mm×1092mm　1/16　　　　　　　　　　印　　张／18.5
版　　次／2014 年 5 月第 1 版　　　　　　　　　　　　字　　数／337 千字
印　　次／2014 年 5 月第 1 次印刷
书　　号／ISBN 978 - 7 - 5097 - 5741 - 3
定　　价／69.00 元